Campmobil Guide West-Kanada

W0274468

Eine Übersichtskarte von West-Kanada mit den eingezeichneten Routenvorschlägen finden Sie in der vorderen Umschlagklappe.

Trudy Mielke und Heike Wagner

Campmobil Guide West-Kanada

VISTA POINT

Inhalt

West-Kanada

Ein Reisegebiet stellt sich vor

Das Urlaubsgebiet West-Kanada hat gewaltige Ausmaße. Allein British Columbia ist mit einer Fläche von knapp 924 000 Quadratkilometern fast dreimal so groß wie Deutschland. Nimmt man Alberta hinzu, kommt man auf ein Ge-

Kultur der First Nations: Totempfahl in Vancouver

biet, das etwa fünfmal so groß ist wie Deutschland.

West-Kanada bietet eine Fülle ganz verschiedener Landschaften: breite, sonnenüberflutete Sandstrände, dichte Regenwälder, hügeliges Weideland, hochalpine Regionen und sogar echte kleine Wüsten. Es gibt viel zu entdecken und zu erkunden. Große Teile des Landes sind unbewohnt, durch keine Straße erschlossen und absolute Wildnis – eine reizvolle Vorstellung, für jemanden, der mit dem Camper an einem einsamen Seeufer weilt. West-Kanadas Sehenswürdigkeiten, ob natürlicher oder kultureller Art, sind zahlreich und vielfältig.

Die Frage stellt sich daher nach dem Schwerpunkt des Urlaubs. Vielleicht setzt man ihn auf das Erleben der Wildnis und der Weite, gespickt mit Stippvisiten in den Städten, oder auf das Nachspüren der Geschichte, die im Vergleich zu Europa kurz, aber sehr wechselvoll und spannend ist? Oder

überwiegt die Neugier auf die Kultur und Tradition der *First Nations*, der Ureinwohner Kanadas? Oder locken die riesigen Dinosaurier-Skelette und die Suche nach Fossilien? Oder reizt Sie eine Kombination aus dieser Aspekte?

Für Aktivitäten in freier Natur steht West-Kanada als Urlaubsland an vorderster Stelle. Die Mischung von Sport und Naturerlebnis wird von Kanadiern und Urlaubern gleichermaßen geschätzt, und für nahezu alle Betätigungen im Freien findet man den richtigen Ort und die optimale Gelegenheit.

West-Kanada ist auf Gäste aus aller Welt bestens vorbereitet und bietet eine Vielzahl von Einrichtungen speziell für Touristen. Das Netz der Campingplätze und sonstigen Unterkünfte ist dicht gewebt, und niemand muss fürchten, sich in den riesigen Weiten zu verlieren – es sei denn, dies ist erwünscht!

Die Gesamtheit der touristisch interessanten Strecken ergibt eine so große

Naturwunder im Banff National Park: der Moraine Lake im Valley of Ten Peaks

Eine Attraktion in den Rocky Mountains: die Wildtiere Kanadas wie Grizzlies und Wölfe in ihrer natürlichen Umgebung zu beobachten

Geheimnisvoll verfärbte Felswände: der Red Rock Canyon im Waterton Lakes National Park (Alberta)

Kilometerzahl, dass sie nicht in einem Urlaub abgefahren, aber immer wieder neu variiert werden können. Je nach Vorlieben und Interessen sollten daher einzelne Highways ausgewählt und zu einer individuellen Route zusammengestellt werden. Nur so kann man die vielfältigen Eindrücke des Landes auf sich einwirken und auch den geruhsamen Tagesablauf, der typisch für den Urlaub mit dem Wohnmobil ist, sich einstellen lassen.

Die meisten Urlauber freuen sich auf die grandiosen, intakten Landschaften und Kanadas einzigartige Tierwelt: die Rocky Mountains mit ihren schneebedeckten Gipfeln, die Fjordlandschaften der bewaldeten Pazifikküste, die lieblichen Täler im Süden und der einsame, wilde Norden British Columbias, sowie Albertas weite Prärien mit den trockenheißen Badlands und schier endlosen Fernblicken.

Die Begegnungen mit den Menschen des Landes sind ein wichtiger Teil des Urlaubserlebnisses. Kanada ist ein klassisches Einwanderungsland und ein positives Beispiel für das friedliche und tolerante Zusammenleben ganz unterschiedlicher Menschen und Nationalitäten. Die meisten Kanadier haben mit Stress und Hektik wenig im Sinn, auch in den Großstädten wie Vancouver oder Calgary überwiegen Gelassenheit und eine freundliche Atmosphäre. Dieses positive Klima kommt den Besuchern zugute und trägt viel zu einem angenehmen Urlaubs bei.

West-Kanadas wenige, aber sehr attraktive Großstädte sind mittlerweile touristische Anziehungspunkte und jede hat ihren ganz eigenen Charakter. Sie haben sich in den letzten Jahrzehnten zu Reisezielen entwickelt, die auf keiner Route fehlen dürfen. Bezüglich Lage und Lebensqualität zählt Vancouver sogar zu den schönsten Städten weltweit. Hier werden großstädtische

Angebote mit wunderschöner Natur und verschiedensten Freizeitangeboten unter freiem Himmel kombiniert. Keine andere Großstadt bietet Berge und Meer so nah beieinander und so leicht erreichbar. Auf der Ostseite der Rocky Mountains begrenzen Calgary, die moderne Rodeo- und Ölhauptstadt, und Edmonton, die Hauptstadt Albertas, das Reisegebiet. Immer ist es von den großen Metropolen oder auch den in einem rohstoffreichen Land unvermeidbaren Industriegebieten aber nur ein kurzer Weg zu den dünner besiedelten Randgebieten, wo sich die Spuren der Zivilisation schon bald in der Weite der Landschaft verlieren.

Kanada gehört zu den weltweit am geringsten besiedelten Ländern. Entlang der US-Grenze existiert ein relativ schmaler Streifen mit größeren und kleineren Orten und einer Anzahl an Straßen, die man von europäischen Straßenkarten gewohnt ist. Je weiter nördlich man den Blick jedoch schweifen lässt, desto spärlicher werden die Ortschaften. Die Vielzahl der Straßen reduziert sich oft auf eine einzige, die sich über viele hundert Kilometer durch nahezu unbewohnte Gegenden zieht, um dann an einem kleinen Ort oder einem See zu enden. Mancher Urlauber hat sich schon beim kanadischen Fremdenverkehrsamt über die vermeintlich schlechte Qualität der Straßenkarten beschwert, weil so wenig auf ihnen eingezeichnet ist. Aber die Karten sind korrekt, und auch der größte Maßstab ändert nichts daran, dass riesige Gebiete von Kanada bis heute »leer« sind, es weder Straßen noch Orte gibt, sondern »nur« Wildnis.

»Keep your eyes peeled!«: Orca-Sichtung vor Vancouver Island

Reisen mit dem Wohnmobil

Aktivurlaub in kanadischer Weite

Ein Urlaub mit dem Wohnmobil in West-Kanada ist Aktivurlaub in der ursprünglichen Bedeutung des Wortes. Das Steak genauso wie der erste selbst geangelte Fisch schmecken anders vom selbst entzündeten Lagerfeuer, für das auch noch das Holz eigenhändig mit der Axt in handliche Stücke zerkleinert wurde, als vom Grill auf der heimischen Terrasse mit der Holzkohle aus dem Supermarkt.

Es gibt so viele Vorstellungen vom idealen Urlaub wie es Menschen gibt. Urlaub ist in gewissem Sinn ein Ausnahmezustand: Man nimmt sich eine Auszeit aus dem normalen Leben. Pläne werden geschmiedet, um in ein paar Wochen all das zu finden und zu erleben, was man sich erträumt. Da kommen zahlreiche Wünsche zusammen – von der totalen Entspannung bis zum Ausloten persönlicher Grenzen.

Jasper National Park: Sunshine-Tour durch die Rocky Mountains

Heute, da Zeit eine der wertvollsten Ressourcen geworden ist, gilt eine Urlaubsform, deren Schwerpunkt auf einer Fülle an freier, also nicht verplanter Zeit liegt, für viele als besonders reizvoll. Auch das Besinnen auf einfache Dinge und Tätigkeiten – Stichwort *downshifting* –, und der Reiz, eine neue Umgebung zu erkunden, sind starke Motivationen für Wohnmobilreisen in West-Kanada.

Urlaub mit dem Wohnmobil ist einfach geworden und bietet nach etwas Vorbereitung auch viel Spaß. Aktivurlauber werden sich bei einem solchen Urlaub wohlfühlen, denn für das Unterhaltungsprogramm muss man selbst sorgen. Erkunden, Entdecken, Ausprobieren, einfach mal dieses und jenes machen, das sind die Dinge, auf die man sich im Urlaub freut. Und man darf durchaus darauf gespannt sein, völlig neue Seiten, Vorlieben und Talente an sich selbst und den Mitreisenden zu entdecken.

Der Urlaub mit dem Campmobil ist auch heute zwar meist noch keine besonders preisgünstige Form des Reisens, bietet dem Urlauber allerdings ein Maximum an Flexibilität und den Komfort eines rollenden Zuhauses inmitten ursprünglich erscheinender Landschaften mit Wildnischarakter. Die Fahrzeuge sind technisch sicher. Ständig kommen Verbesserungen und Neuerungen hinzu, sodass man auch fern der Zivilisation alles Notwendige und manchen Luxus bei sich hat.

Es ist ein Ausstieg auf Zeit, wenn auch nicht gleich die totale Abkehr von Konsumterror, Stress und erfolgsorientierter Lebensplanung. Aber Vorsicht: Es besteht durchaus eine gewisse »Suchtgefahr«. Das sieht man an der hohen Zahl der »Wiederholungstäter« – sowohl beim Wohnmobilurlaub im Allgemeinen als auch speziell beim Urlaub in West-Kanada. Gute Fahrt!

Ein Urlaub in West-Kanada mit dem Wohnmobil ist Aktivurlaub: schöne Aussicht beim Wandern am Lake O'Hara im Yoho National Park

Cowboy-Feeling in Alberta

Golfen an den Shuswap Lakes bei Salmon Arm im südlichen British Columbia

Camperurlaub für Anfänger

Maßgeschneidert: Das Reisen mit dem Wohnmobil

Es gibt verschiedene Möglichkeiten, Kanada zu bereisen, wobei jede ihre Vorzüge und Nachteile hat – hier ein Überblick:

Die organisierte **Busreise** nimmt dem Urlauber die gesamte Planung der Reise ab, sorgt in Sachen Übernachtung, Essen und Entertainment vor und minimiert gleichzeitig die Möglichkeit eigener oder spontaner Reiseänderungen.

Mit dem **Mietwagen** kommt man rasch voran, ist unabhängig, kann entweder einzelne Hotels vorbuchen oder aufs Geradewohl fahren. Hat man vorgebucht, ist man allerdings an den einmal aufgestellten Reiseplan gebunden, denn schon aus eigenem Interesse müssen die Buchungstermine natürlich eingehalten werden – die Weitläufigkeit des Landes kann zum fahrtechnischen Verhängnis werden, wenn die nächste Ortschaft und damit das nächstmögliche Hotel noch etliche Kilometer entfernt sind.

Die kanadische **Eisenbahn** hat einen guten Ruf, was Qualität und Service betrifft. Speziell in West-Kanada führen einige berühmte Eisenbahnstrecken durch grandiose Landschaften wie die Rocky Mountains. Aber auch hier ist man in seiner Flexibilität eingeschränkt, denn es gibt keine Möglichkeit, an einem attraktiven Ort länger zu bleiben als geplant, sofern die Hotelsituation es

West-Kanada-Highlight-Tour: auf dem Icefields Parkway durch den Banff National Park

»Amazing«: Sonnenuntergang über den Rocky Mountains im Jasper National Park

nicht hergibt. Und: Fotostopps während einer Zugfahrt gibt es natürlich auch keine.

Welche Vorteile bietet nun das Reisen mit dem **Wohnmobil**? Da wäre zunächst einmal die Unabhängigkeit in der Zeit- und Fahrstreckenplanung. Man kann selbst genau festlegen, wohin man fahren will, dort anhalten, wo es einen besonders interessiert und so viele Tage für eine bestimmte Strecke einrechnen, wie man möchte. Auch Wanderungen, Sport und die Ausübung anderer Hobbys können ganz individuell berücksichtigt werden. Unterwegs besteht jederzeit die Möglichkeit, die Pläne zu ändern und den Gegebenheiten vor Ort anzupassen. An besonders schönen Orten bleibt man eben ein paar Tage länger, während man durch andere Gegenden vielleicht etwas schneller fährt.

Der zweite Vorteil ist, die eigene Unterkunft ständig dabei zu haben. Die Hotelsuche entfällt. Das wilde Campen in Nationalparks und auf öffentlichen Straßen und Plätzen ist zwar verboten; im Notfall (wenn man sich in der Zeitplanung vertan hat und es noch ein Stück bis zum anvisierten Campingplatz zu fahren ist) kann man aber auf einem Parkplatz eine Pause einlegen, bis man wieder fit für die Weiterfahrt ist. Darüber hinaus ist die komplette Küche dabei. Heiße oder kühle Getränke sind im Nu zur Hand, auch die gesamte Urlaubsgarderobe ist griffbereit. Weiterhin hat man Strom, Wasser und auch eine Toilette zur Verfügung.

Eventuell geht man während des Urlaubs einige Male zum Essen aus, aber der überwiegende Teil der Mahlzeiten wird erfahrungsgemäß im oder vor dem Wohnmobil zubereitet. Unabhängig

von den Öffnungszeiten der Restaurants oder einer etwaigen Kleiderordnung macht man es sich bequem. Die Kaffeepause wird am Bach eingelegt, während die Beine im kühlen Wasser hängen. Und das zweite Frühstück genießt man mit Ausblick auf einen besonders hübschen Berg. Hat man einmal keine Lust aufs Autofahren, fällt die Tagesetappe eben etwas kürzer aus. Oder man bleibt noch eine Nacht länger auf dem Campingplatz mit dem preiswerten Kanuverleih.

Vereinzelt gibt es Orte, die weniger attraktiv sind als gedacht. Mit dem Wohnmobil ist es kein Problem solch einer *tourist trap* zu entkommen und einfach weiterzufahren, denn es gibt ja noch so viel zu sehen.

Der größte Vorteil eines Urlaubs mit dem Wohnmobil ist vielleicht, dass man sich abends den Ausblick aussuchen kann, mit dem man morgens aufwachen möchte. Soll es ein Bach sein? Oder eine Wiese? Oder ein schneebedeckter Berggipfel? Manchmal wird man auch überrascht von unerwarteten morgendlichen Ausblicken. Da erblickt man z. B. beim Kaffeekochen einige Hirsche, die nur wenige Meter entfernt grasen.

Manch einer entdeckt während seines Campmobilurlaubs einen Funken Pioniergeist in sich, die Neugier auf Unbekanntes, auf Improvisation. Man steht mit der Sonne auf oder bleibt die ganze Nacht am Lagerfeuer sitzen. Man lauscht dem Schrei einer unbekannten Vogelart oder der intensiven Stille des Waldes. Die Fantasie macht Überstunden und vielleicht fallen einem die Helden aus den Jack-London-Büchern wieder ein.

Wohnmobile bieten ein Maximum an Flexibilität und Freiraum im Urlaub. Sie sind mit allem ausgestattet, was zur Bequemlichkeit im Urlaub gehört: Komfortable Betten, eine kleine, aber voll funktionsfähige Küche inklusive Kühlschrank, Backofen, meist Mikrowelle, sowie sanitäre Einrichtungen, eine Heizung und oft auch eine Klimaanlage. Lediglich das Platzangebot ist beschränkt; das Wohnmobil soll ja noch fahr- und rangierbar sein. Es braucht aber weder außergewöhnliches Fahrvermögen noch besonderes technisches Geschick, um einen Urlaub mit dem Wohnmobil zu genießen.

Wer sich noch nicht sicher ist, ob dies die richtige Urlaubsform für ihn sein könnte, für den können die folgenden Fragen und Antworten eine Entscheidungshilfe sein.

Fragen und Antworten: Er – Sie – die Kinder

Der Familienrat tagt zum Thema Urlaub. Jeder darf und soll seine Meinung äußern und Vorschläge machen. Es gibt auch viele Fragen, die beantwortet werden wollen.

Er gibt vielleicht zu, dass ihm die Sportschau fehlen wird. Er fürchtet, dass er für alles verantwortlich sein wird und fühlt sich schon jetzt überfordert. Er ist kein großer Heimwerker oder Bastler.

Und: Was macht man da eigentlich den ganzen Tag, immer nur von Wäldern umgeben?

Sie fürchtet, dass sie während des ganzen Urlaubs für den Haushalt verantwortlich sein wird: Täglich kochen, Geschirr spülen und Ordnung halten, das ist doch kein Urlaub.

Außerdem freut sie sich auf etwas Komfort und Bequemlichkeit. Das ist in einem Wohnmobil ja kaum vorstellbar.

Sie fühlt sich für die Unterhaltung der ganzen Familie verantwortlich und da man sich auch nicht so sehr aus dem Weg gehen kann, könnte sie auch als Friedensstifterin und Gute-Laune-Erhalterin herhalten müssen.

Außerdem gibt es einige nicht ganz ungefährliche Tiere in diesen Wäldern,

Spielgefährten sind auf Campgrounds praktisch immer zu finden

abgesehen davon, dass man eine Wagenpanne haben könnte, irgendwo in einer menschenleeren Gegend.

Dazu kommen dann noch Probleme mit der Sprache, die vielleicht schon beim Einkaufen im Supermarkt zutage treten werden.

Die Kinder möchten im Urlaub Spielgefährten finden und haben keine Lust, ständig mit ihren Eltern in einem Wohnmobil eingepfercht zu sein. Ihnen wird auch der Fernseher fehlen (den man zur Not aber mieten kann) und das tägliche Unterhaltungsprogramm. Sie stellen sich das ganze Unternehmen absolut »uncool« vor.

So oder so ähnlich könnten Zweifel oder Fragen lauten, wenn man anfängt, sich mit dem Thema »Urlaub mit dem Wohnmobil« zu beschäftigen. Man möchte verständlicherweise Genaueres wissen, bevor man sich während der wenigen, kostbaren Urlaubswochen auf ein solches Abenteuer einlässt.

Im Folgenden sind Antworten und Gegenargumente aufgeführt. Da mehrere Personen auf ziemlich engem Raum zusammenwohnen werden, ist es wichtig, dass sich jeder der Mitfahrer sein eigenes Bild macht. Mehr als bei anderen Urlaubsformen ist man in hier allein auf sich gestellt, als Paar, Familie oder Gruppe von Freunden. Selbst das schönste Bergpanorama entschädigt nicht für Streit wegen grundsätzlicher Meinungsverschiedenheiten. Zu bedenken bleibt auch, dass es in einem Wohnmobil kaum Rückzugsgebiete gibt. Deshalb ist es wichtig, dass schon während der ersten Überlegungen und Planungen alle Beteiligten zu Wort kommen und etwaige Bedenken ausgesprochen und diskutiert werden.

Der Haushalt

Gerade im Familienurlaub könnte man einmal mit neuen Regeln experimentieren. An einem Tag kaufen vielleicht die Kinder ein und bestimmen, was gekocht wird. Oder man probiert, welche Lebensmittel sich grillen lassen. Mit Fantasie und der Grundeinstellung, auch einmal »Fünfe gerade sein zu lassen«, wird aus der lästigen Essenszubereitung und sogar dem Geschirrspülen eine kurzweilige Angelegenheit.

Komfort

Die Zeiten, in denen man abends fröstelnd im dunklen Zelt in den Schlafsack gekrochen ist, sind vorbei. Reisekataloge listen verheißungsvoll die Annehmlichkeiten eines modernen Wohnmobils auf. Von der Mikrowelle über den Kühlschrank mit Tiefkühlfach, der heißen Dusche, dem bequemen und warmen Bettzeug bis hin zur Grundausstattung mit Licht und Wärme ist alles vorhanden. Lediglich die Platzverhältnisse sind anders als zu Hause. Dafür gewinnt man sozusagen eine riesige Terrasse hinzu, denn natürlich spielt sich der Aufenthalt auf dem Campingplatz hauptsächlich im Freien ab.

Stimmung

Vielleicht werden die ersten Tage etwas mühsam, bis sich alle Reisemitglieder daran gewöhnt haben, dass nichts von alleine passiert. Aber wenn alle erst einmal in Urlaubslaune sind und neue Aktivitäten ausprobiert werden, kommen vielleicht sogar unentdeckte Talente oder Interessen zum Vorschein.

Für eine gewisse Ordnung und Sauberkeit muss natürlich auch in einem Wohnmobil gesorgt werden, sonst wird binnen weniger Tage niemand mehr etwas finden. Andererseits ist es nicht nötig, dass man »vom Fußboden essen« können muss. Und nasse, schmutzige Schuhe werden einfach auf der Stufe innen vor der Tür abgestellt.

Kinder entdecken den Spielplatz Natur: Ponderosa-Kiefer im Okanagan Valley

Fremdes Land, fremde Umgebung

Kanada ist zunächst einmal ein fremdes Land. Die Natur, die zahlreichen, verschiedenen Bäume, Büsche, Blumen und auch die Tierwelt sind uns in dieser Wildheit kaum bekannt. Gerade auf Kinder, insbesondere wenn sie noch klein sind, muss man wie in jeder ungewohnten Umgebung ein Auge haben. Auf vielen Campingplätzen sind die einzelnen Stellplätze durch Büsche und Dickicht voneinander abgetrennt. Das ist zwar ein sehr angenehmer Sichtschutz, macht aber den Platz für die Kleinen unübersichtlich. Und natürlich gibt es wilde Tiere, auf die sie treffen können. Hier sind Aufklärung und praktische Anleitung notwendig.

Die Sprachbarriere und Abhilfe bei Problemen

Gerade im Umgang mit einer so technischen Sache wie einem Wohnmobil könnte die Sprachbarriere ein Problem darstellen. Aber hier kann man ganz beruhigt sein. Am Anfang des Urlaubs, bei der Übergabe des Wohnmobils, wird Deutsch gesprochen. Fast alle kanadischen Wohnmobilvermieter haben sich auf die deutschen Urlauber eingestellt. Oft sind es deutsche Studenten, die während ihrer Semesterferien in Kanada jobben und den Urlaubern alles Wichtige ausführlich zeigen und erklären. Um absolut sicher zu sein, kann man sich diesen Punkt garantieren lassen, entweder im Reisebüro, wo der Urlaub gebucht wird, oder auch von der Vermietfirma, wenn man dort direkt buchen möchte. Auch ein ausführliches Handbuch, das mitgegeben wird, ist in der Regel auf Deutsch verfasst, sodass man den einen oder anderen Punkt noch einmal nachlesen kann.

Tauchen unterwegs doch Probleme auf, schlägt man zunächst im Handbuch nach oder bittet gegebenenfalls die Nachbarn auf dem Campingplatz um Hilfe. Die meisten Leute erweisen sich als hilfsbereit, und man muss sich keinesfalls genieren, weil man etwas nicht (mehr) weiß oder das Englisch nicht perfekt ist. Und nicht zu guter Letzt kann man auch unter der Telefonnummer der Vermietstation Rat und Hilfe holen.

Viele Reiseveranstalter geben ihren Kunden mit den Reiseunterlagen zusätzlich zur Telefonnummer der Vermietfirma die Nummer einer Telefon-Hotline, die rund um die Uhr angerufen werden kann. Ob man einen Unfall hatte oder sich total verfahren hat oder ein bestimmtes Medikament benötigt, stets erreicht man einen deutschsprachigen Mitarbeiter. Das Reisebüro weiß, ob der Reiseveranstalter über eine solche Hotline verfügt.

Zum Einkaufen benötigt man eigentlich keine Sprachkenntnisse. Für den ersten Einkauf sind auf den Seiten 42–46 die wichtigsten Dinge zusammengetragen inklusive einiger Erläuterungen. Im Service-Kapitel (S. 307 ff.) findet man außerdem einen Sprachführer mit den relevantesten englischen Begriffen.

Unterwegs sollte man etwaige Sprachprobleme so locker wie möglich sehen. Mit Händen und Füßen kommt man gut zurecht. Und wenn dann noch eine Portion Humor und das Gefühl für Situationskomik dazukommen, wird man sich blendend mit seinem Gesprächspartner verstehen.

Bewegung nach der langen Fahrtzeit

Spielgefährten

Spielgefährten sind auf dem Campingplatz praktisch immer zu finden. Neben Senioren in oft riesigen Wohnmobilen sind Familien die zweite große Bevölkerungsgruppe, die man unterwegs trifft. Und da Kinder im Allgemeinen mit Begriffen wie »Sprachbarrieren« nichts am Hut haben, wird es nicht lange dauern, bis erste Kontakte entstehen. Mit etwas Glück entwickelt sich vielleicht eine Brief- bzw. eine E-Mail-Freundschaft, die eventuell auch noch die englischen Sprachkenntnisse verbessert.

Die langen Fahrzeiten

Natürlich kommt man um das Fahren nicht herum. Die bei uns üblichen Spielchen, die sich mit europäischen Autokennzeichen machen lassen, greifen bei der minimalen Verkehrsdichte in Kanada nicht so richtig. Und auch die tollste Berglandschaft und der dichteste Wald werden einem Kind langweilig, wenn es stundenlang nichts anderes zu sehen gibt. Der erste Vorschlag ist, bei der Planung der Gesamtkilometer Ihrer Reise auf das Sitzfleisch der Sprösslin-

Auf das »Sitzfleisch« der Sprösslinge sollte Rücksicht genommen werden

ge Rücksicht zu nehmen. Schön ist es eigentlich fast überall, und wenn die Reise in Bezug auf die Kilometerzahl kürzer ausfällt als geplant, trauert man der verpassten Fahrzeit sicher nicht nach. Eine Stunde mehr am Lagerfeuer, in der Geschichten von Trappern und Goldsuchern vorgelesen werden, ist letztendlich für alle interessanter als 60 zusätzliche Straßenkilometer.

Mir ist langweilig, was kann ich jetzt machen?

Wenn das Kind sich auch zu Hause allein beschäftigen kann und aktiv seine Umwelt untersucht, wird es diese Frage kaum stellen. Schwieriger wird es, wenn ohne Spielzeug und »Unterhaltungsminister« wenig läuft. Aber auch hier gibt es Vorschläge für spannende oder lustige Spiele, die nur wenige Zutaten brauchen. Vielleicht interessiert sich das Kind für ein Reisetagebuch? Oder es hat seinen eigenen Fotoapparat und knipst den Urlaub aus seiner ganz eigenen Perspektive. Das Ergebnis könnte höchst interessant werden. Wie wäre es mit einer selbstgebauten Angel? Als Einzelteile benötigt man nur einen biegsamen Zweig, ein Stück dünne Schnur und eine Sicherheitsnadel, die zum Angelhaken gebogen wird. Spannend für Kinder ist auch ihr eigenes kleines Lagerfeuer, das natürlich beaufsichtigt werden sollte. Hier kann man gleich lernen, dass die Feuerstelle in einer kleinen Mulde gebaut werden sollte, die rundherum mit Steinen ausgelegt wird. Man sollte auf Funkenflug achten und die Windrichtung prüfen. Und man kann natürlich sein eigenes Essen darauf zubereiten: z. B. Hot Dogs, die einmalig gut schmecken, oder auch dünne Fleischscheiben, die man auf einen Stock spießt. In die Restglut können Kartoffeln geworfen werden, die nach Entfernen der schwarz gewordenen Schale ein wundervolles Aroma haben. Als Nachtisch sind geröstete Marshmallows erfahrungsgemäß kaum zu übertreffen.

Sind die Kinder alt genug zum Lesen, gibt es eine ganze Reihe von Büchern, die in spannender, unterhaltsamer Form über das Land berichten. Ob Tiergeschichten, Erzählungen über Indianer, Trapper, den Goldrausch oder die ersten Siedler am interessantesten sind, weiß das Kind selbst ganz genau. Interessant sind auch Sachbücher über Pflanzen und Tiere oder Literatur zum Thema *survival*. Das hört sich schwierig an, es gibt aber viele kleine Tricks, die auch Kindern Spaß machen. Auch die populären Dinosaurier sind durchaus ein kanadisches Thema. Es gibt mehrere interessante Ausgrabungsstätten, eine davon liegt etwas nördlich von Calgary in Alberta. Eine kleine Bücherliste macht auf den Seiten 296 f. Lesevorschläge.

Die Wahl des Zielflughafens und Stadtaufenthalt

Als Zielflughäfen in West-Kanada bieten sich **Vancouver** in British Columbia und **Calgary** in Alberta an, zu beiden werden Direktflüge von Deutschland aus angeboten. Zusätzlich zum Urlaub mit dem Wohnmobil sollte man zum Ausgleich einige Tage Stadtaufenthalt einplanen. So hat man zu Beginn des Urlaubs Zeit, sich zu akklimatisieren und einen ersten Eindruck von Land und Leuten zu

Als Zielflughäfen in West-Kanada bieten sich Vancouver in British Columbia oder …

… Calgary in Alberta an

erhalten. Aber auch ein Stadtaufenthalt während der letzten Urlaubstage hat seine Vorteile. Nach Rückgabe des Wohnmobils quartiert man sich in einem zentral gelegenen Hotel ein. Nach dem »Zigeunerleben« findet sich so ein gleitender Übergang zurück zum Alltagsleben. Auch Shopping ist am Ende des Urlaubs besser untergebracht als am Anfang, da man dann einen besseren Überblick hat, was Koffer und Kreditkarte noch verkraften können.

Vancouver und Calgary unterscheiden sich sehr, sowohl bezüglich der Größe als auch der Lage und der Attraktionen. Will man beide sehen, bietet sich ein **Gabelflug** an, den alle größeren Fluggesellschaften zulassen. Man fliegt zum Beispiel nach Calgary und übernimmt dort nach ein bis zwei Tagen Aufenthalt das Wohnmobil. In Vancouver gibt man es wieder ab und quartiert sich in einem zentral gelegenen Hotel für die letzten Tage ein – oder umgekehrt. Bei den meisten Wohnmobilvermietern ist solch eine **Einwegmiete** möglich, meist jedoch gegen einen Aufpreis. Es bleibt auch zu bedenken, dass die leeren Koffer und Taschen, die normalerweise während des Urlaubs in der Mietstation eingelagert werden, nun natürlich mitgenommen werden müssen und einiges an Stauraum belegen. Und bezüglich der Zeitplanung ist zu beachten, dass die Stadttage von der eigentlichen Reisezeit abgehen und die Fahrstrecke dadurch eventuell kleiner gewählt werden muss.

Ein Stadtaufenthalt lässt sich natürlich auch während der Reise einplanen. Allerdings befinden sich die Campingplätze außerhalb der Zentren und es ist nicht immer ein Vergnügen, sich mit dem Wohnmobil durch den Großstadtverkehr zu quälen und einen ausreichend dimensionierten Parkplatz zu suchen. Die Alternative ist dann der öffentliche Nahverkehr. Auch eine Reservierung auf einem der meist recht gut belegten stadtnahen Campingplätze empfiehlt sich.

Die Auswahl des Fahrzeugs

Die nordamerikanische Bezeichnung für ein Wohnmobil lautet RV, das ist die Abkürzung für *Recreation Vehicle*, also so etwas wie ein »Erholungsfahrzeug«. RVs gibt es in unzähligen Größen und Ausführungen; das kleinste ähnelt in etwa einem VW-Bus. Nach oben hin gibt es fast kein Limit, und man sieht unterwegs des Öfteren busähnliche Wohnmobile, die zusätzlich einen Pkw als Zweitfahrzeug angehängt haben. Einer der Gründe für die vielen unterschiedlichen Fahrzeugarten ist der, dass viele Wohnmobilvermieter ihre Fahrzeuge individuell ausbauen. Deshalb kann auch z. B. die Anordnung der Einrichtung von den Bildern in den Urlaubskatalogen abweichen.

Die Auswahl an Wohnmobilen ist groß

Grundriss-Beispiel eines Pick-up Camper Tag/Nacht

Pick-up Camper mit einem Alkoven über der Fahrerkabine

Unterschiedliche Fahrzeuggrößen bedeuten natürlich auch unterschiedlich viel Komfort. Aber auch den Kraftstoffverbrauch sollte man bei der Wahl nicht außer Acht lassen, abgesehen davon, dass ab einer bestimmten Größe das Rangieren zur schweißtreibenden Mutprobe wird, wenn man solche Ausmaße nicht gewohnt ist.

Die Fahrzeuge sind in der Regel maximal zwei bis drei Jahre alt. Da sie während der Sommermonate ständig im Einsatz sind, werden sie auch entsprechend strapaziert. Übrigens beziehen sich Angaben zum Fahrzeugalter nicht auf das Baujahr wie in Deutschland üblich, sondern auf die Erstzulassung.

Prinzipiell gibt es zwei Arten von RVs: **Motorhomes** und **Pick-ups**. Der Unterschied wird auf den ersten Blick deutlich: Während man beim Motorhome zwischen Fahrerkabine und Wohnteil frei hin- und hergehen kann, wurde beim Pick-up auf einen kleinen Lkw ein Wohnteil aufgesetzt. Hier gibt es keinen direkten Durchgang zwischen Fahr- und Wohnbereich.

Der eigentliche Fahrteil ist wiederum bei beiden Typen ähnlich: Zwei Einzelsitze für Fahrer und Beifahrer oder eine Sitzbank mit zusätzlichem Platz für ein kleineres Kind. Die meisten Vermietfirmen bieten Kindersitze auf Anfrage an (gleich bei der Buchung reservieren lassen), allerdings nicht, wenn man das Wohnmobil an einem anderen Ort abgibt als dem, an dem man es übernommen hat (Einwegmiete). Außer Klimaanlage, Radio und einem CD-/MP3-Player gibt es manchmal kleine, technische Spielereien wie z. B. eine Anzeige, die angibt, wie viele Kilometer man mit dem derzeitigen Tankinhalt noch fahren kann, oder auch einen Kompass.

Beide Wohnmobiltypen haben ihre Vorteile. Es gilt also genau abzuwägen, welches Fahrzeug für den geplanten Urlaub am besten geeignet ist.

Pick-up

Pick-ups sind kompakte, robuste Fahrzeuge, die so richtig zu einem urigen Urlaub in Kanada passen. Auf einer Länge von ca. 5,50–6,50 Metern, einer Breite

Die Eingangstür zu einem Pick-up befindet sich meist auf der Rückseite

Blick in den Wohnteil eines Motorhomes

von ca. 2–2,50 Metern und einer Innenhöhe von 1,90–1,95 Metern bieten sie alles für einen komfortablen Urlaub.

Übrigens sind viele dieser Klein-Lkws mit Allradantrieb ausgestattet, den der Campmobil-Vermieter aber in aller Regel abklemmt. Mieter sollen sich ihrem Wunsch nach im Urlaub nur auf festem Untergrund bewegen, auf dem sie den Allradantrieb nicht benötigen. Der Kraftstoffverbrauch liegt zwischen 16–18 Litern Diesel bzw. 16–19 Litern Benzin pro 100 Kilometer. Da es keinen direkten Durchgang zum Wohnteil gibt, muss man aus dem Fahrteil aussteigen und um das Fahrzeug herumlaufen, wenn man nach hinten will. Die Eingangstür befindet sich meist auf der Rückseite; allerdings liegt die Türschwelle auf einer Höhe von ca. 80 cm. Die notwendige Leiter wird während der Fahrt im Wohnteil aufbewahrt. Möchte man tagsüber nur mal schnell halten, um z. B. ein kühles Getränk aus dem Kühlschrank zu holen, erfordert der Einstieg in den Wohnteil – ohne Leiter – etwas Gelenkigkeit bzw. eine zweite Person, die »nachschiebt«. Der Schwerpunkt des Pick-up liegt relativ niedrig, deshalb hält er auf Schotterstrecken oder nasser, eventuell erdverschmierter Fahrbahn gut die Spur.

Gleich zwei Vorteile erfreuen das Portemonnaie: Der Mietpreis für Pick-ups ist in der Regel niedriger als der für vergleichbare Motorhomes und auch der niedrigere Kraftstoffverbrauch sorgt dafür, dass gerade bei längerer Mietdauer und großen Fahrstrecken ein ansehnlicher Betrag eingespart wird. Ein kleiner Nachteil liegt in dem geringeren Stauraum und den normalerweise auch etwas kleiner dimensionierten Wasser- und Abwassertanks, die entsprechend häufiger geleert werden müssen.

Motorhome

Motorhomes sind die beliebtesten Wohnmobile, weil sie ein Maximum an Komfort und eine große Auswahl bezüglich Größe und Ausstattung bieten. Es dürfte nicht schwer fallen, genau das richtige Motorhome zu finden für die gewünschte Personenzahl und die Ansprüche an Schlafmöglichkeiten, Nasszelle und Küche.

Die beliebtesten Wohnmobile: Motorhomes

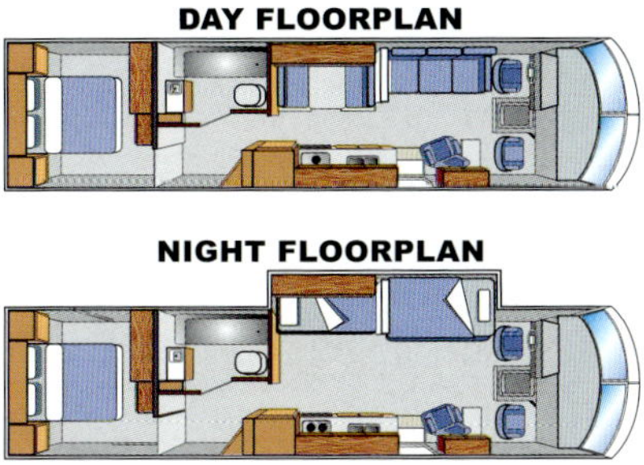

Grundriss-Beispiele von Motorhomes bei Tag und ...

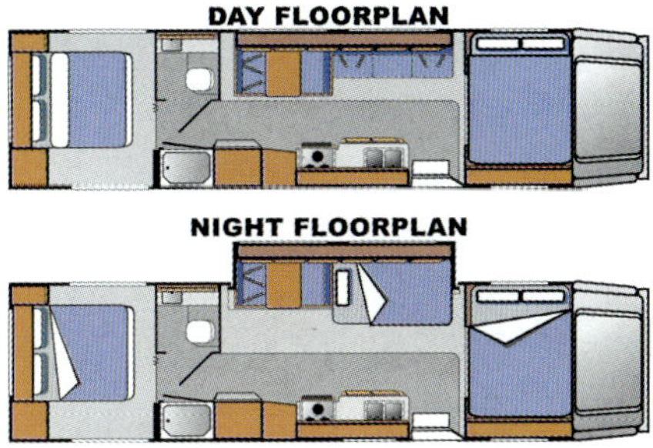

... bei Nacht

Je nach Typ ist ein Motorhome von knapp sieben Metern bis über zehn Meter lang. Die Breite liegt bei allen um 2,50 Meter und die Innenhöhe bei 1,90 bis 2,10 Meter. Bei der Außenhöhe ergeben sich dann über drei Meter – ein imponierender Anblick. Der Kraftstoffverbrauch variiert je nach Größe des Gefährts von 18 bis über 30 Liter auf 100 Kilometer.

Der freie Durchgang zum Wohnteil hat Vorteile. Zunächst können im Wohnteil mehrere Personen während der Fahrt sitzen (Sitzgurte sind vorhanden), die Blick- und Sprechkontakt zu Fahrer und Beifahrer haben. Und man kann beispielsweise jederzeit an geeigneter Stelle eine Parkbucht anfahren, um mal eben aus dem Kühlschrank kalte Getränke zu holen. Auch der warme Pullover oder die Ersatzbatterie für die Kamera sind in bequemer Reichweite, was besonders bei Regen oder Kälte sehr angenehm ist. Ein weiterer, nicht zu unterschätzender Vorteil ist es, das Fahrzeug jederzeit starten und wegfahren zu können, ohne vorher aussteigen zu müssen.

Ängstliche Gemüter schätzen auch die Möglichkeit, des nachts – besonders wenn man an einem eher einsamen Campingplatz Station gemacht hat – schnell wegfahren zu können, wenn man etwa merkwürdige Geräusche gehört hat oder sich – aus welchen Gründen auch immer – an diesem Platz unbehaglich fühlt. (Achtung: Vor dem Start überlegen, ob das Wohnmobil an irgendetwas angekoppelt ist wie Strom, Wasser oder Abwasser!)

Van Conversion

Erwähnt seien noch die Van Conversions, die als Basis einen Lieferwagen o. ä. haben, der auf Stehhöhe ausgebaut wurde. Länge, Breite und Innenhöhe liegen etwas unter den Maßen der meisten Pick-ups. Sie sind in der Regel nur für zwei Personen zugelassen. Der Benzinverbrauch liegt bei 14–22 Litern/100 km. Auch hier gibt es Varianten mit Dieseltreibstoff und entsprechend niedrigerem Verbrauch. Die Ausstattung ist auf das Minimum beschränkt (kleine Kochecke, tragbare Chemikalientoilette, Schlafen auf

Van Conversion in der Prärie von Alberta

Rückzugsgebiet Alkoven

umbaubarer Sitzecke) und Stauraum und Platz zum Bewegen sind recht begrenzt. Alles Wesentliche zum Wohnen ist aber vorhanden und wenn man Abstriche bei Komfort und Platzangebot machen kann, ist ein Van Conversion die preisgünstigste Fahrzeugwahl und genau richtig für diejenigen Urlauber, die mehr Wert auf das Reisen an sich als auf das Wohnen legen.

Anzahl der Schlafplätze/ Empfohlene Maximalbelegung

In Urlaubskatalogen und auch im Internet findet man zusätzlich zur Anzahl der Schlafplätze eines Wohnmobils oft auch eine empfohlene Maximalbelegung, die niedriger ausfällt (z. B. 5 Schlafplätze, empfohlene Belegung: 2 Erwachsene und 1 Kind). Diese Empfehlung verdient Beachtung. Immerhin geht es darum, dass man sich über mehrere Wochen wohlfühlt im »rollenden Haus«. Besser nicht am falschen Ende sparen und für ausreichend Bewegungsspielraum sorgen. Zu bedenken ist, dass das Wohnmobil an Regentagen der einzige trockene Platz und demnach das einzige Rückzugsgebiet ist. Jeder Mitfahrer braucht seinen eigenen, wenn auch kleinen Platz. Für Kinder ist auch Raum zum Spielen wichtig. Reist man nur zu zweit oder dritt, ist z. B. der Alkoven über der Fahrerkabine, wenn er nicht zum Schlafen benötigt wird (weil genügend andere Schlafplätze vorhanden sind), ein idealer zusätzlicher Ablageplatz für nasse Kleidung oder Sportsachen, die auslüften sollen.

Natürlich steigt mit der Wagengröße auch das Angebot an Stauraum. Auf jeden Fall besteht aber immer die Möglichkeit, dass es eng werden könnte, die gewohnte Ordnung wahrscheinlich nur begrenzt zu halten sein und man ab und zu das eine oder andere Teil suchen wird. Es gilt einen Kompromiss zu finden zwischen ausreichend Stauraum, einem zufriedenstellenden Angebot an Bewegungsraum und dem Kostenfaktor.

Ausstattung eines Wohnmobils

Jedes Wohnmobil (Ausnahme: im Van Conversion gibt es nur die umbaubare Essecke) besitzt über der Fahrerkabine einen Alkoven mit Bett. Die aus zwei Bänken und einem Tisch bestehende Essecke kann abends in ein weiteres Bett umgebaut werden. Größere Motorhomes verfügen zusätzlich über ein Doppelbett im hinteren Teil. Oft gibt es auch einen oder zwei drehbare, fest montierte Sessel im Wohnbereich.

Fenster und Türen sind mit Fliegengittern versehen. Manche Fahrzeuge sind mit einer Klimaanlage für den Wohnteil ausgestattet, die am Campingplatz über Strom läuft. Auf Anfrage kann man einen Generator bekommen, der von einem lokalen Stromanschluss unabhängig macht.

Im Wohnmobil gibt es mehrere Steckdosen. Alle Geräte, die sich auf 110 Volt umstellen lassen, kann man anschließen. Föhn oder Akkus für Videokamera oder Fotoapparat sollten entsprechende Ladestationen haben. Die Steckdosen funktionieren allerdings nur, wenn

Ein eigener Generator macht unabhängig von lokalen Stromanschlüssen

das Wohnmobil an ein Stromnetz angeschlossen ist.

Jedes Wohnmobil ist mit einer Kochecke ausgestattet, die über Gasherd, Spüle und Kühlschrank (meist mit Tiefkühlfach) verfügt. In vielen Modellen gibt es auch eine Mikrowelle. Einige Wohnmobile haben einen Apothekerschrank, in dem Konserven, Flaschen und weitere Küchenvorräte platzsparend aufbewahrt werden können. Wenn die Küchenecke etwas klein erscheint, bleibt zu bedenken, dass auf den meisten Campingplätzen zu jedem Stellplatz auch ein Grill gehört. Wenn also Steak und Würstchen frisch vom Feuer zu den Favoriten gehören, kann die Küche im Wohnmobil oft »kalt« bleiben.

Es gibt einen Kleiderschrank, um die Garderobe aufzuhängen. In der Regel lässt man für den Kanada-Urlaub die »feinen« Sachen jedoch eher zu Hause und nimmt freizeittaugliche Kleidung mit, die ein paar Knitterfalten verträgt, sodass dieser Schrank auch anderweitig für voluminöse Artikel wie Toilettenpapier oder Küchenrollen benutzt werden kann. Der größte Teil der Kleidung wird in diversen Hängeschränken aufbewahrt.

Stauraum bietet auch das Bad: Waschbeckenunterschrank und ein kleines Spiegelschränkchen sind Standard. Die größeren Motorhomes haben eine separate Duschzelle, in der man sich bequem duschen kann. In kleineren Motorhomes

Die Essecke kann abends in ein weiteres Bett umgebaut werden

und Pick-ups ist die Dusche im Bad integriert: Der Duschkopf hängt an der Wand, ein Abfluss befindet sich im Boden des Bades. Einmal duschen bedeutet dann leider oft Land unter, was sich auf so kleinem Raum kaum vermeiden lässt. Abhilfe schafft oft nur die Nutzung der Duschen auf den Campingplätzen, deren sanitäre Anlagen sauber und gepflegt sein sollten. Wenn man diese Gemeinschaftseinrichtungen nutzt, dann eignet sich die Duschwanne gut als weiterer Stauraum.

Schließlich gibt es noch den doppelten Boden, den man von außen mittels verschiedener abschließbarer Klappen erreicht. Hier lassen sich außer der Campingausstattung, z. B. den Klappstühlen, einer Axt zum Holzhacken und dem Grillrost, auch Dinge wie Feuerholz, Papier zum Anzünden und ähnliche grobe Dinge unterbringen.

Platz für einen Getränkevorrat (Achtung, Glasbruch-Gefahr! Besser Plastik oder Tetra-Pack nehmen.) bieten die Fächer auch, zumal die Sachen auf natürlichem Wege, also durch den Fahrtwind, auf niedrigeren Temperaturen gehalten werden.

Größere Motorhomes haben eine separate Duschzelle

Motorhomes mit sogenannten Slide-Outs sind praktisch. Auf dem Campingplatz kann das Seitenteil ausgefahren werden für bis zu 60 Zentimeter mehr Breite im Wohnmobil. Der kleine Nachteil dabei ist, dass die Unterbringung der entsprechenden Technik den Stauraum reduziert.

Wohnmobil für Rollstuhlfahrer

Relativ neu im Angebot ist ein für Rollstuhlfahrer geeignetes Motorhome. Es verfügt über einen Lift bzw. eine Rampe zum bequemen Ein- und Aussteigen in den Wohnteil, extra breite Türen (auch im Bad) und Halterungen, die den Rollstuhl während der Fahrt fixieren. Handsteuerung und Handbetriebssystem für Gas und Bremse werden bei Bedarf vor Ort montiert. Da es erst sehr wenige Fahrzeuge mit diesen Einrichtungen gibt, ist eine frühe Reservierung ratsam.

Ein oder zwei Wohnmobile?

Beim Familienurlaub mit Kindern werden alle ihren Spaß an diesem Abenteu-

Bei einer Fahrt auf dem Alaska Highway empfohlen: »Unlimited Miles«

er haben, wenn man es locker angehen lässt und ein gewisses Maß an Unordnung zulässt.

Schwieriger wird es, mit eine Gruppe von Freunden ein Wohnmobil zu nutzen. Das sollte sehr gut überlegt werden, da man während des gesamten Urlaubs sehr dicht zusammenwohnen wird. Es gibt kaum eine Möglichkeit des Rückzugs. Und die Innenwände eines Wohnmobils sind aus Gewichtsgründen aus dünnen Sperrholzplatten gebaut und keineswegs schalldicht.

Am besten spricht man schon während der Urlaubsplanung über diese Themen. Wenn auch nur der leiseste Zweifel daran besteht, dass man nicht drei oder vier Wochen so dicht zusammenwohnen kann, ohne dass die Freundschaft auf der Strecke bleibt, sollte man ernsthaft überlegen, den Urlaub mit zwei Fahrzeugen zu planen. So schön es abends am gemeinsamen Lagerfeuer ist, manchmal kann das enge Beisammensein zu ungeahnten Aggressionen führen. Sollte es tagelang regnen, hockt man quasi 24 Stunden in einem Zimmer zusammen.

Entscheidet man sich für zwei Wohnmobile, heißt das nicht, dass man während des gesamten Urlaubs hintereinander herfahren muss. Vielleicht plant man jeweils den nächsten Tag in groben Zügen, berät über einen möglichen gemeinsamen Haltepunkt gegen Mittag. Einige Wohnmobilvermieter bieten Walkie-Talkies an, eine ideale Möglichkeit, miteinander in Verbindung zu bleiben, denn Mobiltelefone funktionieren nicht überall.

Fahrkilometer/Kühles Rechnen spart bares Geld

Hat man sich für ein bestimmtes Wohnmobil-Modell entschieden, geht es an den Preisvergleich. Natürlich gibt es mehrere Wohnmobilvermieter, die gleiche oder sehr ähnliche Ausführungen eines Campmobils anbieten und sowohl in Vancouver als auch Calgary Stationen unterhalten.

Die folgende Rechenaufgabe kann bei der Wahl des besten und günstigsten Angebots den Ausschlag geben. Viele Wohnmobile werden mit **Freimeilen** angeboten. Da heißt es zum Beispiel im Angebot: Pro Tag sind 160 Kilometer inklusive. Die Vermieter lassen sich nämlich nicht nur die Benutzung des Fahrzeugs an sich bezahlen, sondern verlangen zusätzlich eine Pauschale pro gefahrenem Kilometer. Selbstverständlich steht es dem Mieter frei, mehr Straße unter die Räder zu nehmen. Dann zahlt man bei Rückgabe des Wohnmobils einen entsprechenden Aufpreis, der von Vermieter zu Vermieter variiert. Oft ist es günstiger, sogenannte 300- oder 500-Kilometerpakete im Voraus zu buchen als die mögliche Nachzahlung vor Ort. Für Urlauber, die sehr weite Strecken fahren wollen, gibt es Angebote mit **unbeschränkten Freikilometern**, *unlimited miles* genannt. Es lohnt sich also, die Gesamtkilometerzahl der geplanten Reise grob zu schätzen und großzügig aufzurunden, um festzustellen, welche Variante für Ihre Urlaubsplanung die preisgünstigste ist.

Versicherungen

Ein wichtiges Thema sind die im Mietpreis eingeschlossenen Versicherungen. Die Wohnmobilmiete ist zunächst einmal mit einer gesetzlich vorgeschriebenen **Haftpflichtversicherung** für Personen- und Sachschäden mit Mindestdeckungssumme verbunden. Einige deutsche Reiseveranstalter haben diesen Mindestbetrag großzügig aufgestockt (z.B. auf 5 Millionen Can $). Wenn man die Buchung direkt bei der Vermietfirma getätigt hat, sollte man nach der genauen Höhe der Haftpflichtversicherung fragen.

Zusätzlich abschließen lässt sich eine **CDW-Versicherung** *(collision damage waiver)*. Diese Versicherung bezieht sich auf Schäden am eigenen Fahrzeug, entspricht also in etwa unserer Vollkaskoversicherung. Einige Ausnahmen gibt es hierbei, z.B. Glasschäden oder Schäden am Dach (z.B. bei Einfahrt in ein Parkhaus) und am Unterboden (wenn das Fahrzeug aufsetzt). Es gibt auch einen Eigenanteil, der im Schadensfall vom Kunden zu zahlen ist und bei jeder Vermietfirma unterschiedlich hoch sein kann. Der Ausschluss dieser Ausnahmen lässt sich wiederum mit einer **VIP-Versicherung** erreichen *(vacation interruption protection)*. Was in keinem Fall zu versichern ist, sind Schäden an der Inneneinrichtung, am persönlichen Eigentum und Schaden, die entweder nicht durch einen Unfall oder abseits der öffentlichen Straßen (Campingplatz, Waschanlage, Tankstelle usw.) entstehen. Bei diesen Eventualitäten muss gegebenenfalls die private Haftpflichtversicherung einspringen.

Bei einigen deutschen Reiseveranstaltern sind die CDW- und die VIP-Versicherungen im Preis inklusive. Ein Vergleich der Konditionen, auch in Bezug auf eine Buchung direkt beim Vermieter, ist auf jeden Fall ratsam. Sehr oft ist eine Buchung über das Reisebüro günstiger, zumal etwaige Reklamationen oder die Schadensabwicklung nach einem Unfall sehr viel einfacher mit einem deutschen Partner geregelt werden können.

Alle diese Versicherungen greifen selbstverständlich nicht bei Schäden durch Fahrlässigkeit, Trunkenheit am Steuer, Fahren auf nicht öffentlichen Straßen oder in nicht zugelassenen Fahrgebieten. Es handelt sich um die Ausnahmen, die auch in Deutschland zu Versicherungsverlust führen würden.

Wo buchen: beim Reiseveranstalter oder übers Internet direkt beim Wohnmobilvermieter in Kanada?

Unternimmt man zum ersten Mal einen Urlaub mit dem Wohnmobil, ist es sicherlich etwas ungewohnt, so viele Dinge bereits lange vor dem Urlaubsbeginn

Fast immer gibt es eine Picknickgarnitur mit zwei Bänken und einem Tisch (Vancouver Island)

zu planen und zu entscheiden. Man benötigt zahlreiche Informationen, z. B. über Freimeilen, Versicherungen und sonstige Konditionen, um das beste Angebot zu finden. Auf dem Markt gibt es eine Reihe von Katalogen deutscher Reiseveranstalter, die alles Nötige in sehr übersichtlicher Form darstellen. Oft werden mit den Wohnmobilfirmen Rahmenverträge abgeschlossen, die beste Konditionen sichern. Je nachdem, wie vertraut man damit ist, Angebote aus dem Internet herauszusuchen, kann es dagegen eine zeit- und kostenintensive Angelegenheit werden, eigenhändig die Angebote diverser Vermietfirmen zu vergleichen.

Camper-Börse/Angebot und Nachfrage

Die meisten Wohnmobilvermieter sind dazu übergegangen, ihre Preise je nach Nachfrage für bestimmte Reisezeiträume flexibel zu halten. Unter »Camper-Börse«, »Flexraten« oder ähnliche Bezeichnungen findet man die entsprechenden Tabellen in den Urlaubskatalogen, im Internet oder in den Unterlagen der Reisebüros. Als Faustregel gilt: je früher man bucht, desto niedriger ist der Preis. Und während der Nebensaison sind Buchungen natürlich günstiger als während der Sommerferienzeit.

Zu bedenken bleibt, dass in Kanada der Sommer relativ kurz ist. Die Saison beginnt im Mai und bereits Mitte Oktober kann es vor allem im Norden des Landes die ersten Wintereinbrüche geben. Trotz zahlreicher Wohnmobilverleiher ist das Angebot letztlich begrenzt und die begehrten Ferientermine sind ziemlich schnell ausgebucht. Es ist daher nicht zu früh, mit der Planung des Kanada-Urlaubs bereits im Winter des Vorjahres zu beginnen.

Schnäppchen für Flexible

Alle Wohnmobilvermieter unterhalten mehrere Stationen, an denen die Fahrzeuge abgeholt und zurückgegeben werden können. Manchmal werden die RVs während der Wintermonate zentral an einem Ort eingelagert. Das macht es notwendig, dass im Frühjahr die Wohnmobile wieder auf die diversen Stationen im Land verteilt werden. Deshalb gibt es jährlich für das Frühjahr und/oder den Herbst Sonderangebote für sogenannte One Ways. Hierbei übernimmt man das Wohnmobil an einer Station, z. B. Vancouver, und gibt es am Ende des Urlaubs an einer anderen Station ab, z. B. in Calgary. Für diese Überführungen gibt es günstige Preisangebote inklusive einer großzügigen Menge an Freimeilen. Diese Schnäppchen sind ideal, wenn man bezüglich des Reisedatums und der Anmiet- und Abgabestation flexibel ist und sich auf die Konditionen eines solchen Sonderangebots einlassen kann.

Vor der Weiterfahrt: Geschirr muss gespült und weggeräumt werden

Kaution

Wie auch bei Mietwagen wird für ein Wohnmobil eine Kaution verlangt, die in der Regel über die Kreditkarte abgedeckt wird. Achtung: Einige Vermieter buchen die Kaution bei Übergabe des Fahrzeugs vom Konto ab und erstatten den Betrag nach problemloser Rückgabe. Das heißt aber, dass dieser Betrag während des Urlaubs nicht zur Verfügung steht. Man sollte also für entsprechende Kontodeckung sorgen bzw. sich vergewissern, dass der Vermieter nur einen *print* der Kreditkarte zieht, aber keine Abbuchung vornimmt.

Die Campingausstattung

Am zweckmäßigsten ist es, die komplette Camping-Grundausstattung *(convenience kit)* wie Geschirr, Besteck, Töpfe, Pfannen und andere Küchenutensilien, Bettwäsche, Bettzeug und Handtücher gleich im Paket mit zu mieten. Alle diese Dinge benötigt man ohnehin für den Urlaub. Das Bettzeug besteht – je nach Vermietfirma – aus Decken oder Schlafsäcken, manchmal auch aus Daunendecken. Alles ist frisch gereinigt und hygienisch.

Zusätzlich kann man vor Ort oft noch Campingstühle und andere Ausstattungsgegenstände ausleihen. Stühle z. B. sind an den Vermietstationen in der Regel immer vorrätig, eine Reservierung ist meist nicht möglich. Zwar sind die meisten Stellplätze auf den Campingplätzen mit Tisch und Bänken ausgestattet; manchmal sind die aber feststehend, sodass zusätzliche Campingstühle nicht fehl am Platze sind, wenn man mal direkt am Seeufer oder Strand sitzen möchte.

Wie viel Urlaub darf es sein?

Bedenken sollte man, dass ein Flug nach Kanada – je nach Wahl des Zielflughafens – zwischen neun und dreizehn Stunden dauert, mit Umsteigeverbindung auch länger. Die Zeitverschiebung zwischen Deutschland und z. B. British Columbia beträgt neun Stunden, das will verkraftet werden (und beim Rückflug hat man das gleiche Problem gleich noch einmal). Und schließlich muss man sich im Wohnmobil einleben; dafür sind auch zwei bis drei Tage anzusetzen.

Der nächste Punkt betrifft die Größe des Landes: Allein British Columbia ist so riesig, dass es einige Wochen brauchen würde, um alles Interessante zu sehen. Möchte man auch nur einige der Sehenswürdigkeiten und schönsten Gegenden in Ruhe besuchen, benötigt man dazu mehr als zwei Wochen.

Der größte Stimmungskiller ist Stress. Wenn man sich nicht einmal im Urlaub Zeit lassen kann, wann dann? Von Vorteil sind daher Jokertage, d. h. Urlaubstage, die unverplant sind, an denen kein Meter gefahren wird – freie Zeit pur.

Eine Mindesturlaubsdauer von drei Wochen gibt ausreichend Zeit, um ein Stück in die Wildnis Kanadas vorzudringen und sich in dem Gefährt heimisch zu fühlen und zu entspannen, denn dafür benötigen Körper und Kopf auch einige Tage. Ideal ist eine Zeitspanne von vier Wochen, während der man so richtig vom normalen Alltagstrott in ein unbeschwertes Urlaubsleben eintauchen kann. Vier Urlaubswochen lassen eine gute Auswahl an möglichen Fahrstrecken zu, inklusive einiger Jokertage an Orten, die ganz besonders gut gefallen. Es bleibt Zeit, neue Hobbys auszuprobieren (z. B. Angeln, Kanufahren, Reiten) oder kleine Ausflüge wie z. B. eine geführte Wanderung zu unternehmen, und man kann unbeschwert in den Tag hinein leben, den Wecker vergessen und

Unerlässlich: gute Straßenkarten

zum natürlichen Schlaf-Wach-Rhythmus finden.

Nachdem man sich über die Gesamtdauer seines Urlaubs im Klaren ist, geht es an die detaillierte Planung.

Planung der Fahrtroute

Nachdem der Zielflughafen, das Hotel für die erste Übernachtung und das Wohnmobil ausgesucht sind, kann man sich der Fahrtroute widmen. Wohin möchte man fahren, was will man sehen, wie viel Zeit benötigt man dafür? Die Kunst ist es, so viel wie möglich zu sehen und zu erleben, ohne dabei hetzen zu müssen.

Warum sollte man solch eine Vorbereitung machen? Sicher ist man schon in Urlaub gefahren oder geflogen und hat erst vor Ort überlegt, was man denn unternehmen könnte. Die Antwort ist einfach: Kanada ist ein riesiges Land. Die Entfernungen zwischen den Städten sind enorm und werden häufig unterschätzt. Viele Attraktionen, von denen man gehört hat und die man unbedingt sehen will, sind unter Umständen sehr weit voneinander entfernt. Um sich da nicht zu verzetteln, ist es empfehlenswert, sich bereits zu Hause mit allen Reiseteilnehmern Gedanken über die Route, die Fahrkilometer und den ungefähren Zeitbedarf zu machen. Sollte die Wunschliste zu lang werden, bringt eine demokratische Abstimmung die Entscheidung.

Hat man das Wohnmobil bei einem guten Reiseveranstalter gebucht, folgt einige Tage nach der Buchung mit der Reisebestätigung zumeist auch ein Reiseatlas. Manchmal werden solche Atlanten auch erst zusammen mit den Reiseunterlagen, also den Flugtickets und Gutscheinen, etwa zwei bis drei Wochen vor Reiseantritt verschickt, was die Planungszeit allerdings etwas knapp werden lässt. Für die grobe Überschlagsrechnung und Planung der Route ist ein solcher Atlas auf jeden Fall eine wertvolle Hilfe. Gute Straßenkarten der einzelnen kanadischen Provinzen lassen sich unter http://de.canada.travel oder www.travelmarketing.de/canada.html bestellen. Außer Straßenkarten gibt es meist auch weiteres Informationsmaterial. In der Regel ist das Material kostenlos, manchmal wird ein geringer Beitrag verlangt.

Zunächst verschafft man sich einen Überblick über die Gegend, durch die man reisen möchte, stellt fest, wie die Landschaft aussieht, was es unterwegs an Attraktionen gibt, was man unternehmen kann. Dazu findet man im vorliegenden Reiseführer eine Vielzahl an Informationen. Jedes Kapitel behandelt einen der kanadischen Highways. Nach einem detaillierten Reiseverlauf, der die einzelnen Orte, Sehenswürdigkeiten und Landschaften entlang des Highways beschreibt, folgen – auf blauem Papier gedruckt – Informationen zu den Hauptattraktionen, Touristikbüros, Restaurants etc. Es werden auch viele empfehlenswerte Campingplätze einschließlich Adressen und GPS-Codes, Telefonnummern, Öffnungszeiten und Preisen aufgeführt.

Nachdem man die Wunschstrecke ausgewählt hat, rechnet man überschlagsweise die Kilometer zusammen. Nun kommt die Gegenrechnung. Angenommen, man möchte das Wohnmobil für drei Wochen, also komplette 21 Tage mieten. Dann zieht man von dieser Gesamtzeit ein Minimum an vier Jokerta-

»Gravel Road« (Schotterstraße) in der Bergwelt von British Columbia und …

... in den Alberta Plains

gen ab. Jokertage sind Tage, die nicht verplant sind, weder in Bezug auf eine Fahrstrecke noch im Hinblick auf irgendwelche Besichtigungen oder sonstiges Programm. Diese Tage sollen reserviert sein für besondere Orte, an denen man gern einen zusätzlichen Tag verbringen möchte, um die Landschaft zu genießen oder eine Wanderung zu unternehmen, ein sportliches Freizeitangebot zu nutzen oder sich eine Auszeit zu nehmen. Bei einer vierwöchigen Reise rechnet man mindestens fünf bis sechs solcher Jokertage ein.

Nun geht es an die Berechnung der durchschnittlichen täglichen Fahrzeit. Da auch der/die Fahrer des Wohnmobils den Urlaub genießen will/wollen, ist eine tägliche Fahrzeit von höchstens sechs Stunden realistisch. Die Durchschnittsgeschwindigkeit liegt bei etwa 50 Stundenkilometern. Da man vermutlich häufiger auf kleinen Landstraßen unterwegs ist als auf vierspurigen Highways und oft stoppt, rechnet man mit einem noch niedrigeren Schnitt. Bei viel Schotterstraße *(gravel road)* reduziert sich das Durchschnittstempo leicht auf 30–40 Stundenkilometer.

Sogar als Frühaufsteher im Urlaub, wird man im Schnitt erst gegen 9 Uhr vom Campingplatz losfahren. Anders als bei einer Reise mit Mietwagen und Hotelübernachtung, wo man nach beendeter Mahlzeit einfach aufsteht und weiterfährt, wird das Frühstück im RV selbst gemacht und das Geschirr muss danach gespült und weggeräumt werden. Das Wohnmobil muss von den di-

Eine Reifenpanne kann immer und überall passieren

versen Anschlüssen abgekoppelt und alle Schläuche und Leitungen verstaut werden. Diese täglichen Handgriffe nehmen Zeit in Anspruch, hinzu kommen die Mittagspause, der Lebensmitteleinkauf, Fotostopps etc. – das alles addiert sich zu mehr Stunden, als man sich zunächst vorstellen kann.

Um das oben genannte Rechenbeispiel bei 21 Reise- und vier Jokertagen zusammenzufassen: 300 km x 17 Tage ergeben 5100 Kilometer für den Gesamturlaub. Rundet man das Ergebnis etwas nach oben ab, kommt man auf etwa 5300 Kilometer. Damit hat man eine grobe Schätzung, welche Fahrstrecke man maximal im Urlaub bewältigen kann, damit die Reise erholsam bleibt.

Ergibt die Kilometeraddition der Wunschstrecke eine höhere Zahl als die Gegenrechnung mit den täglich gefahrenen Kilometern, sollte man die Planung noch einmal überdenken, und eventuell den einen oder anderen Abstecher weglassen. Am besten plant man zugunsten einer höheren Urlaubsqualität eine kürzere Strecke ein.

Auf den Seiten 56–65 findet man einige Musterplanungen als Hilfestellung für die eigene Planung.

Die Straßen

Generell ist das kanadische und US-amerikanische Straßennetz bei fast allen Wohnmobilvermietern als zugelassenes, d.h. versichertes Fahrgebiet ausgewiesen, sodass von Kanada Abstecher in die Vereinigten Staaten erlaubt sind.

Auf einigen Schotter- und Nebenstraßen des Yukons oder Alaskas ist die Gefahr von Steinschlag an der Windschutzscheibe oder Karosserie durch entgegenkommende oder überholende Fahrzeuge so groß, dass von den Vermietern manchmal kräftige Zuschläge gefordert werden oder die Benutzung dieser Straßen ganz untersagt wird. Schotter- und Staubstraßen, die bei trockener Witterung harmlos aussehen und meist auf einem zwei bis drei Meter hohen Damm angelegt sind, verwandeln sich bei Regen oft in eine weiche, schmierige Piste mit ausgefahrenen Stellen und Löchern. Leicht könnte das Wohnmobil, dessen Schwerpunkt sehr viel höher liegt als bei einem Auto, ins Schlingern kommen und die wenigen Kilometer, die auf der Karte so harmlos aussahen, zur schweißtreibenden, nervenaufreibenden Angelegenheit werden. So sollte man sich bereits zu Hause mit einem genauen Blick auf die Karte Aufschluss über die Straßenarten verschaffen und die Frage klären: Erlaubt oder nicht erlaubt?

Es sei hier eindrücklich davor gewarnt, nicht zugelassene Straßen zu befahren und dies beim Vermieter nicht anzugeben, um die Kosten für die Zusatzversicherung zu sparen. Denn schon eine Reifenpanne, die überall passieren kann, deckt den Versicherungsbetrug auf. Der Ausfall eines Wohnmobils ist für die Firmen ein teures Risiko. Für den Mieter kann die Sache ebenfalls teuer werden; wenn unterwegs auf »verbotenen« Straßen etwas passiert, wird man kräftig zur Kasse gebeten und muss für Kosten und Folgekosten aufkommen.

Zur Schonung von Nerven und Geldbeutel bleibt man besser bei den legalen Möglichkeiten einer Zusatzversicherung oder wählt eine andere Fahrtroute.

Vorgehensweise bei der Urlaubsplanung

Im Folgenden ist der Ablauf einer Urlaubsplanung noch einmal zusammengefasst:

- Auswahl des Zielflughafens in Kanada
- Überlegung, ob man einige Tage vor oder nach dem Campmobilurlaub in einer Stadt verbringt

- Planung der ersten Übernachtung, falls kein Stadtaufenthalt am Urlaubsanfang geplant ist
- Sammeln von Reisekatalogen diverser Reiseveranstalter
- Fahrzeugwahl nach folgenden Kriterien: erlaubtes Fahrgebiet, Fahrzeugtyp, Fahrzeuggröße (nach den Angaben der Reiseveranstalter über die empfohlene Belegung), Höhe der Freikilometer, Berücksichtigung von Sonderangeboten, inkludierten Sonderleistungen und Preis
- Auswahl des Fahrgebiets
- Grobe Festlegung des Fahrtroute
- Überschlagsrechnung der gesamten Fahrkilometer
- Beratung in einem Reisebüro, das die Verfügbarkeit des Wunschfahrzeuges beim Reiseveranstalter prüft, bei der Wahl des Transatlantikfluges berät und bei der Suche des Hotels (Stadtaufenthalt bzw. erste Übernachtung) behilflich ist. Für den Besuch im Reisebüro ist eine gründliche Liste mit allen zu klärenden Fragen nützlich.

Kofferpacken

Von einigen wegen der Vorfreude geliebt, von den meisten eher gehasst: das Kofferpacken. Während es für manche überhaupt kein Problem ist, ein paar Sachen in einen Koffer zu werfen, brauchen andere mehrere Tage, um die Balance zwischen Platzangebot, Gewichtsbeschränkungen und eigenen Vorstellungen zu finden. Wie immer, besteht die Kunst darin, Überflüssiges wegzulassen und nichts Wichtiges zu vergessen.

Zwei Besonderheiten gibt es bei diesem Urlaub zu beachten: Alles, was kompliziert zu handhaben, empfindlich oder sperrig ist, lässt man am besten zu Hause. Denn für jeden Mitreisenden stehen im Wohnmobil ein oder höchstens zwei Schrankfächer zur Verfügung.

Das Wohnmobil-Bad weist in der Regel nur wenig Stauraum auf

Einen Großteil des Urlaubs verbringt man in der Natur. Das verlangt nach einer eher praktischen, unempfindlichen Garderobe, für einen Stadtaufenthalt mit abendlichem Ausgehen packt man dazu ein Minimum kombinierbarer »besserer« Teile ein. Tipp: Ist der Stadtaufenthalt am Anfang der Reise eingeplant, kann man die »feine Stadtgarderobe« im Koffer lassen, der von der Mietstation aufbewahrt wird.

Straßenschuhe bzw. Pumps für den Stadtaufenthalt können vermutlich auch im Koffer bleiben, während zwei Paar bequeme Turnschuhe, Sandalen und eingelaufene (!) Wanderschuhe eine gute Mischung für die Wohnmobilreise sind.

Da man während des Urlaubs wahrscheinlich vom Meeresniveau bis ins Hochgebirge fährt, muss man sich auf Temperaturen – je nach Reisezeit – von Hochsommer bis hin zu wenigen Graden

Abends in der mobilen Unterkunft

über dem Gefrierpunkt einstellen. Gerade in den Bergen ist das Klima extrem, wo auf einen warmen Tag durchaus ein kühler Abend und eine kalte Nacht folgen können. Im Juli kann man morgens in den Rocky Mountains bei Raureif aufwachen, um dann am Nachmittag in Edmonton in der warmen Prärie die Shorts auszupacken. Ein leichter Anorak mit Kapuze schützt vor Regen und man kann, je nach Temperatur, eine oder mehrere Lagen weiterer Kleidungsstücke darunter packen.

Jedes Wohnmobil verfügt über eine gasbetriebene Heizung, die das Fahrzeuginnere gut und relativ schnell erwärmt. Allerdings kühlt das Fahrzeug auch rasch wieder ab. Wird einem schnell kalt, sollte man an wärmere Nachtwäsche denken.

Wo werden Geld, Reisepässe, Kreditkarten und andere wichtige Dokumente aufbewahrt? Eine Handtasche ist im Wohnmobil eher unpraktisch. Besser geeignet sind kleine Rucksäcke oder auch Hüfttaschen. Sicherheitshalber sollten wichtige Dokumente und Geld auf alle Erwachsenen aufgeteilt werden. Wie im Auto sollte man auch im Wohnmobil selbst bei kurzer Abwesenheit keine Wertsachen zurücklassen.

Für einen Zeitraum von drei bis vier Wochen lohnt es sich, Waschzeug wie Shampoo oder Bodylotion in Kanada zu kaufen. Viele bei uns geläufige Marken gibt es dort ebenfalls und einkaufen muss man ja ohnehin. Das spart Gewicht und Platz im Gepäck und es läuft auf dem Flug auch nichts aus.

Das Wohnmobil-Bad weist in der Regel nur einen kleinen Spiegelschrank auf. Auch hier sollte man genau überlegen, was wirklich nötig ist oder worauf man für einige Wochen verzichten kann – vielleicht macht man sogar die Erfahrung, dass man im Urlaub nichts von dem vermisst, was man zu Hause gelassen hat.

Die meisten Campingplätze verfügen über Waschmaschinen und Trockner und es gibt Waschpulver in kleinen Portionspackungen zu kaufen. Es ist also kein Problem, auf einem Campingplatz Wäsche zu waschen.

Was man mitnehmen bzw. bei Fahrtantritt kaufen sollte, sind einige zusätzliche Handtücher und Geschirrtücher. Im Convenience Kit ist zwar ein Minimum enthalten, doch bleibt bei täglichem Gebrauch die Hygiene nach einiger Zeit auf der Strecke. Wenn der Besuch heißer Quellen oder das Baden im Meer oder einem der Seen geplant ist, gehören auch Badetücher in den Koffer.

Im Wohnmobil gibt es Steckdosen, die allerdings nur funktionieren, wenn ein Stromanschluss am Stellplatz vorhanden ist. Dabei ist noch zu beachten, dass Geräte wie Rasierer oder Föhn auf 110 Volt umstellbar sein müssen und ein Adapter für die kanadischen Steckdosen vonnöten ist. Diese Geräte, Stecker und Ladegeräte packt man am besten in den Koffer und nicht ins Handgepäck.

Die betriebsbereite Film- oder Fotokamera nimmt man dagegen besser ins Handgepäck (Akku laden!). Es kann sein, dass man die Kamera bei der Sicherheitskontrolle für ein paar Sekunden in Betrieb nehmen muss, außerdem möchte man den Anfang der Reise auch gern aufnehmen.

Die erste Übernachtung

Ist man noch nie in Kanada gewesen, will man den Urlaub vielleicht mit ein paar Tagen in der Stadt (ohne Wohnmobil) beginnen, um sich einzugewöhnen, den Jetlag zu überwinden und einige Attraktionen zu besuchen. Für diese Zeit braucht man ein möglichst zentral gelegenes Hotel, das Erkundungen zu Fuß erlaubt. Sowohl in Vancouver als auch in Calgary gibt es ein breit gefächertes Angebot.

Übernimmt man das Wohnmobil gleich nach der ersten Übernachtung, wird man nach Absprache vom Wohnmobilvermieter zumeist vom Hotel abgeholt. Genaue Informationen darüber findet man in den entsprechenden Katalogen oder auf der Webseite des Vermieters. Diese Hotels liegen allerdings in der Regel nicht *downtown*, sondern in der Nähe des Flughafens oder am Stadtrand.

Wenn man gleich am Urlaubsanfang mit dem Wohnmobil losfahren und den Stadtbummel ans Urlaubsende legen möchte, bucht man entsprechend die letzten Übernachtungen in einem Hotel. Nach Rückgabe des Wohnmobils nimmt man am besten ein Taxi

Moderne Hilfsmittel wie Servolenkung erleichtern das Fahren

zum Hotel. Will man dagegen am Urlaubsanfang ein paar Tage in der Stadt verbringen, geht man umgekehrt vor. Der Wohnmobilvermieter wird einen dann am Ende des Urlaubs direkt zum Flughafen bringen. Achtung: Besser den Rückflug auf den späteren Nachmittag legen, damit genügend Zeit für die Rückgabe des Wohnmobils bleibt.

Die Übergabestationen der Wohnmobilfirmen liegen zumeist etwas außerhalb der Städte. Für den Kunden hat das den Vorteil, dass er sich nicht sofort in den Großstadtverkehr wagen muss, sondern sich in geringerer Verkehrsdichte und auf breiteren Straßen an das Fahrzeug gewöhnen kann.

Praktisch alle Vermietfirmen bestehen darauf, dass die Kunden ihr Wohnmobil nicht gleich nach ihrem Transatlantikflug übernehmen, sondern die erste Nacht in einem Hotel verbringen. Diese erste Übernachtung kann man manchmal zu günstigen Sonderraten sogar direkt bei der Wohnmobilfirma buchen.

Gründe dafür sind der lange Flug, die große Zeitverschiebung und die anschließende Pass- und Zollkontrolle – nach diesem zeitintensiven Pflichtprogramm ist die Erschöpfung in der Regel groß. Für die Übernahme des Wohnmobils sollte man jedoch fit und ausgeruht sein, denn es sind einige Formalitäten zu erledigen, etliche Funktionen werden

Das Bettzeug ist bei Übernahme des Wohnmobils frisch gereinigt

erklärt und man kann und sollte Fragen stellen. Das Wohnmobil ist zwar vollgetankt, doch vor der Abfahrt stehen noch das Auspacken der Koffer und der Einkauf der Lebensmittel an, bevor es wirklich losgehen kann.

Ein Anruf bei der Wohnmobilfirma nach der Ankunft im Hotel klärt den Abholtermin am nächsten Tag und dann kann man den Reisetag bei einem gemütlichen Abendessen ausklingen lassen. Am nächsten Morgen, ausgeruht und mit einem guten, kanadischen Frühstück im Magen, wird man zur Übernahmestation gebracht.

Viele Firmen haben sich darauf eingestellt, dass Europäer aufgrund der Zeitverschiebung nach der ersten Übernachtung in der Regel sehr früh aufwachen. Sie haben deshalb eine besonders frühe und schnelle Wohnmobilübergabe eingeführt. Ein Großteil der für den Mietvertrag erforderlichen Informationen wird bereits vor Reiseantritt per Fax oder E-Mail an die entsprechende Mietstation geschickt. Dort werden die Daten in den Mietvertrag eingetragen, sodass die Erledigung der schriftlichen Formalitäten sehr schnell vonstattengehen kann. Auch die Abholung vom Hotel wird für den frühen Morgen anberaumt, sodass der Kunde im günstigsten Fall bereits mittags seine Fahrt antreten kann.

Übernahme des Wohnmobils

In der Viermietfirma, die zumeist deutschsprachiges Personal hat, wird der eigentliche **Mietvertrag** abgeschlossen. Wenn die Station die Kundendaten bereits hat, wird dies nicht lange Zeit in Anspruch nehmen. Man muss nur **Reisepass** und den **Führerschein** bereit halten. Der deutsche Führerschein ist das Dokument, auf das es ankommt, der internationale Führerschein allein ist nicht ausreichend.

Für das Campmobil verlangt der Vermieter eine **Kaution**, deren Höhe zwischen Can $ 250 und 2500 liegen kann. Die meisten Vermieter akzeptieren mittlerweile nur noch Kreditkarten, kein Bargeld. Es ist je nach Vermieter unterschiedlich, ob die Kreditkartendaten lediglich gespeichert werden oder ob die Kaution abgebucht wird (vgl. S. 30).

Für die Reise bekommt man ein Convenience Kit. Alle Teile sollten in funktionsfähigem Zustand sein und eventuelle Schäden sofort reklamiert werden. Das Leihen von Campingstühlen und einer gebrauchsfähigen **Axt** ist auch keine schlechte Idee, falls die nicht ohnehin zum Standardsortiment gehört. Auch einen **Toaster** könnte man ausleihen.

Das Bettzeug im Wohnmobil ist frisch gereinigt. Im Frühjahr oder Herbst lohnt es sich, nach **zusätzlichen Decken** zu fragen. In der Regel gibt es diese kostenlos oder gegen eine kleine Gebühr.

Nun geht es an die eigentliche Übernahme des Wohnmobils. Man bekommt zwar ein Handbuch mit auf den Weg, aber es ist natürlich einfacher, wenn jemand die einzelnen Funktionen und Handgriffe vorführt und gleichzeitig erklärt. Ist etwas nicht sofort klar, so sollte man jetzt nachfragen.

Es liegt keineswegs allein in der Verantwortung des Fahrers, bei diesen Erläuterungen konzentriert zuzuhören und zuzuschauen. Alle Mitglieder der Urlaubsgruppe sollten bei der Einweisung dabei sein und jeder darf Fragen stellen. Dadurch erhöht sich die Wahrscheinlichkeit, dass sich jemand später daran erinnert, wie die Klimaanlage zu aktivieren ist oder was man machen sollte, wenn ein Campingplatz keine Vollanschlüsse besitzt.

Der erste Blick auf die Ausmaße des »rollenden Zuhauses« mag überwältigend sein, aber dank moderner Hilfsmittel wie Servolenkung und einer höheren Sitzposition, von der aus man einen guten Überblick über den Straßenverkehr hat, wird man sich sehr schnell an das Fahren eines Wohnmobils gewöhnen.

Zu den **Einrichtungen**, die jedes Wohnmobil bei Übergabe haben sollte, gehören:

- ein gefüllter Frischwassertank,
- ein leerer Abwassertank für *gray water*, das gering verschmutzte Wasser aus Küche, Dusche oder Waschbecken,
- ein leerer Abwassertank für *black water*, das Abwasser aus der Toilette,
- ein voller Gastank.

Für alle Tanks gibt es **Anzeigen**, an denen sich der aktuelle Füllstand ablesen lässt. Man sollte sich nicht absolut auf die Anzeigen verlassen, sondern während der ersten Tage selbst Erfahrungswerte sammeln. Hat man den Abwassertank einige Male geleert, lässt sich der Zeitpunkt der nächsten Leerung besser einschätzen

Ein neuralgischer Punkt kann die Leistung der **Batterie** sein. Man fragt besser zweimal nach, was die Batterie leisten kann, ehe sie leer ist. Das ist besonders wichtig, wenn man auf einem Campingplatz steht, der keine Stromversorgung hat. Sonst lässt man vielleicht in einer kühlen Nacht die Heizung laufen und kurz nach Mitternacht ist die Batterie leer – kein schöner Gedanke. Übrigens: Diese Batterie läuft völlig unabhängig von der Startbatterie für den Fahrzeugmotor, sodass nie die Gefahr besteht, dass das Wohnmobil morgens nicht mehr anspringt.

Des Weiteren wird gezeigt, wo die **Verbindungsschläuche** gelagert sind, mit denen das Wohnmobil am Campingplatz »angedockt« wird. Wählt man Stellplätze mit *full hook-up*, hat man den vollen Anschluss an eine Frischwasserleitung, eine Abwasserleitung und an eine Steckdose und ist somit autark (vgl. S. 47 ff., »Tipps zur Auswahl des Campingplatzes«).

Man lernt, wie die Pumpe für das Wasser angestellt und wie der Kühlschrank eingeschaltet und vom Fahrbetrieb (bei laufendem Motor wird er von der Autobatterie mitversorgt) auf Standbetrieb (nun hängt er an der Batterie oder am Gas) umgestellt wird. Die gasbetriebene Heizung und die Klimaanlage sind

Außenfächer bieten zusätzlichen Stauraum

weitere Punkte. Schließlich wird noch die Versorgung der Toilette mit Geruch hemmenden Chemikalien erklärt.

Natürlich sind auch Erläuterungen zum eigentlichen **Fahrzeug** notwendig. Man lässt sich den Tank zeigen und erfährt, ob dort Benzin oder Diesel rein gehört, wie Öl- und Wasserstand geprüft werden und wie die Scheibenwaschanlage aufgefüllt wird. Außerdem wirft man einen kritischen Blick auf das Reifenprofil. Als Letztes lohnt ein Rundgang um das Fahrzeug, bei dem nach Kratzern, Beulen und anderen kleinen Schäden geschaut wird. Diese sollten vom Vermieter im Übergabeprotokoll vermerkt werden, damit später bei Abgabe nicht die Beule, die ein Vorgänger zu verantworten hat, in Rechnung gestellt wird.

Im **Innenraum** inspiziert man den zur Verfügung stehenden Stauraum. Es empfiehlt sich, die Rollos genauer in Augenschein zu nehmen. Man probiert aus, ob sie sich alle problemlos hoch- und runterkurbeln lassen, ein wichtiger Punkt für die Privatsphäre im Urlaub.

Wer das Wohnmobil am Ende des Urlaubs an derselben Station zurückgibt, an der es übernommen wurde, kann Koffer und Taschen vom Vermieter aufbewahren lassen und spart Stauraum. Deshalb geht es jetzt an das **Auspacken der Koffer**. Bei einer Einwegmiete muss das Gepäck natürlich mit. Es empfiehlt sich in diesem Fall, statt sperriger Koffer Reisetaschen zu nehmen, die sich zusammenfalten lassen.

Die letzte Frage, bevor man den Zündschlüssel herumdreht, ist die nach dem nächstgelegen oder am besten zu erreichenden **Supermarkt**. Im ersten Moment scheinen die vielen Erläuterungen sehr umfangreich, aber später am Tag, schon am ersten Campingplatz, sehen die Dinge meist wesentlich klarer und einfacher aus. Und schon nach kurzer Zeit stellt sich Routine ein, weil die meisten Handgriffe schnell beherrscht werden.

Kleine Fahrstunde

Sobald man sich an die Dimensionen des »fahrbaren Hauses« gewöhnt hat, wird man sich am Steuer wie zu Hause fühlen. Einige wesentliche Faktoren helfen hierbei:

- Das Fahrzeug ist eckig. Es gibt keine runde Kühlerhaube und die seitlichen Abgrenzungen lassen sich genau in den rechts und links angebrachten Seitenspiegeln erkennen.
- Die großen Ausfallstraßen und Highways sind sehr breit. Vielleicht wird man im Laufe der Reise auch über kleine und kurvenreiche Landstraßen fahren, aber bis dahin wird man sich längst an das Ungetüm gewöhnt haben.
- Kanadier sind in der Regel friedfertige Autofahrer, sodass z. B. ein spätes Einsortieren auf die richtige Spur mangels Ortskenntnissen nicht gleich mit einem Hupkonzert quittiert wird.
- Die Servolenkung erleichtert das Rangieren des Wohnmobils.

Worauf unbedingt geachtet werden sollte, ist die **Höhe des Fahrzeugs**. In aller Regel wird es bequem unter allen Straßenbrücken durch passen. Bei der Einfahrt in ein Parkhaus ist das nicht immer der Fall. Tipp: Man sollte sich die Fahrzeughöhe auf einem Zettel notieren und griffbereit zu den Fahrzeugpapieren hinter die Sonnenblende legen. In diesem Zusammenhang sollte immer auch daran gedacht werden, vor dem Losfahren die **Dachluke** zu schließen.

Ein weiterer wichtiger Punkt ist das **Rückwärtsfahren**. Egal wie gut man sich bereits am Steuer fühlt: Der Beifahrer muss bei jeder Rückwärtsbewegung des Fahrzeugs aussteigen und den Raum hinter dem Fahrzeug genau beobachten. Das ist übrigens der Grund, weshalb Wohnmobile in der Regel nur an mindestens zwei Personen vermietet werden: es muss eine zweite Person da sein, die das Rückwärtsrangieren beobachtet. Man sollte sich dabei so postieren, dass man gut im Spiegel gesehen werden kann und vorher ein eindeutiges Zeichen für »Stopp« ausmachen, um unliebsame Begegnungen mit Begrenzungspfählen, Autos oder anderen Gegenständen zu vermeiden.

Empfehlenswert ist es, vor der Abfahrt eine Routine zu entwickeln, bei der jegliches Geschirr bruchsicher in den Schränken verstaut wird (vgl. »Die kleinen Rituale«, S. 54). Der Tisch sollte leer sein, und auch sonst sollten möglichst keine losen Gegenstände herumliegen. Für Dinge wie die letzte gebrauchte Kaffeetasse hat sich folgendes System bewährt: Ein befeuchtetes Spültuch in die Spüle legen und die Tasse darauf stellen.

Vermutlich wird jeder Wohnmobil-Neuling mindestens einmal vergessen, die eisernen Treppenstufen, die den Einstieg zum Wohnteil erleichtern, in die Fahrposition zurückzuschieben. Wenn beim Losfahren ein Schleifgeräusch zu hören ist: Das ist es!

Über das Tanken und den Ölwechsel

Da man sich in einem dünn besiedelten Land fortbewegt, lautet eine wichtige Regel, immer dann zu tanken, wenn die Benzinanzeige unter zwei Drittel Füllstand steht. Auf diese Art bleibt man nie auf dem Trockenen sitzen und Schilder mit Aufschriften wie »*Next Gas Station 150 km*« können nicht erschrecken. Es ist außerdem hilfreich, wenn man in den ersten Tagen mit dem Wohnmobil möglichst oft die Benzinanzeige überprüft, um festzustellen, wie genau sie tatsächlich den Tankinhalt wiedergibt.

Eine wichtige Regel: Tanken, wenn die Benzinanzeige unter zwei Drittel Füllstand steht

Angenommen, man entdeckt eine kleine asphaltierte Nebenstraße zu einem See irgendwo in der Wildnis und möchte dorthin auf Entdeckungstour gehen. Bei einem Abstecher von noch unbekannter Länge ist es wichtig, den letztmöglichen Zeitpunkt zum Wenden festzulegen, d.h. nach dem Verbrauch der Hälfte des noch im Tank befindlichen Benzins. Als kleine Gedächtnishilfe kann ein kleiner Strich mit einem Filzstift auf der Tankanzeige nützlich sein. Im Klaren sein sollte man sich, dass ein solcher Abstecher leicht einen halben oder ganzen Urlaubstag dauern kann, weil man auf der kleinen Straße nur langsam vorankommt und vielleicht auf unerwartete Verhältnisse trifft.

Es kann vorkommen, dass der Ölwechsel *(oil change)* des Wohnmobils gerade in die Urlaubszeit fällt. Das wird dem Mieter gegebenenfalls an der Vermietstation mitgeteilt. Leider wird man diese 30 Minuten der Urlaubszeit opfern müssen, die Kosten für den Ölwechsel werden bei der Rückkehr gegen Vorlage der Quittung erstattet.

An vielen Tankstellen bekommt man auch das Gas *(propane)* für das Wohnmobil. Beim Nachfüllen des Gastanks parkt man das Wohnmobil vor dem

Ein eigener Grillrost kann von Nutzen sein: Campground im Banff National Park

Gastank, den Rest erledigt der Tankwart, der dafür geschult wurde. Mehr zum Thema Tanken im Service-Kapitel (S. 311).

Der erste Einkauf

Zwei Dinge benötigt man für den ersten Einkauf im Urlaub: eine große Portion Geduld und die Kreditkarte. Denn beim ersten Einkauf beschafft man nicht nur die Lebensmittel für die nächsten zwei oder drei Tage, sondern man macht auch den Grundeinkauf für den gesamten Urlaub. Nahrungsmittel wie Salz, Zucker, Gewürze oder andere Dinge wie einen Grillrost kauft man meist nur einmal. Es bleibt zu überlegen, wann das nächste Wochenende ist, wo man das nächste Mal wieder auf eine Ortschaft mit Supermarkt stößt und ob ein Feiertag (vgl. S. 293 f.) ansteht, an dem vielleicht die Geschäfte geschlossen sind. Man sollte diesen Supermarktbesuch ruhig angehen, obwohl man ja endlich raus aus der Stadt und in die Wildnis will. Je besser man den Grundeinkauf absolviert, desto einfacher werden zukünftige Einkaufstrips.

Bei der Kundeninformation des Supermarktes fragt man zuerst nach einer **Kundenkarte** (*value card* o.ä.), die man auch als Urlauber erhält. Bei Safeway und anderen Supermarktketten, bei denen während des Urlaubs regelmäßig eingekauft wird, spart man dabei immer ein paar Prozent.

Essensgewohnheiten, Geschmack, Vorlieben und Abneigungen sind natürlich vielfältig. Deshalb kann die hier zusammengestellte **Einkaufsliste** nicht alles berücksichtigen, sondern dient lediglich als Vorschlag, als Gedächtnisstütze und ist nach eigenem Gusto zu variieren.

Abgesehen von den Lebensmitteln gibt es einige nützliche Dinge, deren Anschaffung man auf jeden Fall in Erwägung ziehen sollte:

- **Taschenlampe und Ersatzbatterien:** Man kann damit die Umgebung und den Weg zum Waschhäuschen beleuchten oder mögliche Geräuschquellen suchen. **Teelichter** sorgen für eine gemütliche Atmosphäre und sehen auch auf dem Tisch draußen nett aus.
- Ein eigener einfacher **Grillrost** kann von Nutzen sein, wenn auf dem Stellplatz kein Grillrost existiert oder der vorhandene un-

appetitlich erscheint. Man bekommt Grillroste in einem auf Campingbedarf eingestellten Supermarkt oder in einem Hardware Store.

- **Grillanzünder** und Zeitungspapier erleichtern das Feuer machen.
- **Schutzhandschuhe** sind gut für grobe und schmutzige Tätigkeiten, wenn man zum Beispiel den heißen Rost bewegen oder etwas aus dem Backofen oder der Mikrowelle holen möchte. **Arbeitshandschuhe** sind für das An- und Abschrauben der diversen Anschlüsse am Stellplatz unentbehrlich. Je nach Wetterlage muss auch einmal ein verschmierter Schlauch angefasst und gereinigt werden. Beim Holzhacken schützen die Handschuhe vor Blasen und Holzsplittern.
- Eine **beschichtete Pfanne** ist nützlich, falls zum Wohnmobilzubehör nur eine unbeschichtete gehört. Das Reinigen einer unbeschichteten Pfanne könnte zur mühevollen Arbeit werden. Der Abfluss der Spüle im Wohnmobil ist ein neuralgischer Punkt und man muss gut darauf achten, dass er nicht durch Essenspartikel verstopft wird.
- **Mückenschutz**: Bevorzugt werden sollten die erprobten kanadischen/ US-amerikanischen Präparate. Man wird etwas zum Einreiben brauchen, aber wahrscheinlich auch etwas zum Ausräuchern des Innenraums. Als Hobbyangler könnte man eine dieser Kopfbedeckungen anschaffen, die an der Hutkrempe ein Insektennetz befestigt haben und den gesamten Kopf- und Halsbereich schützen.
- Eine **Isomatte**, eine Aludecke oder etwas Ähnliches aus dünnem, Kälte abweisendem Material, das die Kältebrücke zwischen Bett und unbeheiztem Zwischenboden des Wohnmobils unterbricht.
- Auch wenn keine Reparaturen am Fahrzeug erlaubt sind, kann ein kleines **Schraubenzieherset** nie schaden. Auch ein **Taschenmesser** wird gute Dienste leisten.
- Zur Grundreinigung gehört ein **Wischlappen für den Fußboden**, falls Fegen nicht (mehr) genügt. Weiter stehen auf der Liste **Küchenkrepp**, **Schwammtücher** und **Spülmittel**.
- Häufig fehlen in der Ausstattung **gute, scharfe Messer**. Falls man die von zu Hause mitbringt: Achtung, im Koffer, nicht im Handgepäck transportieren! Auch andere Gegenstände kann man von zu Hause mitnehmen: **Kochlöffel**, **Schneebesen** und – ganz wichtig – eine **Haushaltsschere**. Bei der Durchsicht des Convenience Kit sollte man prüfen, ob diese nützlichen Gegenstände vorhanden sind.
- Ein wichtiges Requisit sind **Gefrierbeutel**. Gut zu gebrauchen sind auch **Frischhaltefolie** und dickere **Alufolie** für den Grill. Interessant sind spezielle Tüten, die man mit Gemüse, Hähnchenkeulen o. ä. füllen und dann verschlossen auf den Grill legen kann (*hot bags* o. ä.).
- Zum Wäschewaschen: Portionspackungen mit **Waschpulver** bekommt man in den Waschsalons unterwegs und in den Läden der Campingplätze. In Letzterem gibt es auch die **Toilettenchemikalien** (zur Geruchsbindung) und **spezielles Toilettenpapier**, das sich rückstandsfrei auflöst. Wäschetrockner sind auf den Campingplätzen und in den Waschsalons vorhanden. Zum Trocknen von Handtüchern, Badesachen etc. unterwegs nimmt man von zu Hause ein Stück **Wäscheleine** und ein halbes Dutzend Klammern mit.

Alkoholika

Was man in einem Supermarkt nicht finden wird, ist Alkohol, weder Bier noch Wein. Wer also Bier oder auch Höher-

Küchenvorräte werden platzsparend aufbewahrt

prozentiges kaufen möchte, muss einen *liquor store* aufsuchen. Personen unter 21 Jahren ist allerdings das Betreten eines *liquor stores* untersagt. Alkohol ist in Kanada sehr teuer, Gleiches gilt für Zigaretten. Bei entsprechendem Bedarf sollte man bereits im Duty Free Shop einkaufen. Hier noch einmal der Hinweis: Nur Personen über 21 Jahre dürfen diese Alkoholika und Zigaretten nach Kanada einführen.

Kanada selbst hat unzählige **Biersorten**, die es zu probieren lohnt. Die Marke Kokanee kommt dem deutschen Geschmack ziemlich entgegen und ist auch weit verbreitet. In einem *liquor store* bekommt man alle gängigen kanadischen und US-amerikanischen, oft auch ein paar europäische Biersorten. Daneben gibt es eine ganze Reihe von kleinen und kleinsten Brauereien *(micro breweries)* mit schmackhaften Erzeugnissen.

Weine kanadischer, US-amerikanischer und europäischer Herkunft sind im *liquor store* ebenfalls in ausreichender Auswahl zu finden. Weinliebhabern seien die Produkte des Okanagan Valley ans Herz gelegt.

Einkaufsliste für Lebensmittel

Aus den folgenden Produktgruppen lässt sich eine individuelle Einkaufsliste zusammenstellen, die idealerweise bereits zu Hause vorbereitet wird. So lässt sich beim ersten Einkauf Zeit sparen.

Getränke
Kaffee, Tee, Wasser, Limonade, Saft, Milch, Kakaopulver, Würfelzucker, Kaffeesahne, Filtertüten. **Milch** gibt es hier in vielen Sorten; fast jeder Fettgehalt wird angeboten, dazu mit Vitaminen und Mineralstoffen angereicherte Milch.

Brot
Kanada verfügt mittlerweile über eine große Vielfalt an Brotsorten. Brot ist üblicherweise in Scheiben geschnitten und damit schnell im Toaster auftaubar.

Butter, Margarine, *Bread Spread*
Bei Butter und Margarine wählt man am besten die kleinsten Verpackungseinheiten, die meist größer sind, als man es von zu Hause gewohnt ist. *Bread spread* ist eine würzige Unter- oder Zwischenlage für Sandwiches in vielen Geschmacksrichtungen von Mixed Pickles bis Tomate.

Mayonnaise, Ketchup, Senf, Grillsoßen
schmecken gut zu gegrilltem Fleisch, sind aber auch für Sandwiches zu gebrauchen.

Käse
Empfehlenswert sind auf jeden Fall die lokalen Käsesorten, daneben aber auch Klassiker wie Cheddar, der in Kanada sehr viel bekannter ist als bei uns.

Wurst
Die Wurstqualität variiert stark. Mitunter gibt es auch italienische und deutsche Spezialitäten, die aber ihren Preis haben. Wesentlich preisgünstiger sind kanadische Produkte wie Roastbeef oder Putenbrust.

Milchprodukte
Beim Eis sind die meisten Verpackungseinheiten zu groß. Man muss suchen, bis man kleinere Packungsgrößen findet. Denken sollte man auch an Sahne, Crème fraîche oder saure Sahne, wenn man diese gerne zum Kochen verwendet.

Müsli, Cornflakes etc.
Cereals, also Müslis, Cornflakes usw. gibt es für jeden Geschmack, darunter auch Bioprodukte, mit wenig oder gar keinem Zucker und in unterschiedlichen Größen.

Obst, Gemüse, Salat
Unterwegs gibt es – außer in sehr entlegenen Gebieten – ausreichend Gelegenheiten zur Ergänzung der Vitaminvorräte. In der Saison kann man, z. B. im Okanagan Valley, auch Obst und Gemüse von Ständen am Straßenrand, also direkt vom Erzeuger kaufen. Eine Alternative wäre tiefgefrorenes Mischgemüse. Wenn man es gewohnt ist, mit frischen Zwiebeln und Knoblauch zu kochen, dürfen die im Einkaufswagen nicht fehlen.

Gebratener Lachs: Das Angebot an Fisch ist reichhaltig

Fisch, Sea Food
Fischliebhaber wird die Auswahl im Supermarkt erfreuen. In Küstennähe gibt es oft auch fangfrischen Fisch im Hafen zu kaufen. Probieren sollte man auch

Standard eines Motorhome: eine voll funktionsfähige Küche inklusive Kühlschrank, Backofen und meist Mikrowelle

Guter Überblick aus einer höheren Sitzposition: das Cockpit

Räucherfisch, den es in vielen Variationen gibt.

Fleisch
West-Kanada ist das Land der Fleischliebhaber, und Grillen gehört zu den bevorzugten Arten der Verköstigung auf jedem Campingplatz. Die Fleischauswahl in den Supermärkten ist riesig. Aufkleber mit dem Hinweis *»for barbecuing«* weisen darauf hin, dass diese Steaks besonders saftig und bestens für den Grill geeignet sind. Großpackungen sind im Allgemeinen preisgünstiger. Der Inhalt lässt sich portionsweise im Tiefkühlfach des Wohnmobils einlagern.

Gewürze und Diverses
Ohne Salz und Pfeffer kommt keine schmackhafte Mahlzeit zustande. Daneben sollte man Paprika, Knoblauchpulver, Cayennepfeffer, Oregano und andere Gewürze einkaufen, die man üblicherweise verwendet. Es gibt sehr gute Fertigmischungen wie z. B. »Steakhouse Pepper« oder »Creole Seasoning«, auch alles andere vom Gulasch-Fix bis zum Grillgewürz für Fisch.

Sättigungsbeilagen
Nudeln, Reis, auch Instant-Kartoffelpüree, das nachgewürzt oder mit Röstzwiebeln angereichert wird, schmeckt.

Zwischenmahlzeiten
Für den **kleinen Hunger** zwischendurch gibt es ein großes Angebot. In Kanada ist man eingestellt auf das Essen unterwegs und die Auswahl an herzhaften und süßen Zwischenmahlzeiten ist riesig. Ergänzend bieten sich Produkte an, die man nur mit heißem Wasser überbrühen oder in die Mikrowelle schieben muss. Als eiserne Ration oder schnelle, warme Mahlzeit eignen sich Dosen mit *baked beans* (gekochte weiße Bohnen in Tomatensauce) oder Suppe.

Die Ausstattung des Cockpits

In der Fahrerkabine des Wohnmobils sollte man sich so bequem wie möglich einrichten. Hier verbringt man einen großen Teil des Urlaubs und hat am besten alles Nützliche und Notwendige in greifbarer Nähe.

Die Straßenkarte sollte stets bereit liegen, obwohl sie auf manchen Strecken stundenlang nicht gebraucht wird. Taschentücher, Sonnenbrille, Musik-CDs etc. gehören ebenfalls zu den notwendigen Utensilien. Fest eingebaute, praktische Halterungen halten unterwegs gefüllte Becher oder Dosen.

Tipp: Kauft man unterwegs einen (Plastik-)Becher Kaffee, sollte man den leeren Becher samt Deckel mitnehmen. Den ausgespülten Becher kann man etliche Male benutzen und mit eigenem Kaffee auffüllen. Tassen sind ungeeignet für die Halterungen, da es keine Aussparung für den Henkel gibt.

Immer in Griffweite sollten Fernglas, Fotoapparat und Filmkamera sowie Ersatzakkus und -batterien sein.

Das Ladegerät und den Adapter für die Kamera nimmt man von zu Hause mit. Zur Gewohnheit sollte es werden, immer einen oder zwei volle Akkus in Reserve zu haben. Auf einem Platz ohne Stromanschluss lassen sich keine Akkus aufladen; es ist also gut, auf einen Vorrat zurückgreifen zu können. Die meisten Ladegeräte schalten sich heutzutage automatisch auf die kanadische Stromspannung von 110 Volt um. Bei einem älteren Modell fragt man im Fachgeschäft besser noch einmal nach.

Der übliche Platz für die Fahrzeugpapiere ist hinter der Sonnenblende des Fahrersitzes, wo sie immer parat sind.

Persönliche Rucksäcke oder Taschen sollten im Cockpit feste Plätze haben. Binnen kurzer Zeit wird jeder Mitfahrer vor dem Aussteigen automatisch nach seiner Tasche greifen, sodass alle wichtigen Papiere, die Kreditkarte(n) und das Bargeld nicht im Wohnmobil zurückgelassen werden.

Morgens vor der Weiterfahrt genügt meist ein kurzer Rundblick, um festzustellen, ob alles an seinem Platz liegt.

Tipps zur Auswahl des Campingplatzes

Wildes Campen wird in Kanada nicht gern gesehen. Sollte der Fall eintreten, dass man am Abend noch sehr weit vom Tagesziel entfernt ist und sich kein Ort in der Nähe befindet, wird nichts anderes übrig bleiben, als den nächsten Parkplatz für die Nacht anzusteuern. Keine gute Idee ist es, auf dem Parkplatz eines Supermarktes oder eines Einkaufszentrums zu übernachten, denn dies ist in aller Regel verboten.

West-Kanada ist mit einem engmaschigen Netz von Campingplätzen überzogen, sodass man sich im Allgemeinen keine Gedanken darüber zu machen braucht, ob man einen Stellplatz findet. In einigen Gegenden, in Nationalparks oder auch in Stadtnähe kann es während der Hochsaison oder an Feiertagswochenenden allerdings zu Engpässen kommen, sodass sich eine Reservierung per Telefon oder E-Mail empfiehlt. Eine gute Strategie ist auch eine kürzere Tagesetappe, damit man bereits mittags einen Campingplatz aussuchen kann, wenn noch genügend Kapazitäten frei sind.

Bei der **Ausstattung** der Campingplätze gibt es große Unterschiede. Die einfachsten und vielleicht auch landschaftlich schönsten Stellplätze findet man in der Regel in den **National** und **Provincial Parks**. Hier wird mehr Wert auf Naturschutz gelegt als auf die Bequemlichkeit der Besucher. Die malerische Landschaft und die absolute Ruhe machen das kleine Manko an Komfort aber mehr als wett. Diese Plätze sind außerdem preiswerter als Campingplätze außerhalb der Nationalparks. Sie kosten in der Regel zwischen $ 15 und $ 25 pro Fahrzeug, d.h. für alle Personen, die mitfahren.

Eine Straße, oft als Rundweg angelegt, dient als Zufahrt zu den Stellplätzen. Die nächsten Nachbarn, selbst wenn sie nur wenige Meter entfernt sind, sind aufgrund der Bäume und Büsche meist kaum zu sehen. Fast immer gibt es eine Feuerstelle und eine Picknickgarnitur mit zwei Bänken und einem Tisch. Seltener existieren Anschlüsse für Strom, Frischwasser oder Abwasser. Solche Stellplätze werden ***dry sites*** genannt. Ohne Strom und Licht bleibt man eben etwas länger vor dem Feuer sitzen. Jedes Wohnmobil ist so ausgelegt, dass man bei zurückhaltender Nutzung von Strom und Wasser bedenkenlos min-

Eher selten: ein Campground-Anmeldebüro

destens zwei Tage bzw. Nächte ohne Anschlüsse auskommen kann.

Viele Campingplätze haben entweder einen *campground host*, einen Platzwart, bei dem man sich anmeldet, oder aber kein Anmeldebüro. Meist befindet sich an der Zufahrt zum Platz eine Informationstafel mit dem Übernachtungspreis. Man nimmt einen kleinen Umschlag mit, sucht sich einen Stellplatz aus, notiert die Platznummer sowie die Anzahl der vorgesehenen Übernachtungen und steckt den entsprechenden Geldbetrag hinein. Der Umschlag wird in einem dafür vorgesehenen Kasten deponiert. Es empfiehlt sich, für solche Gelegenheiten Scheine und Kleingeld parat zu haben. Die Einhaltung dieser Vorschriften wird durchaus kontrolliert.

Wenn Reservierungen auf den Campingplätzen der Provincial und National Parks nicht möglich sind, gilt: *first come, first served*, das heißt, die Plätze werden in der Reihenfolge der Ankunft verteilt. Stellplätze auf den Campingplätzen der **Nationalparks** reserviert man unter ✆ 1-877-737-3783 oder http://reservation.pc.gc.ca. In **British Columbias Provincial Parks** lassen sich Plätze telefonisch unter ✆ (519) 826-6850, 1-800-689-9025 oder im Internet unter www.discovercamping.ca reservieren. In **Alberta** bucht man unter ✆ 1-877-537-2757 oder www.reserve.albertaparks.ca.

Außerhalb der National und Provincial Parks findet man in der Regel **komfortablere Campingplätze**, die entweder von einer Gemeinde oder privat geführt werden.

Auf vielen dieser Campingplätze besteht die Wahl zwischen ***power and water*** (Strom und Wasser) und ***full hook-ups*** (Vollanschluss mit Strom, Wasser und Abwasser). Je mehr Komfort, desto höher ist natürlich auch der Preis für eine Übernachtung. Bei einem Aufenthalt von mehreren Nächten, ist ein Vollanschluss am bequemsten. Aber auch das Urlaubsbudget spielt eine Rolle. Bei nur einer Übernachtung genügt auch ein Stellplatz ohne Abwasseranschluss. Bevor man am nächsten Morgen den Campingplatz verlässt, fährt man zur zentralen ***dump station***, auch *sani station* oder kurz *dump* genannt, und entledigt sich des Abwassers. Dieser Vorgang dauert nur wenige Minuten, spart aber auf den ganzen Urlaub gesehen schon einiges Geld. Dump stations gibt es auch an vielen Tankstellen.

◁ Stellplätze sind durch Bäume und Büsche vom Nachbarn getrennt

Campingplatz mit »full hook-up«, Vollanschluss mit Strom, Wasser und Abwasser

Auch bei einem Platz mit Vollanschluss oder der Nutzungsmöglichkeit einer Dump Station ist es von Vorteil, das Abwasser nicht ständig abfließen lassen, sondern erst einmal zu sammeln. Wenn die Tanks dann geleert werden, reinigt der Wasserdruck gleichzeitig die Leitungen, sodass nichts verstopft. Man sollte darauf achten, erst das ***black water*** (Toilette) zu entsorgen und danach das ***grey water*** (Waschbecken, Spüle), das die Leitungen nachspült.

Für besonders lange Wohnmobile ist eine ***pull-through site*** ideal. Dort fährt man auf der einen Seite hinein und auf der anderen Seite wieder hinaus.

Sicherstellen sollte man auf jeden Fall, dass das Fahrzeug einigermaßen eben steht; nur so bringt der Kühlschrank seine volle Leistung.

Im Schnitt sollte man für Campingplätze außerhalb der National und Provincial Parks mit Can $ 30–40 für eine Übernachtung rechnen, wobei man nicht immer einen Vollanschluss wählen, sondern sich manchmal für einen einfacheren Stellplatz entscheiden sollte, wenn der beispielsweise einen schöneren Ausblick bietet. Im Unterschied zu Nationalpark-Campingplätzen gelten die Preise dieser Campingplätze in der Regel für zwei Personen, d. h. alle weiteren Personen, die im Fahrzeug mitfahren, zahlen extra. Kinder unter 18 Jahren sind oft entweder im Preis inbegriffen oder zahlen einen reduzierten Übernachtungspreis.

Viele der **privat geführten Campingplätze** sind wahre Unikate, eingerichtet nach den individuellen Vorstellungen ihrer Betreiber. Manchmal gibt es nur ein Dutzend Stellplätze, manchmal ein paar hundert. Vielleicht wird selbstgemachte Blaubeermarmelade verkauft, oder es gibt ein kleines Schwimmbad, Angelzubehör zu leihen, die Vermittlung von geführten Ausritten oder einen Kinderspielplatz. Oder das Feuerholz ist im Preis inklusive. Oder es gibt abends einen *sing-along* und morgens einen Trockenkurs im Fliegenfischen. Es ist erstaunlich zu sehen, mit wie viel Liebe zum Detail – manchmal allerdings auch zum Kitsch – kleine Refugien für Urlaubsgäste geschaffen werden. Ein Schwätzchen im Büro oder im Café kann interessante Informationen bringen, und man erfährt ein bisschen über die Menschen, die hier wohnen.

In der Regel wird sehr auf Sauberkeit geachtet, besonders in den Dusch- und Toilettenräumen. Natürlich gibt es auch verwahrloste Plätze und Anschlüsse, die nicht funktionieren. Wenn die Besichtigung nicht zufriedenstellend verläuft, fährt man besser wieder weg und sucht

»Waiting at Dump Station«, der Abwasserentsorgungsstation

je nach Gegebenheit etwas neues. Die Stromzufuhr und andere Dinge, die nicht funktionieren, sollte man sofort reklamieren.

Es gibt einige **Gütesiegel** als Hinweise auf die Qualität eines Campingplatzes. Die entsprechenden Symbole sieht man meist gleich an der Zufahrt. Der **CAA** (Canadian Automobile Association) vergibt solche Gütesiegel. Eine weitere Organisation ist **Good Sam**. Der Name leitet sich von dem Guten Samariter aus der Bibel ab und das Emblem ist ein von einem Heiligenschein umgebener Kopf. Als Wohnmobilurlaub noch das Privileg einiger weniger Abenteurer war, hatte man sich zu dieser Organisation zusammengetan mit dem Versprechen, sich bei einer Panne oder einem Notfall gegenseitig zu helfen.

Die in den USA häufig vertretene Campingplatz-Kette **KOA** (Kampgrounds of America) hat in Kanada relativ wenige Plätze, die ebenfalls eine Reihe von Auflagen erfüllen und einen hohen Qualitätsstandard halten müssen, um sich KOA nennen zu dürfen.

Die privaten Plätze bieten im Allgemeinen den größten Komfort. Neben den Stellplätzen mit oder ohne Feuerstelle sind heiße Duschen, sanitäre Anlagen, Waschmaschinen und Wäschetrockner *(laundry)* Standard. Neben dem Büro gibt es oft einen kleinen oder größeren Laden, der außer Campingutensilien eine Auswahl an Lebensmitteln bietet. Auch Spielplätze sind vielerorts vorhanden. Oft bekommt man Kaffee und Snacks, aber auch selbstgebackenen Kuchen oder eine warme Mahlzeit.

Auf vielen Campingplätzen gibt es Feuerstellen *(firepits)* und dort sind Lagerfeuer erlaubt, solange kein offizielles Feuerverbot gilt, wie es aber gerade zur Hochsaison wegen der Waldbrandgefahr oft ausgegeben wird. Auch Feuerholz *(firewood)* wird meist angeboten, manchmal sogar kostenlos.

In wenigen Minuten ist das Abwasser entsorgt

Günstig ist es, sich am Anfang einen kleinen Holzvorrat anzulegen, der in einem der äußeren Staufächer des Wohnmobils trocken eingelagert wird. So hat man auch nach ein paar Tagen Regen die Möglichkeit, problemlos ein Grillfeuer zu entzünden. Es ist allerdings generell nicht erlaubt, Feuerholz von British Columbia nach Alberta zu bringen. Das Verbot soll eine Ausbreitung der *Dutch Elm Disease*, einer Ulmenkrankheit, verhindern.

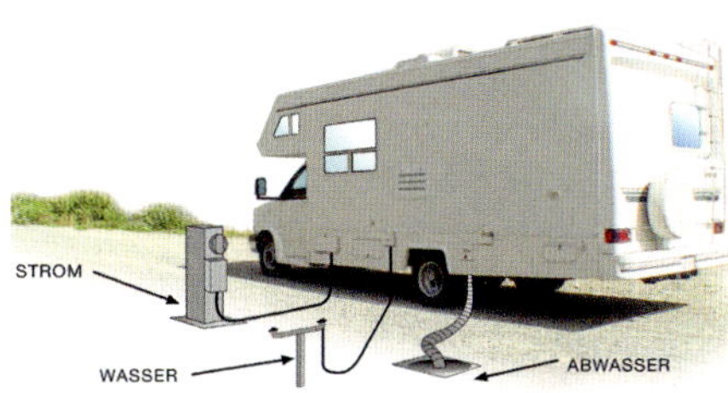

Stimmungsvoll: das erste eigene Lagerfeuer

Hilfreiche Websites, die über Campingplätze im ganzen Land oder in bestimmten Regionen informieren, sind:
www.pc.gc.ca (National Parks)
http://reservation.pc.gc.ca (Reservierungen für National Parks)
www.env.gov.bc.ca/bcparks (Provincial Parks in British Columbia)
www.discovercamping.ca (Reservierungen für Provincial Parks in BC)
www.albertaparks.ca
www.accesscamping.com/canada.php
www.camping-canada.com
www.campinghotlinecanada.com
www.koa.com

Das erste Lagerfeuer

Mit dieser kleinen theoretischen Hilfestellung sollte es auch Nicht-Pfadfindern glücken, in annehmbarer Zeit ein Feuer zu entfachen, auf dem sogar das Abendessen zubereitet werden kann und das danach als stimmungsvolle Beleuchtung und Wärmespender dient.

Die Holzstücke auf den Campingplätzen müssen meist als erstes in handliche Stücke zerkleinert werden. Dazu platziert man das Holzstück in möglichst stabiler Lage vor sich, spreizt die Beine (wichtig zur Unfallverhütung!), hebt die Axt über den Kopf und lässt sie schwungvoll heruntersausen. Als nächstes braucht man eine Handvoll Späne, deren Herstellung etwas Filigranarbeit mit der Axt verlangt. Was jetzt noch fehlt, ist ein Würfel Feueranzünder, etwas Zeitungspapier und ein Streichholz oder Feuerzeug.

In der Feuerstelle bastelt man einen Kern aus dem zerknüllten Zeitungspapier, darauf kommt ein Würfel Feueranzünder. Rundherum schichtet man die Holzspäne auf und legt obenauf das erste Stück Holz. Sobald die Flammen auf das Holzstück übergreifen, können weitere Holzstücke dazu kommen. Mit etwas Pusten kann man dem Lagerfeuer auf die Sprünge helfen. Ist alles gut durchgeglüht, kann gegrillt werden.

Socializing – der Umgang mit den Mit-Campern

Nachdem man in die Camping-Bucht eingefahren ist und sämtliche Anschlüsse angedockt hat, ist man quasi zu Hause. Vielleicht ist einem nun nach einem kleinen Plausch mit den Nachbarn zumute. Man will ja schließlich wissen, wer neben einem wohnt, freut sich auf Gespräche und Informations- und Erfahrungsaustausch, will einfach ein paar nette Leute kennenlernen.

Aus Standardfragen wie *»Where are you from?«* und *»Where are you going to?«* entwickeln sich manchmal lebhafte Gespräche mit wertvollen Camper-Informationen. Man brennt darauf zu erfahren, ob es Schwarzbären in dieser Gegend gibt oder ob in dieser Saison schon ein Elch gesichtet wurde. Oder auch ganz praktisch: Wie ist das Brauchwasser zu entleeren? Ist das merkwürdig brummende Geräusch, das der Kühlschrank macht, eigentlich normal?

Immer wieder begegnen einem Kanadier, die vor vielen Jahren aus Deutschland ausgewandert sind. Bereitwillig berichten sie von ihrer alten Heimat und sind neugierig zu erfahren, wie es heute in Deutschland aussieht. Von der freundlichen Kontaktaufnahme kann man also nur gewinnen.

Kochen speziell für Camper

Für viele sind die überdimensionalen Steaks, die es in den Supermärkten zu kaufen gibt, das Höchste der Grillgenüsse. Die Fleischstücke sind anders geschnitten als bei uns, meist gut abgehangen und in der Regel zart und saftig. Aber auch Fisch schmeckt vom Grill besonders gut.

Für gedünstetes Gemüse oder auch Hähnchenkeulen kann man gut die in der Einkaufsliste aufgeführten *hot bags* benutzen. Kleine Gemüsepäckchen lassen sich auch aus einem Stück Alufolie falten. Man muss zur Verkürzung der Garzeiten nur das Gemüse oder auch die Kartoffeln in Stücke schneiden. Die Päckchen gruppiert man auf dem Grillrost rund um das Fleisch und hat so eine komplette Mahlzeit beisammen.

Für das Toasten von Weißbrot gibt es die rustikale Methode – man legt die Scheiben einfach auf den Grill – oder die elegante Version: In den Läden auf den Campingplätzen kann man für ca. $ 5 ein Metallgestell kaufen, in das die Brotscheiben eingelegt werden und in dem sie gleichmäßiger bräunen.

Hier ein etwas abenteuerlich klingendes Campingplatzrezept für eine Frühstückszubereitung:

Kein Topf, um darin zu kochen? Eine Alternative sind Speck und Eier in einer kleinen Papiertüte über dem heißen Lagerfeuer gegart. Man schneidet einen Speckstreifen in der Mitte durch, legt einen halben davon unten in die Tüte, dann lässt man ein aufgeschlagenes Ei auf den Speckstreifen gleiten. Darauf kommt dann die zweite Hälfte des Speckstreifens, und die Tüte wird oben zusammen gerollt. An einem Holzstock hält man sie über die heißen Kohlen. Nicht zu nahe an die Glut herankommen, dann kann die Tüte in Flammen aufgehen! Nach ca. 10 Minuten ist das Frühstück fertig.

Frühstücksvorbereitungen

Die kleinen Rituale

Abends

Zur Gewohnheit sollte es werden, als letzte Handgriffe am Abend Dinge wie Taschenlampe und Wagenschlüssel an eine bestimmte Stelle im Wohnmobil zu legen. So sind diese Gegenstände immer sofort zur Hand, wenn sie gebraucht werden. Es ist ebenfalls eine gute Idee, etwaige Stolperfallen wie z. B. den Müllbeutel aus dem Weg zu räumen.

Vor dem Wegfahren

Mit etwas Systematik ist das Bereitmachen zur Weiterfahrt in wenigen Minuten erledigt. Hier Vorschläge für die Checkliste:

- Sind alle Schläuche und Kabel demontiert und verstaut?
- Wie ist der Füllstand von Frischwasser- und Abwassertanks?
- Ist der Heißwasseraufbereiter ausgeschaltet?
- Sind die Stufen zur Eingangstür eingeklappt (Pick-up: die Treppe verstaut)?
- Sind alle Außenfächer abgeschlossen?
- Ist der Kühlschrank zu und gesichert? Ist er auf Batteriebetrieb umgestellt (geschieht meist automatisch)?
- Ist die Dachluke geschlossen?
- Sind alle losen Gegenstände sachgemäß verstaut?
- Gibt es Hindernisse, die man beim Wegfahren übersehen könnte?
- Sind die Seitenspiegel optimal eingestellt?
- Sind alle Insassen angeschnallt?

Und nicht vergessen, dass beim Rückwärtsfahren, auch wenn es sich nur um ein kurzes Rangieren handelt, eine Person draußen stehen und den Vorgang beobachten bzw. Winkzeichen geben sollte.

Sport und Steckenpferde

Gerade für Hobbys und Sportarten in freier Natur ist West-Kanada ideal. Ein Joggingpfad entlang eines klaren Baches durch den dichten Wald ist natürlich attraktiver als der häusliche durch den Park. Und der sicherlich liebevoll angelegte Angelteich vom Ortsverein hat nur sehr wenig gemeinsam mit einem riesigen, klaren See, durch den

vielleicht abends ein Biber seine Bahnen zieht.

Bewegt man sich abseits der Straßen in der Natur, ist es ein von vielen gewünschter Nebeneffekt, auf wilde Tiere zu treffen. Bären, Elche, Schneeziegen, aber auch Biber oder Stachelschweine in ihrer natürlichen Umgebung beobachten zu können, ist schon eine ganz besondere Erfahrung. Allerdings muss man dabei vorsichtig sein, denn als scheinbar flüchtendes Beutetier oder als potenzieller Angreifer der Jungtiere reizt man einen Bären schon mal zum Nachlaufen.

Um etwas Neues auszuprobieren, gibt es verschiedene Möglichkeiten, vom Schnupperkurs bis zu geführten Touren. Ein Boot oder einen Satz Golfschläger kann man leihen, und vielleicht probiert man einfach mal aus, ob Angeln, Paddeln oder Golfen einem liegen.

Sport unterwegs: Paddeln auf dem Emerald Lake (British Columbia)

Die Highways und Planung der Reiseroute

Die Mehrzahl der Reisewege durch den kanadischen Westen ist schon sehr alt. Einige gehen auf die Handelswege der *First Nations*, der kanadischen Ureinwohner, zurück, die um 10 000 vor Chr. verschiedene Gebiete in West-Kanada besiedelten. Die einzelnen Stämme lebten oft an großen Flüssen und paddelten mit ihren voll beladenen Kanus zu den Nachbarn, um Tauschgeschäfte abzuwickeln. Die Flüsse boten Fische als Nahrungsquelle und in den angrenzenden Wäldern war das Wild zahlreich.

Auch die ersten Einwanderer, meist Abenteurer oder Entdecker, die in unbekannte Gebiete vordrangen, machten sich die Flüsse zunutze. Oft war es einfacher, mit dem Boot vorwärts zu kommen, als sich mühsam einen Weg durch das Dickicht der Wälder zu bahnen. Fallensteller und Pelzhändler folgten und erste Handelsgesellschaften wurden gegründet, die bedeutendste unter ihnen die Hudson's Bay Company von 1670, heute eine der ältesten Firmen der Welt.

Der Bau der großen Eisenbahnlinien quer durch den Kontinent brachte eine große Anzahl wagemutiger und siedlungswilliger Familien, denen oft Land geschenkt wurde, mit der Auflage, es urbar zu machen. Im Laufe der Zeit entwickelten sich aus den ersten Nachschubpfaden bescheidene Karrenwege für Ochsen- und Pferdegespanne und nach und nach entstanden aus diesen Vorläufern die heutigen Highways. Es kann ein spannender Gedanke sein, sich auf denselben Routen zu bewegen, denen schon Jack London, Wyatt Earp, die

Rotwild-Warnhinweis am Trans-Canada Highway bei Revelstoke (British Columbia)

Kundschafter der Hudson's Bay Company, unzählige Trapper und die Glücksritter der Goldrauschzeit gefolgt sind.

Vor mehr als hundert Jahren zog Abenteuerlust und die Gier nach Gold die Menschen von Kalifornien oder vom Osten des Kontinents in den rauen Norden. Die heutige Motivation, in dieses Gebiet zu reisen, ist natürlich eine andere und auch die Fortbewegungsmittel sind wesentlich bequemer geworden, aber neben der Freude an klarer Luft und unberührter Natur, der Sehnsucht nach Weite und Freiraum ist oft immer noch ein Schuss Abenteuerlust der Grund für eine Reise durch Kanadas Westen.

Ein kanadischer Highway kann in Stadtbereichen eine vierspurig ausgebaute Autobahn sein, aber bezeichnet auch zweispurige Landstraßen in abgelegenen Gebieten. In West-Kanada tragen viele Highways neben der offiziellen Nummerierung Namen, die ihren Ursprung oft in den Pioniertagen haben. So wurde zum Beispiel aus der ehemaligen *Cariboo Wagon Road* der *Cariboo Highway*, Highway 97.

Generell wird nach Himmelsrichtungen wie »Highway 40 South, Trans-Canada Highway West« etc. gefahren. Einige Wohnmobilvermieter verleihen **Navigationsgeräte**, die für die Reise zusätzliche Sicherheit bei der Wegfindung geben können. Besonders in den großen Städten oder um sehr abgelegene Campingplätze zu finden, kann ein Navi praktisch sein. Unter den Adressen der Campingplätze sind daher auch immer Geo-Koordinaten angegeben, die man in die meisten Geräte eingeben kann. Anstatt eines zu mieten, kann man auch sein eigenes Navigationsgerät mitbringen, auf das man sich Kartenmaterial von West-Kanada lädt.

In British Columbia gibt es eine Reihe von **Inlandsfähren**, die den Straßenverkehr über Flüsse oder Seen weiterleiten.

Planung ist der rote Faden, an dem man sich in Bezug auf Zeit und Fahrkilometer orientiert

Diese staatlichen Fähren sind kostenlos (nicht die über das Meer, z. B. nach Vancouver Island) und die Fährüberfahrt oft ein interessantes Erlebnis, bei dem man die Landschaft aus einem anderen Blickwinkel kennenlernt.

Auf den Straßen sind natürlich nicht nur Touristen unterwegs. Da viele Güter und Waren über Land transportiert werden müssen, sind neben den einheimischen Autos auch viele Trucks unterwegs. Wenn einem auf enger Straße ein Truck mit einer riesigen Ladung Holzstämme entgegenkommt oder in atemberaubendem Tempo im Rückspiegel größer wird, rechnet man besser nicht damit, dass der Fahrer seine Geschwindigkeit reduziert. Die beste Devise ist ausweichen, sich ganz rechts zu halten und den Truck vorbeizulassen. Den kanadischen Brummis kann man übrigens überall begegnen, auch auf Schotter- oder Staubstraßen.

Die beste Devise ist ausweichen: »Logging Truck« in British Columbia

Ein weiteres Übel, mit dem man sich im Sommer auf Kanadas Straßen abfinden muss, sind **Baustellen**. In Kanada werden Straßen ausgebessert, verbreitert und begradigt, sobald die Temperaturen dies zulassen. Der Sommer ist kurz, es gilt viele Kilometer instand zu halten, und so wird die gesamte Saison ausgenutzt. Die Baustellen sind oft mehrere Kilometer lang, einspurig und können auf den ersten Blick ziemlich ungeordnet aussehen. Allerdings wird man von hilfsbereitem Personal fürsorglich durch kritische Bereiche geleitet. Manchmal fährt ein Fahrzeug *(Pilot Car)* voraus und weist den Weg.

Wovon dringend abzuraten ist, sind **Nachtfahrten**. Davon abgesehen, dass man natürlich nichts von der Landschaft sieht, ist die Gefahr, unsanfte Bekanntschaft mit der kanadischen Tierwelt zu machen, recht groß. Viele Tiere sind nachtaktiv. Schade um jeden Waschbären, den Sie nicht rechtzeitig sehen konnten. Außerdem können auch größere Kaliber, vom Bären über den Elch bis zum Bison, nachts unterwegs sein. Wenn Sie Glück haben, kommen Sie mit einer Beule im Blech und dem Schrecken davon – das Tier überlebt einen Zusammenstoß in der Regel nicht.

Die Beschreibungen der einzelnen Highways in diesem Reiseführer variieren beträchtlich in ihrer Länge. Das liegt nicht nur an der unterschiedlichen Länge der Highways, sondern auch daran, dass es entlang der dichter besiedelten Gebiete mit vielen Ortschaften mehr Attraktionen, Wanderwege oder Führungen gibt als entlang der Strecken durch die Wildnis. Aber gerade das Erlebnis, durch unbewohnte Gegenden zu fahren und sich abseits der Zivilisation zu befinden, macht den Reiz eines Urlaubs in West-Kanada aus. Es geht in erster Linie um das Erlebnis Natur. Zum besseren Verstehen der Landschaften, Geschichte und Kultur des Landes tragen selbstverständlich Museen und andere kulturelle Einrichtungen wesentlich bei.

Die nachfolgende Übersichtstabelle und die Übersichtskarte über das Reisegebiet in der vorderen Umschlagklappe dienen zur groben Orientierung.

Die Highways

West-Ost-Verbindungen:

1 Trans-Canada Highway
10 Yellowhead Highway
15 Alaska Highway
3 Crowsnest Highway

Nord-Süd-Verbindungen:

– abgehend vom Trans-Canada Highway

2 Deerfoot Trail
4 Cariboo Highway
5 Okanagan Valley
6 Highways 23, 6, 31A, 31 und 3A
7 Banff-Windermere Highway
8 Icefields Parkway
9 Vancouver Island und Inside Passage

– abgehend vom Yellowhead Highway

11 Cassiar Highway
12 John Hart Highway
13 Yellowhead Highway South
14 Bighorn Highway

Die Planung der Reiseroute

Eine lange Reise durch ein großes Land will gut, aber nicht hundertprozentig geplant sein und sollte allen Reiseteilnehmern gerecht werden: Ausreichende Überlegungen vor der Abreise ermöglichen unterwegs ein entspanntes Reisen voller Highlights und Erholung.

Um die beste Urlaubsroute zu finden, die in einem drei- oder vierwöchigen Urlaub eine ausgewogene Mischung aus Aktivitäten und Entspannung, Erkundungen, Hobby, Sport und den Bedürfnissen aller Reisenden bietet, bedarf es einer guten Planung.

Die vorliegenden Beschreibungen der 15 Reiserouten durch West-Kanada geben einen detaillierten Überblick darüber, welche Landschaften, Sehenswürdigkeiten und Freizeitmöglichkeiten entlang der verschiedenen Highways zu erwarten sind. Aus diesen filtert man die interessantesten Routen heraus und reiht dann die einzelnen Strecken entsprechend aneinander. In den Routenprotokollen zu Beginn eines jeden Kapitels und im Text wird auf die Highways hingewiesen, die von der in demjenigen Kapitel beschriebenen Route abzweigen oder sich an diese anschließen. Die drei Routenvorschläge auf den folgenden Seiten dienen zur Orientierung und sind als Beispiele gedacht.

Ein wichtiges Merkmal für den Wohnmobilurlaub ist Flexibilität. Auch wenn man an Feiertagen und an Wochenenden – besonders in der Nähe touristischer Hauptziele wie dem Okanagan Valley oder dem Icefields Parkway – Campingplätze unbedingt reservieren sollte, bleibt man sowohl zu Hause bei der Planung als auch unterwegs im Urlaub noch relativ beweglich.

Manchmal kann man vorab schlecht einschätzen, wie viel Zeit z. B. für den Besuch eines Museums einkalkuliert werden sollte; über die Gesamtlänge des Urlaubs gesehen kommt man jedoch mit einer ungefähren Planung hin. Einiges erweist sich als zeitaufwendiger als gedacht, manches ist vielleicht interessanter als erwartet. Ein Regentag lässt sich dazu nutzen, einige Kilometer weiter zu fahren, oder ein Sonnenscheintag zum spontanen, längeren Besuch eines Badesees. Die Planung ist der rote Faden, an dem man sich in Bezug auf Zeit und Fahrkilometer orientiert, der einem aber alle Zeit und Freiheit lässt.

Büffelbulle und -kuh auf dem Alaska Highway

Drei Routenvorschläge

Die nachfolgenden Routenvorschläge dienen als Muster für Ihre Urlaubsplanung.

Beispiel 1:

Der Westen von British Columbia (3 Wochen)

Dieser Routenvorschlag beinhaltet einige Abstecher und die Besichtigung zahlreicher Sehenswürdigkeiten. Es wurden keine Jokertage einkalkuliert. Für einen Stadtaufenthalt in Vancouver wurde eine zusätzliche Übernachtung (vor dem Rückflug) eingeplant.

An- und Abreise jeweils 1 Tag	2 Tage
Fahrtage	19 Tage
Gesamt	**21 Tage**

1. Tag
Ankunft Vancouver, Übernachtung im Hotel.

2. Tag
Übernahme des Wohnmobils, Einkäufe, Fährfahrt nach Vancouver Island, weiter nach Victoria (70 km und Fähre).

3. Tag
Rundgang in Victoria, Fahrt auf Highway 19 über Duncan (Totempfähle), Chemainus (Murals) und Nanaimo nach Parksville (161 km).

4. Tag
Auf Highway 4 von Parksville über Port Alberni (Hafenrundgang) und Ucluelet (Spaziergang entlang dem Wild Pacific Trail) nach Tofino (193 km), dort Walbeobachtung, Spaziergang.

5. Tag
Von Tofino zurück nach Parksville und weiter auf Highway 19 nach Campbell River (274 km), dort einkaufen. Evtl. Abstecher zum Strathcona Provincial Park (Picknick, einfache Fahrt 86 km).

6. Tag
Weiter von Campbell River auf Highway 19 über Sayward (Kaffeepause) nach Port Hardy (267 km). Evtl. Abstecher nach Alert Bay (Totempfähle, Fährfahrt).

7. Tag
Inside Passage nach Prince Rupert – vorgebuchte Fährfahrt.

8. Tag
Von Prince Rupert auf dem Yellowhead Highway über Terrace nach Kitwanga (239 km).

9. Tag
Abstecher auf Cassiar Highway und Highway 37A nach Stewart/Hyder (220 km). Rundfahrt in Hyder, Fish Creek Bear Viewing Area.

10. Tag
Eventuell Einkäufe in Stewart/Hyder, danach Rückfahrt nach Kitwanga (220 km).

Am Bear Glacier bei Stewart/Hyder

11. Tag
Weiter auf dem Yellowhead Highway über Hazelton ('Ksan Indian Village) und Smithers nach Burns Lake (265 km).

12. Tag
Weiter auf dem Yellowhead Highway nach Vanderhoof (128 km).

13. Tag
Abstecher nach Fort St. James (70 km), Besichtigung des Forts, Wanderung.

14. Tag
Rückfahrt zum Yellowhead Highway und weiter nach Prince George (170 km). Dort Einkäufe erledigen.

15. Tag
Auf den Cariboo Highway abbiegen und Weiterfahrt nach Quesnel, dort Abbiegen auf Highway 26 zur Barkerville Historic Town. Übernachtung in Wells (206 km).

16. Tag
Besichtigung der Barkerville Historic Town.

17. Tag
Zurück nach Quesnel und weiter auf dem Cariboo Highway in südlicher Richtung nach Williams Lake (206 km).

18. Tag
Weiter Richtung Süden nach Cache Creek (192 km).

19. Tag
Auf dem Trans-Canada Highway über Hell's Gate (Gondelfahrt, Lachstreppe) nach Hope (193 km), Besuch der Hope Slide.

20. Tag
Zurück nach Vancouver und Abgabe des Wohnmobils (149 km). Danach eine Übernachtung im Stadthotel.

21. Tag
Rückflug nach Deutschland (Ankunft am 22. Tag)

Gesamtstrecke: ca. 3200 Kilometer
Durchschnittliche Fahrstrecke pro Tag: 169 Kilometer plus zusätzliche Kilometer an den jeweiligen Aufenthaltsorten.

Beispiel 2:

Klassische Reise durch West-Kanada (4 Wochen)

An- und Abreise jeweils 1 Tag	2 Tage
Aufenthalt in Vancouver	3 Tage
Fahrtage	18 Tage
Jokertage	5 Tage
Gesamt	**28 Tage**

Da die vorgebuchte Fährfahrt auf der Inside Passage bereits am fünften Urlaubstag eingeplant wurde, ist man für die restliche Zeit völlig ungebunden und kann seine Jokertage je nach Wetterlage, Hobbys und Interessen frei verplanen.

1. Tag
Ankunft Vancouver, Übernachtung im Hotel, evtl. 2–3 Übernachtungen in Vancouver.

2. Tag
Übernahme des Wohnmobils, Einkäufe, Fährfahrt nach Vancouver Island, weiter nach Victoria (70 km und Fähre).

3. Tag
Rundgang in Victoria, Fahrt auf Highway 19 über Duncan (Totempfähle), Chemainus (Murals) und Nanaimo nach Qualicum Beach (161 km).

4. Tag
Weiter auf Highway 19 über Campbell River (Einkäufe) nach Port Hardy (ca. 274 km). Evtl. Abstecher zum Strathcona Provincial Park (Picknick, einfache Fahrt 86 km).

5. Tag
Inside Passage nach Prince Rupert – vorgebuchte Fährfahrt.

6. Tag
Von Prince Rupert auf Highway 16 über Terrace und Kitwanga nach Hazelton ('Ksan Indian Village) (288 km).

7. Tag
Weiter auf dem Yellowhead Highway über Smithers und Burns Lake nach Vanderhoof (343 km).

8. Tag
Weiter über Prince George (Einkäufe) nach Tête Jaune Cache (275 km), dort Rafting, Reiten oder Golfen.

9. Tag
Vorbei am Mt. Robson (Wanderung) nach Jasper (101 km), dort Gondelfahrt auf Mt. Whistlers.

10. Tag
Rundfahrt und Wanderungen im Jasper National Park.

11. Tag
Fahrt über den Icefields Parkway und Lake Louise nach Banff (280 km).

12. Tag
Rundgang durch Banff, Rundfahrt und Wanderungen im Banff National Park.

13. Tag
Auf dem Trans-Canada Highway durch den Yoho National Park (Spiral Tunnel, Emerald Lake), über Golden und den Glacier National Park nach Revelstoke

(282 km). Unterwegs Stopps für Picknicks und kleinere Wanderungen.

14. Tag
Auffahrt auf den Mt. Revelstoke, Erkundung des Ortes und des Nationalparks.

15. Tag
Nach der Besichtigung des Revelstoke-Staudamms weiter auf dem Trans-Canada Highway über Three Valley Gap (Geisterstadt) nach Sicamous am Shuswap Lake (72 km), dort Bootsfahrt.

16. Tag
Weiter nach Kamloops und nach Cache Creek (222 km).

17. Tag
Weiter auf dem Trans-Canada Highway über den Fraser Canyon (Fahrt mit der Hell's Gate Seilbahn) nach Hope (193 km), Besuch der Hope Slide.

18. Tag
Weiterfahrt durch das Fraser Valley nach Vancouver (149 km), Abgabe des Wohnmobils, evtl. 2–3 Übernachtungen in Vancouver, Rückflug nach Deutschland, Ankunft am nächsten Tag.

Sie gilt als eine der schönsten Fernstraßen der Welt: der Icefields Parkway zwischen Lake Louise und Jasper

Gesamtstrecke: ca. 2700 Kilometer
Durchschnittliche Fahrstrecke pro Tag: 150 Kilometer plus zusätzliche Kilometer an den jeweiligen Aufenthaltsorten.

Elch nahe dem Icefields Parkway im Jasper National Park

Beispiel 3:

Einwegmiete von Vancouver nach Calgary (4 Wochen)

An- und Abreise jeweils 1 Tag	2 Tage
Stadtaufenthalte	3 Tage
Fahrtage	18 Tage
Jokertage	5 Tage
Gesamt	**28 Tage**

1. Tag
Ankunft Vancouver, Übernachtung im Stadthotel.

2. Tag
Stadtaufenthalt in Vancouver.

3. Tag
Übernahme des Wohnmobils, Einkäufe, auf dem Trans-Canada Highway nach Hope (149 km), Besuch der Hope Slide.

4. Tag
Weiter über den Fraser Canyon (Fahrt mit der Hell's Gate Seilbahn) nach Cache Creek (193 km).

5. Tag
Auf dem Cariboo Highway über Clinton (Besichtigung der historischen Häuser) und 70 Mile House (Picknick am See) nach 100 Mile House (163 km).

6. Tag
Aufenthalt in 100 Mile House, Erkundung der Umgebung, Baden, Wanderungen.

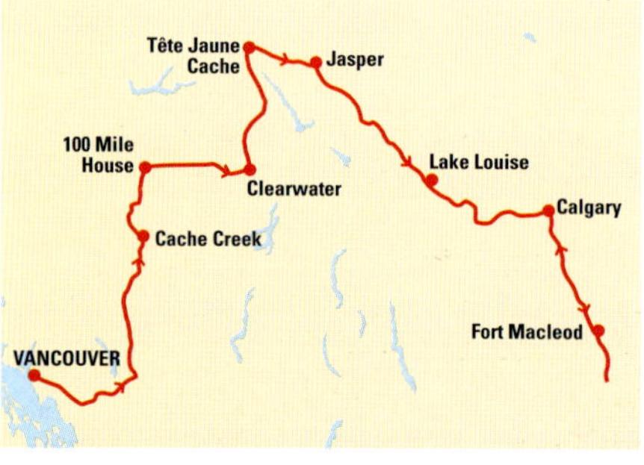

7. Tag
Auf Highway 24 über Little Fort nach Clearwater (125 km), Zeit für Einkäufe und Informationen über den Wells Gray Provincial Park.

8. Tag
Fahrt in den Wells Gray Provincial Park, Rundfahrt, Wanderungen.

9. Tag
Weiter von Clearwater auf Yellowhead Highway South über Blue River und Valemount nach Tête Jaune Cache (215 km), dort z. B. Angeln, Reiten, Rafting.

10. Tag
Auf dem Yellowhead Highway vorbei am Mt. Robson (Wanderung) nach Jasper (101 km), Gondelfahrt auf Mt. Whistlers oder Fahrt zu den Patricia und Pyramid Lakes.

11. Tag
Rundfahrt und Wanderungen im Jasper National Park.

12. Tag
Weitere Erkundungen, Wanderungen oder Sport im Jasper National Park.

13. Tag
Über den Icefields Parkway und Lake Louise nach Banff (280 km). Rundgang in Banff, Fahrt über den Bow Valley Parkway.

14. Tag
Rundfahrt und Wanderungen im Banff National Park.

15. Tag
Ausflug in den Kootenay National Park, Wanderungen und Besuch der heißen

Mountain Sunset: durch Albertas Kananaskis Country

Quellen in Radium Hot Springs (einfache Fahrt 132 km).

16. Tag
Fahrt über Canmore (Mountainbiking) nach Calgary (129 km), Gelegenheit für Einkäufe.

17. Tag
Fahrt über den Deerfoot Trail nach Fort Macleod, Besuch der Head-Smashed-In Buffalo Jump Historic Site und des Fort Macleod (173 km).

18. Tag
Weiterfahrt zum Waterton Lakes National Park (115 km), unterwegs Besuch von Pincher Creek (Hutterer-Gemeinde).

19. Tag
Bootsfahrt auf dem Upper Waterton Lake.

20. Tag
Wanderungen im Waterton Lakes National Park. Eventuell Besuch des US-amerikanischen Glacier National Park.

21. Tag
Rückfahrt über den Deerfoot Trail nach Calgary und Abgabe des Wohnmobils (288 km). Danach Aufenthalt in der Stadt und Übernachtung im Stadthotel.

22. Tag
Stadtaufenthalt Calgary.

23. Tag
Rückflug nach Deutschland (Ankunft am nächsten Tag).

Gesamtstrecke: ca. 2200 Kilometer
Durchschnittliche Fahrstrecke pro Tag: 123 Kilometer plus zusätzliche Kilometer an den jeweiligen Aufenthaltsorten.

Traumkulisse Rocky Mountains

15 Routen durch West-Kanada

Vancouver

Zwischen Coast Mountains und Pazifik

Vancouver zählt weltweit zu den schönsten Städten

Gastown Vancouver: An der Ecke Water und Cambie Streets dampft stündlich die Steam Clock

Vancouver zählt allerlei Umfragen zufolge zu den drei schönsten Städten der Welt. Die einmalige Lage am Pazifik, eingebettet in eine grandiose Bergwelt, der bunte Mix an Nationalitäten und die Fülle an Freizeit- und Unterhaltungsmöglichkeiten machen die Stadt nicht nur für Besucher attraktiv. Durch die Nähe zum Meer ist das Klima mild; an manchen Tagen kann man vormittags auf dem Grouse Mountain Ski fahren und nachmittags am Strand Volleyball spielen. In der City von Vancouver wohnen knapp über 600 000 Menschen. Nimmt man die Vororte und umliegenden Gemeinden dazu, so liegt die Einwohnerzahl von *Greater Vancouver* bei über zwei Millionen und setzt die Stadt auf Platz drei in Kanada.

Angelockt von Goldfunden am Fraser Canyon kam eine bunt zusammengewürfelte Schar von Menschen zunächst aus Kalifornien herauf an die kanadische Küste; die wenigsten blieben allerdings auf Dauer. Nur eine kleine Sägemühle trotzte hier der Wildnis, später kamen ein paar Häuser dazu. Daraus entwickelte sich dann nach dem Bau der Eisenbahn eine blühende Kleinstadt. Auch der Hafen gewann an Bedeutung, besonders nach dem Bau des Panamakanals, durch den es rentabel wurde, Getreide aus den Prärieprovinzen auf dem Seeweg zu exportieren. Heute ist der Hafen von Vancouver der größte Warenumschlagplatz Nordamerikas. Die Wirtschaft expandierte in die unterschiedlichsten Bereiche; zu den wichtigsten Wirtschaftszweigen gehören der Dienstleistungssektor, der Tourismus und die Filmindustrie. Neben Los Angeles und New York ist Vancouver die drittgrößte Filmproduktionsstätte Nordamerikas, was ihr den Beinamen »Hollywood des Nordens« eingebracht hat.

Granville Island aus der Vogelperspektive

Im Ostteil des Stanley Park nahe Downtown Vancouver

Trotz ihrer Größe ist Vancouver eine gut strukturierte Stadt, in der man sich leicht zurechtfindet. Die Stadt hat verschiedene öffentliche Verkehrssysteme, mit denen man schnell von einer Sehenswürdigkeit zur nächsten kommt, wenn der Weg zu Fuß zu weit ist: die Schnellbahn SkyTrain, den SeaBus, eine Fähre, die die Innenstadt mit North Vancouver verbindet, und etliche Stadtbuslinien.

Die **Burrard-Halbinsel**, auf der sich das Stadtzentrum befindet, ist an drei Seiten von Wasser umgeben, im Norden vom Burrard Inlet, im Süden vom False Creek und im Westen von der English Bay. Plant man einige Tage Aufenthalt in Vancouver ein, wählt man vorzugsweise ein Hotel im Zentrum.

Gastown, benannt nach dem Wirt John Deighton, einem pensionierten Schiffskapitän dessen Spitzname »Gassy Jack« (geschwätziger Jack) war und der hier 1867 einen Saloon eröffnete, ist das älteste Viertel der Stadt, und viele Gassen haben hier noch Kopfsteinpflaster. Entlang der Water Street schließt es sich an die großen weißen Segel des Canada Place an. Das fröhliche Pfeifen der **Steam Clock**, der berühmten dampfbetriebenen Standuhr Ecke Cambie und Water Streets, ist genauso typisch wie die vielen kleinen Läden und Kneipen, die einen Eindruck von der Gründerzeit der Stadt vermitteln.

Der **Canada Place** beherbergt unter seinen Segelkonstruktionen Messehallen, ein Hotel und den Terminal für die riesigen Alaska-Kreuzfahrtschiffe, die dort oft vor Anker liegen. Gegenüber dem Canada Place befindet sich ein Vancouver Visitor Information Centre.

Für den Blick von oben auf die Stadt und das Umland bietet sich der **Vancouver Lookout** an. Ein Glasaufzug bringt Besucher rund 50 Stockwerke hoch. Von der Aussichtsplattform aus hat man einen einmaligen Rundblick. Wer noch

höher hinauf will, der kann im Norden Vancouvers mit einer Gondel, dem Skyride, auf den **Grouse Mountain**, den Hausberg Vancouvers, hinauffahren.

Mit einem Wassertaxi, dem sogenannten Aquabus, kann man sich von verschiedenen Haltestellen, u. a. auch von der Davie Street, auf die Insel **Granville Island** bringen lassen. Die Boote fahren unter der Granville-Brücke durch und man hat einen fantastischen Blick auf die Skyline von Vancouver. Herzstück von Granville Island ist der **Public Market**, der täglich von 9 bis 18 Uhr abgehalten wird. Die Mischung aus Wochenmarkt und Trödelmarkt ist einfach unwiderstehlich. Zwischendurch kann man sich in einem der Cafés oder Restaurants erholen. Abends gehört die Insel dann der Unterhaltung – den Shows und der Musik.

Einen Überblick auf recht bequeme Art verschafft eine Rundfahrt mit einem Bus der **Vancouver Trolley Company**. Die komplette Tour dauert zwei Stunden, man kann aber an jeder Station aussteigen, wenn man etwas besichtigen möchte, und einfach mit dem nächsten Bus weiterfahren *(Hop-on, Hop-off)*. Das Ticket behält den ganzen Tag bzw. für eine vollständige Fahrrunde de Gültigkeit.

Stanley Park, das Naherholungsgebiet Vancouvers, hat mit einem Stadtpark, wie wir ihn kennen, nichts gemeinsam. Mit einer Größe von vierhundert Hektar nimmt er eine ganze Halbinsel ein, ein großer Teil davon ist

Wildnis, durch die nur einige Wanderwege führen. Der alte Baumbestand aus Douglastannen und Kiefern, das dichte Unterholz und die reiche Tierwelt lassen die unmittelbare Nachbarschaft zu einer Millionenstadt völlig vergessen. Bei einer Rundfahrt auf dem **Stanley Park Drive** bekommt man einen ersten Eindruck von den vielen Sehenswürdigkeiten des Parks. Markante Punkte sind unter anderem die Sammlung von Totempfählen, die Nine O'Clock Gun und der Leuchtturm. Dazu gesellen sich einige hübsche Strände, attraktive Restaurants und vieles mehr. Auch das **Vancouver Aquarium** liegt im Stanley Park, eines der schönsten Aquarien weltweit. Neben Spazier- und Wanderwegen durchziehen den Park Fahrrad- und Inlinerwege. Man kann die Sehenswürdigkeiten der Halbinsel auch ganz geruhsam aus einer Kutsche heraus betrachten. Alle zwanzig Minuten startet eine einstündige *Horse-Drawn Tour* vom Kiosk neben dem Vancouver Aquarium zu einer Rundfahrt.

Unter den zahlreichen Museen und Ausstellungen, die Vancouver zu bieten hat, ist das **Museum of Anthropology** sicher eines der interessantesten. Die Geschichte der First Nations ist das Thema, und beim Betrachten der ausgestellten Masken und Stoffe, der Schmuckstücke, Kanus und Totempfähle erfährt man vieles über ihre lange Geschichte und Kultur.

Flaniermeile Robson Street in Downtown Vancouver

North Vancouver, durch den Burrard Inlet von der Innenstadt getrennt, ist eine beliebte Wohngegend. Die SeaBus-Fähre sorgt für kurze Transferwege, und die Aussicht auf die Skyline, den Hafen und das Meer hat auf Vancouvers Nordseite die Grundstückspreise in die Höhe getrieben.

Am Fuß des Grouse Mountain, nur wenige Gehminuten vom North Shore Terminal der Fähre, erwartet den Besucher eine besondere Attraktion, die **Capilano Suspension Bridge**, eine 137 Meter lange Hängebrücke, die in über 70 Metern Höhe den Capilano Canyon überspannt. Je nach eigener Befindlichkeit ist ein Gang über die wackelnde, schaukelnde Konstruktion Mutprobe oder prickelndes Vergnügen. Für das *Treetops Adventure* wurden über dem dichten Küstenwald einige hohe Hemlocktannen durch Hängebrücken miteinander verbunden, sodass man in rund dreißig Metern Höhe über dem Waldboden spazieren gehen kann. Alles ist natürlich bestens gesichert und es ist interessant, den naturbelassenen Wald einmal aus einer völlig neuen Perspektive zu sehen.

Nach den vielen Besichtigungen und Aktivitäten lädt die Flaniermeile von Vancouver, die **Robson Street** im Stadtzentrum, mit ihren Cafés und Restaurants zu einer Pause ein, was sicher Kopf, Magen und Füßen zugutekommen wird.

Wen es dann noch zum Shopping zieht, der ist am Robson Square gut aufgehoben. Lohnenswert ist auch ein Besuch im **The Bay**, dem Vorzeigekaufhaus der Hudson's Bay Company, der man auf der Reise durch West-Kanada noch oft begegnen wird.

Ausflug nach Whistler und Lillooet

Garibaldi Lake im Garibaldi Provincial Park nahe Whistler

Einen Abstecher wert ist die rund 130 Kilometer lange Fahrt in nördlicher Richtung auf dem **Sea to Sky Highway** (Highway 99) entlang der Sunshine Coast nach **Whistler**. Die Fahrt beginnt gleich mit einem Höhepunkt: der Fahrt über die **Lions Gate Bridge**, die hoch über dem Stanley Park und dem Burrard Inlet Richtung Norden führt und einen guten Blick auf die Stadt und das Umland bietet. Die 1938 fertiggestellte Hängebrücke wird von zwei 111 Meter hohen Türmen gehalten, sodass Schiffe bis zu einer Höhe von 61 Metern darunter durchfahren können.

Vorbei an North Vancouver führt die Straße zwischen den Küstenbergen und den Howe Sound entlang und bietet immer wieder schöne Ausblicke auf das Meer. Am hinteren Ende der langgestreckten Bucht liegt **Squamish**, eine schnell wachsende Gemeinde. Aufgrund der hohen Mieten und Grundstückspreise in Vancouver und Whistler, das Sommerfrische und auch Winterskigebiet ist, stellt Squamish eine bezahlbare Alternative dar, die nur knapp eine Fahrstunde von beiden Orten entfernt liegt. Der **Stawamus Chief** ist ein attraktiver Berg für Kletterer und Wanderer. Viele, allerdings zum Teil steile Wege dort hinauf belohnen mit einmaligen Ausblicken auf Berge und Meer.

Highway 99 verläuft entlang der Grenze des **Garibaldi Provincial Park**. An einigen Punkten führen Wanderwege in den Park, der ansonsten nicht durch Straßen erschlossen

Bei Brackendale nördlich von Squamish bietet sich die Gelegenheit Weißkopfseeadler zu beobachten

ist. In der Gegend von Brackendale gibt es viele Weißkopfseeadler, deren große Nester man in den Wipfeln der hohen Bäume erkennen kann. Der Gebirgsort **Whistler** war gemeinsam mit Vancouver Gastgeber der Olympischen Winterspiele 2010. In Vorbereitung auf diese und in den Jahren danach entstanden zahlreiche neue Gebäude und Stadtviertel. Unberührt geblieben ist das Bergpanorama, das man bei einer Gondelfahrt oder einer Wanderung genießen kann.

Bis vor 21 Jahren endete der Highway 99 im kleinen Ort Pemberton, dessen Hauptstraße ein wenig an die Kulissen eines Western-Films erinnert. Erst 1992 wurde die sich anschließende Duffy Lake Road, ein ehemaliger Forstwirtschaftsweg asphaltiert, sodass man nun bis nach Lillooet weiterfahren kann. Diese Strecke wird allerdings auch heute noch oft von überlangen Trucks, die große, schwere Baumstämme geladen haben, genutzt.

Folgt man ab Whistler dem Highway 99 also für weitere 130 Kilometer, erreicht man **Lillooet**. Das idyllische Örtchen liegt eingebettet in die Schluchten des Fraser River. Das Klima hier ist warm und trocken, ideal für den Obst- und Gemüseanbau. Lillooet ist eine der wenigen Gemeinden, in denen die Ureinwohner, die vor Hunderten von Jahren hier schon ihre Heimat hatten, heute noch überwiegen. Einst war Lillooet, das damals noch Cayoosh Flat hieß, die Meile Null des Fahrwegs zu den Goldfeldern des Cariboo, der Cariboo Wagon Road. Nachdem der Goldrausch verflogen war, schrumpfte der kleine Ort auf seine heutige Größe zurück.

Abzweig ab Lillooet:

Über Highway 12 nach Lytton (64 km) oder über Highway 99 nach Cache Creek (86 km), beide am Trans-Canada Highway *(vgl. Route 1, S. 94).*

Von Cache Creek zweigt der Cariboo Highway Richtung Norden ab *(vgl. Route 4, S. 134).*

Whistler, ein hübscher Gebirgsort

Service & Tipps

Whistler

Whistler Visitor Centre
4230 Gateway Dr., Whistler, BC V0N 1B4
(604) 935-3357, 1-800-944-7853
www.whistler.com
Tägl. 8–22 Uhr

Riverside RV Resort & Campground
8018 Mons Rd., Whistler, BC V0N 1B8
50.137429,-122.951861
(604) 905-5533, www.whistlercamping.com
Ganzjährig geöffnet
Über 100 Stellplätze auf offenem und bewaldetem Gelände. 1,5 km nördlich des Upper Village am Fitzsimmons Creek. Auch Blockhütten und Jurten. Dump Station, Waschsalon, Geschäft, Snackbar, Feuerstellen, Ballspielplätze, WLAN, Grill. Schwimmen, Fischen, Golfen, Wandern, Fahrradverleih, Spiel- und Sportplatz, Volleyball. Am Whistler Valley Trail. $ 40–57

Peak 2 Peak Gondola
Info und Tickets: 1-800-766-0449
www.whistlerblackcomb.com
Seillbahn: Ende Mai–Ende Sept. tägl., im Okt. die ersten beiden Wochenenden
Sommertickets $ 46/0–39 (inkl. Whistler Village Gondola)
4,4 km lange Seilbahnfahrt zwischen Whistler und Blackcomb Mountain. Die längste Strecke ohne Stützpfeiler beträgt 3 km, die größte Höhe über dem Boden 435 m.

Whistler Mountain Bike Park
Skier's Plaza, 4545 Blackcomb Way
Whistler, BC V0N 1B4
(604) 938-7275, 1-888-403-4727
www.whistlerbike.com
Mitte Mai–Anfang Okt. tägl. 10–17, Mitte Juni–Anfang Sept. bis 20 Uhr
Eintritt ab $ 56/50, Leihgebühr Mountainbike $ 65–100 pro Tag
Über 200 km Wege und Herausforderungen für aktive Mountainbiker.

Whistler Air
Whistler, BC V0N 1B0
(604) 932-6615, 1-888-806-2299
www.whistlerair.ca
Mitte Mai–Ende Sept. 9.30 bzw. 12.30 ab Vancouver, 11.30 bzw. 17.30 Uhr ab Whistler, Wasserflugzeughafen am Green Lake
Flugpreis je Flugstrecke $ 169
Flugverbindung zwischen Vancouver und Whistler. Dauer 30 Minuten.

Mountain Biking am Whistler-Blackcomb

Lillooet

Lillooet Museum/Lillooet Tourism Information Centre
790 Main St., Lillooet, BC V0K 1V0
(250) 256-4308, www.lillooetbc.com
Juli/Aug. tägl. 9–17, Mai/Juni 10–16, Sept./Okt. Di–Sa 10–16 Uhr, Eintritt frei
Kleines Museum samt Touristeninformation in der historischen Kirche St. Mary the Virgin.

Retasket Lodge & RV Park
1264 Bouvette Rd., Lillooet, BC V0K 1V0
50.68351,-121.942075
(250) 256-2090, 1-866-456-2090
www.retasketlodge.com
Motel und Campground mit 8 Stellplätzen. Vollanschlüsse, Duschen, Wäscherei. Im Preis ist ein kontinentales Frühstück inklusive.

Cayoosh Creek Campground
100 Hwy. 99 S., Lillooet, BC V0K 1V0
50.680872,-121.931701
(250) 256-4180, 1-877-748-2628
www.lillooetbc.com
April–Okt.
42 Stellplätze für Wohnmobile und Zelte am Zusammenfluss von Seton und Fraser River. Auch ein Miet-Wohnmobil zum Übernachten. 1 km südlich des Ortes. $ 20–25

Service & Tipps

ℹ Tourism Vancouver
Downtown Tourist Info Centre
Plaza Level, 200 Burrard St.
Vancouver, BC V6C 3L6
✆ (604) 683-2000 und 1-800-667-3306
www.tourismvancouver.com
Tägl. 8.30–18 Uhr
Hervorragendes Informationszentrum. Hier befindet sich auch Tickets Tonight, Vancouvers günstige Kartenvorverkaufsstelle.

ℹ Weitere Visitor Info Centres im Großraum Vancouver
– **North Vancouver:** 124 W. 1st St., North Vancouver, BC V7M 3N3, ✆ (604) 987-4488 www.nvchamber.ca, Mo–Fr 9–17 Uhr
– **Surrey:** 730 176th St., Surrey, BC V3S 9S6, ✆ (604) 531-6646, 1-888-531-6646 www.tourismsurrey.com, Mo–Sa 9–17 Uhr
– **Vancouver International Airport:** International und Domestic Arrivals Level
✆ (604) 247-7540

Burnaby Cariboo RV Park
8765 Cariboo Pl., Burnaby, BC V3N 4T2
49.243992,-123.028583
✆ (604) 420-1722, www.bcrv.com
Ganzjährig geöffnet
Sehr komfortabler, großer Campingplatz mit 217 Stellplätzen östlich von Vancouver. Vorwiegend Wohnmobile. Mit Kabelfernsehen, WLAN, Dump Station, Waschsalon, Mini-Supermarkt, Picknicktischen, Grill. Außerdem gibt es einen Swimmingpool, ein Jacuzzi, Fitnessraum und einen Spielplatz. Man kann fischen, golfen, Basketball spielen und wandern. Nahe einer SkyTrain-Haltestelle mit Anschluss in die City. $ 44–67.50

»Totem Pole« im Stanley Park in Vancouver

Capilano River RV Park
295 Tomahawk Ave.
Weat Vancouver, BC V7P 1C5
49.323994,-123.131518
✆ (604) 987-4722
www.capilanoriverrvpark.com
Zentral gelegener Campingplatz mit 205 Stellplätzen, hauptsächlich für Wohnmobile. Auf Vancouvers Nordseite, am Capilano River nahe der Lions Gate Bridge. Dump Station, Waschsalon, Internet Lounge, Swimmingpool, Whirlpool. $ 42–67

Dogwood Campground & RV Park
15151 112th Ave., Surrey, BC V3R 6G8

Nach Übernahme des Wohnmobils ist der erste Stellplatz gefunden

📍 49.206047,-122.800823
✆ (604) 583-5585, 1-866-496-9484
www.dogwoodcampgrounds.com
Ganzjährig geöffnet
Baumbestandener, weitläufiger Campingplatz, 200 Stellplätze für Wohnmobile, 150 für Zelte. Südöstlich von Vancouver. Dump Station, Laden, Waschsalon, WLAN, Pool, Whirlpool, Sportplatz, Basketball, Golfmöglichkeit in der Nähe. $ 39–43

Hazelmere RV Park
18843 8th Ave., Surrey, BC V3S 9R9
📍 49.016651,-122.701582
✆ (604) 538-1167, 1-877-501-5007
www.hazelmere.ca
Ganzjährig geöffnet
Hübscher Campingplatz am Little Campbell River. 90 Stellplätze, südöstlich von Vancouver. Dump Station, Laden, Waschsalon, WLAN, Pool, Whirlpool, Minigolf, Basketball, Fahrradverleih, Sport- und Spielplatz. $ 33–40

Parkcanada RV Park & Campground
4799 Nuelum Way, Delta, BC V4M 4G9
📍 49.032547,-123.091883
✆ (604) 943-5811, 1-877-943-0685
www.parkcanada.com, ganzjährig geöffnet
Offenes Gelände mit 76 Stellplätzen. Nur 5 km östlich des Fährterminals in Tsawwassen (ca. 7 Min.). Waschsalon, Geschäft, Swimmingpool, Lounge mit TV, WLAN, Billard. $ 33–39

H.R. MacMillan Space Centre
1100 Chestnut St., im Vanier Park
Vancouver, BC V6J 3J9
✆ (604) 738-7827, www.spacecentre.ca
Tägl. 10–17 Uhr
Eintritt $ 15/7–10.75, Lasershow $ 10.75
Raumfahrtmuseum, Observatorium und Planetarium.

Science World at Telus World of Science
1455 Quebec St., Vancouver, BC V6A 3Z7
✆ (604) 443-7440
www.scienceworld.ca
Tägl. 10–18 Uhr, Eintritt $ 21/0–17.25, mit Omnimax $ 26.50/0–22.75, nur Omnimax pro Person $ 11
Kinder- und Wissenschaftsmuseum mit markanter geodätischer Kuppel und dem Alcan Omnimax Theatre. Am östlichen Ende des False Creek.

Ein interaktives Technik-Museum: Science World am False Creek in Vancouver

UBC Museum of Anthropology
6393 N.W. Marine Dr., Vancouver, BC V6T 1Z2
✆ (604) 822-5087, www.moa.ubc.ca
Ende Mai–Anfang Sept. tägl. 10–17, Di bis 21 Uhr, im Winter Mo geschl.
Eintritt $ 16.75/0–14.50
Exzellentes Universitätsmuseum zur Kultur der Westküstenindianer.

Vancouver Maritime Museum & St. Roch National Historic Site
1905 Ogden Ave., im Vanier Park
Vancouver, BC V6J 1A3, ✆ (604) 257-8300
www.vancouvermaritimemuseum.com
Ende Mai–Anfang Sept. tägl. 10–17, sonst So ab 12 Uhr und Mo geschl., Eintritt $ 11/0–8.50
Museum zur maritimen Geschichte Vancouvers und der kanadischen Westküste.

Vancouver Museum
1100 Chestnut St., im Vanier Park
Vancouver, BC V6J 3J9
✆ (604) 736-4431
www.museumofvancouver.ca
Juli–Sept. tägl. 10–17, Do bis 21 Uhr, sonst Mo geschlossen, Eintritt $ 12/0–10
Stadtgeschichtliches Museum. Historische Schätze der Westküstenindianer und der asiatischen Pazifik-Anrainer.

Eine frei schwingende Seilbrücke in North Vancouver: Capilano Suspension Bridge

Capilano Salmon Hatchery
4500 Capilano Park Rd.
North Vancouver, BC V7R 4L3
✆ (604) 666-1790
Ganzjährig geöffnet, im Sommer tägl. 8–20 Uhr, sonst kürzer, Eintritt frei
Lachszuchtstation in North Vancouvers Capilano River Regional Park.

Vancouver Aquarium & Marine Science Centre
Stanley Park
Vancouver, BC V6B 3X8
✆ (604) 659-3474, www.vanaqua.org
Ende Juni–Anfang Sept. tägl. 9.30–19, sonst 9.30–18 Uhr, Eintritt $ 28/0–22
Vancouvers sehenswertes Aquarium.

Capilano Suspension Bridge
3735 Capilano Rd.
North Vancouver, BC V7R 4J1
✆ (604) 985-7474, 1-877-985-7474
www.capbridge.com, Ende Mai–Anfang Sept. tägl. 8.30–20 Uhr, sonst kürzer
Eintritt $ 32/0–26, inkl. Treetops Adventure
Beim *Treetops Adventure* spaziert man über schmale, an hohen Bäumen festgemachte Hängebrücken. Außerdem indianische Tanzveranstaltungen, Cliffwalk und Totempfahlschnitzer.

Lynn Canyon Ecology Centre & Suspension Bridge
3663 Park Rd., North Vancouver, BC V7J 3G3
✆ (604) 990-3755
www.dnv.org/ecology
Juni–Sept. tägl. 10–17, sonst Mo–Fr 10–17, Sa 12–16 Uhr, Eintritt frei, Spenden erwünscht
68 m lange Hängebrücke, 50 m hoch über dem Lynn Canyon. Naturschutzzentrum zum Thema »Temperierter Regenwald«.

Vancouver Lookout! at Harbour Centre Tower
555 W. Hastings St.
Vancouver, BC V6B 4N6
✆ (604) 689-0421
www.vancouverlookout.com
Anfang Mai–Mitte Okt. tägl. 8.30–22.30, sonst tägl. 9–21 Uhr, Eintritt $ 15.75/0–10.75
Ein absolutes Muss an Schönwettertagen: die Aussichtsetage im 50. Stock des 177 m hohen Turms. Oben ein Drehrestaurant.

Wild Whales Vancouver
1806 Mast Tower Rd., Vancouver, BC V6H 4B6
✆ (604) 699-2011
www.whalesvancouver.com
Fahrpreis $ 130/0–110
Fahrtdauer 3–6 Std.
Von Granville Island zu den Orcas und Grau-

walen in der Strait of Georgia. Einziger Veranstalter von Walbeobachtungen mit Startpunkt im Innenstadtbereich.

Dr. Sun Yat-Sen Classical Chinese Garden
578 Carrall St., Vancouver, BC V6B 5K2
✆ (604) 662-3207
www.vancouverchinesegarden.com
Tägl. Mitte Juni–Ende Aug. 9.30–19, Anfang Mai–Mitte Juni und Sept. 10–18, im Winter 10–16.30 Uhr, Eintritt $ 14/0–10
Traditioneller chinesischer Garten in Chinatown.

Queen Elizabeth Park & Bloedel Floral Conservatory
33rd Ave. & Cambie St.
Vancouver, BC V5X 1C5
✆ (604) 873-7000, www.vancouverparks.ca
Mo–Fr 9–20, Sa/So 10–21 Uhr, im Winter kürzer, Eintritt Park frei, Bloedel Conservatory $ 5.60/0–3.90
52 ha großer botanischer Garten und riesiges Gewächshaus unter einer gläsernen geodätischen Kuppel.

Van Dusen Botanical Garden
5251 Oak St.

Walbeobachtung in der Strait of Georgia westlich von Vancouver

Vancouver, BC V6M 4H1
✆ (604) 257-8335, www.vandusengarden.org
Juni–Aug. tägl. 9–20.30 Uhr, sonst kürzer
Eintritt $ 10.75/0–8
Sehenswerter botanischer Garten.

Harbour Cruises
North Foot of Denman St.
Vancouver, BC V6G 2W9
✆ (604) 688-7246, 1-800-663-1500
www.boatcruises.com, Fahrpreis $ 30/0–25
Hafenrundfahrt per Schaufelraddampfer, Dinnerkreuzfahrten oder Ausflüge in den

Vancouver Harbour

Totempfahl im Stanley Park, Vancouver

Howe Sound. Ab Harbour Cruises Marina/ Coal Harbour.

Stanley Park Horse-Drawn Tours
735 Stanley Park Dr.
Vancouver, BC V6C 2T1
✆ (604) 681-5115, 1-888-681-5110
www.stanleyparktours.com
März–Okt. tägl. 9.30–17.30 Uhr, sonst kürzer
Fahrpreis $ 30/0–28
Einstündige Kutschfahrten im und um den Stanley Park. Abfahrt vom Parkeingang an der Georgia Street.

Grouse Mountain & Skyride
6400 Nancy Greene Way
North Vancouver, BC V7R 4K9
✆ (604) 980-9311
www.grousemountain.com
Tägl. 9–22 Uhr, Eintritt $ 40/0–24
Wanderwege und ein Sessellift führen auf Vancouvers kommerzialisierten Hausberg. Wunderbare Fernsichten.

Lighthouse Park
Beacon Lane & Marine Dr.
West Vancouver, BC V7W 2T3
✆ (604) 925-7000, www.westvancouver.ca
Wildromantischer Küstenpark mit 75 ha Regenwald und Wanderwegen in West Vancouver. 18 km nordwestlich von Downtown Vancouver.

Whytecliff Park
7120 Marine Dr.
West Vancouver, BC V7W 2T3
✆ (604) 925-7000, www.westvancouver.ca
Traumhafter Küstenpark westlich von Horseshoe Bay.

Vancouver Trolley Tours
875 Terminal Ave., Vancouver, BC V6A 2M9
✆ (604) 801-5515, 1-888-451-5581
www.vancouvertrolley.com
Ganzjährig, Fahrpreis $ 38/0–35
Stadtrundfahrten in nostalgischen roten Bahnen. Dauer der kompletten Tour ohne Unterbrechungen: 2 Std. Unbegrenztes Zu- und Aussteigen an den 23 Haltestellen. Vancouver Trolley Ticket Booth in Gastown (157 Water St.).

Bridges Bistro
1696 Duranleau St., Vancouver, BC V6H 3S4
✆ (604) 687-4400
www.bridgesrestaurant.com
Fröhlich gelb leuchten das Restaurant und die Sonnenschirme auf der großen Terrasse vor der Granville Island Bridge. Legere Bistroatmosphäre. Serviert werden Burger, Pizza und Fischgerichte. Seit fast 30 Jahren. $$–$$$

Top of Vancouver Revolving Restaurant
Harbour Centre Tower
555 W. Hastings St., Vancouver, BC V6B 4N6
✆ (604) 669-2220, www.topofvancouver.com
Mit gläsernen Aufzügen geht es hoch zum Drehrestaurant auf dem Harbour Centre Tower. Toller Rundumblick bei einer Drehung pro Stunde. $$$–$$$$

The Fanclub
1050 Granville St., Vancouver, BC V6Z 1M7
✆ (604) 681-9253, www.vancouverfanclub.ca
Populäre Bar. Allabendlich Live-Rhythm & Blues, Soul und Funk, Rock, Jazz und World Music.

The Bay Vancouver
674 Granville St., Downtown
Vancouver, BC V6C 1Z6
✆ (604) 681-6211, www.hbc.com

Point-Atkinson-Leuchtturm im Lighthouse Park in West Vancouver

Mo/Di 9.30–19, Mi–Fr 9.30–21, Sa 8–21, So 11–19 Uhr
Das kanadische Kaufhaus schlechthin. Umfassendes Warenangebot.

Granville Island Public Market
1661 Duranleau St., Vancouver, BC V6H 3S3
✆ (604) 666-5784, www.granvilleisland.com
Tägl. 9–19 Uhr
Populärer Bauernmarkt auf Granville Island.

Harbour Centre Mall
555 W. Hastings St., Vancouver, BC V6B 4N4
✆ (604) 689-7304, www.harbourcentre.com
Mo–Sa 10–18 Uhr
Einkaufszentrum am Hafen. Mit dem Vancouver Lookout.

Lonsdale Quay Market
123 Carrie Cates Court
North Vancouver, BC V7M 3K7
✆ (604) 985-6261, www.lonsdalequay.com
Tägl. 10–19 Uhr, Markt ab 9 Uhr
Über 80 Geschäfte und Restaurants, u. a. Kunsthandwerksläden, Markt. Außerdem ein Aussichtsturm, nahe dem Waterfront Park. SeaBus-Terminal für die Fähre von und nach Downtown. Busbahnhof für Verbindungen an die North Shore.

Pacific Centre Mall
700 Georgia St. W., Vancouver, BC V7Y 1G5
✆ (604) 688-7235, www.pacificcentre.com
Mo/Di 10–19, Mi–Fr 10–21, Sa 10–19, So 11–18 Uhr
Fast 200 Geschäfte, Restaurants etc. unter einem Dach in Downtown.

The Centre in Vancouver for Performing Arts
777 Homer St., Vancouver, BC V6B 2W1
✆ (604) 602-0616
www.centreinvancouver.com
Großer Theaterkomplex in Downtown. Populäres Theater, Tanz und Musicals.

Tickets Tonight im Tourism Vancouver Visitor Centre
200 Burrard St., Plaza Level
Vancouver, BC V6C 3L6
✆ (604) 684-2787 (Konzert- und Veranstaltungsansage), www.ticketstonight.ca
Tägl. 10–18 Uhr
Informationen über aktuelle Vorstellungen. Günstige Karten für Theatervorstellungen, Konzerte etc., Ermäßigungen bis zu 50% möglich.

Cloverdale Rodeo and Exhibition
Cloverdale Fairgrounds, Hwy. 15
Surrey, BC V3S 4E7
✆ (604) 280-4444, www.cloverdalerodeo.com
Eintritt Ausstellung $ 12, Rodeo ab $ 32, Kombitickets $ 37, Parken $ 10
Großes Rodeo Mitte Mai in Surrey, rund 40 km südöstlich von Vancouver. Umfangreiches Beiprogramm.

Vancouver International Airport (YVR)
3211 Grant McConachie Way
Richmond, BC V7B 1Y7
✆ (604) 207-7077, www.yvr.ca
Moderner Flughafen im Stadtteil Richmond südlich der Innenstadt. Air Canada fliegt in rund 10 Stunden von Frankfurt nach Vancouver. Von und nach Downtown: per Bus, Canada Line (SkyTrain) oder Taxi.

TransLink
4720 Kingsway, Burnaby, BC V5H 4N2
✆ (604) 953-3333, www.translink.bc.ca
Vancouvers öffentliches Nahverkehrssystem, bestehend aus Bussen (tägl. 5–24 Uhr), dem SeaBus (s.u.) und dem SkyTrain (s.u.). Zone 1 kostet $ 2.75 ($ 1.75 für Kinder), Zone 2 $ 4 ($ 2.75) und Zone 3 $ 5.50 ($ 3.75). Kinder unter 5 Jahren fahren kostenlos. Der Tagespass für alle Zonen kostet für Erwachsene $ 9.75, für Kinder $ 7.50. An Wochenenden und an Wochentagen nach 18.30 Uhr reduziert sich der Preis für alle Zonen auf $ 2.75 für Erwachsene und $ 1.75 für Kinder. Flughafenverbindung siehe SkyTrain.

SkyTrain
Automatische, schnelle Hochbahnen auf verschiedenen Linien zwischen Vancouvers Waterfront Station und den südlichen Vororten. Die Canada Line verbindet seit 2009 in nur 25 Min. Flughafen und Innenstadt. Die SkyTrains fahren tägl. alle 2–7 Minuten; von den einzelnen Stationen bestehen gute Busverbindungen. Weitere Informationen siehe TransLink.

SeaBus
12-minütige Fährfahrt mit einem 400 Passagiere fassenden Katamaran über das Burrard Inlet zwischen der Waterfront Station, dem historischen Bahnhof der Canadian Pacific

Railway in der Innenstadt und dem Lonsdale Quay in North Vancouver. Mo–Fr tagsüber bis 18.30 Uhr; Preise vgl. auch TransLink.

Aquabus
Public Market Marina, Granville Island
Vancouver, BC V6H3R9
✆ (604) 689-5858, www.theaquabus.com
Passagierfähre zwischen Granville Island und den Docks der Downtown Seawall über den False Creek, tägl. 9–21 Uhr alle 15 Min. Reguläre Fahrpreise $ 3.25–6.50, Kinder die Hälfte. Tipp für einen kurzen Bootsausflug: Auf den hübschen regenbogenfarbenen Fähren kann man für $ 8 in 25 Min. eine hübsche Rundfahrt machen. Ein Tagespass kostet $ 15.

False Creek Ferries
1804 Boatlift Lane, Granville Island
Vancouver, BC V6H 3Y2, ✆ (604) 684-7781
www.granvilleislandferries.bc.ca
Fahrpreis Zonen 1–3 $ 3.25–5.50/1.75–3.25, Tagespässe $ 15/10
Im Minutentakt verkehrende, kleine Passagierfähren auf dem False Creek. Reguläre Verbindungen, z.B. vom Aquatic Centre nach Granville Island oder vom Maritime Museum zur Science World, und Sightseeingfahrten.

BC Ferries
✆ (250) 386-3431 und 1-888-223-3779 (allgemein)
www.bcferries.com
Tsawwassen und Horseshoe Bay sind Vancouvers zwei Fährhäfen auf dem Festland. Das etwa 45 Minuten südlich von Downtown Vancouver gelegene Tsawwassen bietet Service nach Victoria (90 Min.), Nanaimo (120 Min.) und zu den südlichen Gulf Islands. Horseshoe Bay liegt ca. 30 Minuten nördlich von Vancouver und man kommt von dort nach Nanaimo (90 Min.), Bowen Island (20 Min.) und zu den Orten der Sunshine Coast. Abfahrt je nach Saison stündlich oder zweistündlich. Öffentlicher Busservice zu den Fährterminals.

BC Ferries/Tsawwassen Terminal
1 Ferry Causeway, Delta, BC V4M 4G6
✆ (604) 943-9331
www.bcferries.com

BC Ferries/Horseshoe Bay Terminal
6750 Keith Rd.
West Vancouver, BC V7W 2V1
✆ (604) 921-7414
www.bcferries.com

Vial Rail Central Pacific Station
1150 Station St.
Vancouver, BC V6A 4C7
✆ 1-800-6118447 oder 1-888-842-7245
www.viarail.ca
Vancouvers Hauptbahnhof.

Downtown Vancouver: Blick auf die weißen Segel des Canada Place und den Harbour Centre Tower

Calgary

Boomtown mit Westernflair

Der Saddledome vor der Skyline von Calgary

Auf der anderen Seite der Rocky Mountains, etwa tausend Kilometer östlich von Vancouver, in der Provinz Alberta, liegt Calgary, die viertgrößte Stadt Kanadas. Der Name der Stadt stammt aus dem Schottischen und heißt übersetzt »Strand an der Wiese«. Das bezieht sich auf den Bow und den Elbow River, an deren Zusammenfluss die Stadt ihren Anfang nahm.

Neben Vancouver ist Calgary die zweite Stadt im Reisegebiet West-Kanada, die sich als Zielflughafen von Deutschland aus anbietet. Für die erste Übernachtung empfiehlt es sich, eines der zahlreichen Motels oder Hotels in Flughafennähe zu buchen (von diesen wird man kostenfrei von der Autovermietung abgeholt und zur Übernahme des Wohnmobils gebracht). Vom Stadtzentrum ist hier wenig zu sehen; bei klarem Wetter zeichnen sich im Westen jedoch verheißungsvoll die ersten Berge der Rocky Mountains ab, die allerdings noch rund 80 Kilometer entfernt sind.

Das Stadtzentrum liegt südlich vom Flughafen, und das hügelige Land dazwischen wurde in den letzten Jahren mehr und mehr mit Wohnsiedlungen und Industriegebieten bebaut. Calgary ist die am schnellsten wachsende Stadt in ganz Kanada und hat heute bereits etwa 1,1 Millionen Einwohner.

Schon vor 11 000 Jahren besiedelte der Stamm der Blackfoot dieses Gebiet. Die ersten Siedler aus Europa kamen um 1860, um Jagd auf die scheinbar unzähligen Präriebisons zu machen. Es folgten ein Posten der Royal Canadian Mounted Police, der berittenen kanadischen Polizei, und kurz darauf die Eisenbahn. Die Canadian Pacific Railway brachte die Siedler aus dem Osten, denen kostenloses Land zugeteilt worden war, und so stieg die Bevölkerungszahl schnell an.

Auch aus den USA kamen Leute auf der Suche nach Land nordwärts. US-amerikanische Viehzüchter suchten neues Weideland für ihre Rinder und trieben ihre Herden bis in die Prärien Albertas. So wurde Calgary zum Zentrum der Rinderzüchter. Bis heute sind Stetson und Lederstiefel in der Stadt gesellschaftsfähig geblieben.

Wahrzeichen der Boomtown: Calgary Tower

Aus der 1886 zum ersten Mal durchgeführten Industrie- und Handelsmesse entwickelte sich mit den Jahren eine riesige Landwirtschaftsausstellung. Zusammen mit der Calgary Stampede, dem größten Rodeo Kanadas, wurde die Veranstaltung zum Publikumsmagneten, der alljährlich 1,5 Millionen Besucher anzieht. Dieses Spektakel findet stets in der ersten Julihälfte statt.

Bei einem Calgary-Aufenthalt während der zehntägigen **Calgary Exhibition and Stampede** reserviert man am besten lange Zeit im Voraus einen Stellplatz auf einem der Campingplätze am Rande der Stadt und bestellt über das

Chuckwagon Race während des Calgary Stampede

Calgary Stampede

Während der zehntägigen Calgary Stampede sind Stadt und Umland in einem kollektiven Ausnahmezustand. Es ist eine Dauerparty der Superlative, das größte Open-Air-Rodeo der Welt, Viehausstellung und Rummelplatz in einem. Alle Straßen und Häuser sind festlich geschmückt, tausende kanadische Flaggen wehen im Wind und das Gedränge auf den Straßen und im Stampede Park ist beachtlich.

Traditionell werden die Feierlichkeiten mit der viereinhalb Kilometer langen Parade durch die Innenstadt von Calgary eröffnet, die auch im Fernsehen übertragen wird. Das anschließende *Pancake Breakfast* (Pfannkuchen-Frühstück) gehört gleichfalls zur Tradition des ersten Tages. Während auf der landwirtschaftlichen Ausstellung im Stampede Park hochdotierte Preise und begehrte Ehrenmedaillen an die besten Rinder- und Pferdezüchter vergeben werden, kann man sich im modernen Vergnügungspark nebenan bei Achterbahnfahrten oder anderen *Rides* den Magen verknoten lassen. Unzählige Buden und Verkaufsstände mit allerlei Imbissen, Hochprozentigem oder auch Kitschig-Kuriosem säumen die Wege, über die die Besucher flanieren. Die meisten haben sich »westernmäßig« gekleidet oder zumindest irgendein Accessoire dabei, das an den Wilden Westen erinnert.

Begehrt sind die Plätze im Rodeo-Stadion. Hier sind noch ein Hauch Cowboy-Idylle und viel kanadischer Patriotismus zu spüren. Wenn als Auftakt der Feierlichkeiten junge, muskulöse Kerle und kurzberockte, blondgelockte Mädels mit ihren kanadischen Flaggen auf den Platz einreiten, hält es niemanden mehr auf den Sitzen.

Aus aller Welt bewerben sich waghalsige Reiter um einen Startplatz beim sattellosen Bronco- und Bullenreiten; dem Sieger winken hohe Preisgelder, dem Pechvogel etliche gebrochene Knochen. Weitere Unterhaltung bieten das Kälberfangen mit dem Lasso und das Wett-Kuhmelken sowie das rasante Planwagenrennen am späten Nachmittag. In atemberaubendem Tempo fegen die Fahrer mit ihren Sechs- oder Achtspännern um den mit Blechtonnen markierten Parcours.

Auch viele Stämme der kanadischen Ureinwohner sind mit Ausstellungen und Darbietungen ihrer traditionellen Tänze vertreten. Abends wird das Rodeo-Stadion zu einer Bühne umfunktioniert; jetzt spielen Licht, Musik und Shows die Hauptrollen.

Bei all dem Spektakel und der Begeisterung sollte bedacht werden, dass die sich aufbäumenden Pferde und Rinder meist nur deshalb so »wild« sind, weil man ihnen kurz vor Beginn des Ritts die Geschlechtsteile mit einem Seil abgeschnürt hat, an dem auch noch eine Glocke hängt. Diese Schmerzen sind ausreichend, um aus jedem friedlichen Tier ein buckelndes, zuckendes Bündel Muskeln zu machen. Und auch das Planwagenrennen ist nach einigen spektakulären Unfällen in den letzten Jahren mehr und mehr infrage gestellt worden.

Internet Eintrittskarten zu den diversen Rodeos und Shows.

In den 1960er Jahren wurde in Alberta Erdöl gefunden und damit entwickelte sich Calgary endgültig zur Wirtschaftsmetropole. In Spitzenzeiten hingen bis zu 70 Prozent aller Arbeitsplätze vom Erdöl ab. Mit dem Fall der Ölpreise Ende der 1970er Jahre geriet die Stadt zunächst in eine Krise. Heute setzt die Wirtschaft auf verschiedene Zweige, zu denen auch der Tourismus gehört.

Am ersten Abend in Kanada nimmt man sich am besten ein Taxi nach Downtown und sucht ein nettes Restaurant oder einen Pub auf. Calgary ist eine sehr junge Stadt mit einem Durchschnittsalter von deutlich unter 40 Jahren – für Abendunterhaltung in jeglicher Form ist also gesorgt. Meist ist man jedoch müde nach dem langen Flug und die Zeitverschiebung tut ein Übriges. Wer im Hotel bleiben möchte, der sollte nach einem leichten Abendessen versuchen, noch so lange wie möglich wach zu bleiben. So gewöhnt man sich am schnellsten an die kanadische Uhrzeit.

Calgary ist eine attraktive Stadt mit vielen Sehenswürdigkeiten, sodass sich ein Aufenthalt von zwei bis drei Tagen durchaus lohnt. Für einen Stadtaufenthalt ist ein Hotel in der Innenstadt am geeignetsten. Vom Zentrum aus lässt sich Calgary gut zu Fuß erkunden. Einen guten Überblick über die Stadt und die umliegende Prärie bietet der **Calgary Tower**. Der 1968 fertiggestellte Turm ist ein Wahrzeichen der Stadt. Die Aussichtsplattform *(observation deck)* wurde außen herum mit einem Glasboden ausgestattet.

Der Calgary Tower ist an ein System von Einkaufsstraßen, Shopping Malls, Büros und Hotels angebunden, das sich **+15 Walkway** oder Skywalk nennt. Man kann also direkt vom Calgary Tower über den +15 die Erkundungstour fortsetzen. Zahlreiche Gebäude sind durch Brücken miteinander verbunden, sodass man unabhängig von Witterung

Skyscraper in Calgary

und Außentemperaturen problemlos in der Innenstadt flanieren kann. Der +15 Walkway, mit dessen Bau 1970 begonnen wurde und der immer noch erweitert wird, hat inzwischen eine Gesamtlänge von 16 (!) Kilometern erreicht, auf denen 59 Brücken integriert sind. Er ist damit der längste geschlossene Bürgersteig der Welt. Die Bezeichnung +15 bekam er deshalb, weil die Lauf–ebene sich im Schnitt ungefähr 15 *feet* (ca. 5 m) über Straßenniveau befindet. Für einen besseren Überblick über die manchmal verschlungenen Wege des Skywalk hält das Visitor Centre einen Plan des +15 bereit. Kleine und große Läden wechseln sich ab mit ganzen Einkaufszentren wie dem **TD Square** oder dem **Eaton Centre**. Sogar kleine Parks und Erholungszonen sind integriert. Zwischendurch laden immer wieder *food courts* zu einer Verschnaufpause ein.

Nicht weit vom Calgary Tower entfernt befindet sich das **Glenbow Museum**, das auch über Büchereien und Archive verfügt. Auf drei Stockwerken zeigt es die Pioniergeschichte des Westens mit besonderem Schwerpunkt auf der Geschichte der Indianerstämme, der First Nations. Über 100 000 Objekte kulturgeschichtlicher Art geben Einblicke in das Leben in West-Kanada seit dem 18. Jahrhundert. Weitere Themen sind Mineralogie, Militärgeschichte und eine asiatische Sammlung.

Nach dem Museumsbesuch schließt man am besten ein Spaziergang in nördlicher Richtung in das Viertel **Eau Claire** an. Am Bow River gelegen bietet sich hier ein interessanter Mix aus hippen Wohnhäusern, Restaurants, Geschäften, einer großen Plaza und einem Parkgelände.

Einige andere Attraktionen liegen etwas außerhalb der Stadt und sind deshalb am besten mit öffentlichen Verkehrsmitteln zu erreichen. Im **Fort Calgary Historic Park** kann man sehen, wie die Männer der North-West Mounted Police, auch Mounties genannt, in ihrem 1875 gebauten Fort (im Park steht eine Nachbildung) lebten. Gesetz und Ordnung sollten in die Stadt gebracht und insbesondere dem blühenden Whiskyschmuggel auf dem Bow River Einhalt geboten werden. Eile tat Not und so wurde das ursprüngliche Fort in

Downtown Calgary zur Abenddämmerung

einer Rekordzeit von nur sechs Wochen gebaut.

Das **Heritage Park Historical Village** ist ein »lebendes« Museumsdorf, das zu den größten seiner Art in Kanada gehört. Schauspieler in historischen Kostümen schlendern durch die Gassen der nachgebauten frühen Siedlung, unterhalten sich mit den Besuchern und erzählen von der alten Zeit. Drei Epochen werden dargestellt: 1860 – die Ära der Pelzhändler, 1880 – die Zeit vor der Eisenbahn, und 1910, als der große Aufschwung kam. Eine Fahrt auf dem Schaufelraddampfer oder mit der Dampfeisenbahn macht mit Sicherheit nicht nur Kindern Spaß. Die Besucher werden bestens verköstigt, unter anderem verkauft die Bäckerei frisch gebackenen Kuchen.

Service & Tipps

Tourism Calgary
200–238 11th Ave. S.E.
Calgary, AB T2G 0X8
✆ (403) 263-8510, 1-800-661-1678
www.visitcalgary.com
Mo–Fr 8–17 Uhr
Weitere Informationsstellen befinden sich am Calgary Tower (Centre St. und 9th Ave. S.W.) und auf der 1. Etage im Calgary Airport (✆ 403-735-1234)

Calaway RV Park & Campground
245 033 Range Rd. 33
Calgary, AB T3Z 2E9
51.083604,-114.350556
✆ (403) 240-3822
www.calawaypark.com
Mitte Mai–Anfang Sept.
Camping- und RV-Park am Calaway-Vergnügungspark 10 km westlich der Stadt. 104 Stellplätze, Dump Station, Waschsalon, Laden, WLAN, Spielplatz. $ 27–39

Morgen geht es dann vielleicht durch das Kananaskis Country Richtung Süden

Calgary West Campground
221 101 St.
Calgary, AB T3B 5T2
51.084979,-114.234383
✆ (403) 288-0411, 1-888-562-0842
www.calgarycampground.com
Ganzjährig geöffnet
Campingplatz mit über 300 Stellplätzen für Zelte und Wohnmobile am westlichen Stadtrand. Dump Station, Waschsalon, Laden, WLAN, Swimmingpool, Spielplatz, Wanderwege und Minigolf. $ 36–48

Mountain View Camping
244 024 Range Rd. 284
Calgary, AB T2M 4L5
51.068713,-113.864399
✆ (403) 293-6640, 1-877-707-0677
www.calgarycamping.com
Ganzjährig geöffnet
Campingplatz 3 km östlich der Stadt, nördlich des TCH. Mit 202 Stellplätzen, Dump Station, Waschsalon, Laden, Lagerfeuermöglichkeiten, Tourist Information, WLAN. Livemusik, Minigolf, Badminton, Basketball und Volleyball. $ 38–45

Nature's Hideaway Family Campground
144 192 – 2253 Dr. E.
De Winton, AB T0L 0X0
50.808145,-113.782529
✆ (403) 938-8185
www.naturesfamilycampground.com
Ruhiger Campground mit 131 Stellplätzen am Highwood River südlich von Calgary. Waschsalon, Geschäft, Spielplatz, Bademöglichkeiten im Fluss. $ 30–40

Spring Hill RV Park
41216 Big Hill Springs Rd.
Cochrane, AB T4C 1A1
51.271837,-114.465825
✆ (403) 932-2010
www.springhillrvpark.com
Ganzjährig geöffnet
Komfortabler Campingplatz mit 121 Stellplätzen 7 km nördlich von Cochrane, nordwestlich von Calgary. Mit Dump Station, Geschäft, Tankstelle, Liquor Store, Waschsalon, WLAN und Lagerfeuerstellen an jedem Stellplatz. $ 36–44

Whispering Spruce Campground
Hwy. 2, Balzac, AB T0M 0E0

📍 51.22304,-114.00346
✆ (403) 226-0097
Mai–Mitte Okt.
149 Stellplätze für Zelte und Wohnmobile. In Balzac, 30 km nördlich von Downtown Calgary. Mit Dump Station, Geschäft, Waschsalon, Lagerfeuermöglichkeiten, WLAN. Spiel- und Sportplatz. $ 25–29

Fort Calgary Historic Park
750 9th Ave. S.E.
Calgary, AB T2G 5E1
✆ (403) 290-1875
www.fortcalgary.com
Tägl. 9–17 Uhr
Eintritt $ 12/0–7
Calgarys ursprünglicher Kern am östlichen Rand der Innenstadt. Museum mit rekonstruiertem Fort von 1875 und Mannschaftsquartieren der Mounties von 1888.

Glenbow Museum
130 9th Ave. S.E. (im Calgary Convention Centre)
Calgary, AB T2G 0P3
✆ (403) 268-4100
www.glenbow.org
Mo–Sa 9–17, So 12–17 Uhr
Eintritt $ 14/0–9
West-Kanadas größtes Museum. Exzellente Präsentationen der Geschichte des Landes von den frühesten indianischen Besiedlungsspuren bis hin zur Ankunft der Europäer. Sehr gutes Museumsgeschäft.

Historischer Planwagen im Heritage Park Historical Village in Calgary

Heritage Park Historical Village
1900 Heritage Dr. S.W.
Calgary, AB T2V 2X3
✆ (403) 268-8500
www.heritagepark.ca
Mitte Mai–Anfang Sept. tägl. 9.30–17, bis Anfang Okt. Sa/So 9–17 Uhr
Eintritt $ 21/0–15

Wie es früher einmal aussah: Windmühle im Heritage Park Historical Village (Calgary)

Freilichtmuseum mit Kleinstadtszenen aus dem Leben in Alberta vor 1914. Dampflokfahrten, Seerundfahrten mit dem Schaufelraddampfer »S. S. Moyie«. Historische Gebäude, kostümierte Darsteller. Vor 10 Uhr gratis Pancake-Frühstück.

Calgary Exhibition and Stampede Park
1410 Olympic Way S.E.
Calgary, AB T2G 2W1
Stampede: ✆ (403) 269-9822, 1-800-661-1767
www.calgarystampede.com
Veranstaltungsgelände der Stampede. Außerdem: der Scotiabank Saddledome für Sportveranstaltungen, die Pferderennbahn und die Grain Academy, ein Museum über den Getreideanbau in Alberta. Galopp- und Trabrennen und andere Veranstaltungen finden außerhalb der Stampede statt.

Calgary Tower
101 9th Ave. S.W.
Calgary, AB T2P 1J9
Informationen: ✆ (403) 266-7171
www.calgarytower.com
Drehrestaurant: ✆ (403) 532-7966
www.sky360.ca
Juni–Aug. tägl. 9–22, sonst bis 21 Uhr
Eintritt $ 14/0–10
190 m hoher Aussichtsturm im Herzen der Innenstadt. Mit Drehrestaurant »Sky 360«.

Calgary Zoo, Botanical Garden and Prehistoric Park
1300 Zoo Rd. N.E.
Calgary, AB T2E 7V6
✆ (403) 232-9300, 1-800-588-9993
www.calgaryzoo.com
Tägl. 9–18 Uhr, Eintritt $ 22.50/0–14.50
Weitläufiger und gut ausgestatteter Zoo. Angeschlossen sind der botanische Garten und ein Dinosaurierpark. Im Restaurant kann man sich stärken.

Beliebte Souvenirs: Cowboy Boots aus Calgary

Calaway Park
245033 Range Rd. 33
(am Trans-Canada Hwy., 10 km westl. von Calgary)
Calgary, AB T3Z 2E9
✆ (403) 240-3822, www.calawaypark.com
Juli/Aug. tägl. 10–19 Uhr, Mitte Mai–Juni und Sept./Okt. nur Sa/So
Eintritt $ 36/0–29
West-Kanadas größter Vergnügungspark. 30 Fahrgeschäfte, musikalische Bühnenshows, Minigolf, Fastfood und Souvenirshops etc.

Explore Rockies
Southcentre Mall, Calgary, AB T2J 3V1
✆ (403) 970-7347, 1-800-760-6934
www.explorerockies.com/sightseeingtour
Halb- und ganztägige Ausflüge in und um Calgary, zu den Nationalparks Banff und Jasper. Tierbeobachtungen, Fototouren.

River Café
25 Prince's Island Park
Calgary, AB T2P 0R1
✆ (403) 261-7670, www.river-cafe.com
Schön gelegenes Restaurant im Prince's Island Park mit Sicht auf Fluss und Skyline. Exquisite west-kanadische Küche mit Fisch, Bisonfleisch und Biogemüse. Lunch, Dinner und Wochenend-Brunch. Offener Kamin. Parken am Eau Claire Market, Zugang zu Park und Restaurant via Jaipur Footbridge. $$$$

Blink Restaurant & Bar
111 8th Ave. S.W.
Calgary, AB T2P 1B4
✆ (403) 263-5330
www.blinkcalgary.com
Hoch gelobtes Restaurant im Herzen der Innenstadt. Moderne kanadische Küche, gepaart mit einer exzellenten Weinkarte. $$–$$$$

Alberta Boot Company
50 50th Ave. S.
Calgary, AB T2G 5N3
✆ (403) 263-4623
www.albertaboot.com
Mo–Sa 9–18 Uhr
Albertas wichtigster Cowboystiefelproduzent und Geschäft für Western-Accessoires.

Auswahl aus 12 000 Paar Stiefeln auf Vorrat – oder Maßanfertigung. Hier werden auch die Stiefel der Royal Canadian Mounted Police angefertigt. Stiefel ab ca. $ 260.

Eaton Centre/Toronto Dominion Square
Zw. 2nd & 4th Sts. S.W. und 7th & 8th Aves. S.W.
Calgary, AB T2P 2Y9
✆ (403) 441-4940
www.coreshopping.ca
Mo–Mi und Sa 9.30–18, Do/Fr 9.30–20, So 12–17 Uhr
Großes Einkaufszentrum in Downtown Calgary. Hier befinden sich auch die Devonian Gardens.

Calgary Stampede
✆ (403) 269-9822, 1-800-661-1767
www.calgarystampede.com
Anfang oder Mitte Juli, 10 Tage
Eintritt Ausstellungsgelände $ 14/0–7, Eintritt Rodeo ab $ 22/0–12, Chuckwagon Races mit Evening Show ab $ 54, bei vorbestellten Karten ist der Eintritt ins Ausstellungsgelände enthalten, Parken $ 12. Karten auch unter: www.ticketmaster.ca.

Beim Calgary Stampede: »Howdy, Partner!«

Calgary International Airport (YYC)
2000 Airport Rd. N.E.
Calgary, AB T2E 6W5
✆ (403) 735-1200, 1-877-254-7427
www.calgaryairport.com
10 km nordöstlich der Innenstadt. Etwa 20 Min. Fahrt.

Calgary Transit
224 7th Ave. S.W., Calgary, AB T2P 2M5
✆ (403) 262-1000
www.calgarytransit.com
Ticket $ 3/0–1.75
Preiswertes Nahverkehrssystem mit Bussen und Bahnen. *Free Fare Zone:* Gratis-Straßenbahn C-Train auf der 7th Ave. in der Innenstadt, zwischen 3rd St. S.E. und 10th St. S.W.

Spektakulär und gefährlich: das »Bull Riding Rodeo« der Calgary Stampede

1 Trans-Canada Highway

West-Kanadas Hauptschlagader

1. Route: Vancouver – Hope – Salmon Arm – Revelstoke – Glacier National Park – Yoho National Park – Canmore – Calgary (1052 km)

km	Route
0	**Vancouver**
149	**Hope**
193	**Cache Creek**
	Abzweig: Cariboo Hwy. nach Prince George (484 km)
84	**Kamloops**
110	**Salmon Arm**

	Abzweig: Hwy. 97 ins Okanagan Valley nach Osoyoos (236 km)
32	**Sicamous**
	Abzweig: Hwy. 97 ins Okanagan Valley nach Osoyoos (251 km)
53	**Three Valley Gap**
19	**Mount Revelstoke National Park**
	Abzweig: Hwy. 23 nach Creston (329 km)
69	**Glacier National Park**
79	**Golden**
54	**Field** im **Yoho National Park**
25	**Lake Louise**
	Abzweig: Icefields Parkway nach Jasper (255 km)
	Abzweig: Banff-Windermere Hwy. (Hwy. 93) nach Cranbrook (287 km)
56	**Banff**
24	**Canmore** und Abstecher ins **Kananaskis Country**
105	**Calgary**
	Anschluss: Deerfoot Trail zum Waterton-Glacier International Peace Park (265 km)

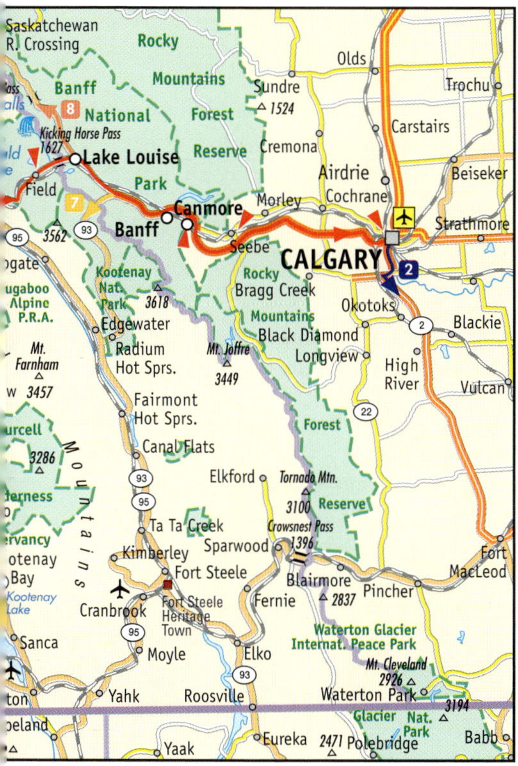

Auf dem Trans-Canada Highway, im Hintergrund der Castle Mountain im Banff National Park

Auf einer Gesamtkarte von Kanada bildet der **Trans-Canada Highway** die Hauptverkehrsader, die das riesige Land durchquert. Man kann sich in Vancouver, oder noch weiter westlich am Beginn des Highways in Victoria auf Vancouver Island, ins Auto setzen und immer nur auf dem Trans-Canada Highway bleiben, bis man schließlich in Toronto oder gar in Neufundland am Atlantik, ganz im Osten Kanadas, ankommt.

In das Urlaubsgebiet West-Kanada fällt kilometermäßig gesehen nur ein kleiner Teil dieser Straße, allerdings ist es der landschaftlich reizvollste. Der Trans-Canada Highway führt mitten durch die Rocky Mountains und durch zahlreiche Nationalparks. Auch wenn ein guter Teil des nationalen Güterverkehrs über diese Straße braust, hat man selten das Gefühl, sich auf einer »Autobahn« zu befinden. Die Verkehrsplaner haben gute Arbeit geleistet und

Der wildeste Teil des Fraser Canyon: Hell's Gate

nicht mehr als unbedingt nötig weggesprengt oder zubetoniert. So bleibt rechts und links des Weges der Blick frei auf landschaftliche Höhepunkte.

Unser Startpunkt auf dem Trans-Canada Highway ist **Vancouver** (vgl. S. 68 ff.), die drittgrößte Stadt des Landes und Metropole West-Kanadas. Neben Calgary ist Vancouver die zweite Stadt im Reisegebiet, die sich als Zielflughafen von Deutschland aus anbietet. Für die erste Übernachtung, und wenn man nicht plant noch ein paar Tage in Vancouver zu verbringen, empfiehlt es sich, eines der zahlreichen Motels oder Hotels in Flughafennähe zu buchen (von diesen Hotels wird man kostenfrei von der Autovermietung abgeholt und zur Übernahme des Wohnmobils gebracht).

Von Vancouver folgt man dem Trans-Canada Highway auf den ersten 150 Kilometern in östlicher Richtung. Die stark frequentierte Straße schlängelt sich durch die Vororte der Stadt und folgt später dem Südufer des Fraser River. Der anfänglich dichte Verkehr lässt in der Umgebung des weiten, landwirtschaftlich geprägten Fraser River Valley allmählich nach. Obstplantagen, Hopfenfelder und blühende Wiesen säumen die Ufer des Flusses und bilden einen schönen Kontrast zu den gezackten Bergkämmen der Coast Mountains.

Am Fuß der Cascade Mountains und an einem weiten Bogen des Fraser River liegt die Kleinstadt **Hope**. Zahlreiche Funde belegen, dass Stämme der First Nations schon vor 10 000 Jahren hier am Ufer des mächtigen Stroms lebten. Mit den ersten Goldfunden im Norden wurde Hope zum lebhaften Zentrum für Händler und Glücksuchende aus aller Welt. Das dem Visitor Centre angeschlossene kleine Museum gibt einen Einblick in die wechselvolle Geschichte des Ortes. Ein schöner Spaziergang führt entlang dem Hope Artsand Carving Walk, wo man auf hölzerne Skulp-

Whitewater Rafting am Fraser River

turen einheimischer Tiere trifft, die mit einer Kettensäge geschaffen wurden.

Wenn man eingefleischter Fan der »Rambo«-Filme ist, kommt einem Hope eventuell bekannt vor. Der erste dieser Filme, »First Blood«, wurde 1981 hier gedreht. An die hundert Mitarbeiter bauten den Ort zu einer US-amerikanischen Kleinstadt um. Die Filmcrew hatte unter anderem mit der eisigen Kälte, dem Diebstahl von über 50 Feuerwaffen, die für den Film benötigt wurden, und mit dem Ausbruch eines Wildschweins aus seiner Transportbox zu kämpfen. Aber der Erfolg des Films, der in den ersten zwölf Tagen nach Erscheinen über 14 Millionen Dollar einspielte, entschädigte für alles.

Im Jahre 1965 war der Ort Zeuge eines Naturschauspiels, das als **Hope Slide** (Erdrutsch von Hope) durch die Weltpresse ging. Fast ein halber Berg, der Johnsons Peak, stürzte in einer gewaltigen, 46 Millionen Kubikmeter umfassenden Lawine aus Erde, Felsen und Schnee und mit einer Geschwindigkeit von nahezu 150 Kilometern pro Stunde zu Tal. Ausgelöst wurde diese riesige Bewegung durch ein Erdbeben. Über den Highway 3 erreicht man nach etwa fünfzehn Minuten Fahrt eine Besucherinformation, die den Erdrutsch dokumentiert.

Von Hope führt die Route auf dem Trans-Canada Highway längs des Flusses nach Norden. Im **Fraser Canyon** wird die Landschaft zunehmend trockener. Die Coast und Cascade Mountains rücken immer mehr zusammen, bis sie schließlich an der engsten Stelle im Fraser Canyon nur noch 33 Meter auseinander klaffen. Erstmals schriftlich erwähnt wurde die Schlucht im Reisetagebuch von Simon Fraser im Jahre 1808. Die Wassermassen des Fraser River stürzen hier durch das sogenannte **Hell's Gate**, das Höllentor. Hauptattraktion ist die **Hell's Gate Airtram**, eine rote Gondel, mit der man über die tiefe, enge Schlucht und den schäumenden, brodelnden Fluss ans andere Ufer hinunterfahren kann, wo es Ausstellungen, ein Geschäft und ein Restaurant gibt.

Zu allen Zeiten schafften es die Lachse, die alljährlich vom Pazifik den Fluss herauf zu ihren Laichplätzen wanderten, gegen die reißende Strömung des Fraser River anzuschwimmen. Doch 1913 wurde durch Sprengungen beim Bau der Eisenbahnlinie eine Felslawine ausgelöst, die den Fluss teilweise blockierte. Die Strömung wurde dadurch so reißend, dass nur noch wenige Lachse sie überwinden konnten. Eine Gruppe von Wissenschaftlern hat fast dreißig Jahre daran gearbeitet, den Schaden wieder zu reparieren. Heute schwimmen jährlich wieder über zwei Millionen Lachse den Fraser River hinauf. Am Hell's Gate hat man eine Lachstreppe gebaut, eine Erleichterung für die Fische und ein Highlight für die Besucher, die einen »Unter-Wasser-Blick« auf die Fische werfen können.

Etwas weiter nördlich bei dem kleinen Ort **Lytton**, der knapp 230 Einwohner hat, mündet der von Nordosten kommende **Thompson River** in den Fraser River und macht ihn damit zu einem reißenden Strom, der sich sogar durch die Bergkette der Lillooet Range fressen konnte. An dieser Stelle verlässt der Trans-Canada Highway den Fraser River und folgt nunmehr dem wilden, engen Felsental des Thompson River flussaufwärts.

Bei **Cache Creek** macht der Fluss einen großen Bogen. Der Ort war früher eine Station der Cariboo Wagon Road (Hwy. 97), die zu den Goldfeldern in der nördlich gelegenen Region Cariboo führte. Durch den Bau des Coquihalla Highway, der von Kamloops nach Hope führt und die Strecke nach Vancouver um fast einhundert Kilometer verkürzt, hat der Ort an Bedeutung verloren, was für durchreisende Touristen wegen des geringeren Verkehrsaufkommens jedoch eher angenehm ist.

Der Coquihalla Highway selber ist inzwischen zwar nicht mehr gebührenpflichtig, aber landschaftlich wenig attraktiv.

Abzweig ab Cache Creek:
Hier zweigt der Cariboo Highway Richtung Norden ab (vgl. Route 4, S. 134).

Ruhig oder spritzig: Fliegenfischen am Shuswap Lake

Ein charmantes Städtchen am Trans-Canada Highway: Revelstoke

In seinem weiteren Verlauf führt der Trans-Canada Highway nach **Kamloops**, wo der North Thompson River, der von Norden herunterkommt, auf den South Thompson River, der sein Wasser aus dem Little Shuswap Lake erhält, trifft (mehr Informationen zu Kamloops vgl. Yellowhead Highway South, S. 265.).

Richtung Osten, entlang des South Thompson River fahrend, geht es über die Kleinstadt Chase weiter in eine sich verändernde Landschaft. Die Gegend wird wieder grüner, der Wald reicht bis an die Fluss- und Seeufer. Sanfte Hügel breiten sich aus, und das grüne, fruchtbare Land ist übersät mit zahlreichen Seen. Der größte ist der **Shuswap Lake**, der sich mit vier Seitenarmen in die Täler eingegraben hat. Er ist nach dem Stamm der Shuswap oder Secwepemc benannt, der hier seine Heimat hat. Mit einer Küstenlinie von über eintausend Kilometern ist er für viele Wassersportarten, aber auch für Wanderer und Angler ein ideales Revier. Auf halber Strecke zwischen Vancouver und Calgary gelegen und nur rund 500 Kilometer von Vancouver entfernt, ist die vom warmen Klima begünstigte Region ein Feriengebiet für den gesamten kanadischen Westen. Besonders beliebt sind Ferien mit dem Hausboot. Viele Teile des Sees und der umliegenden Landschaft sind als Provincial Parks geschützt.

Der Highway schlängelt sich nun entlang der Seen bis nach **Salmon Arm**. Die Stadt ist das Zentrum und mit rund 17 500 Einwohnern auch die größte Stadt der Region. Hier bietet sich das bunte Bild einer lebhaften Ferienregion. Es kann sogar vorkommen, dass im Hochsommer die öffentlichen Strände überfüllt sind, ein Phänomen, das es in Kanada sonst eigentlich nicht gibt. Vielleicht nutzt man die guten Einkaufsmöglichkeiten und füllt den Benzintank, bevor man sich wieder in ruhigere Gefilde begibt.

Abzweig ab Salmon Arm/Sicamous:
Von beiden Orten zweigt der Highway 97 nach Süden in das fruchtbare und sonnenverwöhnte Okanagan Valley ab (vgl. Route 5, S. 144).

Entlang dem Salmon Arm des Shuswap Lake erreicht man nach 32 Kilometern das lebhafte **Sicamous**. Hier warten im

Feuchtwiese am Mount Revelstoke

großen Jachthafen Hausboote, Kanus und Motorboote auf Mieter. Gleich zwei Seen rahmen den Ort ein. Außer am Shuswap Lake, liegt die Stadt auch am kleineren **Mara Lake**, der ein idealer Standort ist, um die Gegend für einige Tage zu erkunden.

Schließlich verlässt der Highway das Seengebiet wieder und wendet sich nunmehr ins Tal des Eagle River und auf die Monashee Mountains zu. 19 Kilometer vor Revelstoke führt der Trans-Canada Highway am Three Valley Gap vorbei. Zur Zeit des Goldrauschs, um 1880, entstand hier der Ort **Three Valley**, der nur wenige Jahre später wieder zur Geisterstadt verkam. Heute kann man durch diese Geisterstadt schlendern, in der 25 Gebäude von damals rekonstruiert wurden, unter anderem ein Barbiergeschäft, ein Tabakladen, eine Schmiede und eine Trapperhütte. Auch eine Dampflokomotive von 1922 und ein überdachter Drehtisch für die Loks sind ausgestellt; besondere Highlights sind der Gold Wheel Saloon und das Hotel Bellevue. Bei einer geführten Tour erfährt man viel Amüsantes und Skurriles aus der kurzen Blütezeit des Ortes.

Nördlich des Städtchens **Revelstoke** und des Trans-Canada Highway erhebt sich das Massiv des **Mount Revelstoke** in dem gleichnamigen Nationalpark. Es ist sicher ungewöhnlich, im Grunde nur für einen einzigen Berg, den 2223 Meter hohen Mount Revelstoke, einen eigenen Nationalpark einzurichten. Allerdings ist die Landschaft sehr speziell und einmalig, denn der Park bietet auf engstem Raum viele verschiedene Klimazonen mit ganz unterschiedlicher Pflanzenwelt. Vom feucht-warmen Regenwald mit Zedern, Hemlocktannen und Pinien geht es hinauf in den subalpinen Wald. Bunte Almwiesen und ganz oben das Gebiet der Tundra schließen sich an.

Ein ganzer Gürtel an Feuchtgebieten und Regenwäldern durchzog früher das Binnenland von British Columbia. Die warmen Temperaturen und reichlich Niederschlag waren ideal für viele besondere Pflanzen und Tiere. Heute sind die Feuchtgebiete außerhalb der geschützten Zonen nahezu verschwunden, der alte Baumbestand abgeholzt.

In dem intakten Umfeld des Mount Revelstoke lebt eine kleine Herde der selten gewordenen Bergkaribus, außerdem ist er die Heimat von Grizzlybären und Schneeziegen. Bemerkenswert ist, dass sich diese Enklave sowohl ökologisch als auch geologisch deutlich von den Rocky Mountains im Osten und den Coast Mountains im Westen unterscheidet.

Wenn die Straße zum Gipfelbereich des Mount Revelstoke, der sich über 26 Kilometer und durch 16 Haarnadelkurven windende **Meadows in the Sky Parkway**, geöffnet ist – meist ab Mitte Juni je nach Schneefallmenge im Winter – kann man beim Hinauffahren die verschiedenen Klimazonen sehr gut erkennen. Vom Trans-Canada Highway, der 470 Meter über dem Meeresspiegel liegt, geht es hinauf bis zum Balsam Lake auf 1500 Meter. Allerdings ist die Straße schmal und für Wohnmobile über 24 Fuß Länge nicht geeignet. Vom See fährt in der Hochsaison (Juli/August) ein Shuttlebus die Besucher bis zum Gipfel.

Wer lieber wandern will, der kann den Wanderweg, der am Parkplatz am Balsam Lake startet, benutzen. Die blühenden Wiesen mit einem alten Feuerturm in der Mitte und der Rundblick auf die Berge und das Tal belohnen reichlich für die etwas mühevolle Anfahrt. Vor der Fahrt sollte man sich über die Befahrbarkeit der Straße und die Abfahrtszeiten des Shuttlebusses informieren.

Fünf Kilometer nördlich von Revelstoke und über Highway 23 gut zu erreichen liegt der **Revelstoke Dam**, der den **Columbia River** zur Stromerzeugung aufstaut. Im Besucherzentrum kann man anhand verschiedener Exponate und Fotos die Entstehung des Damms und seinen Einfluss auf die Region studieren. Ein Aufzug bringt die Besucher bis zu einem Aussichtspunkt auf der 165 Meter hohen Staumauer.

Abzweig ab Revelstoke:

Von hier zweigt der Highway 23 nach Süden ab (vgl. Route 6, S. 154).

Von Revelstoke führt der Trans-Canada Highway am südlichen Rand des Nationalparks entlang durch das Tal des Illecillewaet River und direkt zum nächsten Nationalpark: dem **Glacier National Park**. Über vierhundert Gletscher liegen in dessen Gebiet. Von der Straße kommt man nicht in die unmittelbare Nähe dieser eiskalten Schönheiten, aber einige spektakuläre Ausblicke lassen die Einmaligkeit dieser Landschaft erahnen.

Der **Rogers Pass** ist mit 1382 Metern der höchste Punkt des Trans-Canada Highway. In der Nähe liegt das **Rogers Pass Centre**, in dem man Informationen aller Art – zum Beispiel über die Wandermöglichkeiten im Nationalpark – bekommen kann. Eine Ausstellung mit Eisenbahnmodellen und Exponaten zur Naturgeschichte ist angeschlossen, ebenso ein kleiner Laden.

Major A. B. Rogers, Landvermesser im Dienst der Canadian Pacific Railway, fand nach langer Suche einen geeigneten Weg durch die Selkirk Mountains und erreichte den Pass, der heute seinen Namen trägt, im Jahr 1881. Vier Jahre später zog die Canadian Pacific Railway mit dem Bau der Eisenbahnlinie nach. Der Bau des Trans-Canada Highway über den Rogers Pass wurde dagegen erst im Jahre 1962 abgeschlossen. Das zerklüftete Terrain und die ständige Bedrohung durch Lawinen machten den Bau dieses Teilstücks zur gefährlichen Herausforderung. Der **Me-**

morial Arch erinnert an die erfolgreiche Fertigstellung.

Zwischen Revelstoke und Golden liegen die hohen Bergketten der **Selkirk** und **Monashee Mountains**, die zu den **Columbia Mountains** gehören, eine weitere Herausforderung sowohl für Eisenbahn- als auch für Straßenbauer. Heute führt die Straße durch fünf Tunnels, die das stark lawinengefährdete Gebiet absichern. Hier im Herzen der Columbia Mountains gibt es überall enge und schmale Einschnitte. Schilder am Rand der Straße weisen auf verschiedene Wanderwege *(trails)* hin, die von kleinen Parkplätzen an der Straße abgehen. Riesige, sehr alte Hemlocktannen stehen beispielsweise im Mittelpunkt des **Hemlock Grove Trail**. Informationstafeln mit interessanten Details säumen den nur wenige hundert Meter langen Lehrpfad. Weitere kurze und längere Wanderwege gehen vom **Asulkan Valley/Illecillewaet** ab, sodass man je nach Zeitplan einen passenden Weg auswählen kann. Die **Bear Creek Falls** sind ein nächstes, lohnendes Wanderziel im Nationalpark. Die hübschen Wasserfälle sind über einen kurzen Fußweg erreichbar.

Die jährlichen Schneemengen speisen über 400 Gletscher: der Glacier National Park

Im Herzen des Kicking Horse Country gelegen, ist **Golden** eine gute Nachschubstation für alles, was im Campingurlaub benötigt wird. Einkaufs- und Tankmöglichkeiten sind vorhanden, und bei einer Tasse Kaffee lässt sich die wunderschöne Bergwelt in aller Ruhe betrachten. Ein lohnendes Fotomotiv ist auch die hölzerne Fußgängerbrücke über den Fluss.

Von Golden führt der Highway in den **Yoho National Park**. Der 1886 gegründete Nationalpark ist für Fahrzeuge bis auf die Hauptstraße und wenige Abzweigungen leider nahezu unerschlossen. In **Field**, dem Hauptort des Nationalparks, leben nur rund 170 Einwohner, hier befindet sich auch die Touristeninformation für den Park. Für die Entstehung der Ansiedlung war die Canadian Pacific Railway verantwortlich, als hier ein Lager für zusätzliche Lokomotiven entstand, die zum Befahren der Strecke bis zum Wapta Lake gebraucht wurden. Das Depot ist auch heute noch in Betrieb.

Der schönste See im Yoho National Park ist der **Emerald Lake**, der von Field in zehn Fahrminuten über die Emerald Lake Road zu erreichen ist. Seinen Namen erhielt er aufgrund der smaragdgrünen Farbe seines Wassers. Ein Wanderweg führt in gut einer Stunde um den See herum. Oft sind Weißkopfseeadler oder Elche und viele Wasservögel zu sehen. Auch Picknickplätze sind vorhanden. Eine kleine Ausstellung zeigt Fossilienfunde aus dieser Gegend, die vor 15 Millionen Jahren noch ganz von Wasser bedeckt war. Auf der Fahrt zum See kommt man am Aussichtspunkt zur **Natural Bridge** vorbei, einer Natursteinbrücke, die der Kicking Horse River auf seinem Weg hinunter in das Field Valley aus dem Gestein herausgearbeitet hat.

Putziger Parkbewohner: Erdhörnchen

Die Yoho Valley Road, die zu den **Takakkaw Falls** führt, ist für Wohnmo-

Am Emerald Lake im Yoho National Park

bile über 24 Fuß nicht geeignet. Steile Passagen und enge Haarnadelkurven würden für längere Fahrzeuge ein umständliches Vorwärts- und Rückwärtsrangieren notwendig machen. Die Stichstraße zweigt knapp drei Kilometer hinter Field vom Trans-Canada Highway ab und ist, je nach Schneemenge im Winter, von Juni bis Anfang Oktober geöffnet. Man sollte sich im Visitor Centre in Field nach dem Straßenzustand erkundigen. Wenn die Straße passierbar ist, wird man mit einem wundervollen Ausblick belohnt. Die Wasserfälle sind mit 254 Metern die zweithöchsten in West-Kanada. Gespeist werden sie vom **Daly-Gletscher**, der für steten Nachschub an Schmelzwasser auch während der heißen Sommermonate sorgt.

Danach geht es von Field weiter auf dem Trans-Canada Highway nordwärts bis nach **Lake Louise** im Banff National Park (vgl. Route 8, S. 178 f.). Der **Kicking Horse Pass** zwischen Field und Lake Louise markiert auf 1627 Metern die Grenze zwischen dem Yoho National Park und dem Banff National Park. Kurz vor Lake Louise überquert man die Grenze nach **Alberta**. Hier gibt es einen Zeitzonenwechsel. Während in British Columbia die Pacific Standard Time gilt, gehen die Uhren in Alberta nach der Mountain Standard Time. Man stellt die Uhren eine Stunde vor und verliert auf der Fahrt von British Columbia nach Alberta also eine Stunde. Außerdem weisen Schilder darauf hin, dass man z. B. kein Feuerholz von BC nach Alberta transportieren darf, um die Verbreitung der *Dutch Elm Disease*, einer Ulmenkrankheit, zu vermeiden.

Wahlweise auf dem Trans-Canada Highway oder dem Bow Valley Parkway, die einige Kilometer parallel verlaufende Nebenstraße 1A, fährt man dann nach **Banff**, in das touristische Herz des Banff National Park (vgl. Route 8, S. 176 ff.). Besonders in den Morgenstunden kann es lohnenswert sein, die kurvigere, aber landschaftlich reizvollere Straße zu benutzen. Trotz der Nähe des quirligen Ortes Banff gibt es einen reichen Tierbestand, der vom Wapiti bis zum Grizzly reicht. Auch Dickhornschafe halten sich gerne in der Nähe oder sogar auf der Straße auf, um Salze und Mineralien aufzulecken.

Abzweig ab Lake Louise:

Nach Norden zweigt bei Lake Louise der Icefields Parkway ab, der Highway 93 North (vgl. Route 8, S. 174).

Nach Süden zweigt zwischen Banff und Lake Louise der Highway 93 South, der Banff-Windermere Highway, in den etwas weniger bekannten, aber wunderschönen Kootenay National Park ab (vgl. Route 7, S. 164).

Von Banff geht es zügig nach **Canmore**, das sich ganz dem Freizeitboom verschrieben hat. Gerade motorisierte

Ausflüge, die im Nationalpark nicht erlaubt sind, wie zum Beispiel Hubschrauberrundflüge, kann man von hier aus unternehmen. Bekannt ist Canmore auch wegen der guten Möglichkeiten zum Mountainbiking. Über 70 Kilometer Radwege unterschiedlicher Schwierigkeitsgrade stehen zur Auswahl.

Von Canmore lohnt sich ein Ausflug ins herrliche **Kananaskis Country**. Das Naherholungsgebiet von Calgary bietet eine breite Palette an Aktivitäten. Neben dem Biathlonstadion und den Langlaufloipen aus der Olympiazeit gibt es viele Angebote für Golfer, Pferdefreunde und Wanderer.

Weiter auf dem Trans-Canada Highway erreicht man nun schnell den Endpunkt dieser Route, **Calgary** (vgl. S. 84 ff.). Auf dem Weg dorthin passiert man unter anderem die Bobbahn und andere Schauplätze der Olympischen Winterspiele von 1988, die Calgary weltbekannt gemacht haben. Im **Canada Olympic Park** bietet sich die Gelegenheit zur Audiotour durch die **Olympic Hall of Fame**, bei der man Interessantes und längst Vergessenes zu den Spielen von 1988 erfährt. Mit dem Aufzug fährt man zur Sprungschanze hoch. Bei klarem Wetter genießt man eine Fernsicht über die weite, hügelige Prärielandschaft von den Hochhäusern in Calgarys Innenstadt im Osten bis zu der gezackten Linie der Rocky Mountains am westlichen Horizont.

Takakkaw Falls im Yoho National Park

Kananaskis Country: schönste Gebirgslandschaft am östlichen Rand der Rocky Mountains

1 Service & Tipps

Alle Informationen zu Vancouver finden Sie S. 76 ff.

Hope

Hope Visitor Information Centre/ Museum Complex
919 Water Ave., Hope, BC V0X 1L0
✆ (604) 869-2021, 1-866-467-3842
www.hope.ca
Museum Mitte Mai–Mitte Sept.
Eintritt frei, Spenden erwünscht
Regionales Geschichtsmuseum am Visitor Centre zu den Themen indianische Ureinwohner, Holzfällerei und Pioniere.

Wild Rose Campground & RV Park
62030 Flood Hope Rd., Hope, BC V0X 1L0
49.366194,-121.513216
✆ (604) 869-9842, 1-800-463-7999
www.wildrosecamp.com, April–Okt.
64 Stellplätze in hübscher, parkähnlicher Umgebung 6,5 km westlich von Hope. Full hook-ups, Dump Station, Waschsalon, Laden, Feuerstellen, WLAN, Spielplatz. $ 29–45

Hope Valley Campground
62280 Flood Hope Road, Hope, BC V0X 1L2
49.366613,-121.506865
✆ (604) 869-9857, 1-866-869-6660
www.hopevalleyrv.ca, Mitte März–Mitte Okt.
Campingplatz mit 140 Stellplätzen westlich von Hope. Full hook-ups, Dump Station, Waschsalon, beheizter Pool und Spielplatz. $ 28–40

Blue Moose Coffee House
322 Wallace St., Hope, BC V0X 1L0
✆ (604) 869-0729, www.bluemoosecafe.com
Freundliches, familiengeeignetes Café-Restaurant. Sandwiches, Suppen, Salate, Snacks, Kuchen und verschiedene Kaffeespezialitäten. Internetcafé. Oft Livemusik. $

Hell's Gate Air Tram
43111 Trans Canada Hwy.
Boston Bar, BC V0X 1L0
✆ (604) 867-9277, www.hellsgateairtram.com
Tägl. Mitte Mai–Anfang Sept. 10–17, Mitte April–Mitte Mai und Anfang Sept.–Mitte Okt. 10–16 Uhr, Eintritt $ 20/0–18
Seilbahn in die 152 m tiefe Schlucht des Fraser River. Am Trans-Canada Highway zwischen Hope und Lytton. Atemberaubende Gondelfahrt über die Stromschnellen des Fraser River, außerdem interessante Ausstellung über das Leben der Lachse, die in einer »gläsernen« Lachstreppe beobachtet werden können.

Cache Creek

Historic Hat Creek Ranch
Kreuzung Hwys. 97/99
Cache Creek, BC V0K 1H0
50.887888,-121.400633
✆ (250) 457-9722, 1-800-782-0922
www.hatcreekranch.com, Eintritt $ 12/0–8
Malerische historische Ranch; Kutschfahrten, Ausritte, Tiere. Vier einfache Blockhütten ($ 85–95), acht Wohnmobilplätze, Platz für Zelte. 11 km nördl. von Cache Creek. $ 15–20

Evergreen Fishing Resort and RV Park
1820 Loon Lake Rd., Cache Creek, BC V0K 1H0
51.068599,-121.332928
✆ (250) 459-2372
www.evergreenfishingresort.ca
Mai–Mitte Okt.
Strom und Wasser, Full hook-ups. Duschen, Dump Station, kleine Blockhütten, Wäscherei, Spielplatz, Laden, Bootsverleih, Angelzubehör. Direkt am Loon Lake. $ 22–28

Alle Informationen zu Kamloops finden Sie S. 269.

Salmon Arm

Salmon Arm Camping Resort
381 Highway 97B N.E.
Salmon Arm, BC V1E 1X5
50.702638,-119.229349
✆ (250) 832-6489, 1-866-979-1659
www.salmonarmcamping.com
Mai–Mitte Okt.
Östlich von Salmon Arm mit 81 Stellplätzen und Blockhütten, Dump Station, Waschsalon, Laden, BBQ. Pool, *hot tub*, Minigolf und Spielplatz. $ 37–49

Salmon River Motel & RV Park
910 Trans-Canada Hwy. S.W.

Salmon Arm, BC V1E 2Y9
50.693131,-119.330205
✆ (250) 832 3065, April–Mitte Okt.
Kleiner, einfacher Campingplatz mit 30 Stellplätzen. Vollanschlüsse, Duschen, Waschsalon. Motel mit 10 Zimmern. $ 25–34

Sicamous

Sicamous KOA
3250 Oxbow Rd./Trans-Canada Hwy.
Sicamous, BC V0E 2V0
50.88835,-118.842575
✆ (250) 836-2507, 1-800-562-0797
www.koa.com, Mai–Sept.
Großer Campingplatz nahe des Shuswap Lake und Mara Lake. Duschen, Wäscherei, Spielplatz, Laden, Swimmingpool, Sauna, Minigolf. Vermittlung von Ausflügen, Schiffstouren und mehr. $ 36–65

Three Valley Gap

Three Valley Gap Heritage Ghost Town
8903 Trans Canada Hwy.
Revelstoke, BC V0E 2S0
✆ (250) 837-2109, 1-888-667-2109
www.3valley.com
Anfang April–Anfang Okt. tägl. 8–16.30, Juni/Juli bis 20 Uhr, Eintritt $ 12/0–7
Hotel mit 200 Zimmern, Restaurant und Geisterstadt in einem; eine gute Möglichkeit für eine unterhaltsam-informative Fahrpause. 19 km westlich von Revelstoke.

Mount Revelstoke National Park

The Revelstoke Chamber of Commerce
204 Campbell Ave., Revelstoke, BC V0E 2S0
✆ (250) 837-5345, 1-800-487-1493
http://seerevelstoke.com
Hier erfährt man u. a., ob die Straße auf den Mt. Revelstoke offen ist.

Mount Revelstoke National Park
301B 3rd St. W., Revelstoke, BC V0E 2S0
✆ (250) 837-7500, www.pc.gc.ca/revelstoke
Mo–Fr 8.30–12 und 13–16.30 Uhr
Eintritt $ 7.80/0–3.90
Kein RV-Camping im Nationalpark. Das Infozentrum befindet sich im historischen Postamt in Revelstoke.

Revelstoke KOA
E. Trans-Canada Hwy., KOA Rd. 2411
Revelstoke, BC V0E 2S0
50.992224,-118.160057
✆ (250) 837-2085, 1-800-562-3905
www.koa.com
Ganzjährig geöffnet
Wunderbar bewaldeter Campingplatz nahe dem Mount Revelstoke N. P. 200 Stellplätze für Zelte und Wohnmobile. Dump Station, Waschsalon, Laden, WLAN. Pool und Spielplatz. $ 30–42

Canada West RV Park
3069 Trans-Canada Hwy.
Revelstoke, BC V0E 2S0
50.991355,-118.262804
✆ (250) 837-4420
www.canadawest.revelstoke.com
Full hook-ups, Duschen, Wäscherei, Laden, WLAN. Beheizbarer Swimmingpool, Spielplatz. $ 28–39

Canyon Hot Springs
7050 Trans Canada Hwy.
Revelstoke, BC V0E 2S0
35 km östlich von Revelstoke
51.138745,-117.86326
✆ (250) 837-2420
www.canyonhotsprings.com
Mitte Mai–Mitte Sept.
Campingplatz im Albert Canyon zwischen Glacier und Mount Revelstoke National Park, direkt am Albert River mit mehr als 200 Stellplätzen, außerdem Chalets und Blockhütten. Dump Station, Waschsalon, Laden, Fahrradverleih und zwei Pools. $ 32–42

Revelstoke Dam
Hwy. 34, Revelstoke BC
✆ (250) 814-6600
www.bchydro.com/community/recreation_areas/revelstoke_dam_visitor_centre.html
Mitte Mai–Anfang Sept. tägl. 10–17 Uhr
Eintritt $ 6/0–5
Nicht nur für Technik-Freaks interessante Ausstellung über den Bau des Staudamms und die Auswirkungen auf die Region.

The One-Twelve Restaurant
112 First St. E., Revelstoke, BC V0E 2S0
✆ (250) 837-2107, 1-888-245-5523
www.regentinn.com
Feines Restaurant im Regent Inn an der Grizzly Plaza. $$$

Natur erleben im Glacier National Park: Gemäßigter Regenwald und …

Glacier National Park

Rogers Pass Discovery Centre
Am Rogers Pass
✆ (250) 837-7500, tägl. Mitte Juni–Anfang Sept. 8–18, sonst bis 17 Uhr
Informationszentrum des Glacier National Park.

Glacier National Park
P.O. Box 350, Revelstoke, BC V0E 2S0
✆ (250) 837-7500, www.pc.gc.ca/glacier
Eintritt $ 7.80/0–3.90
Der Park wird zusammen mit dem Mount Revelstoke N. P. verwaltet.

Campingplätze Illecillewaet und Loop Brook im Glacier National Park
P.O. Box 350, Revelstoke, BC V0E 2S0
51.301676,-117.520431
✆ (250) 837-7500, www.pc.gc.ca/glacier
Die einfachen Campingplätze Illecillewaet (Ende Juni bis Thanksgiving, 60 Stellplätze) und Loop Brook (Juli–Anfang Sept., 20 Stellplätze) sind westlich des Rogers Pass Summit nahe am Highway zu finden. Keine hook-ups und keine Dump Station. $ 21.50

Golden

Whispering Spruce Campground & RV Park
1430 Golden View Rd.
Golden, BC V0A 1H1
51.301321,-116.949175
✆ (250) 344-6680
www.whisperingsprucecampground.com
Mitte April–Mitte Okt.
Bewaldeter Campingplatz mit 135 Stellplätzen am Trans-Canada Highway, 1¼ km östlich des Hwy. 95. Dump Station, Waschsalon, Laden, Feuerstellen, WLAN. Spiel- und Sportplatz, Golf in der Nähe. $ 25–38

Field

Yoho National Park Visitor Centre
Trans-Canada Hwy.
Field, BC V0A 1G0
✆ (250) 343-6783
Anfang April–Ende Sept. tägl. 9–16 Uhr, im Sommer längere Öffnungszeiten.

Yoho National Park
www.pc.gc.ca/yoho
Eintritt $ 9.80/0–4.90 oder Jahrespass
1310 km² großer Nationalpark zwischen Golden und Lake Louise. Keine Camping-Reservierungen im Park möglich.

Yoho National Park Campgrounds
Hwy. 1, P.O. Box 99, Field, BC V0A 1G0
51.398329,-116.491075
✆ (250) 343-6783
www.pc.gc.ca/yoho
Drei sehr einfache Campingplätze mit insgesamt 197 Stellplätzen: Monarch (Yoho Valley Road, 3 km östlich von Field, $ 17.60), Hoodoo (22 km westl. von Field, $ 17.60) und Kicking Horse (3 km östlich von Field, $ 27.40) sowie der autofreie Zeltplatz an den Takakkaw Falls (17 km östlich von Field, $ 17.60). Keine Reservierungen.

Emerald Sports and Gifts
Emerald Lake, BC V0A 1G0
✆ (250) 343-6000
www.khsc.ca/emerald-sports
Kanu- und Ruderbootverleih, Angelscheine und -zubehör.

Truffle Pigs Bistro
Field, BC V0A 1G0
✆ (250) 343-6303
www.trufflepigs.com
Exquisites, kleines Restaurant. Frühstück, Lunch und Dinner. $$

Alle Informationen zu Lake Louise und Banff finden Sie S. 187 ff.

Canmore & Kananaskis Country

Kananaskis Country Tourism, Parks & Recreation
Suite No. 201 – 800 Railway Ave.
Canmore, AB T1W 1P1
✆ (403) 678-5508, 1-866-427-3582
www.albertaparks.ca/kananaskis-country.aspx
Infos zu Wander- und Radwegen und Angeboten wie Rundflüge oder Fahrten mit ATVs (All Terrain Vehicles).

Brewster's Kananaskis Guest Ranch
Ranch Rd./Hwy. 1X
Exshaw, AB T0L 2C0
51.106755,-115.078754
✆ (403) 673-3737
www.kananaskisguestranch.com
Juni–Sept.
Gästeranch seit 1923. Blockhäuser und -hütten am Bow River. Reitstunden, 2-stündige oder 2–4-tägige Ausritte. Rodeos, Barbecues und Western-Unterhaltung. Östlich von Exshaw am Hwy. 1X zwischen Trans-Canada Highway und Bow Valley Trail.

Bow Valley Provincial Park
Box 8585, Canmore, AB T1W 2V3
Hwy. 1X, bei Seebe
51.072805,-115.077392
✆ (403) 673-2163, 1-877-537-2757
www.bowvalleycampgrounds.com
www.reserve.albertaparks.ca, April–Okt.
Einfacher, wunderbar gelegener Campground am Zusammenfluss von Bow und Kananaskis River, 25 km östlich von Canmore. Dump Station, Waschsalon, Laden, teilweise behindertengerecht. Wandern, Kanufahren, Angeln, Mountainbiken etc. möglich. $ 23–35

Wapiti Campground
100 Ray McBride St.
Canmore, AB T1W 0B1
51.104455,-115.363576
✆ (403) 678-9511, 1-866-366-2267
www.wapiticamping.com
Mai–Okt.
Campingplatz mit 88 Stellplätzen am nordwestlichen Stadtrand, nahe Bow Valley Trail/Trans-Canada Highway. Feuerstellen, Waschsalon. Keine Reservierungen. $ 25–35

... Schneeziegen beim Äsen

Canmore Museum & Geoscience Centre
902B 7th Ave., Canmore, AB T1W 3K1
✆ (403) 678-2462
www.cmags.org
Ende Mai–Anfang Sept. Mo/Di 12–17, Mi–So 10–18, im Winter Mo–Fr 12–17, Sa/So 11–17 Uhr
Eintritt $ 5/0–3
Canmores Geschichtsmuseum.

Boundary Ranch
Box 44, Kananaskis Village, AB T0L 2H0
✆ (403) 591-7171
Reservierungen für Trail Rides unter ✆ 1-877-591-7177
www.boundaryranch.com
Verschiedene Reitausflüge ins Gelände ab 1 Std., Preise ab $ 43.50.

Canadian Rockies Rafting Company
701 Bow Valley Trail
Canmore, AB T1W 2H4
✆ (403) 678-6535, 1-877-226-7625
www.rafting.ca
Mai–Sept. tägl. 8–20 Uhr
Ab $ 55/45 Floßfahrt Bow River, ab $ 79/70 Bow River Rafting, ab $ 75/65 Kananaskis River Rafting, ab $ 125/115 Kicking Horse River Rafting.

Alle Informationen zu Calgary finden Sie S. 90 ff.

2 Deerfoot Trail

Durch die rollenden Hügel am Fuße des Felsengebirges

2. Route: Calgary – Fort Macleod – Waterton-Glacier International Peace Park (293 km)

km	Route
0	**Calgary**
65	**High River**
112	**Fort Macleod** und Abstecher zum Head-Smashed-In Buffalo Jump (26 km hin und zurück)
	Abzweig: von Fort Macleod auf dem Crowsnest Hwy. nach Hope (987 km)
60	**Cardston**
56	**Waterton-Glacier International Peace Park**

Farmland südlich von Calgary

Von Calgary führt der Highway 2, der auch **Deerfoot Trail** genannt wird, in südlicher Richtung bis zum Waterton Lakes National Park an der Grenze zu den USA. Die Strecke verläuft in einiger Entfernung parallel zu den Rocky Mountains, dem »Felsengebirge«, dessen abrupt ansteigende, gezackte Linie am Horizont den Reisenden rechter Hand begleitet. Auf dem gut ausgebauten Highway kommt man zügig voran, die Strecke lässt sich gut in jede Routenplanung einbauen und bietet auf kurzer Fahrstrecke allerlei Interessantes.

Nachdem man Calgary (vgl. S. 84 ff.) hinter sich gelassen hat, führt der Deerfoot Trail durch die hügelige Landschaft der einstigen Prärie, die den anschaulichen Beinamen »Rolling Hills« trägt und deren Weiten heute entweder als

The North-West Mounted Police (NWMP)

Im Zuge der Canadian Confederation, die zur Gründung des Bundesstaates Kanada im Jahre 1867 führte, kam der Nordwesten Kanadas unter die Kontrolle der kanadischen Zentralregierung. In den Folgejahren zog sich die Hudson's Bay Company, die mit ihren Forts und Handelsstützpunkten eine gewisse Ordnung in die spärlich besiedelten Gebiete gebracht hatte, mehr und mehr zurück. Gleichzeitig begann der Schmuggel mit US-amerikanischem Whiskey zu blühen, und es herrschte das Faustrecht. Um Recht und Ordnung in die Nordwestgebiete zu bringen, wurde 1873 die North-West Mounted Police gegründet.

1874 zog dann ein erster Trupp mit Ochsengespannen, einer Viehherde, Pferden und Wagen sowie zwei Kanonen, etlichem Gerät und einer Feldküche in die Nähe von Edmonton, wo ein Fort errichtet wurde. Der größere Teil der Mannschaft marschierte weiter in die Wildnis und quartierte sich für den Winter in der Milk River Ridge im Süden Albertas an der Grenze zu Montana ein. Schnell erkannte man, dass die mitgebrachten Vorräte und die Ausrüstung völlig unzureichend waren und hoffte auf den aus Montana angeforderten Nachschub. Macleod, einer der Anführer der Truppe, sah sich mit der Aufgabe konfrontiert, im Süden möglichst schnell einen Stützpunkt zu errichten. Die notorische Whiskey-Hochburg Fort Whoop-Up wurde im Handstreich erobert und zu einem Fort der North-West Mounted Police umgebaut, dem heutigen Fort Macleod.

Neben der Bekämpfung des Schwarzhandels hatte die Truppe weitere wichtige Aufgaben. Die friedlichen Beziehungen zu den einheimischen Prärieindianern mussten gesichert werden. So wurden beispielsweise mit den Cree und Blackfoot Verträge abgeschlossen. In den Eisenbahncamps, in denen rund viertausend Arbeiter untergebracht waren, sorgte die NWMP dafür, dass sich der Whiskeyhandel, das Stehlen von Pferden und Streiks auf ein Minimum beschränkten. Auch hier waren Verhandlungen mit den First Nations notwendig, die das Verlegen der Schienen für das »eiserne Pferd« mit Misstrauen beobachteten. Die Fertigstellung der Bahnlinie brachte eine große Anzahl an Siedlern in die Nordwestgebiete. Die Polizeitruppe entwickelte schrittweise ein Netz von Außenposten und Patrouillen, um den neuen Herausforderungen gerecht zu werden.

1920 entstand durch den Zusammenschluss der North-West Mounted Police mit der Dominion Police Force, der Bundespolizei im Osten Kanadas, die noch heute existierende Royal Canadian Mounted Police (RCMP) mit Hauptsitz in Ottawa. Ihr Wirkungsbereich wurde auf ganz Kanada ausgedehnt und neue Aufgaben kamen hinzu.

Heute ist die Hauptaufgabe der RCMP die Durchsetzung des Bundesrechts im gesamten Kanada. Die rote Paradeuniform und auch die Organisation der Truppe ist angelehnt an britische Kavallerietruppen (»mounted« = »beritten«). Seit 1974 sind übrigens auch Frauen bei der RCMP zugelassen.

Parade der rotberockten Royal Canadian Mounted Police während der Calgary Stampede

Weideland oder als Getreideanbauflächen dienen. Auf den Weiden entlang der Straße steht gut genährtes Vieh: schwarzbunte Holsteiner und dunkle Angusrinder mit gewaltigen Hörnern, auch robuste Quarter Horses sieht man grasen. Ab und an tauchen berittene Cowboys am Straßenrand auf. **High River**, nur 37 Kilometer entfernt fast noch ein Vorort von Calgary, ist eine Hochburg der Viehhüter und legt Wert auf die Traditionen des alten Westens. Im kleinen **Museum of the Highwood** präsentiert man stolz die lokale Geschichte seit dem 19. Jahrhundert. Besucher können ihr Mittagessen in einem historischen Eisenbahnwaggon einnehmen.

An der Kreuzung der Highways 2 und 3, etwa 170 Kilometer südlich von Calgary, liegt **Fort Macleod**. Hier kann man mehr über den Ursprung und die Geschichte der **Royal Canadian Mounted Police (RCMP)** erfahren, die mit ihren schmucken roten Uniformröcken überall in Kanada präsent ist. Im Jahre 1874 entstand an dieser Stelle ein Fort der

Wapiti-Bulle im Waterton Lakes National Park

North-West Mounted Police, dem Vorläufer der RCMP, als erster Außenposten im Westen Kanadas. Ursprünglich baute man auf einer Insel im Oldman River, zog dann aber an die Stelle um, wo heute das **Museum of the North-West Mounted Police** einen Blick auf und in die restaurierten Gebäude erlaubt. Besonders beliebt sind die im Sommer täglich stattfindenden prächtigen Paraden mit Musik.

Ein lohnenswerter Abstecher auf dem Highway 785 führt zum **Head-Smashed-**

Traumhaft gelegen im Waterton Lakes National Park: das Prince of Wales Hotel

Natur am Logan Pass

In Buffalo Jump, einem alten Jagdort der Blackfoot-Prärieindianer, der seit 1981 zum Weltkulturerbe der UNESCO zählt. Das terrassenförmig dezent in die Landschaft eingearbeitete Museum erzählt detailliert und anschaulich von den Bison-Jagdtechniken der Blackfoot.

Die Prärie war traditionell Stammesgebiet der **Blackfoot**, die einst mit und von den Präriebisons lebten. Die Blackfoot hatten ihr Gebiet zwischen dem North Saskatchewan River im Norden und dem Yellowstone River in Montana. Wie die meisten Prärieindianer lebten sie hauptsächlich von der Bisonjagd; man schätzt, dass zu den Hochzeiten 60 Millionen Büffel die großen Prärien bevölkerten. Eine traditionelle Jagdmethode war es, eine in Panik versetzte Büffelherde auf einen Abgrund zuzutreiben, wo die Tiere zu Tode stürzten. Unterhalb des Felsens standen schnell die Frauen der Blackfoot bereit, um mit dem Zerlegen der Büffel zu beginnen. Jedes Teil konnte dabei verwertet werden. Besonders das Sommerfell der Tiere mit seinem kurzen Haar fand Verwendung in der Herstellung von Zeltwänden, Kleidung und vielen anderen Gebrauchsgegenständen. Aus den Hörnern der Tiere wurden Löffel geschnitzt. Das in Streifen geschnittene Fleisch wurde in der Sonne getrocknet. Mit Steinmörsern wurden die Fasern klein gerieben und mit Büffelfett, Kräutern und getrockneten Früchten gemischt. Fest eingewickelt war diese Nahrung namens Pemmikan für viele Monate haltbar und äußerst nahrhaft.

Rund 5000 Jahre lang, bis zur Einführung des Pferdes im 18. Jahrhundert, trieben die Ureinwohner die Bisons auf diese Weise den Felsabbruch hinunter. Die Knochenschicht am Fuße des Head-Smashed-In Buffalo Jump wuchs über die Zeit immer mehr an und maß schließlich um die neun Meter. Der Name »Head-Smashed-In« (eingeschlagener Kopf) deutet vermutlich auf einen Vorfall hin, bei dem einer der indianischen Jäger von einem herabstürzenden Bison erschlagen wurde.

Abzweig ab Fort Macleod:

Von hier zweigt der Crowsnest Highway (Hwy. 3) Richtung Westen nach Hope ab (vgl. Route 3, S. 120).

Weiter entlang des Deerfoot Trail erreicht man die ursprünglich von Mormonen gegründete Kleinstadt **Cardston** östlich des Waterton Lakes National Park. Zwei Sehenswürdigkeiten kann man hier besuchen: den Mormonentempel und das **Remington Carriage Museum**, das mit über 250 Pferdekutschen einzigartig in Kanada ist. Hier wird der Mobilität des kanadischen Westens vor der Erfindung des Autos gehuldigt. Bekannt ist die Werkstatt des Museums für die originalgetreue Reparatur der historischen Gefährte.

Ab Cardston führt Highway 5 zum **Waterton Lakes National Park**, der seinen Namen den drei Seen Upper, Middle und Lower Waterton Lake verdankt. Unvermittelt steigen hier, an einer der schmalsten Stellen der Rocky Mountains – nicht umsonst »Crown of the Continent« genannt – steil und zerklüftet Felsenberge aus der sanften Prärielandschaft empor. Wind, Feuer und Wasser tun ein Übriges, um das dramatische Landschaftsbild zu formen.

Die Besonderheit des Waterton Lakes National Park ist nicht nur seine schier atemberaubende landschaftliche Schönheit und majestätische Bergwelt, sondern auch seine einzigartige grenzübergreifende Lage, die ihm den Titel **Waterton-Glacier International Peace Park** einbrachte. Trotz seiner Lage etwas abseits der touristischen Standardrouten ist er bereits 1932 mit dem US-amerikanischem Glacier National Park zusammengefasst worden. Seit 1995 ist der komplette Park als grenzübergreifendes Weltnaturerbe der UNESCO geschützt.

Eine Bootstour auf dem **Upper Waterton Lake**, dem tiefsten See der kanadischen Rockies, führt von dem Ort Waterton über die Grenze, den 49. Breitengrad, in die USA. Einzigartig ist die Sicht auf die umliegende Bergwelt, und die Grenze selbst ist als eine in den Wald geschlagene breite Schneise gut zu erkennen. Während des Aufenthalts am Haltepunkt Goat Haunt am Südende des Sees kann man sich auf US-amerikanischem Boden kurz die Beine vertreten, bevor das Boot wieder nach Kanada zurückfährt.

Auch per Auto oder Wohnmobil ist ein Ausflug in die USA möglich. Die Grenzstationen sind **Chief Mountain** im Nationalpark und das von Cardston etwa 23 Kilometer entfernte **Carway** am Highway 2. Am besten erkundigt man sich bereits vor der Abreise nach Kanada über die derzeit geltenden Einreisevoraussetzungen für die USA, die natürlich auch für den Landweg gelten.

Quer durch den **Glacier National Park** (nicht zu verwechseln mit dem namensgleichen Nationalpark in British Columbia!) führt der **Going-to-the-Sun Road**, eine hochalpine Straße, die auf 85 Kilometern Länge spektakuläre Ausblicke auf Berge, Gletscher und blühende Almwiesen bietet. Höchster Punkt mit 2026 Metern ist der **Logan Pass**. In all ihrer Pracht ist die Straße durch die vielen Felsüberhänge extrem schmal und kurvig und nur für kleinere Fahrzeuge zugelassen (Maximalmaße: Länge 22 Fuß, Breite 8 Fuß). Die meisten Wohnmobile können die Straße also nicht benutzen. Eine interessante Alternative ist eine Fahrt mit dem **Red Bus**, der unter anderem auch am Glacier Meadow RV Park hält. Bis zu 17 Fahrgäste können die historischen roten Busse (Baujahr 1936–39) mitnehmen. Unterwegs gibt es vom Fahrer Erläuterungen zu den Sehenswürdigkeiten entlang der Strecke. Bei schönem Wetter wird das Verdeck aufgerollt, sodass die Fahrgäste einen Rundblick genießen können.

Auf dem Going-to-the-Sun Road durch den Glacier National Park

2 Service & Tipps

Alle Informationen zu Calgary finden Sie S. 90 ff.

High River

Museum of the Highwood
406 First St. S.W.
High River, AB T1V 1M5
✆ (403) 652-7156
www.museumofthehighwood.com
Ende Mai–Anfang Sept. Mo–Sa 10–16, So 12–16 Uhr, sonst kürzer
Eintritt frei, Spenden erwünscht
Der Rundgang durch das kleine Museum der Lokalgeschichte bietet ungeahnte Einsichten in das Leben in der Provinz. Nach einem Feuer im historischen Bahnhofsgebäude wurde das Museum im Mai 2012 wieder eröffnet.

Eine korrekte Nachbildung des historischen Forts: Fort Macleod

Fort Macleod

Buffalo Plains RV Park & Campground
Hwy. 785, Fort Macleod, AB T0L 0Z0
49.706457,-113.593057
✆ (403) 553-2592, www.buffaloplains.com
Mitte Mai–Mitte Sept.
Campingplatz mit 31 Stellplätzen 12 km westlich von Fort Macleod. Duschen, Feuerholz, Waschsalon, Dump Station, WLAN, Feuerstellen und Picknicktische an allen Stellplätzen. $ 24–34

Daisy May Campground
249 Lyndon Rd.
Fort Macleod, AB T0L 0Z0
49.723793,-113.42054
✆ (403) 553-2455, 1-88-553-2455
www.daisymaycampground.com
Mitte April–Ende Okt.
Campingplatz mit 128 Stellplätzen. Campinghütten, Dump Station, Laden, beheizbarer Swimmingpool, Münzduschen, Feuerholz, Waschsalon, WLAN. Spielplatz, Volleyball, Basketball, Minigolf. West-Kanadas ältester Golfplatz liegt gegenüber. $ 26–42

Museum of the North-West Mounted Police
219 Jerry Potts Blvd.
Fort Macleod, AB T0L 0Z0
✆ (403) 533-4703, 1-866-273-6841
www.nwmpmuseum.com
Mitte Mai–Ende Juni tägl. 9–17, Juli–Anfang Sept. tägl. 9–18, Anfang–Mitte Mai und Sept./Okt. Mi–So 10–16 Uhr
Musical Ride Anfang Juli–Anfang Sept. tägl. außer Di 10, 11.30, 14 und 15.30 Uhr
Eintritt $ 12/0–8
Rekonstruiertes Fort der North-West Mounted Police von 1874. Auftritte der berittenen Rotröcke beim Musical Ride.

Head-Smashed-In Buffalo Jump Interpretive Centre
Hwy. 785, Fort MacLeod, AB T0L 0Z0
✆ (403) 553-2731, 310-0000, dann Vorwahl plus Telefonnummer angeben (gebührenfrei in Alberta)
www.head-smashed-in.com
Anfang Juli–Anfang Sept. tägl. 9–18, sonst tägl. 10–17 Uhr, Eintritt $ 10/0–5
Eine der größten, ältesten und besterhaltenen Bison-Jagdstätten Nordamerikas. 18 km

nordwestlich von Fort Macleod. Bemerkenswert in die Landschaft integriertes Museum. Wanderwege zu Aussichtspunkten und bedeutsamen Stellen im Gelände. Jeden Mittwoch im Juli und August Tänze und Trommeln der Blackfoot-Indianer.

Cardston

Remington Carriage Museum
623 Main St., Cardston, AB T0K 0K0
✆ (403) 653-5139
www.remingtoncarriagemuseum.com
Juni–Aug. tägl. 9–17, sonst 9–16 Uhr
Eintritt $ 10/0–5, Kutschfahrten $ 5/0–3
Kanadas größte Sammlung an Kutschen.

Waterton Lakes National Park

Waterton Lakes National Park
215 Mount View Rd.
Waterton Park, AB T0K 2M0
✆ (403) 859-2224, -5133
www.pc.gc.ca/waterton
Tagesticket $ 7.80/3.90, Jahrespass $ 39.20/19.60
525 km² großer Hochgebirgsnationalpark in den Rocky Mountains im äußersten Südwesten Albertas, verbunden mit dem Glacier National Park in Montana, USA. Visitor Centre an der Entrance Road. Lagerfeuer-Permit $ 8.80 täglich. Wohnmobile auf der Going-to-the-Sun Road dürfen höchstens 22 Fuß lang sein.

Wildniswandern im Waterton Lakes National Park

Waterton Townsite Campground
Hwy. 5, Waterton Park, AB T0K 2M0
49.0477,-113.912065
✆ (905) 426-4648, 1-877-737-3783
www.pccamping.ca
Anfang Mai–Mitte Okt. geöffnet, reservierbar Mitte Mai–Mitte Sept.
238 Stellplätze mit 95 Vollanschlüssen auf

Wilderness RV Site im Waterton Lakes Nationalpark

dem Nationalpark-Campingplatz am südlichen Ortsrand. Lage auf einer etwas windausgesetzten Wiese. Dump Station, Schwimmen, Angeln, Bootfahren. $ 22.50–38.20

Belly River Campground
Waterton Lakes National Park, AB T0K 2M0
49.024615,-113.686702
www.pc.gc.ca/waterton
Mitte Mai–Mitte Sept., keine Reservierungen
Einfacher Nationalpark-Campingplatz am Chief Mountain Highway 26 km von Waterton entfernt. Hübsch im Wald gelegen, mit nur 24 Stellplätzen. Keine hook-ups, Dump Station, Trinkwasser mitbringen. $ 15.70

Crandell Campground
Waterton Lakes National Park, AB T0K 2M0
49.100271,-113.961314
www.pc.gc.ca/waterton, Mitte Mai–Anfang Sept., keine Reservierungen
Ganz einfacher Nationalpark-Campingplatz mit 129 Stellplätzen im malerischen Blakiston Valley am Red Rock Parkway. Reservierungen nur für eines der fünf Tipis, sonst heißt es *first come, first serve*. Keine hook-ups, Dump Station. $ 21.50

Waterton Inter-Nation Shoreline Cruise Company
Ab Waterton Marina
Waterton Townsite, AB T0K 2M0
✆ (403) 859-2362, www.watertoncruise.com
Mitte Mai–Ende Sept. tägl. 10, 13 und 16, Juli/Aug. auch 19 Uhr
Fahrpreis $ 40/0–18
Bootstour mit der »M. V. International« über den Waterton Lake. Dauer 2 ¼ Std., inkl. halbstündigem Aufenthalt in Goat Haunt (ab Juni).

Crypt Lake Water Shuttle
www.watertoncruise.com
Fahrpreis $ 20/0–10
Ab Waterton Marina Juli/Aug. tägl. 9 und 10, ab Crypt Landing Juli/Aug. 16 und 17.30 Uhr
15-minütige Bootsfahrt über den Waterton Lake zum Start der Crypt-Lake-Wanderung.

Hiker Shuttle/Tamarack Outdoor Outfitting Services
214 Mount View Rd.
Waterton Lakes N.P., AB T0K 2M0
✆ (403) 859-2378
www.watertonvisitorservices.com

Mit dem »Red Bus« durch den Glacier National Park

Trail am Logan Pass

Zubringerbus zu Red Rock Canyon, Cameron Lake, Chief Mountain und verschiedenen anderen Wanderwegen und Orten im Park. Auch geführte Wanderungen.

US/Kanadische Grenze bei Chief Mountain
Anfang Juni–Anfang Sept. tägl. 7–22, Mitte–Ende Mai und Sept. tägl. 9–18 Uhr.

US/Kanadische Grenze bei Carway
Mitte Mai–Ende Sept. tägl. 7–23, sonst tägl. 9–18.15 Uhr

Glacier National Park (USA):

Glacier National Park
West Glacier, MT 59936
✆ (406) 888-7800
www.nps.gov/glac
Eintritt $ 12 pro Person/$ 25 pro Auto, gültig 7 Tage, Jahrespass $ 35

Glacier Meadow RV Park & Campground
East Glacier Park, MT 59434
48.26629,-113.443301
✆ (406) 226-4479
www.glaciermeadowrvpark.com
Mitte Mai–Ende Sept.
Vollanschlüsse, Dump Station, Duschen, Spielplatz, Waschsalon, WLAN. 24 Kilometer westlich des East Glacier Park am Hwy. 2, am südlichsten Punkt des Parks. Hier hält der Red Bus für Touren in den Nationalpark. $ 36

Red Bus Tours
Reservierung und Information über Glacier Park. Inc.
✆ (406) 892-2525 (aus USA), (403) 236-3400 (aus Kanada), www.glacierparkinc.com
Tagesfahrten mit den historischen »Jammer«-Bussen durch den Glacier National Park. Abholung u. a. vom Glacier Meadow RV Park. Buchung über das Internet erforderlich.

3 Crowsnest Highway

Über Berg und Tal im Süden Albertas und British Columbias

3. Route: Lethbridge – Sparwood – Cranbrook – Creston – Castlegar – Osoyoos – Hope (1025 km)

Bilinguales Stopp-Schild der First Nations im Okanagan Valley

km	Route
	Vom **Waterton Lakes National Park** über Hwy. 5 nach
0	**Lethbridge** (135 km)
102	**Pincher Creek**
38	**Crowsnest Pass**
38	**Sparwood**
126	**Cranbrook**
	Abzweig: Banff-Windermere Hwy. nach Banff (287 km)
107	**Creston**
	Abzweig: Hwy. 3A nach Revelstoke (329 km)
114	**Nelson**
41	**Castlegar**
220	**Osoyoos**
	Abzweig: durch das Okanagan Valley nach Salmon Arm/Sicamous (238/251 km)
113	**Princeton**
80	**Manning Provincial Park,** vom Westeingang des Parks weiter auf Hwy. 3 nach
46	**Hope**
	Anschluss: von Hope zurück über den Trans-Canada Hwy. nach Vancouver (149 km)

Der Highway 3, auch Crowsnest Highway genannt, nimmt seinen Anfang in Medicine Hat, Alberta, wo er aus dem Trans-Canada Highway nahe der Grenze zur Provinz Saskatchewan entspringt. Er schlängelt sich quer durch Alberta und British Columbia weitestgehend entlang der kanadisch-US-amerikanischen Grenze bis nach Hope, wo er wieder in den Trans-Canada Highway mündet. Während der erste Teil des Crowsnest Highways zunächst nur durch die fast ebene Prärie und kleine, etwas verschlafene Orte führt, ist der nachfolgend

Der Crowsnest Highway bei Fernie

Windkraftanlagen im Süden Albertas

beschriebene Abschnitt von Lethbridge nach Hope ungleich reizvoller.

Es sind nicht die großen Attraktionen, die dem Reisenden auf diesem Highway begegnen, den Charme dieser Strecke machen eher die kleinen, freundlichen Städtchen mit ihren renovierten Häusern aus der Zeit des Goldrausches aus. Zum Wandern, Angeln und anderen Freizeitaktivitäten besteht unterwegs reichlich Gelegenheit, zumal der Süden von British Columbia, besonders die Region um das Okanagan Valley, von der Sonne verwöhnt wird.

Die Route bietet Gelegenheit für Abstecher in drei sehr unterschiedliche Täler, die sich nach Norden hin öffnen und alle drei typische Landschaften des kanadischen Westens repräsentieren. Zunächst erreicht man in British Columbia das Tal des Columbia River, das den Fluss mit einer sanften Hügellandschaft einrahmt. Das Kootenay Valley dagegen ist schmal und langgezogen. Zwischen den dunkel bewaldeten, steil aufragenden Hängen und dem See bleibt nicht viel Platz für Ansiedlungen. Am bekanntesten ist wohl das weite Okanagan Valley mit seinen sonnenbeschienenen Hängen und Tälern, auf denen Weinberge und Obstplantagen gedeihen.

Vom Endpunkt des Deerfoot Trail, dem Waterton Lakes National Park, fährt man auf dem Highway 5 erst einmal Richtung Osten. Nach etwa 135 Kilometern erreicht man die lebhafte, am Ufer des Oldman River gelegene Universitätsstadt **Lethbridge**. Das originalgetreu rekonstruierte **Fort Whoop-up Interpretive Centre** versetzt seine Besucher zurück in die Zeit des Wilden Westens, als die Festung noch Fort Hamilton hieß. 1869 war die palisadenumzäunte, auch »Whiskeyfort« genannte kleine Festung von Händlern aus den USA errichtet worden. Neben dem florierenden Handel mit offizieller Ware und einem schwunghaften Schwarzhandel mit amerikanischem Whiskey verkaufte sich ein Gebräu namens »Whoop-Up Bug Juice« besonders gut. Bei seiner Zubereitung wurden Ingwer, Melasse und roter Pfeffer vermengt, diese Mischung mit schwarzem Kautabak gefärbt und zu einer Art Feuerwasser eingekocht. Ab 1874 übernahm dann die Mounted Police das Fort und gleichsam den Kampf gegen die Whiskeyschmuggler.

Asiatische Gelassenheit umfängt die Besucher der **Nikka Yuko Japanese Gardens** am Henderson Lake. Schlichte Arrangements aus Pflanzen, Wasser, Steinen und einigen traditionellen Bauten demonstrieren wirkungsvoll den Stil japanischer Landschaftsgärten.

Von Lethbridge führt der Crowsnest Highway zunächst nach **Pincher Creek**. Die kleine Stadt beherbergt unter anderem eine Kolonie der *Hutterer*, die sich 1926 hier ansiedelte. Heute leben die rund 110 Bewohner der Kolonie von einer florierenden, modernen Landwirtschaftsoperation, die Schaf-, Rinder- und Geflügelzucht, Getreideanbau, eine Molkerei und einen riesigen Gemüsegarten und -felder umfasst. Die nach Bio-Standards erzeugten Produkte finden reißenden Absatz und bescheren der Kolonie neben einer ausreichenden Versorgung mit gesunden Lebensmitteln ein solides Einkommen. Die Bewohner des Bruderhofes freuen sich über Besucher und erzählen auf einer Führung oder beim Lunch gern von ihrem schlichten, religiös beeinflussten und gut strukturierten Leben. Der Chinook, ein föhnartiger Fallwind, weht oft von den Bergen herunter, und so drehen sich inzwischen viele Strom erzeugende Windräder auch auf ihrem Land.

Über Pincher Creek, wo der Highway 6 südwärts zum Waterton-Glacier International Peace Park (hin und zurück 134 km, vgl. S. 114 f.) abzweigt, zieht der Crowsnest Highway in Richtung Westen davon und dabei geradewegs in die Rocky Mountains hinauf. Der 1356 Meter hohe **Crowsnest Pass** über die kontinentale Wasserscheide ist der südlichste Gebirgspass der kanadischen Rockies und konnte schon früh von Straße und Eisenbahn überquert werden. Benannt wurde der Pass, dessen Umgebung für Archäologen eine wahre Fundgrube ist, nach den in der Region ansässigen Crow-Indianern. Die ältesten Spuren menschlicher Besiedlung konnten in die Zeit um 11 000 vor Christus datiert werden.

Im Winter des Jahres 1903 spielte sich in der Nähe des Crowsnest Pass eine Tragödie ab. Vom Gipfel des Turtle Mountain löste sich eine gewaltige Ge-

Die Kootenay-Region nördlich von Cranbrook

steinslawine, deren Ausmaße auf 150 Meter Stärke, 450 Meter Höhe und einen Kilometer Breite geschätzt wurde. 82 Millionen Tonnen Geröll stürzten in den frühen Morgenstunden auf Teile des kleinen Ortes Frank und begruben an die siebzig Personen unter sich. In erster Linie machte man die instabile Struktur des Berges für die Katastrophe verantwortlich, aber auch der Bau von Kohleminen hatte vermutlich zu dem Unglück beigetragen. Im **Frank Slide Interpretive Centre** werden Einzelheiten zu der Geschichte des Crowsnest Pass und zu dem Unglück präsentiert. Die Umgebung wird noch heute von den Auswirkungen der Lawine geprägt.

Schon bald gelangt man jenseits des Crowsnest Pass nach **Sparwood** in British Columbia, wo die Uhren um eine Stunde zurückgestellt werden. Mit den Rocky Mountains im Rücken wird ab hier die Landschaft flacher. Viele der kleinen Orte leben von der Forstwirtschaft und wie das Skiresort Fernie vom Wintersport. Der kleine Minenort Sparwood ist stolz darauf, den weltgrößten Truck ausstellen zu können, der seinen Platz im Guinness Buch der Rekorde sicher hat: den »Terex Titan« (www.titancam.com). Das gelbe Ungetüm neben dem Visitor Centre direkt am Highway ist nicht zu übersehen. Allein die Räder haben einen Durchmesser von 3,35 Metern.

Von Sparwood folgt man dem Crowsnest Highway über Fernie bis nach **Cranbrook**, das Versorgungszentrum für die südliche Kootenay-Region. Das Land, auf dem sich die Stadt heute befindet, war bis zur Mitte des 19. Jahrhunderts von den Ktunaxa bewohnt, bevor europäische Siedler, Goldsucher und Bergwerksfirmen anrückten.

1898 brachte Colonel James Baker die Canadian Pacific Railway dazu, die Ei-

Fort Steele Heritage Town: Kutschfahrt wie im Wilden Westen

senbahnlinie durch Cranbrook zu legen anstatt durch das 16 Kilometer nördlich am Abzweig zum Highway 93/95 gelegene **Fort Steele**. Dadurch entwickelte sich Cranbrook allmählich zum Versorgungs- und Verkehrsmittelpunkt der Region, während Fort Steele schon bald seinem Niedergang entgegen sah.

Während der Goldrauschzeit um 1864 war an dieser Stelle eine Siedlung namens Galbraith's Ferry entstanden. Das eigentliche Fort wurde erst 1887 als erster Posten der North-West Mounted Police westlich der Rocky Mountains gegründet und nach dem damaligen Superintendenten Samuel B. Steele benannt. Es hat dann auch der kleinen Stadt seinen Namen gegeben.

Aus dem historischen Polizeiposten machte man in der Mitte des 20. Jahrhunderts ein Museumsdorf. Bei einem Rundgang dort zeigen Handwerker längst vergessene historische Tätigkeiten, und Stadtbewohner in historischen Kostümen erzählen Anekdoten aus der Zeit des Goldrausches.

Abzweig ab Cranbrook:

Hier zweigen die Highways 93/95 Richtung Norden ab. Highway 93 (Banff-Windermere Hwy., vgl. Route 7, S. 164) zieht sich durch das Tal des Columbia River und verläuft durch den Kootenay National Park bis zum Trans-Canada Highway in der Nähe von Banff, während Highway 95 weiter nach Golden führt.

Der Crowsnest Highway setzt seinen Weg kurvenreich durch die Berge fort und kommt dabei ganz nah an die amerikanische Grenze heran. Bei Kingsgate und südlich von **Creston** (Rykerts) öffnen sich jeweils Grenzübergänge ins Nachbarland. Die benachbarten US-Staaten Montana und Idaho bieten allerdings so weit nördlich nur wenig reizvolle Landschaft. Auf kanadischer Seite säumen Obstplantagen die Straße, und in der Saison werden an Ständen entlang der Straße die regional erzeugten Früchte feilgeboten. Crestons Columbia Brewing Company produziert das populäre Kokanee-Bier, dessen Herstellungsprozess man sich auf einer Führung ansehen kann. Das **Creston Valley Wildlife Centre** liegt in einem weitläufigen Feuchtgebiet, das man zu Fuß oder per Kanu auskundschaften kann.

Abzweig ab Creston:

Hier zweigt Highway 3A (der spätere Hwy. 31) nach Norden ab. Stetig führt er entlang dem gewaltigen, langen und schmalen Kootenay Lake und durch die Selkirk Mountains sowie entlang des Upper Arrow Lake bis nach Revelstoke am Trans-Canada Highway, zwei kostenlose Fährfahrten eingeschlossen (vgl. Route 6, S. 154).

Ein kleiner Abstecher ab Salmo Richtung Norden über den Highway 6 führt nach **Nelson**. Am Fuße der mit dunklen Wäldern bedeckten, steilen Selkirk Mountains gelegen, ist die Stadt bekannt für die große Anzahl restaurierter Häuser aus der turbulenten Zeit des Silberbooms Ende des 19. Jahrhunderts. Nelson ist kulturelles, touristisches und wirtschaftliches Zentrum der Region, und ein Bummel über die Baker Street, die Hauptstraße mit den hübsch restaurierten Hausfassaden, vorbei an kleinen Geschäften, Galerien und Cafés, lohnt allemal. In Nelson bekommt man alles Notwendige zum Campen und für unterwegs.

Von Nelson fährt man entweder südwärts über den Highway 6 zurück zum Crowsnest Highway oder direkt über Highway 3A nach **Castlegar** am Crowsnest Highway. Die Stadt, die von den Gipfeln der Monashee und Selkirk Mountains eingerahmt wird, liegt am Zusammenfluss zweier bedeutender

Mit seinem hohen Mineralanteil gilt der Spotted Lake oder Khiluk Lake nordwestlich von Osoyoos den Indianern als heilig

Flüsse: dem Columbia und dem Kootenay River. Im Norden grenzen die durch den Columbia River gebildeten, langgestreckten **Upper** und **Lower Arrow Lakes** an den Ort. Nicht weniger als neun Staudämme in ihrem Verlauf produzieren Elektrizität für ganz Nordamerika. In den Wäldern der Seeufer verstecken sich naturnahe, schön gelegene Campingplätze. In dieser perfekten Ferienregion finden sich außerdem eine Fülle von Wander- und Radwegen, Golfplätze, Kanu- und Angelreviere und andere Unterhaltungsmöglichkeiten. In Castlegar selber bietet das **Doukhobor Discovery Centre** Gelegenheit, mehr über das Leben der russischstämmigen Siedlergruppe der Duchoborzen in Castlegar zu erfahren.

Auf dem weiteren Weg westwärts überquert man den 1535 Meter hohen Bonanza Pass. Herrlich ist danach eine Badepause am **Christina Lake**, dem mit 23 Grad wärmsten Badesee Kanadas. Über **Grand Forks** geht es schließlich weiter nach **Osoyoos**, die kleine Stadt am Südende des **Okanagan Valley**. Die Gegend ist klimatisch so begünstigt, dass hier und im ganzen Okanagan Valley neben Obstplantagen zahlreiche Weingüter florieren und der Wein aus British Columbia inzwischen weltweit Anerkennung findet. In wüstenähnlichen Tälern wachsen sogar Kakteen und machen sie zur »einzigen Wüste Kanadas«. Eine genauere Beschreibung von Osoyoos und dem Okanagan Valley findet sich bei Route 5 (S. 144 ff.).

Abzweig ab Osoyoos:
Auf Highway 97 nordwärts durch das sonnige Okanagan Valley nach Salmon Arm am Trans-Canada Highway (vgl. Route 5, S. 144).

Nächstes Ziel auf dem Crowsnest Highway ist die Stadt **Princeton** im schönen, weiten **Similkameen Valley**. Der alte Minenort ist wie viele andere ein Relikt des Goldrausches. Kupfer- und Kohleminen entwickelten sich, Siedler folgten und bauten Ranches. Die Kettle Valley Railway transportierte die Produkte der Farmen und Sägemühlen ab. Aus den alten Transportwegen entwickelten sich moderne Highways, aber auch die Freizeitwege der Gegenwart, so erlaubt z.B. der **Kettle Valley Rail Trail** auf dem ehemaligen Schienenbett heute ungestörtes Mountainbiking durch beeindruckende Bergpanoramen. Die Flüsse Similkameen und Tulameen bieten zahlreiche populäre Wassersportmöglichkeiten, und für mehrstündige oder -tägige Ausritte kann man Westernpferde bei einer der örtlichen Gästeranches mieten.

Bevor man bei Hope (vgl. Trans-Canada Hwy., S. 96 f.) wieder in dichter bewohnte Gebiete gelangt, bietet der **Manning Provincial Park** noch einmal unverfälschte Natur. Der Park, wegen seiner Nähe zu Vancouver auch ein bei Kanadiern sehr beliebtes Erholungsgebiet, verfügt über eine Vielzahl von Landschaftsformen, die vom Regenwald der Cascade Mountains über schneebedeckte Berggipfel, eine Kette kleiner Seen bis zu breiten Tälern reicht. Wanderwege unterschiedlicher Länge erschließen die verschiedenen Vegetationszonen. Im Sommer machen besonders die blühenden Hochwiesen das Wandern zu einem schönen Erlebnis.

Junger Bär unterwegs im Manning Provincial Park

Eine Besonderheit sind auch die Rhododendronbüsche, die soweit nördlich eher selten zu finden sind und im Juni und Juli blühen.

Auf seinem letzten Abschnitt führt der Crowsnest Highway an der Hope Slide (vgl. S. 97) vorbei, bevor er bei Hope schließlich wieder in den Trans-Canada Highway (vgl. Route 1, S. 94) mündet. Von Hope sind es nur noch knapp 150 Kilometer bis Vancouver.

»Pumpkins«, Kürbisse, aus dem Similkameen Valley

3 Service & Tipps

Alle Informationen zum Waterton Lakes National Park finden Sie S. 117 ff.

Lethbridge

Henderson Lake Campground
3419 Parkside Dr. S., Lethbridge, AB T1J 4R2
49.690156,-112.78997
(403) 328-5452
www.hendersoncampground.com
Ganzjährig geöffnet
86 Stellplätze am Henderson Lake östlich von Lethbridge. Kleiner Laden, Feuerholz, Waschsalon, Duschen, Dump Station, Spielplatz, WLAN. Nahe Downtown. Ca. $ 30–40

Bridgeview RV Resort
1501 2nd Ave. W., Lethbridge, AB T1J 4S5
49.711466,-112.870823
(403) 381-2357
www.holidaytrailsresorts.com/bridgeview
Ganzjährig geöffnet
Familienorientierter Campingplatz westlich von Lethbridge direkt am Oldman River; über 200 Stellplätze, Dump Station, Toiletten, Duschen, Waschsalon, Einkaufsmöglichkeit, WLAN. Kinderspielplatz, beheizter Außenpool, Bootfahren, Sportplatz. Ca. $ 47–54

Park Lake Provincial Park
SH 101, Lethbridge, AB T1H 0H5
49.805685,-112.921368
(403) 382-4097, 1-877-537-2757
www.albertaparks.ca
Mitte Mai–Ende Okt.
Einfacher Campingplatz im Naturpark 22 km nordwestlich von Lethbridge via Hwy. 25 und SH 101. 40 Stellplätze. Dump Station. Schwimmen, Bootfahren, Wandern, Fischen. $ 21–27

Fort Whoop-Up Interpretive Centre
200 Indian Battle Park Rd.
Lethbridge, AB T1J 5B3
(403) 329-0444
www.fortwhoopup.com
Juni–Sept. tägl. 10–17, April/Mai und Okt. Mi–So 12–16, Eintritt $ 7/0–5
1869 erbautes Fort im Indian Battle Park, das für den Pelzhandel, zum Whiskeyschmuggel und später von der North-West Mounted Police genutzt wurde.

Nikka Yuko Japanese Gardens
9th Ave. S. & Mayor Magrath Dr. S.
Lethbridge, AB T1J 3Z6
(403) 328-3511
www.nikkayuko.com
Mitte Mai–Mitte Okt. tägl. 9–17 Uhr
Eintritt $ 8/0–4
Traditioneller japanischer Garten im Henderson Lake Park.

Pincher Creek

Beauvais Lake Provincial Park
Hwy. 775, Pincher Creek, AB
49.417493,-114.115702
(403) 382-4097
www.albertaparks.ca
Ganzjährig geöffnet
Einfacher Campingplatz in der freien Natur. 11 km südwestlich von Pincher Creek. 95

Rocky Mountain Town: Coleman

Campground am Crowsnest Pass, dem südlichsten Gebirgspass in den kanadischen Rockies

Stellplätze mit und ohne Strom und Wasser. Lagerfeuer, Wandern, Schwimmen, Bootfahren und Angeln. $ 18–24

Pincher Creek Hutterite Colony
Hwy. 507, Pincher Creek, AB
✆ (403) 627-4021 oder -4254
1926 etablierte Kolonie der *Hutterer*, die in religiös bestimmter, traditioneller Gemeinschaft von der Landwirtschaft leben. Gäste sind gern gesehen und können gegen eine geringe Gebühr an Führungen und am Lunch teilnehmen.

Crowsnest Pass

Island Lake Provincial Recreation Area
Hwy. 3, Coleman, AB T0K 0M0
49.628095,-114.673283
✆ (403) 563-5395
www.rockymountaincamping.ca
Anfang Mai–Mitte Okt.
Aus Coleman kommend ca. 14 km Richtung Westen, nach dem Schild »Crowsnest Creek« rechts abbiegen. Naturpark mit einfachem Campingplatz direkt am Island Lake. 41 Stellplätze, Toiletten, Feuerholz, Fischen, Mountainbiken, Wandern (nicht weit zum Crowsnest Lake), keine Reservierungen. $ 14

Lost Lemon RV Park & Campground
11001 19th Ave., Blairmore, AB T0K 0E0
49.613856,-114.462406
✆ (403) 562-2932, www.lostlemon.com
Ganzjährig geöffnet
Am westlichen Stadtrand von Blairmore am Crowsnest River gelegen. 49 Stellplätze auf einem komfortablen und familienorientierten Campingplatz. Auch zwei voll ausgestattete Blockhütten; die Gastgeber kommen aus der Schweiz. Dump Station, Münzduschen, Waschsalon, Feuerholz, öffentliches Telefon, Einkaufszentrum in der Nähe, freies WLAN. Schwimmen im Pool und im Fluss, außerdem Basketball, Volleyball und Fischen. Es gibt ein *hot tub* und ein Kinderspielplatz. $ 33–35

Frank Slide Interpretive Centre
Box 959 Blairmore
Crowsnest Pass, AB T0K 0E0
✆ (403) 562-7388, 310-0000 plus Telefonnummer (gebührenfrei innerhalb Albertas), www.frankslide.com
Anfang Juli–Anfang Sept. tägl. 9–18, sonst 10–17 Uhr, Eintritt: $ 10/0–5
Dokumentation des Unglücks vom Winter 1903, als eine gewaltige Gesteinslawine Teile des Ortes Frank verschüttete. Weiteres zur Geschichte des Gebietes am Crowsnest Pass.

Sparwood

Mountain Shadows Campground
Sparwood Futures Society
606 Sparwood Dr., Sparwood, BC V0B 2G0

Am Hwy. 3, an der westlichen Seite von Sparwood
49.720305,-114.890364
✆ (250) 425-7815, www.sparwood.ca
Geöffnet Mitte Mai–Ende Okt., Reservierungen erwünscht, v. a. im Juli/Aug.
61 Stellplätze, Dump Station, Toiletten, beheizte Sanitäranlagen, behindertengerecht, Feuerholz, Picknickbereich, Golfplatz in der Nähe. $ 17–27

Mount Fernie Provincial Park
Hwy. 3, Fernie, BC
✆ (519) 826-6850, 1-800-689-9025
Mitte Mai–Ende Sept.
www.env.gov.bc.ca/bcparks
In dem 3 km südlich der Stadt am Hwy. 3 gelegenen Mount Fernie Provincial Park findet sich ein kleiner Campingplatz mit 43 Stellplätzen im Wald. Die Hälfte der Plätze ist reservierbar. Bevorzugt kommen Mountainbiker, Wanderer, Angler und Wintersportler nach Fernie. $ 21

Fernie RV Park
Anfang 2013 waren Gespräche zu Einrichtung eines Wohnmobil-Campingplatzes in Fernie im Gange. Weitere Infos unter: http://fernie.com.

Cranbrook

Fort Steele Resort & RV Park
Hwy. 93/95, Wardner Rd.
Fort Steele, BC V0B 1N0
49.6217,-115.624571
✆ (250) 489-4268
www.fortsteele.com
Ganzjährig geöffnet
Duschen, Wäscherei, Dump Station, Benzinstation, Laden, Spielplatz, beheizbarer Swimmingpool, Feuerholz, Internet, Blockhütte. Familienorientierter, hundefreundlicher und behindertengerechter Campingplatz mit genügend Freizeitmöglichkeiten 14 km nordöstlich von Cranbrook, gegenüber der Fort Steele Heritage Town. Ideal zur Übernachtung nach einem erlebnisreichen Tag im Museumsdorf. Ein Blick auf die Website lohnt sich. $ 38–44

Mount Baker RV Park
1501 1st St. S.
Cranbrook, BC V1C 4J6
49.510108,-115.760626
✆ (250) 489-0056, 1-877-501-2288
www.mountbakerrvpark.com
April–Okt.
Komfortabler Campingplatz mit 72 Stellplätzen am Joseph Creek mitten in Cranbrook. Feuerholz, Münzwäscherei, Duschen, Dump Station, WLAN, Volleyballplatz, Boccia. $ 23–35

Norbury Lake Provincial Park
49.53557,-115.485322
✆ (250) 354-6333
www.env.gov.bc.ca/bcparks
Ganzjährig geöffnet, keine Reservierungen. Schöner, bewaldeter Campingplatz mit 46 Stellplätzen in einem Naturpark 19 km süd-

Wandern im Mount Fernie Provincial Park

östlich von Fort Steele. Einfache Ausstattung, preisgünstig. Schwimmen, Wandern, Angeln. $ 16

Canadian Museum of Rail Travel
57 Van Horne St. S., Cranbrook, BC V1C 4H9
✆ (250) 489-3918
www.trainsdeluxe.com
Mitte Mai–Mitte Okt. tägl. 10–18, sonst Di–Sa 10–17 Uhr, Eintritt $ 14.40/3.40–7.20
Sehenswertes Eisenbahnmuseum am Hwy. 3/95 in Downtown Cranbrook.

Fort Steele Heritage Town
9851 Hwy. 93/95, Fort Steele, BC V0B 1N0
✆ (250) 417-6000, 426-7352 (24-Std.-Bandansage), www.fortsteele.ca
Juli/Aug. tägl. 9–19, Ende April–Ende Juni und Anfang Sept.–Anfang Okt. tägl. 9.30–17, sonst 10–16 Uhr
Eintritt Hauptsaison $ 5–25/5–15, Nebensaison unterschiedlich, Theater, Kutsch- und Zugfahrten im Tagespass inkl., sonst extra
Hervorragendes Freilichtmuseum zur Pionierzeit der Kootenay-Region.

Two Scoop Steve
8707 Johnson Rd., Hwy 93/95
Yahk, BC V0B 2P0
✆ (250) 424-5166
www.yahksoapcompany.com
Am westlichen Ortsrand von Yahk, kurz nach einer Tankstelle lädt das Café von Marlene und Mike zu einer kleinen Pause ein. Hier gibt es hausgemachte Köstlichkeiten wie Waffeln, Kekse und mehr als 25 Sorten leckeres Eis. Ein idealer Platz zum Frühstück, Mittagessen oder auch zum Kaffee. Alles sehr familiär und sehr angenehm. Daneben betreiben Marlene und Mike einen Seifenladen (Seifen und andere Pflegeprodukte aus Ziegenmilch) und das Grundstück bietet einen kleinen erholsamen Wanderweg zum dahinter liegenden Fluss. Ein lohnenswerter Stopp in jeder Beziehung.

Creston

Mountain Park Resort
4020 Hwy. 3, Erickson, BC V0B 1K0
49.102695,-116.454672
✆ (250) 428-2954, 1-877-428-2954
www.mountainprk.com, ganzjährig geöffnet
Kurz vor dem Ortsteil Erickson liegt links des Hwy. 3 der bewaldete Campingplatz an einer Flussschleife des Goat River. 36 Stellplätze, Entsorgungsstation, Toiletten, Duschen, Waschsalon, Laden, Postamt, Feuerholz, WLAN, behindertengerecht. Volleyballplatz, Wandern, Gold schürfen. $ 30–42

Columbia Brewing Company
1220 Erickson St., Creston, BC V0B 1G0
✆ (250) 428-1238
http://webstore.kokaneebeergear.com
Eintritt frei, Mo–Fr 9–16.30 Uhr
Mehrmals täglich Führungen durch die Bierbrauerei.

Creston Valley Wildlife Management Area
1760 W. Creston Rd., Creston, BC V0B 1G0
✆ (250) 402-6908, www.crestonwildlife.ca
Ende Juni–Ende Aug. tägl., Mai/Juni und Sept./Okt. Di–Sa 9–16 Uhr, Eintritt $ 4/0–3
Naturschutzgebiet im Marschland am Hwy. 3. Geführte Wanderungen und Kanutouren möglich.

Nelson

Kokanee Creek Provincial Park
Südl. des Kokanee Glacier P. P.
49.606831,-117.122456
✆ (250) 825-4212
Camping-Reservierungen: ✆ (519) 826-6850, 1-800-689-9025, www.discovercamping.ca, www.env.gov.bc.ca/bcparks, www.westkootenayparks.com
Der Kokanee Creek Park bietet 2 Campgrounds, Sandspit und Redfish, ca. 19 km östlich von Nelson am Highway 3A mit insgesamt 168 Stellplätzen. Die beiden Plätze sind durch eine Brücke getrennt. Auf dem Hauptplatz Sandspit befinden sich die meisten Serviceeinrichtungen, außerdem liegt er näher am Strand. Toiletten, Duschen, Dump Station ($ 5), teilweise behindertengerecht. Spielplätze, Sandstrand, Schwimmen, Windsurfing, Wasserski, Angeln, Bootsverleih, lange Wanderwege, Aussichtsplattform. $ 28

Touchstones Nelson
502 Vernon St., Nelson, BC V1L 4E7
✆ (250) 352-9813, www.touchstonesnelson.ca
Mai–Sept. Mo–Sa 10–17, Do bis 20, So 10–16 Uhr, Eintritt $ 8/0–4
Nelsons Kunst- und Geschichtsmuseum.

Castlegar

Syringa Creek Provincial Park
Broadwater Rd., am südöstl. Ufer des Lower Arrow Lake
49.352554,-117.893479
Camping-Reservierungen: ✆ (519) 826-6850, 1-800-689-9025, www.discovercamping.ca
www.env.gov.bc.ca/bcparks
Mai–Sept.
44 km² großer Provincial Park mit 61 Stellplätzen, Sandstrand, Spielplatz, Dump Station. 19 Kilometer nordwestlich von Castlegar am südöstlichen Ufer des Lower Arrow Lake. Schwimmen, Angeln, Bootfahren, Wandern. $ 21

Karibu Park Cottages & Campground
5730 Cedar Creek Rd., Winlaw
BC V0G 2J0
49.614486,-117.562348
✆ (250) 226-7306, 1-888-452-7428
www.karibupark.com
Mitte April–Mitte Okt.
Kleiner, aber feiner Campingplatz mit nur 30 Stellplätzen am malerischen Slocan River rund 40 Kilometer nördlich von Castlegar. Campinghäuschen, Duschen, Wäscherei, Spielplatz, kleiner Sandstrand. Restaurants und Golfplatz in der Nähe. $ 30–50

Christina Lake Provincial Park
Christina Lake, BC
www.env.gov.bc.ca/bcparks
Anfang Mai–Mitte Sept.
Mit nur 6 ha ein sehr kleiner, aber sehr feiner Park am wärmsten Badesee Kanadas. Beliebter, über 300 Meter langer Sandstrand. Picknickplätze am See. Bootfahren. Nächstgelegener Campingplatz: Texas Creek im Gladstone Lake Provincial Park (s. u.).

Texas Creek Campground/ Gladstone Lake Provincial Park
49.127867,-118.249278
✆ (250) 494-6500
Camping-Reservierungen: ✆ (519) 826-6850, 1-800-689-9025, www.discovercamping.ca, www.env.gov.bc.ca/bcparks
Mai–Mitte Sept.
63 Stellplätze fünf Kilometer östlich des Christina Lake am Hwy. 3. Keine hook-ups, dafür gibt es mehrere kleine Badestrände. Lagerfeuer möglich, Baden, Bootfahren, Angeln, Wandern, Reiten, Fahrradfahren. $ 21

Christina Pines Campground
1528 Neimi Rd.
Christina Lake, BC V0H 1E0
49.038104,-118.213342
✆ (250) 447-9587
Mai–Mitte Sept.

Touristisches Zentrum der Region: Nelson am Fuße der steilen Selkirk Mountains

Der familiär geprägte Platz liegt am Rande von Christina Lake nur wenige Gehminuten vom warmen See entfernt. Dump Station, Toiletten, Duschen, Waschsalon, WLAN, beheizter Außenpool, Spielplatz, Minigolf, Wassersport. $ 37–47

Riviera RV Park
6331 Hwy. 3 E., Grand Forks, BC V0H 1H9
49.024686,-118.418891
✆ (250) 442-2158, 1-877-700-2158
www.rivierarvpark.ca
Ganzjährig geöffnet
Campingplatz zwischen Castlegar und Kettle River mit 50 Stellplätzen. Feuerholz, Münzduschen, Waschsalon, Spielplatz, Dump Station. Verleih von Schlauchbooten und Tubes. $ 27

Doukhobor Discovery Centre
112 Heritage Way
Castlegar, BC V1N 4M5
✆ (250) 365-5327
www.doukhobor-museum.org
Mai–Sept. tägl. 10–17 Uhr, Eintritt $ 10/0–5
Freilichtmuseum des ehemaligen Dorfes der Duchoborzen.

Osoyoos

Haynes Point Provincial Park Campground
Hwy. 97, 2 km südlich von Osoyoos
49.016689,-119.450452
Camping-Reservierungen: ✆ (519) 826-6850, 1-800-689-9025, www.discovercamping.ca, www.env.gov.bc.ca/bcparks, April–11.Okt.
Der einfache Campingplatz in dem kleinen Park liegt kurz vor der Grenze in die USA auf einer langgezogenen Landzunge, die weit in den Osoyoos-See reicht. Fast alle Plätze liegen direkt am See. Toiletten, Kanu, Kajak, Fahrrad, Wasserski, Wandern, alles andere bekommt man in Osoyoos. $ 30

Keremeos Grist Mill
RR 1, Upper Bench Rd. (1 km östl. des Hwy. 3A), Keremeos, BC V0X 1N0
✆ (250) 499-2888
www.keremeos.com/gristmill
Unterschiedliche Öffnungszeiten
Eintritt $ 6.50/0–4.50
Historische Getreidemühle in schönem Garten am Keremeos Creek.

Weitere Informationen zu Osoyoos und Umgebung finden Sie S. 153.

Princeton

Gold Mountain RV Park & Cabins
6171 Hwy. 3, Hedley, BC V0X 1K0
49.367053,-120.12873
✆ (250) 292-8188, 1-855-292-8188
www3.telus.net/GoldMountainRV
Anfang Mai–Ende Sept.
Der traditionell geführte Platz liegt ca. 4 km westlich von Hedley und 35 km östlich von Princeton am Similkameen River. 24 Stellplätze, familiäre Atmosphäre. Blockhütten, Strom und Wasser. Dump Station, Duschen, Wäscherei, Laden, TV, WLAN, Spielplatz, Sandstrand am Fluss. Schach, Schwimmen, Goldwaschen. $ 29

Manning Provincial Park

E. C. Manning Provincial Park
Hwy. 3, Manning Park, BC V0X 1R0
49.062985,-120.78264
✆ (250) 494-6500, (519) 826-6850 und 1-800-689-9025, www.discovercamping.ca, www.env.gov.bc.ca/bcparks
Im Park gibt es vier Campingplätze mit insgesamt 355 großen, bewaldeten Stellplätzen: Hampton (99), MuleDeer (49), Coldspring (64) und Lightning Lake (143). Letzterer ist über Discover Camping (s. o.) zu reservieren. Im Sommer und Winter populär. Dump Station, Feuerholz. Bootsverleih. Schwimmen, Wandern, Angeln, viele Tierbeobachtungen. $ 21–28

Coquihalla Highway
www.th.gov.bc.ca/coquihalla
Rund 200 Kilometer lange Autobahn zwischen Hope und Kamloops, die Mitte der 1980er Jahre für einen schnelleren Zugang in das Inland British Columbias erbaut wurde und in etwa den alten Spuren der Kettle Valley Railway folgt. Unterwegs gibt es diverse Rastplätze, aber keine Tankstellen. In Merritt besteht über den Okanagan Connector eine Verbindung zum Okanagan Valley. Bis 2008 war der Highway gebührenpflichtig.

Alle Informationen zu Hope finden Sie S. 106.

4 Cariboo Highway

Durch das Herz des Cariboo Country

4. Route: Cache Creek – Clinton – 70 Mile House – Lac La Hache – Williams Lake – Quesnel – Barkerville Historic Town – Prince George (445 km)

km	Route
0	**Cache Creek**
40	**Clinton**
29	**70 Mile House**
34	Abzweig: Hwy. 24 nach Clearwater (138 km) am Yellowhead Hwy. South
10	**100 Mile House**
26	**Lac La Hache**
66	**Williams Lake**
120	**Quesnel**, von hier Abstecher über Hwy. 26 zur **Barkerville Historic Town** (164 km hin und zurück)
120	**Prince George**
	Anschluss: Yellowhead Hwy. Richtung Westen nach Prince Rupert (724 km) oder Richtung Osten nach Edmonton (737 km)

Stilecht: Blockhaus am Cariboo Highway

Unbeirrbar schlängelt sich der gut ausgebaute **Cariboo Highway**, der Highway 97 zwischen Cache Creek und Prince George, nach Norden. Weite Landschaften mit Seen und Flüssen, kleine Ortschaften und Städte sowie die Cariboo Mountains im Osten prägen seinen Verlauf.

Für den größten Teil der Strecke ist der Name »Gold Rush Trail« geläufig, denn sie folgt einer alten Goldgräberroute, der Cariboo Wagon Road, die dereinst in Lillooet ihren Anfang nahm. Der Name steht als Synonym für schnellen Reichtum, aber auch für viele zerplatzte Träume. 1862 war Billy Barker am Williams Creek auf Goldvorkommen gestoßen, und in den acht Jahren darauf waren ihm über 10 000 Glücksritter nordwärts gefolgt. Der erste Trail durch das stark zerklüftete, an Schluchten reiche Gelände war nur so breit, dass sich gerade einmal ein Maultier dort entlang bewegen konnte. Daraufhin ordnete der damalige Gouverneur von British Columbia, James Douglas, die Anlage einer sichereren Straße an. An die 1,25 Millionen Dollar ließ man sich den Bau der Cariboo Road kosten, auf der wiederum Gold im Wert von über 6,5 Millionen Dollar gen Süden transportiert wurde.

Entlang der Strecke entstanden ab dem Ausgangspunkt Lillooet in Abständen einer Tagesreise *roadhouses* – 70 Mile House, 100 Mile House usw. –, Rasthäuser, in denen Reisende fern vom Staub und den Gefahren der Straße essen und übernachten konnten. Viele der heutigen Ortsnamen leiten sich von diesen ehemaligen *mile markers* ab. Da man es seinerzeit mit den Meilenangaben nicht gar so genau nahm und zudem die ursprüngliche Straße nicht so gerade verlief wie der heutige Cariboo Highway, entsprechen die Kilometerangaben zwischen den Ortschaften nicht mehr genau den ursprünglichen Meilen.

Die Roadhouses verlangten für Kost und Logis horrende Preise. So mancher Goldgräber war bereits bankrott und halb verhungert, bevor er bei den Goldfeldern ankam. Da entlang des Weges jedoch Arbeitskräfte stark gefragt waren, fanden etliche Männer und Frauen ihr Auskommen in den Gasthäusern und zogen den sicheren Job der Goldsuche vor.

Red Indian Paintbrush (Roter Indianerpinsel) wächst in weiten Teilen von British Columbia

Heute ist die Strecke ein Freizeit-Eldorado mit unzähligen Angeboten für Sport und Hobbys. Im Cariboo Country hat man sich auf den Tourismus eingestellt und von Einkaufsmöglichkeiten bis zu Campingplätzen der unterschiedlichsten Kategorien existiert ein reichliches Angebot.

Bei **Cache Creek** (vgl. Route 1, S. 98) zweigt der Cariboo Highway vom Trans-Canada Highway ab und führt in ein weites, hügeliges Tal, das durch schmelzende Gletscher geformt wurde und im Osten malerisch von der Bergkette der **Cariboo Mountains** eingerahmt wird. Es ist bedeckt mit Wiesen und kleinen Wäldern, Weiden für Rinder und Pferde, Getreidefeldern und bunter Blumenpracht.

Clinton mit gut 650 Einwohnern nennt sich »Gateway to the Cariboo«, das »Tor zum Cariboo«, und stimmt mit alten Blockhäusern auf das Thema Goldrausch ein. In jenen Tagen war es ein wichtiger Kreuzungspunkt auf dem Weg zu den Goldfeldern. Direkt am Highway liegt das schlichte, weißgetünchte Palace Hotel (1418 Cariboo Hwy.), das 1879 als Unterkunft für die Kutscher auf der Cariboo Road gebaut wurde und heute als ältestes Gebäude des Umkreises gilt. Das kleine Clinton rühmt sich eines bedeutenden Festes. Im Mai 1868 wurde der erste Clinton Ball abgehalten, ein gesellschaftliches Ereignis, zu dem handverlesene Gäste sogar von San Francisco und Chicago anreisten. Seit über 140 Jahren schon wird diese Tradition am Samstag vor dem Victoria Day fortgesetzt und ist damit die älteste ihrer Art in West-Kanada.

Der ideale Platz für Badetage und Paddeln: der Green Lake östlich von 70 Mile House

Gleich mehrere State Parks schützen die herrliche Landschaft der Region, in der zahlreiche Campingplätze liegen. Bei **70 Mile House** zweigt eine kleine Straße zum **Green Lake** ab. Der 14 Kilometer lange See hat oft einen grünen Farbstich, der daher stammt, dass er nur bei Hochwasser einen natürlichen Abfluss hat, was harmlose Algen und Grünpflanzen ungestört gedeihen lässt. Mit seinen Sandstränden erweist sich der Green Lake als idealer Platz für Badetage und Picknicks, aber auch zum Schwimmen, Paddeln oder Angeln.

Das 1862 gebaute 70 Mile Roadhouse an der Cariboo Road ist 1956 abgebrannt, an seiner Stelle befindet sich heute ein kleiner Laden. Stetig bewegt man sich fort auf dem glatten Asphalt des Highway 97, vorbei an Ranchland und waldigen, seenreichen Abschnitten.

Zentrum im südlichen Cariboo ist die Stadt **100 Mile House**. Rund um den Ort gibt es eine Vielzahl kleiner Seen, zum Teil mit hübschen Campingplätzen und einem großen Angebot an Freizeitaktivitäten. Interessant ist ein kurzer Abstecher zum **Canim Lake**, einem beliebten Ausflugsziel für Wassersportler.

Abzweig ab 100 Mile House:

10 km südlich von 100 Mile House zweigt Hwy. 24 nach Little Fort ab (107 km). Von dort sind es noch ca. 31 km bis nach Clearwater am Yellowhead Hwy. South, dem Tor zum Wells Gray Provincial Park (vgl. Route 13, S. 260).

Im zeitgenössischen Outfit: »Einwohner« des Museumsdorfs Barkerville

Weiter nördlich erreicht der Cariboo Highway **Lac La Hache** am gleichnamigen See, den nächsten Ort mit einem ebenfalls reichen Angebot an Campingplätzen und Freizeitaktivitäten. Der französische Name entstand vermutlich, als ein Trapper beim Eisfischen eine Axt *(la hache)* am Seeufer fand. In lockerem Verbund zieht sich der Ort, der nur rund 240 Einwohner zählt, über 19 Kilometer entlang der gesamten Uferlänge des Sees und wird daher auch »Longest town in the Cariboo« genannt. Diverse Fishing Lodges und Restaurants sowie Einkaufsmöglichkeiten sind dort zu finden.

Im **Lac la Hache Museum**, das in einem Blockhaus aus dem Jahre 1930 untergebracht ist, werden interessante Bilder und Gegenstände aus den Tagen des Goldrausches gesammelt. In jener Zeit war die heutige **Felker Homestead Heritage Site** am Highway 97 eine wichtige Pausenstation. Die Felker-Familie gehörte zu den ersten Pionieren, die in Lac La Hache siedelten. Ihr zweistöckiges Wohnhaus wurde zum Zentrum einer Ansiedlung, die 1884 erweitert wurde. Das Anwesen wird seit einiger Zeit restauriert.

Williams Lake ist mit rund 10 800 Einwohnern der größte Ort auf dem Cariboo Highway und Versorgungszentrum für die gesamte Region. Die Stadt ist weithin für ihre Blockhausindustrie bekannt. Benannt wurde die Stadt nach William, einem Häuptling der Secwepemc. Schon früh etablierten sich Ranches in dem Gebiet um Williams Lake. Es heißt, dass das erste Rodeo hier schon stattgefunden hat, bevor der Ort gegründet wurde. Die Williams Lake Stampede findet immer am langen Wochenende des Canada Day (1. Juli) statt. Im **Xat'sull Heritage Village** kann man sich über diesen Stamm der First Nations informieren, der schon seit 10 000 Jahren in dem Gebiet heimisch ist. Geführte Touren erklären Petroglyphen und Ausstellungsstücke, und die Touristenführer erzählen die Geschichte der Xat'sull. Hier gibt es auch einen kleinen RV Park. Wer es rasant mag, kann eine Fahrt mit dem Jetboat auf dem Fraser River oder einen Ausflug mit dem Allradfahrzeug durch die Bergwelt buchen.

Von Williams Lake geht der Highway 20, auch Chilcotin Highway genannt, nach Westen ab und führt über das Fraser Plateau und durch die Wildnis der Küstenberge zu dem kleinen Ort Bella Coola nahe der Pazifikküste. Bis auf ein 57 Kilometer langes Teilstück ist der 460 Kilometer lange Highway inzwischen asphaltiert. Unterwegs trifft man nur sehr vereinzelt auf menschliche Ansiedlungen.

Die nächsten 120 Kilometer des Cariboo Highway führen entlang des strömungsreichen Fraser River, vorbei an kleinen Dörfern und Ansiedlungen, weiter nordwärts. **Quesnel** ist mit fast 10 000 Einwohnern die zweitgrößte Stadt des Cariboo und liegt malerisch zwischen Bergen und Wald an der Mündung des Quesnel River in den Fraser River. Hier legte man einst den letzten Stopp vor den Goldfeldern ein. Eine riesige Goldwäscherpfanne mit einem Durchmesser von 5,5 Metern und einem

Gewicht von 1400 Kilogramm schmückt denn auch die Hauptstraße an prominenter Stelle. Bei einem Bummel durch die Stadt sind etliche alte Gebäude auszumachen, darunter auch der 1867 erbaute originale Handelsposten der Hudson's Bay Company im Riverfront Park. Das **Quesnel Museum** im LeBourdais Park neben dem Visitor Centre gilt als eines der besten Stadtmuseen British Columbias und gibt in der Cariboo-Wohnhausausstellung einen guten Einblick in die Zeit der ersten Siedler. Zu den über 19 000 Ausstellungsstücken zählen auch chinesische Artefakte.

Ein lohnenswerter Abstecher führt von Quesnel auf dem Highway 26 Richtung Osten durch die Cariboo Mountains zur **Barkerville Historic Town**, einer zum Leben erweckten Geisterstadt. Einst war Barkerville das Zentrum des Cariboo-Goldrausches. Über 100 000 Menschen aus aller Welt kampierten hier und durchwühlten die Erde auf der Suche nach Gold. Über 125 liebevoll restaurierte historische Gebäude und Nachbauten sind zu besichtigen, es gibt Shows und Ausstellungen, amüsantes Straßentheater und ein *shoot-out*, ein Duell zwischen Schurken und Sheriff. Auch eine Theatervorführung kann man besuchen oder eine Rundfahrt mit der Kutsche machen. Für Unterkunft ist unter anderem im kleinen Ort Wells, nur wenige Kilometer vor Barkerville gesorgt, wo es etwas ruhiger zugeht.

Zurück auf dem Cariboo Highway sind es nun nur noch rund 100 Kilometer entlang des Fraser River bis zum Yellowhead Highway. Auf diesem letzten Teilstück der Strecke bis **Prince George** (vgl. S. 228 f.) passiert man nur wenige, kleine Ortschaften. Auf dem Yellowhead Highway (vgl. Route 10, S. 222) kann man sich dann entweder nach Westen Richtung Prince Rupert oder nach Osten Richtung Edmonton wenden.

Barkerville am Fuß der Cariboo Mountains: ein original restauriertes Goldgräberstädtchen

4 Service & Tipps

Alle Informationen zu Cache Creek finden Sie S. 106.

Clinton

Clinton Pines Campground
1204 Cariboo Ave.
Clinton, BC V0K 1K0
51.08423,-121.590148
(250) 459-0030
Kleiner, aber schön gelegener, großzügig geschnittener Campingplatz mit 16 Stellplätzen am Südrand von Clinton. Vollanschlüsse, Duschen, Wäscherei, Feuerholz, WLAN. $ 19–25 für 4 Personen

70 Mile House

Green Lake Provincial Park
North Green Lake Rd., BC
51.440794,-121.160502
Camping-Reservierungen: (519) 826-6850, 1-800-689 -9025, www.discovercamping.ca
www.env.gov.bc.ca/bcparks
Emerald Bay Mitte Mai–Ende Sept., Arrowhead und Sunset View Mitte Mai–Anfang Sept.
Drei rustikale Campingplätze mit insgesamt 121 Stellplätzen im Park. Strand, Dump Station, Lagerfeuer, keine Duschen. Schwimmen, Bootfahren, Angeln, Wasserski. 16 km nordöstlich von 70 Mile House, 18 km südlich von Lone Butte am Hwy. 24. $ 16

100 Mile House

The 108 Golf Resort
4816 Telqua Dr.
108 Mile Ranch, BC V0K 2Z0
51.75068,-121.345289
(250) 791-5211, 1-800-667-5233
http://108resort.bcresorts.com
April–Okt.
Ranch und Golf Resort in den Cariboo Mountains. Restaurant, Hotel mit 62 Zimmern, Campingplatz mit 15 Stellplätzen. Zugang zu Pool, Duschen, Sauna des Hotels. Golfen, Tennis, Reiten, Angeln, Kanufahren u. a. Freizeitaktivitäten. $ 20–25

Canim Lake Resort and Guide Outfitters
4454 Newall Rd.
Canim Lake, BC V0K 1J0
51.771013,-120.899652
(250) 397-2355, 1-877-512-6660
www.canim.com
Komfort-Campingplatz mit 25 Stellplätzen, Blockhütten, Strom und Wasser, Vollanschlüsse. Duschen, Wäscherei, *hot tub*, Bootsverleih, Angelscheine, Rundflüge, Reitausflüge, Wander- und Radfahrwege. $ 24–40

Ponderosa Resort
7405 S. Canim Lake Rd.
Canim Lake, BC V0K 1J0
51.777234,-120.870296
(250) 397-2243
www.ponderosaresort.com
Anfang Mai–Mitte Okt.
Komfortables Camping in parkähnlicher Umgebung am Canim Lake 35 km östlich von 100 Mile House. 25 Stellplätze für Zelte und RV, sowie Ferienhäuschen. Strand, Vollanschlüsse, Dump Station, Duschen, kleiner Laden, Waschsalon. Schwimmen, Bootverleih, Angeln, Wasserski. $ 28–40

108 Mile Heritage Centre
4690 Telqua Dr., 108 Mile Ranch, BC V0K 2Z0
www.historical.bc.ca/main.html
Ende Mai–Anfang Sept. tägl. 10–17 Uhr
Eintritt frei, Spenden erwünscht
Freilichtmuseum am Telqua Drive, 13 km nördlich von 100 Mile House. Mit historischen Gebäuden aus der Zeit des Gold Rush.

Lac La Hache

Big Country Campground & RV Park
Mile 112 Hwy. 97
Lac La Hache, BC V0K 1T0
51.814674,-121.478122
(250) 396-4181, Mai–Sept.
Campingplatz mit 40 Stellplätzen für Wohnmobile. Vollanschlüsse, Dump Station, kleiner Laden, Duschen, Pool, Wäscherei, Spielplatz, Sauna, Campinghäuschen, Lagerfeuer, WLAN. 5 km südlich von Lac La Hache. $ 25–30

Lac La Hache Provincial Park
Hwy. 97, Lac La Hache, BC V0K 1T1
51.859286,-121.638846
www.env.gov.bc.ca/bcparks

Mitte Mai–Anfang Okt.
Kleiner Provincial Park mit 83 Stellplätzen. Einfache Ausstattung ohne Anschlüsse, mit Dump Station, Strand und Umkleidehäuschen. 13 km nördlich von Lac La Hache. Im Park gibt es Wanderwege; man kann schwimmen, Boot- und Wasserski fahren, Angeln. $ 16

Williams Lake

Williams Lake Visitor Info Centre
1660 S. Broadway
Williams Lake, BC V2G 2W4
✆ (250) 392-5025, 1-877-967-5253
www.williamslake.ca
Anfang Mai–Ende Aug. tägl. 9–17, Sept.–Okt. Mo–Sa 9–17 Uhr
Exzellente Touristeninformation in einem Vorzeige-Blockhaus.

Bull Canyon Provincial Park
52.088703,-123.396165
www.env.gov.bc.ca/bcparks
Mitte Juni–Mitte Sept.
369 ha großer Park mit einfachem Campingplatz am Hwy. 20 und dem Chilcotin River. Günstig als Ausgangspunkt für Fahrten nach Bella Coola. 6 km westlich von Alexis Creek und 119 km westlich von Williams Lake. 20 Stellplätze, keine hook-ups. Lagerfeuer, Wandern, Angeln. $ 16

Williams Lake Stampede Campground
800 Mackenzie Ave. S.
Williams Lake, BC V2G 2V2
52.123398,-122.129079
✆ (250) 398-6718
www.williamslakestampede.com
Ganzjährig geöffnet, voller Service Mai–Mitte Okt.
Offener, sonniger Campground mit 74 Stellplätzen. Direkt an der Rodeo-Arena. Vollanschlüsse, Dump Station, Duschen, Feuerholz. $ 17–34

Wildwood Campsite
5-4195 Wildwood Rd.
Williams Lake, BC V2G 4Z8
52.211209,-122.090771
✆ (250) 989-4711
www.wildwoodcampsite.com
Ganzjährig geöffnet
36 Stellplätze auf einem Campingplatz 13 km nördlich von Williams Lake am Hwy. 97. Vollanschlüsse, Dump Station, Lagerfeuer, Duschen, Geschäft, Waschsalon, WLAN. $ 25–29

Cariboo Chilcotin Jetboat Adventures
Hwy. 20, Riske Creek, BC V0L 1T0
✆ (250) 659-5800, 1-877-748-8687
www.jetboatadventures.com
Jetboatfahrten auf dem Fraser River, 4x4-Van-Touren, First Nations Cultural Tour.

Chilcotin and BC Cowboy Hall of Fame
113 N. 4th Ave., Williams Lake, BC V2G 2C8
✆ (250) 392-7404
www.cowboy-museum.com
Juni–Aug. Mo–Sa 10–16, Sept.–Mai Di–Sa 11–16 Uhr, Eintritt $ 2/0–2
Cowboy- und Rodeomuseum in der Innenstadt von Williams Lake.

Xat'sull Heritage Village
3405 Mountain House Rd.
Williams Lake, BC V2G 5L5
✆ (250) 297-6502
www.xatsullheritagevillage.com
Mitte Mai–Mitte Okt. tägl., Eintritt $ 20/0–14
Interessantes Museum zur Kultur der Xat'-sull-Indianer. Touren und Programme sowie Erzählungen der Stammesältesten. Übernachtungen in Tipis. ($–$$)

Williams Lake Stampede
Williams Lake, BC V2G 2V2
✆ (250) 398-8388, 1-800-717-6336
www.williamslakestampede.com

Eine 15-minütige Autofahrt bringt Sie zu den weißen Hoodoos im Pinnacles Park westlich von Quesnel

Ende Juni/Anfang Juli am Canada-Day-Wochenende, Eintritt ab $ 17
Eines der größten Rodeos in BC. Mit umfangreichem Beiprogramm.

Quesnel

Quesnel Visitor Centre
703 Carson Ave., Quesnel, BC V2J 2B6
✆ (250) 992-8716, 1-800-992-4922
www.northcariboo.com oder
www.quesnelchamber.com
Mitte Mai–Ende Aug. tägl. 9–18, sonst Di–Sa 9–16 Uhr
Daneben befindet sich das Quesnel Museum.

Lazy Daze Motel & Campsite
714 Ritchie Rd.
Quesnel, BC V2J 6 X2
52.968932,-122.514716
✆ (250) 992-6700, Mai–Okt.
Campground mit 50 Stellplätzen 8 km südlich des Quesnel Visitor Centre. Vollanschlüsse, Dump Station, kleiner Laden, Waschsalon, Duschen, Bootsverleih. Schwimmen, Angeln, Bootfahren. $ 17–21

Robert's Roost RV Park & Campground
3121 Gook Rd.
Quesnel, BC V2J 4K7
52.957017 -122.421167
✆ (250) 747-2015, 1-888-227-8877
www.robertsroostcampsite.ca
Mitte April–Mitte Okt.
65 Stellplätze am hübschen, ruhigen Dragon Lake, 6 km südlich von Downtown Quesnel und 2 km östlich des Hwy. 97. Vollanschlüsse, Dump Station, Waschsalon. Ruderboot- und Kanuverleih, Volleyballplatz, Strand. Schwimmen, Angeln. $ 22–35

Ten Mile Lake Provincial Park
Hwy. 97, Quesnel, BC
53.070489,-122.443063
Reservierungen: ✆ (519) 826-6850, 1-800-689 -9025, www.discovercamping.ca
www.env.gov.bc.ca/bcparks
Mitte Mai–Ende Sept.
144 Stellplätze auf zwei einfachen, aber schönen Campingplätzen am Ten Mile Lake 12 km nördlich von Quesnel. Duschen, Dump Station, Lagerfeuer, Naturpfad zu Biberteich. Kanu- und Kajakfahren, Angeln, Schwimmen, Wandern. Reservierungen möglich für Lakeside Campground. Lakeside $ 21, Touring $ 21

Barkerville

Barkerville Campgrounds
5 km vor der Barkerville Historic Town am Hwy. 26
Government Hill: 53.067111,-121.513672
Forest Rose: 53.089804,-121.498276
Lowhee Campground: 53.046863,-121.488844
✆ (250) 994-3297, 1-866-994-3297
www.barkerville.ca/camping.htm
www.barkervillecampgrounds.ca
Mitte Mai– Ende Sept.
Die drei ehemaligen Provincial Park Campgrounds Lowhee (87 Stellplätze, 3 km östlich von Barkerville), Forest Rose (54 Stellplätze, Bowron Lake Rd.) und Government Hill (23 Stellplätze, direkt bei Barkerville) stehen nunmehr unter der Schirmherrschaft der Barkerville Historic Town. Duschen, Dump Station, Spielplatz. $ 20–23

Cariboo Joy RV Park
12566 Barkerville Hwy.
Wells, BC V0K 2R0
53.102392,-121.564538
✆ (250) 994-3463, 1-888-996-4653
www.cariboojoy.com, Mitte Mai– Ende Sept.
Vollanschlüsse, Duschen, Dump Station, Goldwaschen, Abendunterhaltung. 5 Fahrminuten von Barkerville Historic Town.
$ 25–40

Barkerville Historic Town
Hwy. 26, Barkerville, BC V0K 1B0
✆ (250) 994-3332, 1-888-994-3332
www.barkerville.ca
Im Sommer 8–20 Uhr, im Winter kürzer
Eintritt Mitte Mai–Ende Sept. $ 14/0–9, in der Nebensaison frei
Kutschfahrten in der Hauptsaison tägl. 10–17 Uhr, $ 7, Goldwaschen $ 8

Theatre Royal
Barkerville Historic Town, BC V0K 1B0
✆ (250) 940-3225, www.theatreroyal.ca
Mitte Mai–Mitte Juni tägl. eine Show, zweite Junihälfte tägl. zwei Shows, Ende Juni–Anfang Sept. tägl. drei, Sept. tägl. außer Mo drei Shows

Unterwegs auf dem Highway 26 zwischen Quesnel und Barkerville

Tickets $ 12.75/0–11.50
Unterhaltsame einstündige Theatervorführungen im Revuestil über die Goldrauschzeit. An manchen Wochenenden auch Dinner Theatre.

Bowron Lake Provincial Park

Becker's Lodge
Bowron Lake Rd., Bowron Lake P. P.
53.259694,-121.392453
(250) 992-8864, 1-800-808-4761
www.beckerslodge.com
Etablierte Lodge mit Blockhütten und -häusern am berühmten Kanurevier der Bowron Lakes. Auch Camping mit Strom- und Wasseranschlüssen, keine Dump Station, Duschen, Waschsalon. Kanuverleih, Geschäft. $ 20–40

Bowron Lake Lodge
Bowron Lake Rd., Bowron Lake P.P.
53.253712,-121.413864
(250) 992-2733, 1-800-519-3399
www.bowronlakelodge.com
Lodge am Nordwestufer des Bowron Lake. Campingplatz, Motelzimmer und kleine Hütten. Strand, Duschen, Kanu- und Kajakverleih, Einkaufsmöglichkeiten. $ 28

Hixon

Canyon Creek Campground
39035 Hwy. 97 S.
Hixon, BC V0K 1S0
53.424028,-122.591233
(250) 998-4384
www.canyoncreekcampground.com
Mitte April–Mitte Okt.
Schöner, mit Wald bestandener Campingplatz. Strom und Wasser, Vollanschlüsse. Duschen, Wäscherei, kleiner Laden, Grillpavillon, Dump Station, WLAN, Spielplatz, Wanderwege, Badesee. Morgens kostenlos Kaffee. Angeln, Goldwaschen, Volleyball. $ 22–29 pro Familie

Alle Informationen zu Prince George finden Sie S. 236 f.

5 Das Okanagan Valley

Durch den Obst- und Weingarten West-Kanadas

5. Route: Salmon Arm/Sicamous – Vernon – Kelowna – Penticton – Osoyoos (238/251 km)

km	Route
0	**Salmon Arm oder Sicamous**
62/75	**Vernon**
46	**Kelowna**
45	**Summerland**
17	**Penticton**
41	**Oliver**
27	**Osoyoos**
	Anschluss: Crowsnest Hwy. Richtung Westen nach Hope (248 km) oder Richtung Osten über Fort Macleod und den Deerfoot Trail nach Calgary (860 km)

Weinberg und Obstgarten von British Columbia: das Okanagan Valley

Das sonnige Okanagan Valley ist Weinberg und Obstgarten von British Columbia. Das vom Okanagan River geschaffene weite, flache Tal gehört zu den wärmsten Gegenden Kanadas. Mit seiner landschaftlichen Schönheit, den vielen Sonnenstunden und dem vielfältigen Angebot an Sport- und Erholungsmöglichkeiten übt die Region einen großen Reiz auf Urlauber aus. Im gesamten Tal gibt es eine ganze Reihe von komfortablen Wohnmobil-Campingplätzen, die zum Teil wunderbar am Seeufer liegen. Festivals werden vor allem das ganze Sommerhalbjahr über gefeiert, angefangen bei dem Blütenfest im Frühjahr bis zur Weinlese im Herbst – irgendwo findet immer gerade ein Volksfest statt.

In der Sprache der Salish, deren Gebiet vom nördlichen Ufer des Okanagan Lake bis kurz vor die Mündung des Okanagan River in den Columbia River (im Bundesstaat Washington, USA) reichte, bedeutet Okanagan etwa »Transport in Richtung auf das obere Ende«. Die Salish waren Jäger und Sammler und lebten von der Jagd, von Beeren und Wurzeln und dem Fischfang. Die ersten Weißen kamen um 1811 in das Tal. Es waren Pelzjäger, für die das Tal und seine Wasserwege gängige Transportwege von der nördlich gelegenen Region am Thompson River über den Columbia River zum Pazifik waren. 1859 errichtete Pater Pandosy an der Stelle des heutigen Kelowna eine Mission. In den folgenden Jahrzehnten kamen Hunderte von Siedlern an den Okanagan Lake.

Die ersten Obstgärten mit Apfelbäumen wurden 1892 angelegt, aber erst um 1920 begann die kommerzielle Vermarktung des Obstes. Für den Transport waren Raddampfer wie die »Sicamous«

Eine Reise durch die Provence? Lavendelfelder im Okanagan Valley

und die »Naramata« zuständig, die man heute noch in Penticton bestaunen kann.

In den vergangenen Jahrzehnten sind viele Obstgärten zu Weinbergen umgewandelt worden und produzieren jetzt Weine von Weltrang. Stetig und schnell steigen mittlerweile die Grundstückspreise, und neben dem blühenden Tourismus hat sich das Tal mit der bevorzugten Wohnlage und dem angenehmen Klima auch zu einem Paradies für Ruheständler entwickelt.

Vom Trans-Canada Highway gibt es zwei Zufahrten ins Okanagan Valley: Von Salmon Arm (vgl. Route 1, S. 99) zweigt der Highway 97B ab, einige Kilometer weiter biegt der Highway 97A von Sicamous (vgl. Route 1, S. 99 f.) ab. Bei dem kleinen Ort Grindrod treffen sich die beiden Teilstücke und verlaufen als Highway 97 weiter durch das Tal nach Süden.

Im nördlichen Teil des Okanagan Valleys liegt **Vernon**. Gleich drei Seen rund um die Stadt – Okanagan Lake, Kalamalka Lake und Swan Lake – machen sie zum reinsten Wassersport- und Ferienparadies. An den Ufern des **Kalamalka Lake Provincial Park** und an den vielen anderen schönen Sandstränden wie Paddlewheel Beach und Kin Beach, die der Stadt am nächsten liegen, lässt sich die Sonne genießen. Im **Ellison Provincial Park** südlich der Stadt findet man einen schönen Campingplatz am See. Und es geht nichts über eine Seerundfahrt mit der **»Spirit of the Okanagan«**, auf der man sich den Wind um die Nase wehen lässt.

Das bereits 1892 gegründete Vernon gehört zu den ältesten Städten des Tals. Bei einem Rundgang durch den Ort kann man sehenswerte Wandmalereien *(murals)* entdecken, die Szenen aus den Anfangsjahren des Ortes zeigen. **Polson Park**, der im Zentrum des Ortes gelegene Stadtpark, ist ein guter Platz für ein Picknick. Ein Rosengarten, ein Wasserpark mit Springbrunnen und

Spielplätze erzeugen hier ein schönes Ambiente. Wander- und Radwege, Strände und Golfplätze in der Umgebung sorgen für reichlich Abwechslung. Auch Klettern im Cougar Canyon und Parasailing werden angeboten.

In den **Davison Orchards** westlich der Stadt kann man Obst pflücken, an einem Rundgang teilnehmen oder z. B. das Innenleben eines Bienenstocks erkunden, und jeden Monat gibt es besondere Veranstaltungen wie das Apfelblütenfest im Mai. Weitere Einblicke in die landwirtschaftliche Vergangenheit der Region vermittelt ein Besuch der **O'Keefe Ranch** nördlich der Stadt.

Entlang dem Ostufer des rund 110 Kilometer langen **Okanagan Lake** geht es weiter nach **Kelowna**, dem Zentrum des Okanagan Valley und Heimat des schlangenähnlichen Seemonsters »Ogopogo«. Die mit rund 117 500 Einwohnern größte Stadt des Tals besitzt auch einen der geschäftigsten Flughäfen der Region; es herrscht ein stetes Kommen und Gehen auf dem zehntgrößten kanadischen Flughafen.

In den Parks und auf den Straßen der Stadt finden viele Open Air-Konzerte statt, und in der Innenstadt hat man einen Cultural District eingerichtet, in dem Museen und Galerien angesiedelt sind. Kelowna trumpft mit einem sehenswerten Museumskomplex auf, zu dem das **BC Orchard Museum**, das **Wine Museum**, das **Okanagan Heritage Museum** und andere Museen, die sich auf die Vergangenheit der Stadt und der Region spezialisiert haben, gehören.

Gaumen und Nase erfreut ein Besuch mit Weinprobe bei der **St. Hubertus & Oak Bay Estate Winery** südlich der Stadt. In diesem 1928 gegründeten Weingut, das zu den ältesten der Region zählt, werden ausgezeichnete Rot-, Rosé- und Weißweine sowie Eisweine produziert. Weitere Weingüter liegen in und um die Stadt.

Seit 2008 wechselt der Highway 97 bei Kelowna über eine moderne, feste Brücke, die die alte Pontonbrücke von 1958 ersetzt, ans Westufer des Okanagan Lake. Ab hier passiert die Route einige kleinere Orte wie Westbank und Peachland.

Populärster Naturpark der Region ist der weitläufige **Okanagan Lake Provincial Park**, mit seinen schönen Sand- und Kiesstränden und den herrlichen See- und Bergpanoramen nördlich von

Kelownas Skyline am Lake Okanagan

Weinanbau im Okanagan Valley

Vogelscheuche gegen Beerendiebe

Dank seiner vielen Sonnenscheinstunden ist das Okanagan Valley der Obstkorb Kanadas. Äpfel, Birnen, Pfirsiche, Aprikosen, Kirschen und auch Weintrauben werden hier angebaut. Im Süden des Tals ist die jährliche Niederschlagsmenge geringer als die mögliche Verdunstung, sodass künstliche Bewässerung notwendig ist. Rund 1500 Hektar Weinberge gibt es in diesem Gebiet. Besonders wohl fühlen sich hier die Bordeauxsorten Cabernet Sauvignon, Cabernet Franc und Merlot. Im nördlichen Teil des Okanagan gedeihen die deutschen Rebsorten Siegerrebe, Silvaner und Ortega gut. Und der mittlere Teil des Tals ist ideal für Pinot Blanc, Pinot Gris und Chardonnay. Eines der ältesten Weingüter ist die von den Schweizer Brüdern Gebert 1928 gegründete **St. Hubertus & Oak Bay Estate Winery.**

Bis vor rund dreißig Jahren war international allenfalls kanadischer Wein aus Ontario, im Osten Kanadas, ein Begriff. Seit den 1980er Jahren, nachdem ein deutscher Rebzüchter das Tal bereiste und die örtlichen Winzer mit Stecklingen versorgte, können aber auch im Westen so gute Ergebnisse erzielt werden, dass das Weinanbaugebiet die VQA-Qualifikation (Vintners Quality Alliance) erwerben konnte.

Summerland. Auf den zwei Campingplätzen des Parks findet man ohne Reservierung, gerade an Sommerwochenenden, nur schwerlich einen Platz. Hier kann man schwimmen, wandern, Rad fahren, angeln oder den zahlreichen anderen Tätigkeiten eines Campingurlaubs nachgehen.

In **Summerland** liegt der Bahnhof der historischen **Kettle Valley Steam Railway**, deren Dampfzugfahrten sich größter Beliebtheit erfreuen. Besonders die Fahrten inklusive des Spektakels »Great Train Robbery & BBQ«, mit fingiertem Raubüberfall und anschließendem gemeinsamen Grillen, sind schnell ausverkauft. Von Summerlands Aussichtspunkt Giant's Head (840 m) bietet sich ein Gratisweitblick über den Okanagan Lake und das Valley.

Kurz darauf erreicht man **Penticton**, »Kanadas Hauptstadt des Square Dance«. Diese aus der Pionierzeit Nordamerikas stammende Tanzform wird auch heute noch zu vier Paaren in einer Formation nach den gesungenen Anweisungen eines *Callers* getanzt. Typisch sind die üppigen Petticoats und Rüschenkleider für die Damen sowie Westernkleidung für den Herrn. Öffentlich getanzt wird z. B. auf dem Penticton Square Dance Festival, das zeitgleich mit dem Peach Festival jedes Jahr Anfang August im Okanagan Lake Park in Downtown Penticton stattfindet.

In der Sprache der Salish bedeutet der Ortsname »einen Platz, wo man für immer leben kann«. Sehr schön liegt sie auf alle Fälle, die zweitgrößte Stadt im Okanagan Valley, zwischen dem Okanagan Lake im Norden und dem Skaha Lake im Süden. Naturgemäß sind hier die Sport- und Freizeitmöglichkeiten äußerst vielfältig, unter anderem sind *Tubing* auf dem **Okanagan River Channel** und Wasserski auf den Seen sehr populär.

Neben den Schaufelraddampfern **»S. S. Sicamous«** und **»S. S. Naramata«**, die im Okanagan Lake vor Anker liegen und heute im Ruhestand sind, aber besichtigt werden können, befinden sich am südlichen Ende der Stadt, nahe dem Skaha Lake, eine Go-Cart-Bahn, Minigolfplätze, Wasserrutschen und auch Campingplätze. Rund 20 Kilometer südwestlich von Penticton ist das riesige Radioteleskop des **Dominion Radio Astrophysical Observatory** zu besichtigen.

Während des ganzen Sommers ist Erntezeit im Okanagan Valley. Die Kirschen machen Ende Juni den Anfang, dann folgen Mitte Juli die Pfirsiche. Birnen und Aprikosen sind im August reif, der September ist der Monat der Pflaumen, während die Äpfel von August bis in den Oktober geerntet werden, je nach Sorte. Den ganzen Sommer über gibt es entlang des Highways Frisches an den Obstständen zu kaufen. Die Weinlese schließlich beginnt im September und endet Mitte Oktober. Die **Sumac Ridge Estate Winery** und viele andere Weingüter laden zur Besichtigung und Verkostung ihrer Produkte ein.

Kurz hinter Penticton erreicht der Highway 97 das Ende des Okanagan Lake. Aus dem See wird wieder ein Fluss, der begleitet vom Highway 97 weiter in Richtung Süden strömt und dort bald auf die Stadt **Osoyoos** trifft. Osoyoos bedeutet in der Sprache der Syilx'tsn-Indianer »Verengung des Wassers« und bezeichnet die Lage der Stadt an Osoyoos Lake und Okanagan River. Der kleine Ort rühmt sich darüber hinaus der unmittelbaren Nähe zur einzigen Wüste Kanadas, der **Nk'Mip Desert** am Ostufer des Osoyoos Lake. In dieser steppenartigen Landschaft wachsen angesichts des extrem geringen Niederschlags Pflanzenarten, die sonst nirgendwo in Kanada heimisch sind. Die Sommertemperaturen reichen hier an die 40 °C heran. Mehr über die Wüste, ihre Tiere, Pflanzen und die Ureinwohner erzählen das **Nk´Mip Desert & Heritage Centre** sowie das **Osoyoos Desert Centre**, die zudem kurze Wanderwege durch die Wüste bieten. Ebenfalls zu Fuß erkunden lässt sich die **Pocket Desert Federal Ecological Reserve**, ein Stück Wüstenlandschaft am Highway 97, das man auf gekennzeichneten Pfaden gut durchwandern kann.

Den **Osoyoos Lake** erlebt kann man am besten im **Haynes Point Provincial Park**, der als schmale Landzunge in den See hinaus ragt und schattige Stellplätze und sonnige Strände bietet. Das Wasser des flachen Sees ist außerordentlich sauber und warm. An seinen Ufern findet man ein Marschgelände mit kurzen Naturpfaden.

Von Osoyoos trennen den Highway 97 nun nur noch wenige Kilometer vom Südende des Okanagan Valley, wo die Straße auf den Crowsnest Highway trifft. Hier kann man sich entweder Richtung Osten und Rocky Mountains wenden oder nach Westen fahren und dem Crowsnest Highway bis Hope und schließlich nach Vancouver folgen (vgl. Route 3, S. 120).

Mit dem Ohr am All: das riesige Radioteleskop des Dominion Radio Astrophysical Observatory südwestlich von Penticton

Service & Tipps

Alle Informationen zu Salmon Arm bzw. Sicamous finden Sie S. 106 f.

Vernon

Dutch's Campground/Vernon Creek Resort
15408 Kalamalka Lake Rd.
Vernon, BC V1B 1Y9
50.235403,-119.267002
✆ (250) 545-1023
www.vernoncreekresort.com
Ganzjährig geöffnet
Campingplatz mit 94 Stellplätzen an einem kleinem Bach nahe Kal Beach. 3 km südlich von Vernon. Vollanschlüsse, Duschen, Wäscherei, Dump Station. $ 30–40

Ellison Provincial Park
Hwy. 97
16 km südwestl. von Vernon
50.175441,-119.435316
Camping-Reservierungen: ✆ (519) 826-6850, 1-800-689-9025, www.discovercamping.ca
www.env.gov.bc.ca/bcparks
April–Okt.
2 km² großer Naturpark am Ostufer des Okanagan Lake. Camping in waldigem Gelände, felsige Uferabschnitte; 71 Stellplätze, keine hook-ups. $ 30

Okanagan Science Centre
2704 Hwy. 6, Vernon, BC V1T 5G5
✆ (250) 545-3644, www.okscience.ca
Di–Fr 10–17, Sa 11–17 Uhr, Eintritt $ 7/0–4
Wissenschaftsmuseum für Kinder. Experimente und Vorführungen wissenschaftlicher Phänomene. Im Red Brick Heritage Building im Polson Park in der Innenstadt.

Historic O'Keefe Ranch
9380 Hwy. 97 N., Vernon, BC V1T 6M8
12 km nördlich von Vernon
✆ (250) 542-7868, www.okeeferanch.ca
Tägl. Anfang Mai–Anfang Okt. 10–17, Juli/Aug. 10–18 Uhr, Eintritt $ 13.50/0–10
Historische Ranch, die Goldwaschen und Traktorfahrten anbietet. Modelleisenbahnausstellung und historische Farmmaschinen. Mit Restaurant.

Davison Orchards Country Village & Farm Market
3111 Davison Rd., Vernon, BC V1H 1A2
✆ (250) 549-3266, www.davisonorchards.ca
Anfang Mai–Ende Okt., Führungen tägl. Juli/Aug., sonst nur Sa/So $ 6/0–4, Eintritt frei
Farm, Bauernmarkt, Laden und Bäckerei. Westlich von Vernon mit schönem Blick auf die Stadt.

Kalamalka Lake Provincial Park
8 km südl. von Vernon abseits des Hwy. 6

»Roasting Marshmallows« im Okanagan Valley

www.env.gov.bc.ca/bcparks
42 km² großer Naturpark am Nordostufer des Kalamalka Lake. Grasland, Klippen, waldige Ufer. Picknickplätze, Strandbereiche. Wandern, Schwimmen, Angeln, Radfahren etc. Kein Camping.

Atlantis Waterslides
7921 Greenhow Rd., Vernon, BC V1B 3S2
✆ (250) 549-4121
www.atlantiswaterslides.ca
Ende Mai/Juni 11–17, Juli–Mitte Aug. 10–19, bis Anfang Sept. 10–18 Uhr, sonst unterschiedl. Zeiten
Eintritt $ 21/0–16, Familienkarte $ 60
Populärer Wasserpark mit zehn Rutschen und Pools 5 km nördlich von Vernon.

»Spirit of the Okanagan«
Paddlewheel Park, Vernon, BC V1B 3W4
✆ (250) 545-8388, www.cruiseokanagan.com
Fahrpreis: Sightseeing ab $ 25, Dinner Cruise ab $ 65
Zweistündige Sightseeing-Rundfahrten auf dem Okanagan Lake. Auch Lunch-, Dinner-, Musik- und Karaoke-Kreuzfahrten. Ab Paddlewheel Park (25th Ave.), 7 km westlich von Vernon, via Okanagan Landing Road.

Kelowna

Apple Valley Orchard RV Park
1980 Union Rd., Kelowna, BC V1V 2E8
49.927004,-119.433212
✆ (250) 763-9840, www.applevalleyrv.com
Ganzjährig geöffnet
Ruhig gelegener RV-Campingplatz mit nur 20 Stellplätzen. Im Glenmore Valley nördlich von Kelowna. Vollanschlüsse, Dump Station, Duschen, Waschsalon, WLAN. $ 25–53

Todd's RV & Camping
3976 Beach Ave., Peachland, BC V0H 1X1
49.783678,-119.710465
✆ (250) 767-6644, 1-866-255-6864
www.toddsrv.com
Anfang April–Mitte Okt.
Seit fast 60 Jahren: familienfreundlicher Campingplatz mit 70 Stellplätzen, Kiesstrand, Vollanschlüsse, Duschen, Lagerfeuermöglichkeiten, kleiner Laden. Spielplatz, Volleyball, Schwimmen, Angeln, Wandern, Radfahren. 2 km nördlich von Peachland. $ 50–65

Ausschau halten: Schwarzwedelhirsch – »Mule Deer« – im Okanagan-Tal

BC Orchard Industry Museum & Wine Museum/Kelowna Museums
1304 Ellis St., Kelowna, BC V1Y 1Z8
BC Orchard Industry Museum: ✆ (778) 478-0347, Di–Fr 10–17, Sa 10–16, Fei 11–15 Uhr
Wine Museum: ✆ (250) 868-0441, Mo–Fr 10–18, Sa 10–17, So 11–17 Uhr
www.kelownamuseums.ca
Beide Museen Eintritt frei, Spenden erwünscht
Obstanbauindustrie-Museum samt Weinmuseum. Verkauf von über 400 Weinsorten, Proben möglich.

Okanagan Heritage Museum/ Kelowna Museums
470 Queensway Ave., Kelowna, BC V1Y 6S7
✆ (250) 763-2417, www.kelownamuseums.ca
Mo–Fr 10–17, Sa 10–16, Fei 11–15 Uhr
Zum Kelowna Museumskomplex gehören neben dem BC Orchard Industry Museum und dem Wine Museum (s. o.), das Okanagan Heritage Museum, das Laurel Packinghouse (1304 Ellis St.), das Okanagan Military Museum (1424 Ellis St.) und das Central Okanagan Sports Hall Of Fame Museum (Capri Centre Mall).

St. Hubertus & Oak Bay Estate Winery
3225 Lakeshore Rd., Kelowna, BC V1W 4J1
✆ (250) 764-7888, 1-800-989-9463
www.st-hubertus.bc.ca, Mai–Okt. tägl. 10–17.30, sonst Mo–Sa 12–16 Uhr
1928 gegründetes Weingut. Weinverkostung, kleines Lokal.

»Kelowna Princess II«
100 Bernard Ave., Kelowna, BC V1Z 3S3

✆ (250) 869-6696
www.kelownaprincesstours.net
1,5-stündige Seerundfahrten, auch Dinner Cruises, um 12.30 und 14.30 Uhr. Sunset Cruise um 18 Uhr, Tickets $ 20

Summerland

Okanagan Lake Provincial Park
Hwy. 97, 11 km nördl. von Summerland
49.681812,-119.718019
Camping-Reservierungen: ✆ (519) 826-6850, 1-800-689-9025, www.discovercamping.ca
www.env.gov.bc.ca/bcparks
South Campground April–Mitte Okt., North Campground Mitte Mai–Ende Sept.
Zwei Campingplätze im fast 1 km² großen Park am Okanagan Lake. 168 Stellplätze mit Picknicktischen und Feuerstellen. $ 30

Kettle Valley Steam Railway
Prairie Valley Station, 18404 Bathville Rd. Summerland, BC V0H 1Z0
✆ (250) 494-8422, 1-877-494-8424
www.kettlevalleyrail.org
Ende Juni–Anfang Sept. Do–Mo 10.30 und 13.30 Uhr, Fahrpreis $ 22/0–17, Great Train Robbery & BBQ $ 52/0–23
1,5-stündige Dampfzugfahrt entlang der originalen Strecke der Kettle Valley Railway. Wahlweise auch mit »Überfall« und BBQ.

Sumac Ridge Estate Winery
17403 Hwy. 97 N., Summerland, BC V0H 1Z0
✆ (250) 494-0451
www.sumacridge.com
Ende Juni–Anfang Sept. tägl. 9.30–18 Uhr, sonst kürzer
Führungen: Juni–Okt., $ 7
Etablierter Weinbaubetrieb nördlich von Summerland. Produziert werden Rot- und Weißweine, Schaum-, Eis- und Dessertweine. Mit Geschäft und Restaurant.

Penticton

Wright's Beach Camp RV Park
4200 Skaha Lake Rd., Penticton, BC V2A 6J7
49.783675,-119.710466
✆ (250) 492-7120
www.wrightsbeachcamp.com
Mitte März–Mitte Okt.
Familienfreundlicher Campingplatz mit 174 Stellplätzen am Skaha Lake. Vollanschlüsse, Dump Station, kleiner Laden, Mietcamper, Waschsalon, WLAN. Sandstrand, Unterhaltungsprogramme, Wasserrutschen, Pool. Südlich von Penticton, unweit des Flughafens. $ 42–56

Sun & Sand RV Park
5356 8th Ave., Okanagan Falls, BC V0H 1R0
49.681812,-119.718019
✆ (250) 497-8289, www.sunandsandrv.ca
Mitte April–Mitte Okt.
Familienfreundlicher RV Park bei Okanagan Falls am Südufer des Skaha Lake. 48 großzügige Stellplätze mit Seeblick. Schöner Sandstrand, Pool, Volleyball, Vollanschlüsse, Duschen, Wäscherei, WLAN. $ 42–50 für 2 Erwachsene und 2 Kinder.

Dominion Radio Astrophysical Observatory
717 White Lake Rd., Penticton BC V2A 6J9
✆ (250) 497-2300
Mitte April–Mitte Okt. Mo–Fr 9–17 Uhr, im Sommer So Führungen
Eintritt frei
Nationale Station mit starken Radioteleskopen zur Erforschung des Weltalls. 20 km südwestlich von Penticton.

Coyote Cruises
215 Riverside Dr., Penticton, BC V2A 8M2
✆ (250) 492-2115
www.coyotecruises.ca
Tägl. 10–17 Uhr, Tickets $ 10/0–8
Großer Freizeitspaß: *Tubing* auf dem 7 km langen Okanagan River Channel. Zu mieten sind die dicken, aufblasbaren Gummireifen im Riverside Park am Südende des Okanagan Lake. Rückfahrt mit dem Shuttlebus inklusive.

»S. S. Sicamous«
1099 Lakeshore Dr. W., Penticton, BC V2A 7B3
✆ (250) 492-0403, 1-866-492-0403
www.sssicamous.com
Ende Juni–Anfang Sept. tägl. 9–21, Anfang April–Ende Juni und Sept./Okt. tägl. 9–18 Uhr, sonst kürzer
Eintritt frei, Spenden erwüscht
Shows: Juli/Aug. Mi–Sa 19.30, So Matinée 13.30 Uhr, $ 21
Besichtigung des pensionierten Schaufelraddampfers »SS Sicamous« von 1914, der jetzt als Museum, Ausstellungs- und Ver-

anstaltungsort dient, seit 2011 z. B. für das Pentastic Jazz Festival. Das Schwesterschiff »SS Naramata« wird ebenfalls restauriert.

Penticton Peach Festival/Square Dance Festival
www.peachfest.com
Fünf Tage Anfang August

Oliver

Gallagher Lake Resort
39031 Hwy. 97
Oliver, BC V0H 1T0
49.183611,-119.546167
✆ (250) 498-3358
www.gallagherlakeresort.com, Mai–Okt.
Ausgedehnter, bewaldeter Campingplatz mit 151 Stellplätzen 8 km nördlich von Oliver. Vollanschlüsse, Dump Station, Duschen, Waschsalon, Blockhütten, kleiner Laden. Badestrand am Gallagher Lake, großer Spielplatz. $ 36–47

The Lakeside Resort
6707 Lakeside Dr., Oliver, BC V0H 1T4
49.192278,-119.541803
✆ (250) 498-2177, 1-800-220-7330
www.lakeside.bc.ca
Ganzjährig geöffnet
65 schattige Stellplätze am Tuc-el-Nuit Lake. Vollanschlüsse, Duschen, WLAN. Mit Badestrand, Feuerholz, Miet-Kühlschränken, Basketball- und Volleyballplatz, Kanuverleih und Golfplätzen in der Nähe. $ 38–48

Osoyoos

Haynes Point Provincial Park
Hwy. 97, Osoyoos, BC
49.018417,-119.445646
Camping-Reservierungen: ✆ (519) 826-6850, 1-800-689-9025, www.discovercamping.ca
www.env.gov.bc.ca/bcparks
April–Mitte Okt.
Populärer 38 ha großer Park auf einer Landzunge im Osoyoos Lake, 2 km südlich von Osoyoos. 41 Stellplätze. Viele Wassersportarten möglich. Unbedingt reservieren. $ 30

Nk'Mip Desert & Heritage Centre
1000 Rancher Creek Rd., erreichbar über 146th St., Osoyoos, BC V0H 1V6
✆ (250) 495-7901, 1-888-495-8555
www.nkmipdesert.com
Ende März–Mitte Mai Di–Sa 9.30–16.30, Mitte Mai–Ende Juni tägl. 9.30–16.30, Juli/Aug. tägl. 9.30–20 Uhr, Eintritt $ 12/0–8
Wüstenmuseum der Nk'Mip-Indianer. Pfade durch die Wüstenlandschaft.

Osoyoos Desert Centre
9202 Hwy. 97, Osoyoos, BC V0H 1V0
✆ (250) 495-2470, 1-877-899-0897
www.desert.org
Mitte Mai–Mitte Sept. tägl. 9.30–16, Mitte April–Mitte Mai und Mitte Sept.–Anfang Okt. tägl. 10–14 Uhr, Eintritt $ 7/0–6
Osoyoos' Wüstenmuseum und -landschaft. Guter Einblick in eine geheimnisvolle Tier- und Pflanzenwelt abseits der ausgetretenen Pfade.

Das Okanagan Valley wartet vielerorts mit öffentlichen Golfplätzen auf

6 Von Revelstoke nach Creston – Highways 23, 6, 31A, 31 und 3A

Auf kleinen Nebenstraßen durch einsame Regionen

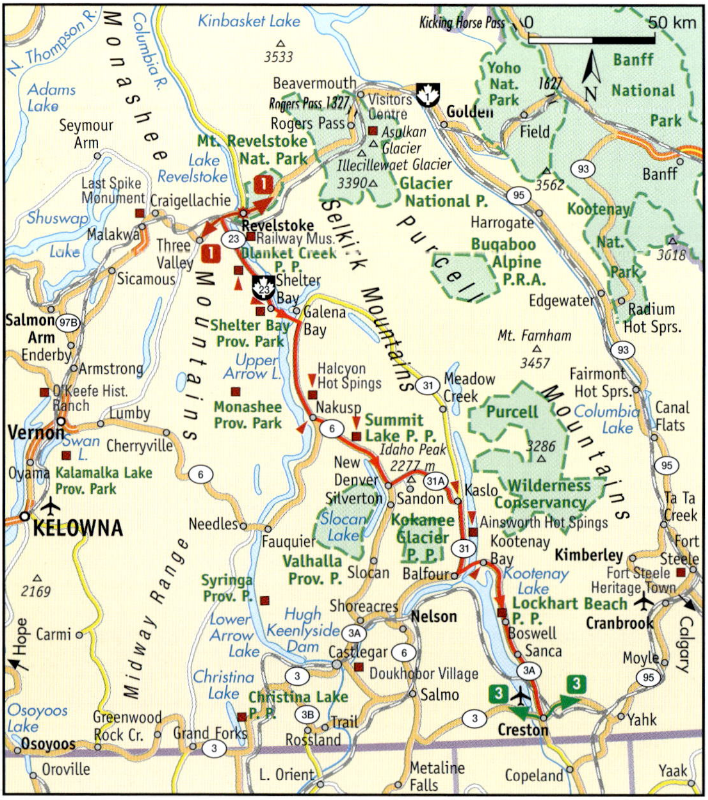

6. Route: Revelstoke – Nakusp – New Denver – Kaslo – Balfour – Creston (323 km)

km	Route
0	**Revelstoke**
52	**Shelter Bay**
19	**Halcyon Hot Springs**
32	**Nakusp**

Weglos und unberührt: die nördlichen Selkirk Mountains

46	**New Denver**
47	**Kaslo**
22	**Ainsworth Hot Springs**
14	**Balfour**
9	**Kootenay Bay** (Fähre)
32	**Boswell**
50	**Creston**
	Anschluss: Crowsnest Hwy. Richtung Westen nach Hope (590 km) oder Richtung Osten über Fort Macleod und den Deerfoot Trail nach Calgary (522 km)

Diese Fahrstrecke ist ideal, wenn man sich Zeit lassen möchte, kleine Nebenstraßen zu erkunden und sich an der schönen Landschaft zu erfreuen. Der größte Ort hat nicht viel mehr als tausend Einwohner; man muss also nicht in den Norden British Columbias fahren, um auf dünn besiedelte Regionen zu treffen. Manche Passagen der Strecke sind schmal und kurvig, die Straßen jedoch durchgehend asphaltiert und gut zu befahren. Unterwegs bieten sich viele Möglichkeiten, um Wassersport zu betreiben, zum Wandern, Angeln, Reiten und Golfspielen. Zu den Besonderheiten entlang der Strecke gehören einige Thermalbäder und zwei wunderbare, kostenlose Fährfahrten, die interessante Blicke auf die Bergwelt ermöglichen.

Von **Revelstoke** am Trans-Canada Highway (vgl. Route 1, S. 100 f.) zweigt in südlicher Richtung der Highway 23 ab. Während der nächsten fünfzig Kilometer sieht man kaum ein Haus oder sonst einen Hinweis darauf, dass die Ge-

Frühe Geschäftstüchtigkeit

Nakusps Geschichte beginnt 1892 als die Rand Brüder im späten 19. Jahrhundert das verkehrsgünstig am Upper Arrow Lake gelegene Gebiet des heutigen Nakusp in 25 Parzellen aufteilten und zu je 300 Dollar verkauften. Sie spekulierten darauf, dass sich der Ort durch die Goldsucher zu einer Boomtown entwickeln würde. Da es weder Straßen noch Eisenbahnlinien in der ganzen Gegend gab, mussten Passagiere und Waren auf dem Wasserweg transportiert werden und hier Station machen.

Der erste Laden wurde eröffnet, die erste Sägemühle gebaut, im Jahre 1893 erschien die erste Zeitung, *The Nakusp Ledge*. Anfang des 20. Jahrhunderts wurden Telefonkabel verlegt, 1908 folgte das erste Hospital. Schließlich war man 1920 an das Stromnetz angeschlossen und damit endgültig an die Zivilisation angebunden. Die Gold- und Silberminen waren aber längst nicht so ergiebig, wie man gehofft hatte. So blieb man bei den Sägemühlen; die Holzwirtschaft ist bis heute ein wichtiger Industriezweig im Tal.

gend irgendwie bewohnt ist. Provincial Parks wie **Blanket Creek** und **Arrow Lakes** (bei Shelter Bay) bieten eine Bleibe in der Wildnis; dort stehen Wohnmobil und Zelt sicher, und es gibt Picknicktische sowie Lagerfeuerringe am Stellplatz. Auch für sanitäre Anlagen und Freizeitspaß ist gesorgt.

Shelter Bay selber ist kein Ort, sondern die Anlegestelle der Fähre am Westufer des **Upper Arrow Lake**, die den gesamten Verkehr auf die andere Seite des Sees nach Galena Bay bringt, von wo der Highway weiter nach Süden verläuft. Die Fährfahrt dauert rund 20 Minuten und ist, wie bei allen staatlichen Fähren im Inland British Columbias, kostenlos. Zwischen See und Selkirk Mountains geht es weiter durch die Einsamkeit.

Das kleine Resort **Halcyon Hot Springs** ist die erste einer kleinen Reihe heißer Quellen mit Bademöglichkeiten auf dieser Strecke. Genüsslich liegt man im 38 °C warmen Wasser des Außenbeckens und hat einen herrlichen, unbegrenzten Blick auf den Upper Arrow Lake und die Berge an seinem westlichen Ufer. Neben einem Restaurant und einem Campingplatz gibt es auch Gelegenheit zu Ausritten und zum Angeln, einen Bootsverleih und Wanderwege.

Nur ein kleines Stück weiter südlich am Ostufer des Upper Arrow Lake mündet der Highway 23 in den Highway 6 und trifft auf Nakusp. Zwölf Kilometer vor der Stadt zweigt die Abfahrt zu den im Wald liegenden, herrlichen **Nakusp Hot Springs** ab. In dem hübschen Ort **Nakusp** selber empfiehlt es sich, einen Spaziergang auf der Uferpromenade zu machen oder sich an den hellen Badestrand zu legen und das Panorama zu genießen. Am diesseitigen Ufer erstrecken sich die Selkirk Mountains und am Westufer die Monashee Mountains, beides weitgehend weglose, unberührte Gebirge.

Schon vor 5000 Jahren waren die Shuswap-Indianer vom Okanagan, die Solville von Washington und die Kutenai aus den East Kootenays hierhergekommen, um zu jagen und Handel zu treiben. Die ersten weißen Siedler erreichten das Gebiet um 1890 auf einem Dampfschiff, der »Forty Nine«, die in Washington ihre Fahrt auf dem Columbia River und über die Seen aufnahm. Beladen mit Passagieren und Fracht ging die Reise zu den nördlichen Goldfeldern.

Der kurze Highway 6 führt durch die Selkirk Mountains und erreicht den **Slocan Lake**, der die Grenze zum Valhalla

Provincial Park bildet. Mit seinem sehr sauberen, klaren Wasser ist der See ein Eldorado für Taucher, aber auch Segeln, Paddeln, Angeln und Wasserskifahren sind sehr beliebt. **New Denver** hat um die 500 Einwohner, jeden Freitag einen Markt (10–14 Uhr) auf der Hauptstraße und viel wunderschöne Landschaft. Das **Silvery Slocan Museum** wurde in einem hundert Jahre alten ehemaligen Bankgebäude von der örtlichen Museumsgesellschaft etabliert und liebevoll mit allem ausgestattet, was an Relikten aus der guten, alten Zeit zu finden war.

Der **Valhalla Provincial Park**, benannt nach dem nordischen Wort für einen »himmlischen« Ort, wurde erst 1983 etabliert. Seine Ostgrenze verläuft über 30 Kilometer entlang des Slocan Lake. Mit seinen um 2700 Meter hohen Gipfeln, den Granitfelsen und tiefen Schluchten repräsentiert er das typische Ökosystem der Selkirk Mountains. Bergsteigen, Wandern und Kajakfahren sind die Hauptaktivitäten in dem weitgehend unerschlossenen Gebiet. Hier konnte sich eine große Population von Schneeziegen und Grizzlys etablieren, außerdem sind Karibus, Schwarzbären und Pumas im Valhalla Park heimisch. Von New Denver kann man sich mit einem Boot über den See bis zu einem der Anfangspunkte der zahlreichen Trails durch den Park fahren lassen.

Auf kleiner, kurvenreicher Straße (Highway 31A) geht die Fahrt weiter Richtung Südwesten und Kaslo. Wer ein paar Stunden erübrigen kann, folgt dem Schild zur Geisterstadt **Sandon** und taucht in die Atmosphäre der verlassenen Gebäude aus der Boom-Zeit ein. Hier lebten einst um die 5000 Menschen, sogar ein Bordell existierte. Von Sandon aus führt eine raue, oftmals einspurige Forstpiste den **Idaho Peak** hinauf bis zu einem Parkplatz. Dort beginnen einige Wanderwege. Sehr schön und mit vielen wunderbaren Ausblicken zieht sich ein knapp anderthalb Kilometer langer Trail hinauf zum Idaho Peak Lookout auf 2277 Meter. Von dem historischen Feuerwachturm auf dem Gip-

Ursprüngliche Natur: der Slocan Lake bildet die Ostgrenze des Valhalla Provincial Park

Im Selkirk Valley zuhause: Biber (Beaver)

fel schweift der Blick in alle Richtungen über die Berge und Täler. Weit unten schimmert silbern der langgestreckte Slocan Lake, an seinem Ostufer sieht man das Örtchen New Denver.

Tiefe Taleinschnitte, schnell fließende Bäche und dichter Wald kennzeichnen das Selkirk Valley. In den Talwänden sieht man noch die halb verfallenen Stolleneingänge verlassener Silberminen, die vor hundert Jahren Bergleute und Siedler in die West Kootenays zogen. Heute regiert hier die Natur. Am kleinen Bach entlang der Straße baut eine Biberfamilie emsig an einem Damm, der zu den drei bereits aufgestauten kleinen Seen einen weiteren hinzufügen wird. Am Ufer hört man nichts als das Summen der Insekten und sieht nichts als Natur.

Die Straße fällt allmählich ab, und an ihrer Einmündung in den Highway 31 erreicht man **Kaslo** am Kootenay Lake. Mit gut tausend Einwohnern ist Kaslo der größte Ort weit und breit. Gern wird er als »British Columbia's Prettiest Town« oder »Switzerland of the Americas« bezeichnet. Die hübschen, viktorianischen Häuser an den baumgesäumten Straßen, der See und die malerischen Berge am jenseitigen Ufer sind eine Augenweide. Sie gehören zur Purcell Range, die mit ihren großen Naturschutzparks eine wahrhaft ursprüngliche Wildnis schützt.

Sechstausend Einwohner zählte die Stadt 1890, als in den Silberminen noch gearbeitet wurde und auf dem See die Dampfschiffe des Canadian Pacific Railway's BC Lake and River Service noch regelmäßig Passagiere und Güter transportierten. In Kaslo liegt hübsch restauriert die 1898 gebaute »S. S. Moyie« am Seeufer vor Anker. Der älteste intakte *sternwheeler* (Raddampfer mit Heckbetrieb) der Welt wurde 1957, nach 59 Jahren Liniendienst, in den Ruhestand geschickt und kann heute besichtigt werden kann.

In der lebhaften Kleinstadt gibt es das ganze Jahr über immer wieder besondere Veranstaltungen. Beispielsweise feiert man im Mai, während der Kaslo May Days, mit Paraden, Maitanz und Kinderprogramm den ersehnten Frühling. Der August ist den Jazzfans gewidmet; das Kaslo Jazz Festival mit der schwimmenden Bühne auf dem See ist weithin bekannt.

Sozusagen vor Kaslos Haustür liegt hoch in den Bergen der wilde **Kokanee Glacier Park**. Über die Hälfte des 32 000 Hektar großen Schutzgebiets liegt mehr als 2100 Meter über dem Meeresspiegel. Der Park wurde 1995 erweitert, um die Population an Grizzlybären zu schützen. Der Gletscher, der dem Park seinen Namen gab, liegt an den Abhängen des 2774 Meter hohen Kokanee Peak im Zentrum des Gebiets. Insgesamt gibt es hier drei Gletscher, die ihr Schmelzwasser auf über dreißig kleine Seen verteilen. Die Granitfelsen sind durchsetzt mit Adern von Mineralien. Auch Gold- und Silberfunde gab es, aber die wenigen Minen wurden schon nach kurzer Zeit wieder aufgegeben. Eine zweite Parkzufahrt existiert bei Balfour am Highway 3A.

Etwas weiter südlich bietet das **Ainsworth Hot Springs Resort** Freunden heißer Quellen eine Besonderheit: In einer hufeisenförmigen Grotte kann man im hüfttiefen, 38 °C warmen Wasser ein natürliches Dampfbad nehmen und dabei die Tropfsteine bewundern, die sich im Laufe vieler Jahre hier gebildet haben. Das Wasser kommt aus einer Quelle direkt oberhalb des Resorts. Zusätzlich bietet ein Freibecken und ein Pool mit kaltem Wasser einen weiten, unverbauten Blick auf den See. Anbei gibt es ein Hotel und ein Restaurant, Aussicht jeweils inklusive.

Balfour ist das Versorgungszentrum für den südlichen Bereich des Kootenay Lake. Von hier legt die Fähre zur Ostseite des Sees nach Kootenay Bay ab. Mit gut 40 Minuten Fahrzeit ist es die längste kostenlose Fährfahrt der Welt. Außer für Wassersportler ist der Ort auch ein guter Standort für Golfer – gleich drei Golfplätze liegen in der näheren Umgebung. Da es am Ostufer des Sees keine Tankstellen und nur wenige Einkaufsmöglichkeiten gibt, sollte man sich vor der Überfahrt versorgen.

Kootenay Bay ist eine kleine Künstlerkolonie, in der man den Bewohnern bei der Arbeit zuschauen kann; ein Kunstschmied und eine Weberei gehören beispielsweise dazu. Die schönen, allerdings nicht gerade billigen Kunstgegenstände stehen natürlich auch zum Verkauf. Einige Wanderwege führen entlang des Ostufers des Sees oder hinauf in die Berge.

Der Highway 3A, die einzige Straße, die durch die Wildnis führt, verläuft weiter am See entlang. Im kleinen **Lockhart Beach Provincial Park** bietet sich der Sandstrand für ein Picknick an. Eine Kuriosität ist das Glashaus in **Boswell**. Das Bauwerk wurde 1952 von David Brown errichtet, einem Bestattungsunternehmer, der nach 35 Berufsjahren in Rente ging. Mit einer halben Million eckiger Glasflaschen baute er ein Gebäude, das vermutlich rund 250 Tonnen wiegt. Seine ungewöhnliche Wohnstätte zog allerdings bald so viele Besucher an, dass Brown sich in seiner Privatsphäre gestört fühlte, umzog und das Haus zur Besichtigung freigab.

Kokanee Salmon im Kokanee Glacier Park

Der Highway bietet immer wieder schöne Ausblicke auf den See und die gegenüberliegenden Berge und der Wald wird nur selten durch Häuser oder kleine Ansiedlungen unterbrochen. Kurz vor **Creston** (vgl. Route 3, S. 125) erreicht man das Südende des Kootenay Lake und kurz darauf die Einmündung auf den Crowsnest Highway. Fährt man auf diesem Richtung Westen erreicht man nach 590 km Hope; Richtung Osten über Fort Macleod und den Deerfoot Trail fahrend, gelangt man nach Calgary (522 km).

»Hot Water Pool« in Ainsworth

6 Service & Tipps

Alle Informationen zu Revelstoke finden Sie S. 107.

Upper Arrow Lake

Blanket Creek Provincial Park
Hwy. 23
50.832953, -118.083012
Reservierungen: ✆ (519) 826-6850, 1-800-689-9025, www.discovercamping.ca
www.env.gov.bc.ca/bcparks, Mai–Sept.
Schöner, bewaldeter Campingplatz mit 63 Stellplätzen am oberen Upper Arrow Lake 22 km südlich von Revelstoke. Baden im großen See und im künstlich angelegten Badeteich. Angeln, Wanderung zum Wasserfall. Besonders an Wochenenden oft ausgebucht, daher unbedingt reservieren. Dump Station. $ 21

Arrow Lakes Provincial Park (Shelter Bay)
Hwy. 23
50.63844,-117.925554
www.env.gov.bc.ca/bcparks
Anfang Mai–Sept.
Schlichter, kurz vor der Fähre gelegener Campingplatz mit 17 Stellplätzen. Nicht reservierbar. Wildromantischer Strand mit Treibholz; wunderbare Aussicht über den See. Schwimmen, Lagerfeuer. 50 km südlich von Revelstoke. $ 16

Fähren
www.th.gov.bc.ca/marine/ferry_schedules.htm oder www.drivebc.ca
Informationen über alle Inlandsfähren; Fahrpläne, Dauer der Überfahrt, Anzahl der Passagiere und Fahrzeuge sowie Kontaktinformationen, Störungen etc.

Fähre Shelter Bay–Galena Bay
Hwy. 23
✆ (250) 265-2105, www.th.gov.bc.ca/marine/ferry_schedules.htm
Kostenlose 20-minütige Fährverbindung über den Upper Arrow Lake zwischen Shelter Bay und Galena Bay mit den Fähren »D.E.V. Galena« und »M.V. Shelter Bay«. Stündliche Abfahrten 5–24 Uhr von Shelter Bay, 5.30–24.30 Uhr von Galena Bay. Keine Reservierung möglich.

Halcyon Hot Springs

Halcyon Resort and RV Park
5655 Hwy. 23

Im Kokanee Glacier Park kann man mit etwas Glück Grizzlies beobachten

Fährfahrt über den Kootenay Lake

32 nördl. von Nakusp, BC V0G 1R0
50.519,-117.899716
✆ (250) 265-3554, 1-888-689-4699
www.halcyon-hotsprings.com
Ganzjährig geöffnet
RV Campingplatz mit 38 Stellplätzen, Vollanschlüsse, TV. Geführte Ausritte, Kanuverleih, Angeln, Wanderwege, Blick auf den See. Eintritt für heiße Quellen extra. $ 25–36.50

Halcyon Hot Springs Village & Spa
5655 Hwy. 23
32 nördl. von Nakusp, BC V0G 1R0
✆ (250) 265-3554, 1-888-689-4699
www.halcyon-hotsprings.com
Juli–Sept. tägl. 8–23, sonst tägl. außer Sa bis 22 Uhr, Eintritt $ 11.50/0–8
Thermalbad vor dem Panorama der Berge am Ostufer des Upper Arrow Lake. Luxuriöse Blockhäuschen und einfachere Hütten sowie ein RV-Campingplatz (vgl. oben). Mit **Kingfisher Restaurant**. Massagen.

Nakusp

Nakusp Visitor Information Centre
92 6th Ave. N.W., Nakusp BC V0G 1R0
✆ (250) 265-4234, 1-800-909-8819
www.nakusparrowlakes.com
Anfang Juni–Ende Aug. tägl. 9–17, sonst Mo–Sa 9–17 Uhr
Zwei Blocks vom Seeufer gelegen mit Blick auf den Saddle Mountain. Vor dem Haus steht ein Schaufelrad des Paddlewheelers »Minto«, die Pfeife ist im Gebäude zu sehen.

Nakusp Hot Springs & Campground
8500 Hot Springs Rd./Hwy. 23
Nakusp, BC V0G 1R0
50.296454,-117.685314
✆ (250) 265-4528, 1-866-999-4528
www.nakusphotsprings.com
Mitte Mai–Mitte Okt. tägl. 9.30–21.30 Uhr, sonst kürzer, Eintritt $ 9.50/0–8.50, Tagespässe $ 15/0–12.25
Thermalpools 12 km nordöstlich von Nakusp, herrlich im Wald gelegen und mit 36 und 38°C warmem Wasser. Hier gibt es außerdem einen Campingplatz: Stromanschlüsse, Duschen, keine Dump Station, $ 27–30.

Summit Lake Provincial Park
Hwy. 6
50.155866, -117.65404
✆ (250) 265-4710
www.env.gov.bc.ca/bcparks
Mai–Mitte Sept.
Campingplatz mit 34 Stellplätzen am schönen Summit Lake. Badestrand, Lagerfeuer.

18 km südöstlich von Nakusp. Keine Reservierungen. $ 21

Fauquier–Needles Cable Ferry
Hwy. 6, 59 km südwestlich von Nakusp
✆ (250) 265-2105, www.th.gov.bc.ca/marine/ferry_schedules.htm
Kostenlose Kabelfähre über den Lower Arrow Lake: von Fauquier tägl. halbstündlich 5–22 Uhr, von Needles tägl. halbstündlich 5.15–21.45 Uhr. Dauer der Überfahrt: 5 Minuten, Kapazität: 30 Autos und 144 Passagiere. Reservierungen nicht möglich.

New Denver

Silvery Slocan Museum
202 6th Ave., New Denver, BC V0G 1S0
✆ (250) 358-2201
www.newdenver.ca/museum
Juli/Aug. tägl. 10–16 Uhr
Eintritt $ 3/0–2
Regionalhistorisches Museum mit Touristeninformation.

Valhalla Provincial Park
Auf der Westseite des Slocan Lake, Fähre ab New Denver
www.env.gov.bc.ca/bcparks
Fast 500 km² großer Wildnispark am Westufer des Slocan Lake. Informationen, Karten und Bücher im Valhalla Nature Centre (307 6th Ave.) in New Denver. Kein RV-Camping.

Kaslo

Cedar Bay RV Park
4739 Twin Bays Rd., Kaslo, BC V0G 1M0
49.824764,-116.901228
✆ (250) 353-7646, www.cedarbayrvpark.com
Mitte Mai–Mitte Okt.
Zwischen Kaslo und Ainsworth Hot Springs am See gelegener Campingplatz mit Sandstrand und 30 Stellplätzen. Angeln, Schwimmen, Bootfahren, Wandern, Lagerfeuer. Vollanschlüsse, Dump Station. $ 24–30

Ainsworth Hot Springs Resort
Hwy. 31, Ainsworth Hot Springs, BC V0G 1A0
49.73396,-116.910347
✆ (250) 229-4212, 1-800-668-1171
www.hotnaturally.com, tägl. 10–21.30 Uhr
Eintritt $ 11.50/0–9.50, Tagespässe $ 17/0–13
Von heißen Quellen gespeiste Pools, hufeisenförmige »Badehöhle«. Restaurant und Hotelzimmer. 20 km südl. von Kaslo.

»S. S. Moyie« National Historic Site
324 Front St., Kaslo, BC V0G 1M0
✆ (250) 353-2525
www.klhs.bc.ca
Mitte Mai–Mitte Okt. tägl. 9–16 Uhr
Eintritt $ 7.50/0–5.30
Einer der ältesten Schaufelraddampfer Nordamerikas und der älteste noch intakte *sternweehler* der Welt. Das Visitor Centre ist angeschlossen. Am Ufer des Kootenay Lake mit Blick auf die Purcell und Selkirk Moun-

In Kaslo liegt der museale Raddampfer »S.S. Moyie« vor Anker

Marina am Kootenay Lake in Kaslo

tains. Dazu gehört auch ein Strand mit Picknickmöglichkeit.

Balfour/Kootenay Bay

Birch Grove Campground
7048 Lee Rd.,/Hwy 3A, Balfour, BC V1L 6R9
49.618211,-117.000523
✆ (250) 229-4275, 1-877-247-8774
www.travel-british-columbia.com/listings/Birch-Grove-RV-Park-Marina/2607
Mitte April–Ende Okt.
Wunderbar am West Arm des Kootenay Lake gelegener, ruhiger Campingplatz, 50 Stellplätze. Zelte in erster Reihe mit reizvollem Blick über den See. Bootsanleger, Vollanschlüsse, kostenlose Duschen, Feuerstellen und -holz, Dump Station, WLAN. Angeln, Schwimmen, Kanu- und Kajakfahren möglich, Golfplatz in der Nähe. $ 24–36

Balfour–Kootenay Bay Ferry
Hwy. 3A
✆ (250) 229-4215 (Fahrpläne) oder -5650
www.th.gov.bc.ca/marine/ferry_schedules.htm
Kostenlose Fährverbindung über den Kootenay Lake zwischen Balfour am Westufer und Kootenay Bay am Ostufer. Ab Balfour im Sommer tägl. 6.30–21.40 Uhr, ab Kootenay Bay im Sommer tägl. 7.10–22.20 Uhr alle 50 Minuten. In der Hochsaison zusätzliche Fahrten, außerhalb der Saison eingeschränkter Fahrplan. Dauer der Überfahrt: 35 Minuten. In der Hochsaison oft Wartezeiten, keine Reservierungen möglich.

Glass House
Hwy. 3A, Boswell, BC V0B 1A0
✆ (250) 223-8372, Juli/Aug. tägl. 8–19, sonst tägl. 9–16 Uhr, Eintritt $ 10/0–5
Aus Glasflaschen erbautes Haus am Ostufer des Kootenay Lake, 40 km nördlich von Creston. Am besten auf dem Weg von oder zur Kootenay Bay–Balfour Ferry zu besichtigen.

Alle Informationen zu Creston finden Sie S. 131.

»Bacon for Breakfast«

7 Banff-Windermere Highway

Quer über die Rockies in das Tal des Columbia River

7. Route: Banff – Kootenay National Park – Radium Hot Springs – Fairmont Hot Springs – Canal Flats – Cranbrook (278 km)

km	Route
0	**Banff**
38	**Kootenay National Park**
94	**Radium Hot Springs**
21	**Windermere**
20	**Fairmont Hot Springs**
25	**Canal Flats**
42	**Wasa Lake Provincial Park**
21	**Fort Steele**
17	**Cranbrook** und Abstecher nach **Kimberley** (56 km hin und zurück) Anschluss: Crowsnest Hwy. Richtung Westen nach Hope (695 km) oder Richtung Osten über Fort Macleod und den Deerfoot Trail nach Calgary (420 km)

Von überragender landschaftlicher Schönheit: der Kootenay National Park im Südwesten von British Columbia

Der Banff-Windermere Highway (Hwy. 93 South), der kurz vor Banff (vgl. Route 8, S. 176 f.) vom Trans-Canada Highway abzweigt, wurde 1922 als erste Autostraße quer über die kanadischen Rocky Mountains fertiggestellt und schuf damit eine schnelle Verbindung zwischen Calgary und dem Windermere-Tal. Die Strecke ist insgesamt wenig befahren und besonders der nördliche Teil nur spärlich besiedelt.

Kurz nach dem Verlassen des Trans-Canada Highway geht es über den 1651 Meter hohen Vermilion Pass, der sowohl die Grenze zwischen Banff und Kootenay National Park als auch zwischen Alberta und British Columbia bildet (Achtung: Uhren um 1 Stunde zurückstellen) und über den die kon-

Canada Lynx (Luchs) im Kootenay National Park: Aufgrund seiner Anpassungsfähigkeit an unterschiedlichste Lebensräume zählt er nicht zu den bedrohten Tierarten

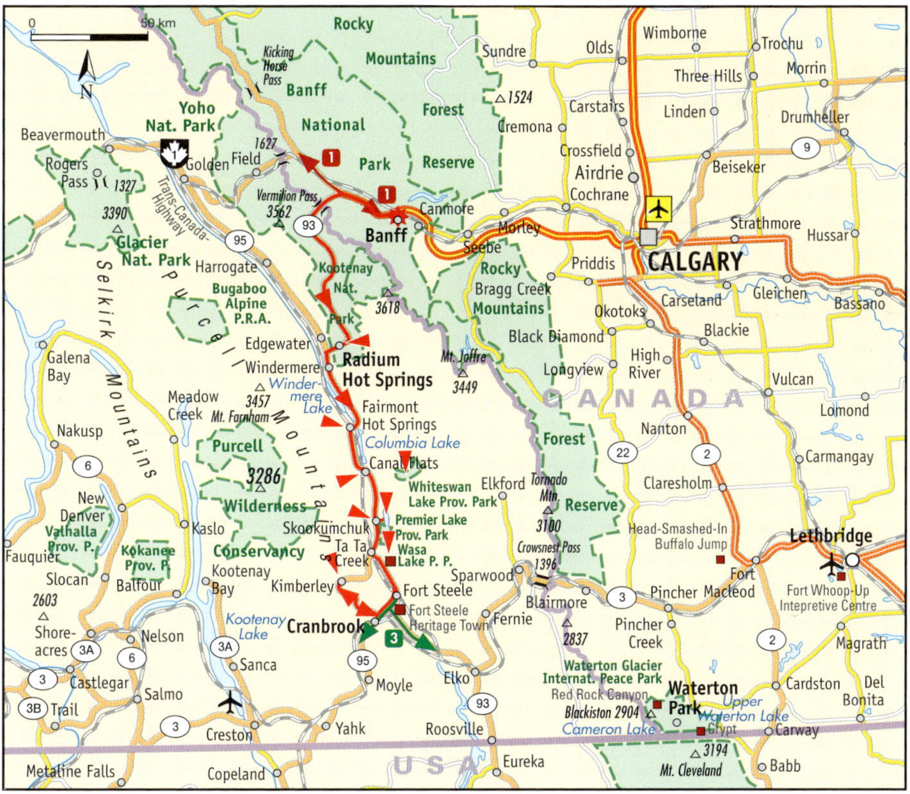

»Fire Management by Nature«: abgebrannter Baumbestand über dem Marble Canyon im Kootenay National Park

Waldbrände

Erst in den letzten Jahrzehnten erkannte man, dass Feuer nicht der große Zerstörer ist. Ausführliche Studien nach Bränden zeigen, dass Pflanzen und Tiere sich den Auswirkungen eines Feuers anpassen. Der Wald befindet sich nach einem Feuer in einem weiteren Stadium des Kreislaufs von Wachstum und Erneuerung. Das verbrannte Holz zerfällt zu einer mineral- und nährstoffreichen Asche und bildet die Grundlage für das Wachstum neuer Pflanzen, die wiederum Tiere anziehen. Das dichte Laubdach der Bäume, das oft wenig Licht durchlässt, ist verschwunden, sodass sich der jetzt sonnenüberflutete Waldboden erwärmt und zum Wachstum neuen Grüns beiträgt. Binnen erstaunlich kurzer Zeit ist der zerstörte Wald von neuem Leben erfüllt.

Es ist heute das Bestreben der Nationalparks, Buschfeuer nicht im Keim zu ersticken, sondern sie ihre Arbeit im natürlichen Lebenskreislauf verrichten zu lassen, allerdings nur ohne Gefahr für Leib und Leben oder Besitztum der Menschen im Park. Bei einem *prescribed burn* verrichtet ein kontrolliert gelegtes und sorgsam überwachtes Feuer seine Arbeit an Stellen, an denen sich sonst zu viel brandgefährliches Material anhäufen könnte.

tinentale Wasserscheide verläuft, die das Wasser teilt und gen Atlantik und Pazifik schickt.

Von dort dehnt sich über knapp hundert Kilometer der **Kootenay National Park** zu beiden Seiten der Straße etwa acht Kilometer aus. Der abwechslungsreiche und interessante Streckenverlauf des Highways bietet zu allen Sehenswürdigkeiten und Wanderwegen des Parks Zugang. Großartig ist auch die Straßenführung entlang der Vermilion und Kootenay River und durch die enge, tiefe Schlucht des Sinclair Canyon.

Der 1920 gegründete Kootenay National Park, der unmittelbar an den Banff National Park grenzt, strebt wie ein Finger aus den Westhängen der Rocky Mountains. Zu seinen Besonderheiten zählt seine landschaftliche und klimatische Vielfalt – von den mit Gletschern bedeckten Berggipfeln entlang der Wasserscheide bis zum trockenen Grasland des Rocky Mountain Trench, wo sogar Kakteen wachsen.

Der **Fireweed Trail**, ein knapp 800 Meter langer Lehrpfad am Vermilion Pass, informiert über das große Feuer von 1968, dessen Spuren allmählich verschwinden. Ein Blitzschlag hatte seinerzeit einen Hang des Mount Whymper entzündet und rund 3000 Hektar Wald vernichtet. Mit Informationstafeln am Pfad werden die Folgen eines Waldbrandes, wie er tausendfach in der Wildnis geschieht, die natürliche Regeneration, die im Laufe der Zeit einsetzt, und das Nachwachsen neuen Waldes anschaulich demonstriert. Das rosarote *Fireweed*, eine Weidenröschenart, ist die erste Pflanze, die sich auf verbrannten Flächen ansiedelt und den Weg für die weitere Vegetation ebnet.

Zum **Marble Canyon**, einer Schlucht mit hellem, marmorähnlichen Gestein, führt ein kurzer Wanderweg. Sieben Brücken überqueren den wilden Tokum Creek, der sich hier bis zu 37 Meter tief in den Fels eingefressen hat.

Knapp drei Kilometer weiter trifft man am Highway 93 auf den kurzen **Paint Pots Trail**, der zu den »Farbtöpfen«, den Paint Pots, führt. Die rund eine Meile breite Ebene mit einem kleinen Fluss in der Mitte war einst vollkommen bedeckt mit rotem Eisenocker. Die Paint Pots sind durch die Ansammlung von Eisenoxid an drei kalten Mineralquellen entstanden. Langsam ist so ein Ring von Eisenoxid um jede der Quellen gewachsen. Die grünliche Farbe der zwei größeren »Töpfe« stammt vom Zufluss eines kleinen Baches.

Die Stämme der Ktunaxa, Stoney und Blackfoot, die hier traditionell lebten, sammelten den Ocker für ihre Zeremonien und den Tauschhandel. Er wurde gereinigt, mit Wasser zu walnussgroßen Bällen geformt, dann flachgeklopft und gebacken. Das daraus gemahlene rote Pulver diente, gemischt mit Fischöl oder Tierfett, zum Bemalen des Körpers, der Tipis, der Kleidung oder als Farbe für Felszeichnungen. Noch heute sind die Paint Pots für die First Nations ein heiliger Ort. Besucher werden gebeten, auf dem Pfad zu bleiben und keinen Ocker mitzunehmen.

Vermutlich war Dr. James Hector 1858 der erste Europäer, der die Ockerbetten sah. Um 1890 wurde man des kommerziellen Wertes des Naturproduktes gewahr. Säckeweise schaffte man das Material mit Pferdekarren zur Eisenbahnlinie am Castle Mountain und weiter nach Calgary, wo der Ocker als Pigmentierung für Farbe diente.

Einen spektakulären Abschluss der Fahrt durch den Kootenay National Park bieten die eisenhaltigen, roten Sandsteinfelsen des Redwall Fault im **Sinclair Canyon**. Hier entspringen die Thermalquellen, welche die zwei Becken der **Radium Hot Springs** mit Wasser versorgen. Das ganzjährig geöffnete Schwimmbad besitzt ein Becken mit 39 °C, das direkt in den Felsen gebaut wurde und das größte in Kanada ist, und eins mit 27 °C Wassertemperatur. Die Felsen ringsherum sind ein beliebter Aufenthaltsort für Dickhornschafe, sodass sich aus den Pools ab und zu ein aufmerksamer Blick auf die Felswände lohnt.

Das drei Kilometer südlicher gelegene Städtchen **Radium Hot Springs**, das man kurz nach den heißen Quellen erreicht, liegt am Columbia River zwischen den Ketten der Rocky Mountains und der Purcell Mountains. Hier öffnet sich die weite, vom Columbia River geschaffene Tallandschaft des Rocky Mountain Trench. Die sanfte Hügellandschaft ist ideal zum Wandern, Angeln, Ausreiten,

Die »Farbtöpfe«, Paint Pots, im Kootenay-Nationalpark

Unterwegs auf dem Banff-Windermere Highway bei Radium Hot Springs

Skilaufen im Winter und vielem mehr. Allein in der näheren Umgebung des Ortes wurde über ein Dutzend Golfplätze angelegt. Es gibt Hotels, Restaurants und Supermärkte. In Radium Hot Springs vereinigt sich der Highway 93 mit dem von Golden kommenden Highway 95, und die Route wendet sich von nun an südwärts.

Ein kurzes Stück weiter liegt der Ort **Windermere** am gleichnamigen See. Auf dieser »warmen Seite der Berge« überwiegen die sonnigen Tage. Windermere Lake ist ein gutes Revier zum Segeln und Gleitschirmfliegen; die umliegenden Berge sorgen für die nötige Thermik. Wie in vielen Orten ist man auch hier stolz auf seine Geschichte und auch auf manch kurioses Ereignis wie das der gestohlenen Kirche. Die hiesige anglikanische Kirche hatte einst in der kleinen, rund 200 Kilometer entfernten Gemeinde Donald gestanden, bis Mrs. Kimpton aus Donald einen Bürger aus Windermere heiratete. Trotz des Glückes miteinander vermisste Mrs. Kimpton ihre Kirche sehr. Mr. Kimpton tat daher Unglaubliches und stahl die Kirche von Donald. Mit Karren und Kahn ließ er sie nach Windermere transportieren und dort für seine geliebte Frau wieder aufbauen.

Der Strand am Windermere Lake ist ein idealer Picknickplatz, und der See hat Badequalität – ideal für einen oder auch mehrere entspannte Urlaubstage.

Am Nordende des Columbia Lake trifft die Route auf den kleinen Ort **Fairmont Hot Springs**. Das Fairmont Hot Springs Resort mit vier Quellen und fast 1000 Quadratmetern Poolfläche ist eine der größten und beliebtesten kanadischen Thermalanlagen. Die heilsamen Kräfte des zwischen 35 und 45 °C heißen, mineralienreichen Wassers ziehen seit Jahrhunderten Besucher an. Ab den 1920er Jahren begann man mit dem Ausbau des Thermalbades. Neben der Fairmont Hot Springs Lodge gibt es u. a. Einkaufsmöglichkeiten und ein Restaurant.

Einen Kilometer vom Südende des Columbia Lake entfernt liegt die Ortschaft **Canal Flats**. In der Nähe finden sich die Überreste eines Kanals von 1889, der den Columbia Lake mit dem Kootenay River verbinden sollte – der Ortsname rührt von der 1913 eingerichteten Poststation her. Doch nur zwei Schiffe haben diesen Kanal jemals befahren. Das Projekt scheiterte bald, der Ortsname jedoch blieb. Ein Restaurant, ein Pub, die bereits erwähnte Post und einige kleine Läden sind hier zu finden. 32 Kilometer östlich gibt es im **Whiteswan Lake Provincial Park** schöne Campingmöglichkeiten.

Das Tal ist reich an Provincial Parks, die abseits des Highway 93/95 liegen. Etwa 16 Kilometer Schotterstraße legt man von dem kleinen Ort Skookumchuk am Banff-Windermere Highway zum **Premier Lake Provincial Park** zurück. Hier lässt es sich schön campen, baden, paddeln und picknicken.

Als wärmster Badesee in den Kootenays wird der **Wasa Lake** etwa 17 Kilometer südlich von Skookumchuk und einen Kilometer östlich des Highways angepriesen. Der gleichnamige **Provincial Park** bietet Wander- und Radfahrwege und Gelegenheiten zum Paddeln und zur Naturbeobachtung. Um den See führt ein acht Kilometer langer Freizeitpfad für Wanderer, Radfahrer, Skater etc., außerdem gibt es einen knapp zweieinhalb Kilometer langen Trail mit Informationstafeln zur Landschaft und der Tier- und Pflanzenwelt.

Auf dem weiteren Weg passiert man **Fort Steele**, ebenfalls ein lohnenswerter Stopp (vgl. Route 3, S. 125).

In **Cranbrook** (vgl. Route 3, S. 124 f.) und damit am Crowsnest Highway angekommen, von wo man sich entweder nach Westen und Richtung Hope oder nach Osten Richtung Fort Macleod wendet, führt ein Ausflug in das rund 28 Kilometer entfernte Städtchen **Kimberley**, das idyllisch an den Hängen der Purcell Mountains liegt und mit seinem kanadisch-bayerischen Flair die Gäste anzieht. Häuser und Plätze sind alpin gestylt und blumengeschmückt, es wirkt herzig und kitschig zugleich. Lederhosen und Dirndl sind Arbeitskleidung, es gibt Apfelstrudel und natürlich Sauerkraut und Bratwurst. Auf dem Hauptplatz, dem »Platzl«, steht Nordamerikas größte, freistehende Kuckucksuhr, aus der stündlich jodelnd »Happy Hans« hervortritt.

In Kimberleys Vergangenheit spielten Bergbau und Mineralien eine große Rolle. Von den Tagen, als die Sullivan Mine noch Erze, Blei und Zink förderte, erzählt das **Sullivan Mine Interpretive Centre**. Das alte Transportbähnchen fährt heute als **Kimberley's Underground Mining Railway** Touristen durch die Umgebung.

Alces Lake im Whiteswan Lake Provincial Park

7 Service & Tipps

Alle Informationen zu Banff finden Sie S. 187 ff.

Kootenay National Park

Kootenay National Park
P.O. Box 220, Hwy. 93
Radium Hot Springs, BC V0A 1M0
✆ (250) 347-9505
Camping-Reservierungen: 1-877-737-3783, www.pccamping.ca
www.pc.gc.ca/kootenay
Eintritt $ 9.80/4.90 oder Jahrespass $ 67.70/ 33.30
1400 km² großer Nationalpark in den Rocky Mountains von British Columbia. Zwischen Radium Hot Springs und Banff N. P. Tagespässe gültig bis zum nächsten Tag um 16 Uhr, Jahrespässe lohnen bei einem mehrtägigen Aufenthalt in den Nationalparks. Insgesamt 431 Stellplätze zählen die vier Campingplätze des Nationalparks. Zu reservieren sind Plätze auf dem Redstreak Campground (s. u.); nicht reservierbar sind Mcleod Meadows und Marble Canyon, (beide $ 21.50). Der Campground Dolly Varden ist nur während der Wintersaison (Sept.–Mitte Mai, $ 15.70) geöffnet.

Kootenay National Park Visitor Centre
7556 Main St. E./Hwy. 93
Radium Hot Springs, BC V0A 1M0
✆ (250) 347-9505
Mitte Mai–Mitte Juni und Anfang Sept.–Anfang Okt. 9–17, Mitte Juni–Anfang Sept. 9–19 Uhr, im Winter gibt die Radium Hot Springs Chamber of Commerce Auskunft (tägl. 9–17 Uhr)

Redstreak Campground
Koontenay National Park, BC
📍 50.623467,-116.06138

Spektakulärer Abschluss der Fahrt durch den Kootenay National Park: der Sinclair Canyon

Dickhornschafe – »Bighorn Mountain Sheeps« – im Kootenay National Park

✆ 1-877-737-3783
www.pccamping.ca
Anfang Mai–Anfang Okt.
Nationalpark-Campingplatz mit 242 Stellplätzen auf einem sonnigen Plateau knapp 3 km von den Thermalquellen entfernt. Vollanschlüsse, Duschen, Lagerfeuer, Feuerholz, Küchenhäuschen, Dump Station, Wanderwege. $ 27.40–38.20

Radium Hot Springs

The Canyon RV Resort & Campground
5012 Sinclair Creek Rd.
Radium Hot Springs, BC V0A 1M0
50.628231 -116.068128
✆ (250) 347-9564
www.canyonrv.com
Mitte April–Okt
107 Stellplätze. Vollanschlüsse, Dump Station, Duschen, Wäscherei, Spielplatz. Golfplätze in der Nähe. $ 30–41

Radium Hot Springs Pools
Hwy. 93/95
Radium Hot Springs, BC V0A 1M0
✆ (250) 347-9485, 1-800-767-1611
www.hotsprings.ca
Eintritt $ 6.30/0–5.40
Ganzjährig tägl. geöffnet; heißer Pool Mitte Mai–Anfang Okt. tägl. 9–23 Uhr, sonst kürzer, kühlerer Pool Ende Juni–Anfang Sept. tägl. 9–23 Uhr, sonst kürzer
Heiße Quellen am Südrand des Kootenay National Park. Mit Restaurant. 3 km nördl. von Radium Hot Springs.

Fairmont Hot Springs

Fairmont Hot Springs RV Park
5225 Fairmont Resort Rd.
Fairmont Hot Springs, BC V0B 1L1
50.331525,-115.844761
✆ (250) 345-6033, 1-800-663-4979
www.fairmonthotsprings.com
Mitte März–Mitte Okt.
Campingplatz mit rund 300 Stellplätzen nahe der heißen Quellen am Fairmont Creek. Vollanschlüsse, Duschen, Wäscherei, Dump Station, Laden, Spielplatz, Restaurant, TV,

Die wilde Tigerlilie, »Tiger Lily«, blüht von Juli bis August

WLAN, Minigolf, Ausritte, Swimmingpool etc. $ 29–60

Spruce Grove Resort
5250 Spruce Grove Frontage Hwy. 93/95
Fairmont Hot Springs, BC V0B 1L1
50.321888,-115.865961
✆ (250) 345-6561, 1-888-629-4004
www.sprucegroveresort.com
Mitte März–Mitte Okt.
Komfortabler RV-Campingplatz in schöner Lage am Columbia River. Mit 188 Stellplätzen und Outdoor Pool. Kajakfahren, Wandern, Angeln, Ausritte, Volleyball. Vollanschlüsse, Duschen, Wäscherei, Dump Station, WLAN. $ 30.50–48.50

Fairmont Hot Springs
5225 Fairmont Resort Rd.
Fairmont Hot Springs, BC V0B 1L1
✆ (250) 345-6070, 1-800-663-4979
www.fairmonthotsprings.com
Tägl. 8–21 Uhr
Eintritt $ 12/0–11
Populäres Thermalbad am Fuße der Rocky Mountains.

Canal Flats

Kootenay River RV Resort & Campground
9110 Hwy. 93/95
Canal Flats, BC V0A 1M0
50.149653,-115.803859
✆ (250) 349-8212
http://kootenayriverrvresort.wordpress.com
Mitte Mai–Anfang Okt.
RV Park am Kootenay River mit rund 50 offe-

Wohnmobil im Whiteswan Lake Provincial Park

nen Stellplätzen. Wander- und Fahrradwege in der Nähe, Angeln, Kajak- und Kanufahren auf dem Fluss. Lagerfeuer, Laden, Wäscherei, Tankstelle, Duschen, WLAN, Vollanschlüsse, Dump Station. $ 22–34

Whiteswan Lake Provincial Park
7 km südl. von Canal Flats
25 km ostwärts auf Whiteswan Forestry Rd.
50.120014,-115.550705
✆ (250) 422-3003, www.env.gov.bc.ca/bcparks
Home Basin April–Nov.; Alces Lake, Packrat Point, White River Mai–Sept, Inlet Creek ganzjährig
Naturpark mit rund 100 Stellplätzen auf fünf einfach ausgestatteten Campingplätzen. Im bewaldeten Park zwei schöne Seen und die Lussier Hot Springs nahebei (Parkzufahrt km 17,5). Keine hook-ups. Dump Station am Eingang zum Alces Lake Campground. Schwimmen, Kanufahren, Angeln, Wandern, Picknicken u. a. Aktivitäten. $ 16

Skookumchuk

Premier Lake Provincial Park
Am südl. Ortsrand Abzweig und 16 km ostwärts auf Schotterstraße
49.91542,-115.648381
Camping-Reservierungen: ✆ (519) 826-6850, 1-800-689-9025, www.discovercamping.ca
www.env.gov.bc.ca/bcparks
Ganzjährig geöffnet, reservierbar Mitte Mai–Ende Sept.
Naturnaher Campingplatz mit 56 Stellplätzen, ohne hook-ups. Schwimmen, Kanufahren, Angeln, Wandern, Picknicken u. a. Aktivitäten. Fischleiter am Staples Creek. $ 21

Wasa Lake Provincial Park
17 km südl. von Skookumchuk und 1 km östlich des Hwy. 93/95
49.781614,-115.729445
Camping-Reservierungen: ✆ (519) 826-6850, 1-800-689-9025, www.discovercamping.ca
www.env.gov.bc.ca/bcparks
Mai–Sept.
Campingplatz mit 104 Stellplätzen am schönen Wasa Lake. Schwimmen, Wandern, Bootfahren, Wasserski, Windsurfen, Radfahren, Angeln. Sandstrand am und 8 km langer Freizeitpfad um den See, der als einer der wärmsten der Gegend gilt. Spielplatz, Dump Station, keine hook-ups. $ 21

Im Kootenay National Park

Kimberley

Kimberley Riverside Campground
St. Mary Lake Rd.
Kimberley, BC V1A 3B9
49.635175,-115.997694
✆ (250) 427-2929, 1-877-999-2929
www.kimberleycampground.com
April–Mitte Okt.
Großzügiger Campingplatz am bewaldeten Flussufer mit 140 Stellplätzen. Schöne Aussicht auf den St. Mary River und die Berge. Vollanschlüsse, Lagerfeuer, Duschen, Swimmingpool, Waschsalon, Laden. Anbei der Kimberley Nature Park mit Wanderwegen. 8 km südwestlich von Kimberley. $ 25–37 für 4 Personen

Kimberley's Underground Mining Railway
115 Gerry Sorenson Way
Kimberley, BC V1A 2Y5
✆ (250) 427-0022, www.kimberleysundergroundminingrailway.ca
Anfang Juli–Anfang Sept. tägl. 11, 13 und 15 Uhr
Fahrpreis $ 20/0–15 (Tickets in der Downtown Station am Platzl)
Fahrt mit der historischen Schmalspurbahn durch das malerische Mark Creek Valley und die Umgebung der Sullivan Mine. Über die Mine selbst informiert das Sullivan Mine Interpretive Centre am Eingang des alten Bergwerks.

Alle Informationen zu Cranbrook finden Sie S. 130 f.

8 Icefields Parkway

Traumstraße auf dem Rückgrat der Rocky Mountains

8. Route: Banff – Lake Louise – Saskatchewan River Crossing – Jasper (289 km)

km	Route
0	**Banff**
55	**Lake Louise**
21	**Hector Lake**
16	**Bow Lake**
6	**Bow Summit**
30	**Mistaya Canyon**
6	**Saskatchewan River Crossing**
	Abzweig: David Thompson Highway (Hwy. 11) ostwärts über Rocky Mountain House, Red Deer und Drumheller nach Calgary (606 km)
28	**Weeping Wall**
25	**Columbia Icefield**
50	**Sunwapta Falls**
23	**Athabasca Falls** über Hwy. 93A, den **Athabasca Parkway**, nach
29	**Jasper**
	Anschluss: Yellowhead Hwy. Richtung Westen nach Prince Rupert (1090 km) oder Richtung Osten nach Edmonton (365 km)

Große und kleine Bewohner des Banff National Park: ein zierlicher Pika (auch Pfeifhase) und …

Nach Meinung der meisten West-Kanada-Reisender ist der **Icefields Parkway** (Hwy. 93 North) ein touristisches Muss: Auf einer Strecke von rund 230 Kilometern, parallel zur *Continental Divide*, der kontinentalen Wasserscheide, führt die Panoramastraße mitten durch die Hochgebirgswelt der Rocky Mountains, vorbei an Gletschern und Berggipfeln, Bergseen mit intensiven Farben und spektakulären Wasserfällen. In den drei touristischen Zentren Banff, Lake Louise

und Jasper findet man alles, was man unterwegs so braucht.

Diese einmalige Landschaft wird durch zwei Nationalparks geschützt: Der südliche Teil gehört zum Banff National Park, während die nördliche Hälfte Teil des Jasper National Parks ist. Der 1940 fertiggestellte Icefields Parkway verbindet die beiden Parks. Seinen Namen erhielt er von dem Columbia Icefield, dem großen unzugänglichen Gletscherfeld entlang der kontinen-

… ein badender Elch

Schwarzbär auf Nahrungssuche im Banff National Park

talen Wasserscheide, aus dem der Columbia Glacier und zahlreiche andere Eiszungen hinunter ins Tal streben.

Wegen der vielen landschaftlichen Reize ist besonders im Hochsommer auf der meist zweispurigen Straße der Verkehr sehr dicht. Die Höchstgeschwindigkeit ist in der Regel auf 90 Stundenkilometer festgelegt, aber die meisten Fahrzeuge fahren langsamer und legen häufig plötzliche Stopps ein. Ein früher Start ist empfehlenswert, um dem größten Ansturm aus dem Weg zu gehen. Mit einem Picknick für unterwegs und einem vollen Benzintank ist man unabhängig, kann ganz gelassen losfahren, zwischendurch wandern gehen und sich auf die Schönheit der Landschaft einlassen.

Entlang des Icefields Parkway gibt es eine Reihe von einfachen, naturnahen Campingplätzen. Sie verfügen meist über keine Strom- und Wasseranschlüsse, liegen dafür aber in äußerst reizvoller Umgebung, z.B. an einem schäumenden Wildbach, oder bieten Aussicht auf die Berge. Für den Komfort-Wohnmobilurlaub mit Vollanschluss empfiehlt es sich, in Banff bzw. Jasper, den Endpunkten des Icefields Parkway, zu übernachten und die Strecke dazwischen an einem Tag durchzufahren. Reservierungsmöglichkeiten sollten jeweils genutzt werden.

Unterwegs sind oft Tiere zu sehen. Dickhornschafe, die sich an den Trubel gewöhnt haben, laufen sogar zwischen den parkenden Autos umher. Gelegentlich lassen sich Schwarzbären und Grizzlys auf den Wiesen entlang der Straße das frische Grün schmecken, und mit etwas Glück und einem guten Fernglas kann man in den Felswänden Schneeziegen entdecken.

Der **Banff National Park**, der fast dreimal so groß ist wie das Saarland, ist der älteste Nationalpark Kanadas und wurde bereits 1885 gegründet. Zentrum des Parks ist der Ort **Banff**, der sehr bemüht ist, trotz des riesigen Besucheransturms etwas von seiner Ursprünglichkeit zu bewahren. Rigorose Vorschriften verhindern den Bau großer Hotels, und auch die Einwohnerzahl ist durch restriktive Bestimmungen eingedämmt: Nur wer hier arbeitet, darf auch hier wohnen. Das Visitor Centre ist eine gute Anlaufstelle für aktuelle Informationen zum Ort Banff, dem »Juwel der Rockies«, und dem gleichnamigen Nationalpark.

Der Trans-Canada Highway leitet den Fernverkehr vierspurig an Banff vorbei, trotzdem schieben sich auf der **Banff Avenue**, der Hauptstraße des Ortes, speziell in den Sommermonaten zahlreiche Busse durch den Ort. Shoppen kann man in den Souvenirgeschäften, die sich auf jeden Geschmack und Geldbeutel eingestellt haben. Auch Bekleidungsgeschäfte, Ausrüster für alpine Touren, Hotels, Cafés, Pubs und Restaurants drängen sich in den schmalen Gassen. Von den Hauptstraßen zweigen Passagen zu kleinen Einkaufszentren ab. Da man nicht in die Höhe bauen darf, ist man in den Untergrund gegangen; viele dieser Zentren sind unterkellert und durch Gänge miteinander verbunden. So kann man bei schlechtem

Wetter oder im Winter trockenen Fußes bummeln gehen.

Die Entdeckung der heißen Quellen lockte einst die ersten Siedler an. Die Ausstellung **»Cave and Basin«** gibt einen Überblick über die historischen Anfänge des Ortes. Ein kleines Stück weiter kann man sich dann selbst wohlig im warmen Quellwasser räkeln, das von den etwa 46 °C, mit denen es aus der Erde kommt, auf angenehme Temperaturen heruntergekühlt wird. Im Freibecken genießt man dabei den Ausblick auf die Berge.

Zwei interessante Museen gibt es in Banff zu besuchen: Das **Buffalo Nations Luxton Museum** ist dem Leben der First Nations gewidmet und geht auf eine private Sammlung zurück. Das **Whyte Museum of the Canadian Rockies** informiert über Kunst, Kulturgeschichte und Naturkunde der kanadischen Rocky Mountains. Die ausgestopften Tiere in der naturkundlichen Sammlung stimmen ein auf die Tierwelt, die man in natura zu sehen hofft. Krönender Abschluss des Bummels ist eine Tasse Tee im altehrwürdigen **Hotel Fairmont Banff Springs** (405 Spray Ave.), ein allerdings recht exklusives und teures Vergnügen.

Wem der ganze Trubel zu viel wird, ist mit ein paar Schritten wieder draußen in der Natur. Am Ufer des Bow River führt ein Spazierweg zu den Wasserfällen **Bow Falls**, mit denen schon der Fernsehhund »Lassie« dereinst feuchte Bekanntschaft machte.

Die Bergkette der Cascade Mountains und der trutzige Mount Norquay rahmen das Tal ein. Einen Überblick verschafft die Gondelfahrt auf den **Sulphur Mountain**. Die achtminütige Fahrt bringt Besucher auf 2281 Meter Höhe, und von der Aussichtsplattform eröffnet sich bei klarem Wetter ein grandioser Rundblick.

Entscheidet man sich für einen der Campingplätze am Tunnel Mountain, findet sich eine weitere Attraktion in Laufweite: die **Hoodoos**, interessante Steinformationen, die schon seit Tausenden von Jahren die Fantasie der Betrachter anregen. Wind und Wetter haben die weicheren Felsteile zermürbt, heute ragen nur noch die festen Felskerne als einzelne Steinsäulen empor. An ihrem oberen Ende sind sie mit einer

Das Städtchen Banff – Zentrum des gleichnamigen Nationalparks

Gondelfahrt auf den Sulphur Mountain

Art steinerner Kappe bedeckt, stumme Wächter über dem Tal des Bow River. Auf der Fahrt von Banff die **Tunnel Mountain Road** hinauf folgen mehrere Aussichtspunkte mit Blick auf die Hoodoos und das Tal. Die Campingplätze auf dem Tunnel Mountain bieten im Sommer zudem eine preiswerte Busverbindung hinunter nach Banff. Es ist also nicht nötig, sich mit dem Wohnmobil durch den Verkehr im Ort zu kämpfen.

Es gibt außerdem einen sehr schön angelegten Spazierweg hinunter nach Banff; auf dem Rückweg heißt es allerdings, den ziemlich steilen Berg wieder hoch zu laufen (aber dafür gäbe es ja auch den Bus ...).

Der **Tunnel Mountain** wird seit vielen Jahren von zahlreichen Wapitihirschen *(elks)* bewohnt, die sich trotz ihrer Größe frei zwischen den Wohnmobilen und Menschen bewegen. Vorsicht vor dem ausladendem Geweih und den scharfen Hufen ist bei aller scheinbaren Zutraulichkeit trotzdem geboten.

Auch wenn Banff fast das ganze Jahr hindurch überlaufen ist, lohnt sich ein Stopp, denn die Lage des Ortes ist sehenswert und die Freizeitmöglichkeiten vielversprechend. Außerdem bieten sich von hier aus viele schöne Ausflüge in die Umgebung an.

Über den Minnewanka Loop Drive ist es nur eine Viertelstunde Fahrzeit zum **Lake Minnewanka**. Hier beginnen Bootstouren und begleitete Angeltouren. Auch Wanderungen am See entlang oder zum Stewart Canyon, der gerne von Dickhornschafen besucht wird, sind lohnenswert.

Nur rund 45 Autominuten entfernt befindet sich der See **Lake Louise**, das berühmte Postkartenmotiv des Nationalparks. Generationen von Touristen sind nicht müde geworden, das malerische Panorama zu knipsen. Seine Lage ist einzigartig. Am Ende des Sees kann man sogar im Sommer den Schnee auf den Gipfeln von Mount Temple und Mount Whyte sehen. Die Wasserfarbe schwankt je nach Wetter zwischen tiefblau und türkis. Sie rührt vom Steinmehl her, feinsten Partikeln, die mit dem Gletscherwasser in den See gespült werden. Am Ostufer steht das ehrwürdige Hotel **Fairmont Chateau Lake Louise**, in dem man den *afternoon tea* einnehmen, aber auch ein Ruderboot für eine Fahrt über den See mieten kann.

Tagsüber steht der Parkplatz stets voll mit Autos und Bussen und es herrscht ein ziemliches Gedränge auf dem Spazierweg am See entlang. Vorzugsweise nutzt man die frühen, ruhigen Morgenstunden für einen Ausflug. Bevor die ersten Touristenbusse ankommen, sitzt man dann schon bei einer Tasse Kaffee auf der Hotelterrasse und hat die Urlaubsfotos bereits »im Kasten«.

Ein Ausflug zum **Moraine Lake** gehört danach zum weiteren touristischen Pflichtprogramm, denn die unvergleichliche Aussicht von dem steinernen Hügel auf den leuchtend blauen See und die gezackte Bergkette dahinter ist eines der schönsten Panoramen der kanadischen Rocky Mountains. Am Ufer des Moraine Lake findet man Spazierwege, eine Lodge und einen Kanuverleih.

Weiter auf dem Icefields Parkway folgen nach wenigen Kilometern mit dem **Herbert Lake** und dem **Hector Lake** zwei wunderschöne, von Gipfeln umrahmte Bergseen. Der Hector Lake ist der zweitgrößte See im Banff National Park und ein herrliches Fotomotiv. Mit stattlichen 3394 Metern ist der hoch aufragende, sich im See spiegelnde Mount Hector der erste Berg einer ganzen Reihe von Dreitausendern entlang des Icefields Parkway.

Nach kurzer Fahrt erreicht man einen Aussichtspunkt auf dem **Crowfoot Glacier**. Der Name des mittlerweile zurückgezogenen Gletschers bezieht sich auf seine ursprünglich drei Zehen und seine einstige Form, die an einen Krähenfuß erinnerte.

Der malerische **Bow Lake** wird vom Eiswasser des **Bow Glacier** gespeist, einem von insgesamt acht Gletschern, die vom Waputik Icefield abgehen. Auf Fotos macht sich das rote Dach der rustikalen Num-ti-jah Lodge als Farbkontrast zu dem kräftig blauen Wasser und dem tiefgrünen Wald besonders gut. Der See ist oft bis in den Juni hinein vereist.

Nun erreicht der Icefields Parkway seinen höchsten Punkt, den 2088 Meter hohen **Bow Summit**. Ein kurzer, steiler Pfad führt vom Parkplatz zum Peyto Lake Viewpoint, von dem man weit unterhalb den lang gestreckten **Peyto Lake** sehen kann, der oft eine vom Gletscherwasser herrührende, unglaublich türkisblaue Färbung aufweist – einer der schönsten Momente auf der mit herrlichen Anblicken schon vollgepackten Tour. Weit hinter dem See sieht man den Icefields Parkway tief im Tal zwischen den Bergen verschwinden.

Weiter geht es hinunter in das **Mistaya Valley**. Vorbei an mehreren kleinen Seen gelangt man an den **Upper Waterfowl Lake**. Vom Aussichtspunkt hat man einen guten Blick auf die kontinentale Wasserscheide mit ihrer fast zehn Kilometer langen Bergkette. Die höchsten Punkte sind Howse Peak (3290 m) und der wie eine Pyramide geformte Mount Chephren (3307 m). Ein schmaler Fußweg führt zum **Mistaya Canyon**, wo sich der ungebändigte Mistaya River einen sehenswerten Weg zwischen steil abfallenden Kalksteinwänden gebahnt hat.

Wenige Kilometer weiter und 600 Höhenmeter unterhalb des Bow Summit liegt die historische Furt über den North Saskatchewan River, **Saskatchewan River Crossing** genannt. Hier gibt

Wandern im Valley of Ten Peaks mit Blick auf den Moraine Lake

Sightseeing am Bow Lake

es Benzin, Snacks, Eis und alles weitere Notwendige; außerdem findet man ein Restaurant und Hotelzimmer.

Für die Trapper und ersten Händler war diese Stelle sehr schwierig zu überwinden und bei Hochwasser regelrecht gefürchtet. Das Tal liegt unterhalb der schroffen alpinen Zone, wo im gemäßigteren Klima Mischwald wachsen kann. Im Norden ist der 3621 Meter hohe Mount Wilson mit seinen gelblichen, quarzithaltigen Felsen zu sehen.

Der einsame **David Thompson Highway** (Hwy. 11) zweigt an dieser Stelle vom Icefields Parkway ab und folgt dem wilden North Saskatchewan River durch die östlichen Hänge der Rockies bis in die Prärie. Ein möglicher Abstecher könnte zum blauen Abraham Lake führen, aber man kann von hier auch über Rocky Mountain House und Red Deer bis nach Calgary fahren (vgl. Kasten S. 184 ff.).

Das Tal verengt sich nun und über 600 Meter hohen Felswände rahmen die Straße ein. 27 Kilometer nördlich von Saskatchewan River Crossing rauschen schmale, kleine Wasserfälle, gespeist vom Schmelzwasser des Cirrus Mountain, aus Felsspalten zu Tal, weshalb diese Stelle sehr anschaulich **Weeping Wall** (»weinende Wand«) genannt wird.

Nach über einem Kilometer mit Haarnadelkurven hat man **Big Bend** (»große Kurve«) und zwei weitere Aussichtspunkte erreicht. Vom Cirrus Mountain Viewpoint schweift der Blick ungehin-

Zauberhafte Farbkontraste: Sonnenaufgang am Herbert Lake vor der Kulisse des 3544 Meter hohen Mount Temple im Banff National Park

dert über das weite Tal des wilden Saskatchewan River, während der zweite Viewpoint einen Blick auf die schleierartigen **Bridal Veil Falls** erlaubt.

Nun folgt mit der Parker Ridge eine weitere bizarr gezackte Bergkette. Auf dieser führt der **Parker Ridge Trail**, ein fünfeinhalb Kilometer (hin und zurück) langer, recht steiler Wanderweg durch Wald und Tundra zu einem Aussichtspunkt mit Blick auf den Saskatchewan Glacier. Der längste Gletscher des Parks nimmt seinen Anfang in dem großen Columbia Icefield.

Auf etwa 2000 Metern Höhe überquert der Icefields Parkway den **Sunwapta Pass**, die Grenze zwischen Banff und **Jasper National Park**, der gleichzeitig auch die Wasserscheide zwischen dem südwärts fließenden North Saskatchewan River und dem nach Norden strömenden Sunwapta River ist. Vor 200 Jahren blockierte das Eis des ebenfalls aus dem Columbia Icefield stammenden Athabasca Glacier noch den Weg ins Tal und die ersten Reisenden mussten einen Umweg um den Gletscher herum nehmen. Beim Bau des Icefields Parkway war das Eis längst soweit geschmolzen, dass für die Straße der direkte Weg gewählt werden konnte.

Entlang der Parker Ridge geht es weiter zum Columbia Icefield Centre und dem Athabasca Glacier. Das außerhalb der Sichtweite liegende **Columbia Icefield** ist mit einer Ausdehnung von über 300 Quadratkilometern und einer durchschnittlichen Dicke von etwa 300 Metern das größte Eisfeld der Rocky Mountains. Etliche Gletscher fließen von diesem Eisfeld ab; einer von ihnen, der **Athabasca Glacier**, ist von der Straße und vom Icefield Centre aus gut zu sehen. Eine Reihe von Pfosten markiert, wie weit sich das Eis während des letzten Jahrhunderts zurückgezogen hat.

Das große Besucherzentrum im **Columbia Icefield Centre** vermittelt in

der Glacier Gallery interessante Informationen über die Entwicklung der Gletscher sowie über die Bergwelt, Tiere und Pflanzen. Extrem populär sind Gletschertouren mit den speziell konstruierten Fahrzeugen, den *Brewster Ice Explorers*, die hier gebucht werden können. Im Icefield Centre findet man auch Restaurant, Cafeteria, Souvenirladen etc. Ein Zimmer in der Glacier View Lodge zu bekommen, ist ohne vorherige Reservierung vermutlich sehr schwierig.

55 Kilometer südlich von Jasper trifft man auf die Serviceeinrichtungen an der Sunwapta Falls Junction. Ähnlich wie der Saskatchewan River hat sich der Sunwapta River seinen Weg durch den Felsen bohren müssen, was an den **Sunwapta Falls** sehr anschaulich zu erkennen ist. Zur Schlucht und zu weiteren Wasserfällen und Stromschnellen führt ein Pfad. Nördlich davon erreicht man das Athabasca Valley, eines der längsten und breitesten Täler der Rocky Mountains. Der Goats and Glaciers Viewpoint bietet einen Ausblick auf das waldbedeckte Tal.

24 Kilometer nördlich der Sunwapta Falls stürzt der Athabasca River, der wasserreichste der hiesigen Gebirgsflüsse, bei den **Athabasca Falls** über 20 Meter in die Tiefe und bietet mit seiner tosenden Gischt einen imponierenden Anblick.

Zwischen den Sunwapta und den Athabasca Falls passiert man den **Goat**

Mineral Lick, eine Stelle mit salzhaltigem Gestein, die von Schneeziegen und Dickhornschafen gerne aufgesucht wird.

Langsam nähert sich der Icefields Parkway seinem Endpunkt, wo er den vom mächtigen Pyramid Mountain bewachten Ort Jasper erreicht.

An den Athabasca Falls zweigt der Highway 93A, auch **Athabasca Parkway** genannt, ab. Die enge, kurvenreiche Straße ist von Juni bis Mitte Oktober schneefrei, allerdings nur für kleine Wohnmobile (bis 25 Fuß) geeignet. Die Strecke führt durch dichten Wald, vorbei am 3363 Meter hohen Mount Edith Cavell, der den ersten Pelzhändlern auf dem Weg zum Athabasca Pass als weithin sichtbarer Wegweiser gedient hatte. Am Parkplatz beginnt der **Path of the Glacier**, ein Rundwanderweg zu dem Moränengebiet an Cavell Lake und Angel Glacier. Ein Stück weiter liegt das Winterskigebiet **Marmot Basin**. Von dem rund 24 Kilometer langen Athabasca Parkway zweigen etliche weitere Wanderwege ab, auch hübsche Picknickplätze sind zu finden, wie etwa am Leach Lake, der durch den Rückzug des Gletschers entstand. Kurz vor Jasper stößt der Highway 93A wieder auf den Icefields Parkway.

Jasper ist der einzige größere Ort im 1907 gegründeten Jasper National Park. Er ist das zentrale Versorgungszentrum für Einheimische und Touristen gleichermaßen, und man findet von der Tankstelle über Souvenirläden bis zum Supermarkt alle notwenigen Einrichtungen sowie eine exzellente Touristeninformation. Der Ort ist etwas ursprünglicher geblieben als Banff.

Außerhalb des Ortskerns existieren einige Campingplätze, von denen aber nur der Whistlers Campground Vollanschlüsse bietet. Besonders während der Hauptreisezeit im Sommer ist man gut beraten, den Stellplatz rechtzeitig telefonisch zu reservieren oder bereits gegen Mittag in Jasper anzukommen, um einen schönen Platz zu finden. Eine Wohnmobilunterkunft auf einem der einfacheren Campingplätze zu finden, ist vor allem für nur eine oder zwei Nächte kein Problem.

Auf dem Whistlers Campground ist seit vielen Jahren eine große Wapitiherde heimisch, sodass sich die Tiere aus nächster Nähe beobachten lassen. Vorsicht ist allerdings im Frühjahr (Jung-

Bildikone der kanadischen Rockies: Spirit Island im Maligne Lake

tiere) und Herbst (Brunft) geboten, da die Tiere dann sehr aggressiv reagieren.

Ein reizvoller Ausflug von Jasper ist die kurze Fahrt durch wunderschöne Ahornwälder den Berg hinauf zu den beiden Seen **Patricia Lake** und **Pyramid Lake**. Am Wochenende wird es hier oft sehr voll, doch während der Woche kann man die wunderschöne Landschaft in Ruhe genießen, ein Boot mieten oder spazieren gehen.

Auf der Whistlers Road gelangt man in wenigen Minuten zur **Jasper Tramway**. Die Seilbahn führt sieben Kilometer westlich von Jasper auf den **Whistlers Mountain**. Seinen Namen erhielt der Berg von den schrillen Pfiffen der Murmeltiere. Von der Bergstation auf 2277 Metern eröffnet sich bereits ein schöner Rundblick, scheut man jedoch den kurzen Wanderweg bis auf die Spitze des 2464 Meter hohen Mount Whistlers nicht, erweist sich der Blick von ganz oben als noch spektakulärer.

Von Jasper aus bieten sich zahlreiche Ausflüge an, von denen die Fahrt zum 48 Kilometer entfernten, größten gletschergespeisten See der Rockies, dem Maligne Lake, sicher einer der schönsten ist. Fünf Kilometer östlich des Ortes zweigt die Stichstraße zum See ab und führt zuerst am **Maligne Canyon** vorbei, der einen Stopp wert ist. Entlang dem Canyonrand folgt ein Wanderweg dem rauschenden, spritzenden Fluss.

Um den **Medicine Lake**, am Weg zum Maligne Lake gelegen, ranken sich viele Geschichten der First Nations, denn er galt als heilig. Der Wasserstand des hauptsächlich gletschergespeisten Sees schwankt je nach Jahreszeit ganz erheblich, und im Herbst zum Ende des Schmelzwasserzuflusses kann es vorkommen, dass das Wasser ganz verschwindet. Ursache dafür ist ein natürliches unterirdisches Drainagesystem aus Höhlen und Spalten. Das Wasser des Sees verschwindet im porösen Kalkgestein und versickert in darunter verborgenen Karsthöhlen. Nach etwa 16 unterirdischen Kilometern tritt es durch das höhlenreiche Gestein wieder zutage.

Volle Paddelkraft voraus: Mit dem Kayak im Banff National Park

Weltbekannter Blickpunkt im **Maligne Lake** ist die kleine baumbestandene Insel **Spirit Island**. Eine Schiffsfahrt auf dem See zu machen oder ein Kanu zu mieten, empfiehlt sich auf jeden Fall, ein Wanderweg führt am Seeufer entlang. Besser plant man diesen Ausflug nicht am Wochenende, da der Maligne Lake ein überaus populäres Ziel ist.

Rund 600 Kilometer beträgt die Gesamtlänge aller Wanderwege im Jasper National Park; bei dieser Auswahl findet jeder die passende Länge und den gewünschten Schwierigkeitsgrad. Muskelkatergeplagten bieten die **Miette Hot Springs** Linderung mit ihren Thermalbädern und Wassertemperaturen um 39 °C. Die Fahrt in das rund 60 Kilometer entfernte **Fiddle Valley** mit seinen Quellen lohnt ebenfalls. Outdooraktivitäten wie Reitausflüge oder auch Wildwasserfahrten werden in und um Jasper zahlreich angeboten, sodass für Abwechslung gesorgt ist.

Von Jasper fährt man auf dem Yellowhead Highway entweder Richtung Westen nach Prince Rupert oder Richtung Osten nach Edmonton (vgl. Route 10, S. 222).

David Thompson Highway

Von Saskatchewan River Crossing nach Calgary (606 km)

Farmland und Erdölförderung ...

Von Saskatchewan River Crossing im Banff National Park zweigt nach Osten der einsame David Thompson Highway (Hwy. 11) ab. Die relativ gering befahrene Strecke führt aus der schroffen Bergwelt der Rockies durch die bewaldeten Vorberge hinunter in die Prärie. Sehenswert ist am Anfang der durch den Bighorn Dam aufgestaute türkisfarbene **Abraham Lake**. Seinen Namen gaben dem Damm die beeindruckenden Dickhornschafe der Region.

In **Rocky Mountain House** als größtem Ort auf dieser Nebenstrecke findet man ausreichend Einkaufsmöglichkeiten, Tankstellen und Serviceeinrichtungen. In der **Rocky Mountain House National Historic Site** sechs Kilometer westlich des Ortes am Highway 11A kann man die alten Handelsposten besuchen, die die rivalisierenden Gesellschaften North-West Company und Hudson's Bay Company hier errichtet haben. Sie markierten das Ende der Handelslinie entlang dem North Saskatchewan River. Fast acht Jahrzehnte lang waren an dieser Stelle verschiedene Stämme der First Nations und Weiße zusammengekommen, um Handel zu betreiben. Der Forscher David Thompson

... in Central Alberta

»Hoodoos« in den Badlands von Alberta

hatte das Rocky Mountain House als Basislager bei der Suche eines Weges über die Rocky Mountains genutzt.

Auf dem Weg nach Osten besteht hinter Rocky Mountain House die Wahl zwischen vielen kleinen Nebenstraßen, die alle mehr oder weniger in Richtung Highway 2 verlaufen. In den Parklands, wie die Region heißt, gibt es etliche Seen mit Campingplätzen – ideal für einen oder zwei entspannte Tage am Wasser.

Red Deer ist größter Ort am Highway 2 zwischen Edmonton und Calgary. Neben der Landwirtschaft und Viehzucht gibt es eine expandierende Erdölverarbeitung. Auf dem weiteren Weg nach Calgary empfiehlt sich ein Abstecher nach **Drumheller** östlich des Highway. Vor rund 70 Millionen Jahren war das Tal des Red Deer River ein mit Sümpfen und Grünpflanzen bedecktes Flussdelta. Das milde Klima und der fruchtbare Boden boten bis zum Beginn der Eiszeit ideale Lebensbedingungen für Dinosaurier. Im Jahre 1884 fand Joseph Burr Tyrell das erste Albertosaurus-Sklelett und über die Jahre kamen 25 weitere Dinosaurierarten zutage. Seit 1979 gehört der **Dinosaur Provincial Park** als eine der reichsten Fundstellen ihrer Art zum Welterbe der UNESCO. Großartige Fundstücke und spannende Informationen bietet das **Royal Tyrell Museum** in Drumheller. Im Dinosaur Provincial Park selbst existiert eine Außenstelle des Museums und es werden Führungen ins Gelände angeboten.

Von hier ist es dann nicht mehr weit bis zum **Trans-Canada Highway** und nach **Calgary** (vgl. S. 84).

Service & Tipps

David Thompson Resort & Campground
Hwy. 11, Cline River
Nordegg, AB T0M 2H0
52.188273,-116.477508
✆ (403) 721-2103, 1-888-810-2103
www.davidthompsonresort.com
134 Stellplätze verteilen sich auf diesem Campingplatz am Abraham Lake 42 km östlich des Icefields Parkway. Nur Strom oder Vollanschlüsse, Duschen, Waschsalon, Feuerholz. Vermietung von Wohnmobilen und Blockhütten zum Übernachten. Anbei auch ein Motel mit 46 Zimmern. Restaurant, kleiner Laden. $ 21–44.50

Centennial Campground
54th St.
Rocky Mountain House, AB T4T 2A4
52.382993,-114.924712
✆ (403) 845-3720
www.rockymtnhouse.com/visiting-camping.htm, Ende Mai–Anfang Sept.
Einfacher städtischer Campground mit nur 14 Stellplätzen. Gegenüber der Pionierschule. Lagerfeuer, Duschen.

Rocky Mountain House National Historic Site
Hwy. 11A
Rocky Mountain House, AB T4T 2A4
✆ (403) 845-2412
www.pc.gc.ca/lhn-nhs/ab/rockymountain/index.aspx
Mitte Mai–Anfang Sept. tägl. 10–17, bis Anfang Okt. Mo–Fr 10–17 Uhr, sonst geschl. Eintritt $ 3.90/1.90
Die Überbleibsel der Forts der rivalisierenden Handelsgesellschaften North-West Company und Hudson's Bay Company bilden die Basis des heutigen Freilichtmuseums 6 km westlich des Ortes. Außerdem gehören u. a. ein frisch restauriertes Museum sowie eine Bisonherde zur Rocky Mountain N. H. S.

Westerner RV Park
4748 19th St.
Red Deer, AB T4R 2N7
52.229352,-113.803203
✆ (403) 352-8801
www.westernercampground.com
Ganzjährig geöffnet
Nur für Wohnmobile ausgerichtet, 99 Stellplätze, keine Zelte, Duschen. Einkaufsmöglichkeiten, Restaurants und ein Golfplatz in der Nähe. $ 40–43

Ein Paläontologe präpariert ein Fossil aus dem Gestein: Dinosaur Provincial Park

Dinosaur Trail RV Resort
N. Dinosaur Trail (Hwy. 838)
Drumheller, AB T0J 0Y0
51.50319,-112.835513
✆ (403) 823-9333
www.holidaytrailresorts.com
Mai–Sept.
Komfortabler RV Park mit 200 Stellplätzen am Red Deer River. Vollanschlüsse, Dump Station, Waschsalon, Laden, Swimmingpool. $ 35–54 für 2 Erwachsene und 2 Kinder.

Royal Tyrell Museum
N. Dinosaur Trail (Hwy. 838)
Drumheller, AB T0J 0Y0
✆ 310-0000 plus Vorwahl plus Telefonnummer (403) 823-7707 (gebührenfrei in Alberta), 1-888-440-4240 (außerhalb Albertas)
www.tyrrellmuseum.com
Mitte Mai–Ende Aug. tägl. 9–21, im Winter Di–Sa 10–17 Uhr, Eintritt $ 11/0–6
Museum zu den Ausgrabungen in den Badlands. Eine Außenstation befindet sich im Dinosaur Provincial Park.

Dinosaur Provincial Park
Patricia, AB T0J 2K0
✆ (403) 378-4344
www.tpr.alberta.ca/parks/dinosaur
www.dinosaurpark.ca
Visitor Centre: Ende Mai–Anfang Sept. tägl. 8.30–21, Anfang Sept.–Anfang Okt. tägl. 9–16.30, Okt.–Mai Mo–Fr 9–16 Uhr, Eintritt $ 3/0–2, im Winter frei, Führungen ab $ 15/0–8
Populärer Naturpark in den Badlands, 48 km nordöstlich von Brooks. Reiche Fossilienfunde, Infozentrum in der Tyrrell Museum Field Station. Verschiedene geführte Bustouren oder Führungen, im Park telefonisch oder persönlich am Vortag reservieren. Festes Schuhwerk ist Bedingung.

Dinosaur Provincial Park Campground
50.759616,-111.519104
Camping-Reservierungen ✆ 1-877-537-2757
www.reserve.albertaparks.ca
www.tpr.alberta.ca/parks/dinosaur
Ganzjährig geöffnet
Einfacher Campingplatz mit 125 Stellplätzen. Lagerfeuer, Waschsalon, Laden. $ 23–29

8 Service & Tipps

Banff/Banff National Park

Banff und Banff National Park Information Centre
224 Banff Ave., Banff, AB T1L 1K2
Banff/Lake Louise ✆ (403) 762-8421
Nationalpark ✆ (403) 762-1550
www.banfflakelouise.com
Sehr gutes Informations- und Reservierungszentrum für Banff-Stadt und den Nationalpark. Im Souvenirshop gibt es qualitativ hochwertige kanadische Souvenirs.

Banff National Park
130 km westl. von Calgary
www.pc.gc.ca/banff, Eintritt $ 9.80/0–4.90 pro Tag oder Jahrespass $ 67.70/33.30
6640 km² große Hochgebirgswildnis im Herzen der Rocky Mountains. Südlich an den Jasper N. P. anschließend.

Campingplätze
✆ (450) 505-8302 (von außerhalb Nordamerikas)
✆ 1-877-737-3783, www.pccamping.ca
Reservierungsgebühr $ 10.80
Im Banff National Park existieren 13 Campgrounds, davon lassen sich die großen fünf gegen Gebühr über das Reservierungssystem vorausbuchen: Lake Louise Tent und Trailer Campgrounds (vgl. Lake Louise), Tunnel Mountain Trailer Court, Tunnel Mountain Village I und II (s.u.). Die anderen acht Campingplätze sind einfacher, naturnaher, preiswerter und nicht reservierbar: Two Jack Main, Two Jack Lakeside (s.u.), Johnston Canyon, Castle Mountain, Protection Mountain, Mosquito Creek, Waterfowl Lakes und Rampart Creek (vgl. Lake Louise).

Tunnel Mountain Campgrounds
Tunnel Mountain Road, Banff
51.190399,-115.516931
✆ 1-877-737-3783, www.pcccamping.ca
Von den drei Campingplätzen ist Tunnel Mountain Village II ganzjährig geöffnet, die anderen beiden von Mai bis Ende Sept. Tunnel Mountain Village I verfügt über 618 Stellplätze, keine hook-ups ($ 27.40), Tunnel Mountain Village II über 188 Stellplätze mit Stromanschlüssen ($ 32.30). Der Tunnel Mountain Trailer Court bietet 321 Plätze mit Vollanschlüssen ($ 38.20). Alle haben Duschen und eine ideale Lage: umgeben von Natur, aber nur wenige Minuten vom Ort entfernt. Zwischen Mai und Sept. fährt ein öffentlicher Bus nach Banff.

Two Jack Lakeside/Two Jack Lake Main
✆ (403) 762-1550
Lake Minnewanka Rd., Banff, AB T1L 1K2
51.222885,-115.500749 (Two Jack Lakeside)
51.247371,-115.499314 (Two Jack Lake Main)
Anfang Juni–Anfang/Mitte Sept.
Zwei Nationalpark-Campingplätze 12 bzw. 13 km nordöstlich von Banff. Two Jack Lakeside mit 74 Stellplätzen und Duschen ($ 27.40), Two Jack Lake Main mit 380 Stellplätzen ohne Duschen ($ 21.50). Keine hook-ups.

Buffalo Nations Luxton Museum
1 Birch Ave., Banff, AB T1L 1A8
✆ (403) 762-2388
www.banfflakelouise.com
Anfang Mai–Anfang Okt. tägl. 11–18, sonst tägl. 13–17 Uhr, Eintritt $ 8/0–6
Museum zur Kultur und Geschichte der Indianerstämme der Rocky Mountains und der Prärien.

Canada Place & Cascades of Time Gardens
101 Mountain Ave., Banff, AB T1L 1K2
✆ (403) 760-1338, (403) 762-1550
www.banfflakelouise.com
Ende Mai–Ende Sept. tägl. 10–18 Uhr
Eintritt frei
Interaktive Ausstellungen über Kanada. Südlich der Bow River Bridge im Gebäude der Parkverwaltung. Hauptblütezeit in den benachbarten Casccade Gardens: Juli/Aug.

Whyte Museum of The Canadian Rockies
111 Bear St., Banff, AB T1L 1A3
✆ (403) 762-2291
www.whyte.org
Tägl. 10–17 Uhr, Eintritt $ 8/0–5
Interessantes Geschichtsmuseum zu Banff und der Rocky-Mountains-Region. Werke lokaler und regionaler Künstler. Gut sortiertes Museumsgeschäft.

Cave & Basin National Historic Site
311 Cave Ave.
Banff, AB T1L 1K2
✆ (403) 762-1566, www.pc.gc.ca/cave
Aktuelle Öffnungszeiten und Eintrittspreise erfragen, Eintritt $ 3.90–0–1.90
Historisches Schwimmbad und Höhle mit Thermalquellen 1 km südwestlich des Ortes. Ausstellungen zur Geschichte und Geologie. Seit Mai 2013 nach mehrjährigen Renovierungsarbeiten wieder eröffnet. Auf kurzen Spazierwegen lässt sich die Umgebung erkunden.

Banff Upper Hot Springs
1 Mountain Ave., Banff, AB T1L 1K2
✆ (403) 762-1515, 1-800-767-1611
www.pleiadesmassage.com
Mitte Mai–Mitte Okt. tägl. 9–23, Mitte Okt.–Mitte Mai So–Do 10–22, Fr/Sa 10–23 Uhr, Eintritt $ 7.30/0–6.30
Mineralienreicher Thermalpool mit herrlichem Bergblick, 4 km von Banff. Mit Restaurant.

Banff Gondola
Mountain Ave., Banff, AB T1L 1B2
✆ (403) 762-2523, 1-800-760-6934
www.explorerockies.com/banff-gondola
Ende April–Anfang Sept. tägl. 8–21 Uhr, sonst kürzer, $ 35/0–17
Seilbahn auf den Sulphur Mountain. Bergstation mit Aussichtsterrasse und Restaurant. Aussichtspunkte. 4 km von Banff, neben den Upper Hot Springs.

Blue Canoe Rentals
Sundance Mall, 215 Banff Ave.
Banff, AB T1L 1B5
✆ (403) 760-5007, 1-877-565-9372
www.banfftours.com
Mitte Mai–Mitte Okt., 1 Std. $ 36, 2 Std. $ 56
Kanufahren auf den ruhigen Abschnitten des Bow River, des Forty Mile Creek und auf den Vermilion Lakes. Einsatzstelle Blue Canoe Bow River Docks.

Lake Minnewanka Boat Tours
Banff, AB T1L 1J3
✆ (403) 762-3473, 1-800-760-6934
www.explorerockies.com/minnewanka
Mitte Mai–Anfang Okt. Abfahrten tägl. 10–18 Uhr, Tickets $ 45/0–20
Einstündige Seerundfahrten auf dem Lake Minnewanka.

Discover Banff Tours
215 Banff Ave., Banff, AB T1L 1B5
✆ (403) 760-5007, 1-877-565-9372
www.banfftours.com
Ausrüster für Touren aller Arten im Banff N. P.: Sightseeing, Kanufahren, Tierbeob-

»Fireweed« (Weidenröschen) am Columbia Icefield

achtungen, Wandern, Wildwasserfahrten, Reiten, Helikopterflüge etc. Das Büro liegt in der Sundance Mall.

Explore Rockies – Brewster Transportation Centre
100 Gopher St., Banff, AB T1L 1J3
✆ (403) 760-6934, 1-800-760-6934
www.explorerockies.com/sightseeing-tours
Halb- und ganztägige Ausflüge. Tierbeobachtungen, Fototouren. Touren in und um Calgary, in den Nationalparks Banff und Jasper.

Banff Public Transit (ROAM)
✆ (403) 762-0606, http://roamtransit.com
Einzeltickets $ 2/0–1, Tagespass $ 5, Zehnerkarte $ 17.50
Regelmäßiger Busservice zwischen Banff Ave., Banff Springs Hotel und Tunnel Mountain. Tickets in der Banff Town Hall (110 Bear St.).

Lake Louise

Lake Louise Visitor Centre
201 Village Rd., Lake Louise, AB T0L 1E0
Lake Louise ✆ (403) 522-2744
Nationalpark ✆ (403) 522-3833
www.banfflakelouise.com
Tägl. 9–17 Uhr, im Sommer verlängerte Öffnungszeiten
Informationszentrum mit hervorragenden Ausstellungen an der Samson Mall.

Lake Louise Trailer and Tent Campgrounds
1 km östl. von Lake Louise, 58 km nordwestl. von Banff
51.417273,-116.173194
✆ (450) 505-8302, 1-877-737-3783
www.pccamping.ca
Lake Louise Trailer ganzjährig geöffnet, Lake Louise Tent Ende Mai–Ende Sept.
Bewaldete Campingplätze am Bow River. 189 Stellplätze auf dem Lake Louise Trailer Campground. Stromanschlüsse, Duschen, Dump Station ($ 32.30). 206 Stellplätze ohne Anschlüsse auf dem Lake Louise Tent Campground, mit Duschen, Küchenhäuschen, Feuerstellen ($ 27.40).

Rampart Creek Campground
Icefields Pkwy., Banff N. P.
88 km nördl. von Lake Louise

Johnston Canyon in Banff National Park

52.045114,-116.868292
✆ (403) 762-1550, Juni–Ende Sept.
Einfacherer Nationalpark-Campingplatz mit 50 Stellplätzen 12 Kilometer nördlich von Saskatchewan River Crossing. In der Nähe eine Jugendherberge. Lagerfeuer möglich. Ohne hook-ups, Duschen oder Dump Station. $ 17.60

Lake Louise Sightseeing Gondola
Whitehorn Rd., Lake Louise, AB T0L 1E0
✆ (403) 522-3555, 1-877-956-8473
www.lakelouisegondola.com
Mitte Mai–Ende Sept. tägl. 9–16.30/17 Uhr
$ 27.75/0–13.75
13-minütige Gondelfahrt zur Bergstation auf dem Whitehorn Mountain in 2034 m Höhe. Gratis-Zubringerbus vom Chateau und anderen Hotels im Lake Louise Village.

Brewster Lake Louise Stables
Lake Louise, AB T0L 1E0
✆ (403) 762-5454, 1-800-691-5085
www.brewsterlakelouisestables.com
Stunden-, Tages- oder mehrtägige Ausritte ab $ 90, z. B. zum Lake Agnes ($ 150) oder

Im Jasper National Park: vom Schnee überrascht

der Plain of Six Glaciers ($ 185). Pferdeschlittenfahrten ab Chateau Lake Louise. Stallungen auf der Ostseite vor dem Chateau Lake Louise.

Jasper/Jasper National Park

Jasper National Park Information Centre
500 Connaught Dr., Jasper, AB T0E 1E0
✆ (780) 852-6176, www.pc.gc.ca/jasper
Das Parkinformationsgebäude von 1914 dient als Vorzeigebeispiel kanadischer Nationalparkarchitektur.

Jasper National Park
Nördlich des Banff N. P.
www.pc.gc.ca/jasper
Eintritt $ 9.80/0–4.90 oder Jahrespass $ 67.70
11 230 km² großer Nationalpark in den Rocky Mountains von Alberta.

Camping-Reservierungen
✆ 1-877-737-3783, www.pccamping.ca
Gebühren $ 10.80
Reservierbar sind die Campingplätze Pocahontas, Wabasso, Wapiti und Whistlers (s. u.). Die sieben nicht reservierbaren Campingplätze Snaring River (53.010826,-118.087623), Mount Kerkeslin (s. u.), Honeymoon Lake (52.555742,-117.68285), Jonas Creek (52.417975,-117.395591), Columbia Icefield (52.220978,-117.206098), Wilcox Creek (52.218164,-117.178956) und Icefield Centre RV (52.219965,-117.227944) sind zumeist einfacher ausgestattet, naturnaher und preiswerter als die großen, reservierbaren Plätze.

Whistlers Campground
Hwy. 93, Jasper, AB T0E 1E0
3,5 km südlich von Jasper am Hwy. 93
52.854413,-118.079603
✆ 1-877-737-3783
www.pccamping.ca
Mai–Anfang Okt.
781 Stellplätze besitzt dieser ausgedehnte Nationalpark-Campground. Vollanschlüsse, Duschen. Ganzjährig lebt eine Herde Wapitis in unmittelbarer Campground-Nähe. $ 22.50–38.20

Mount Kerkeslin Campground
Hwy. 93
Jasper, AB T0E 1E0
52.64335,-117.872146
✆ (780) 852-6176

Ende Juni–Anfang Sept.
Schöner, kleinerer Nationalpark-Campingplatz 36 km südlich von Jasper mit Lagerfeuer-Romantik. 42 Stellplätze ohne Strom, Wasser und Duschen. Keine Reservierungen.
$ 15.70

Jasper-Yellowhead Museum and Archives
400 Bonhomme St., Jasper, AB T0E 1E0
✆ (780) 852-3013
www.jaspermuseum.org
Ende Mai–Anfang Okt. tägl. 10–17, im Winter Do–So 10–17 Uhr
Eintritt $ 6/0–5
Museum zur Geschichte Jaspers.

Columbia Icefield Centre
Icefields Pkwy.
103 km südl. von Jasper
✆ (780) 852-6550, 1-877-423-7433
www.explorerockies.com
Tägl. Anfang Mai–Mitte Juni und Mitte Sept.–Mitte Okt. 9–17, Mitte Juni–Anfang Sept. bis 18 Uhr
Eintritt frei
Großes Gletscherzentrum mit Aussichtsterrasse, Museum, Restaurant, Hotel etc. Hier bucht man die Bustour zum Athabasca-Gletscher.

Columbia Icefield Glacier Adventure
Vgl. Columbia Icefield Centre
Mai und Sept. tägl. 9–17, Juni–Aug. tägl. 9–18 Uhr, alle 15–30 Min., Fahrpreis $ 50/0–25
1,5-stündige Touren mit dem Brewster Ice Explorer auf den Athabasca-Gletscher. Vom Columbia Icefield Centre. Siehe auch Explore the Rockies Brewster Transportation in Banff.

Miette Hot Springs
Miette Hot Springs Rd.
Miette Hot Springs, AB T0E 1E0
✆ (780) 866-3939, 1-800-767-1611
www.hotsprings.ca
Tägl. Mitte Juni–Anfang Sept. 8.30–22.30, sonst bis 21 Uhr
Eintritt $ 6.05/0–5.15
Thermalbad mit zwei heißen und zwei kühleren Pools. Mit Restaurant.

Jasper Tramway
Whistlers Rd., Jasper, AB T0E 1E0
✆ (780) 852-3093, 1-866-850-8726
www.jaspertramway.com
Tägl. April–Mitte Mai und Mitte Aug.–Anfang Okt. 10–17, Mitte Mai–Ende Juni 9.30–18.30, Ende Juni–Mitte Aug. 9–20 Uhr
Tickets $ 31/0–15.50
Seilbahn auf den Whistlers Mountain. Bergstation mit Restaurant auf 2277 m. Höhenwanderwege.

Patricia Lake Canoe Rental
Pyramid Lake Rd.
Jasper, AB T0E 1E0
✆ (780) 852-3560
Kanu $ 15, Kajaks $ 20 pro Std.
Kanuverleih am Patricia Lake.

Maligne Tours
616 Patricia St.
Jasper, AB T0E 1E0
✆ (780) 852-3370, 1-866-625-4463
www.malignelake.com
Ende Mai/Anfang Juni–Anfang/Mitte Okt.
Fahrpreis $ 55/0–27.50
1,5-stündige Seerundfahrten mit kurzem Stopp auf Spirit Island. Rechtzeitig reservieren. Stündl. Abfahrten.

Jasper Raft Tours
604 Connaught Dr.
Jasper, AB T0E 1E0
✆ (780) 852-2665, 1-888-553-5628
www.jasperrafttours.com
Mitte Mai–Ende Sept. tägl. 12.10 Uhr ab Jasper Park Lodge, 12.30 Uhr ab Bahnhof, Ende Juni–Anfang Sept. zusätzlich 9 und 19 Uhr ab Bahnhof, $ 64/0–25
Zweieinhalbstündige Schlauchboottouren auf dem Athabasca River. Tickets am Jasper Adventure Desk (611 Patricia St. Kiosk).

»Outdoor Breakfast« im Jasper National Park

9 Vancouver Island und die Inside Passage

Wälder, Wellen und Wale

9. Route: Vancouver – Victoria – Duncan – Nanaimo – Parksville – Campbell River – Port Hardy (627 km) – Inside Passage – Prince Rupert (500 km)

km	Route
0	**Vancouver**
69	**Victoria** (inkl. Fähre)
61	**Duncan**
19	**Chemainus**
33	**Nanaimo**
36	**Parksville**, von hier Abstecher über Hwy. 4 zum **Pacific Rim National Park** und nach **Tofino** (340 km hin und zurück)
14	**Qualicum Beach**
113	**Campbell River**, von hier Abstecher über Hwy. 28 in den **Strathcona Provincial Park** (180 km hin und zurück)
76	**Sayward**
150	**Alert Bay**
56	**Port Hardy**
	Fährfahrt **Inside Passage** nach
500	**Prince Rupert**
	Anschluss: Yellowhead Hwy. nach Edmonton (1483 km)

Für viele Besucher ist eine Fahrt über **Vancouver Island** die Verbindungsetappe nach Port Hardy am nördlichen Ende der Insel. Dort beginnt bzw. – bei umgekehrtem Reiseverlauf – endet die spektakuläre **Inside Passage**, eine ca. 15-stündige Fährfahrt entlang der kanadischen Westküste von und nach Prince Rupert. Die ca. 630 Kilometer lange Strecke von Vancouver über den Highway 19 nach Port Hardy lässt sich in zwei Tagen zurücklegen (ohne Abstecher zum Pacific Rim National Park und Strathcona Provincial Park). Etwas Zeit kostet die Fährfahrt vom Festland auf die Insel. Außerdem muss eine Übernachtung in der Nähe von Port Hardy eingeplant werden, da die Fahrt auf der Inside Passage sehr früh morgens beginnt.

Darüber hinaus liegt so manche versteckte Schönheit an der Strecke direkt entlang der Ostküste der Insel, die man bei der schnellen Durchfahrt nicht sieht

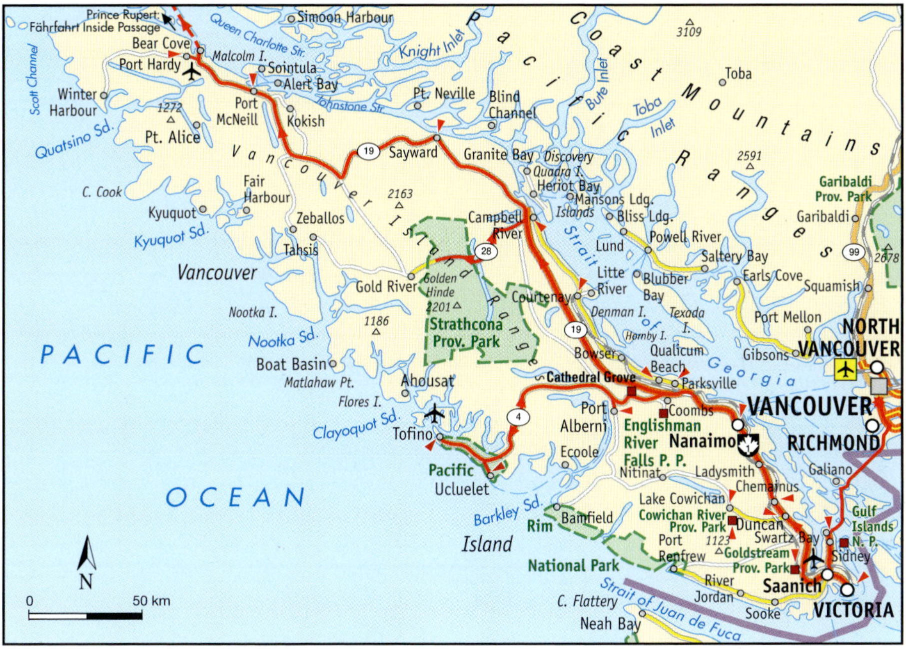

oder für die keine Zeit bleibt. Wer also mehr Zeit für Vancouver Island investieren kann, wird einige Juwele entdecken. Hat man den quirligen, abwechslungsreichen Großraum Victoria hinter sich gelassen, in dem gut die Hälfte der rund 770 000 Inselbewohner lebt, taucht man ein in eine andere, sehr ursprüngliche Seite Vancouver Islands.

Vom Großraum **Vancouver** ist Vancouver Island durch zwei Fährverbindungen erreichbar: Von dem 30 km

Über die English Bay vor Vancouver geht es per Fähre nach Vancouver Island

südlich von Vancouver gelegenen **Tsawwassen** geht es nach **Swartz Bay** (südliche Route). Bis nach Victoria sind es dann noch ca. 35 Kilometer. Die zweite Fähre legt nördlich von Vancouver in **Horseshoe Bay** ab und fährt nach **Nanaimo**, ca. 150 Kilometer nördlich von Victoria. Achtung: Von Horseshoe Bay legen mehrere Fähren mit unterschiedlichen Zielen ab; beim Einreihen auf die richtige Wartelinie achten!

Die Fähren verkehren täglich im Stunden- oder Zweistundentakt. Die Wartezeiten sind, außer an Wochenenden, besonders an den kanadischen Feiertagswochenenden (vgl. S. 293 f.), zumeist überschaubar. Es ist dennoch empfehlenswert, für die 9-Uhr-Fähre bereits um 8.15 Uhr vor Ort zu sein. Kostenpflichtige Reservierungen sind über das Internet und mit Kreditkarte möglich.

Nachdem an Bord ein Stellplatz für das Wohnmobil zugewiesen wurde, muss das Fahrzeugdeck verlassen werden. Dinge wie Fotoapparat, Kamera, einen Pullover oder Anorak und Sonnenschutzcreme sollten daher mitgenommen werden.

Die Fahrt geht durch die fotogene Schärenwelt der **Strait of Georgia**. Wie graugrüne Punkte sprenkeln die vielen Inseln das Meer, und ihre Größe reicht vom kleinen Felsen, auf dem sich einige Sträucher festklammern, bis zur bewaldeten Berginsel inklusive solidem Blockhaus am Ufer. Delphine oder Wale tauchen gelegentlich auf; einige Walherden sind hier ganzjährig zu Hause. Auch die Weißkopfseeadler *(bald eagles)* haben hier ihr Revier; sie sind am weißen Gefieder an Kopf und Schwanz zu erkennen.

Das Fährschiff bietet viel Komfort. Man hat die Wahl zwischen offenen Decks oder einem windgeschützten Plätzchen hinter großen Panoramafenstern. Auf den meisten Schiffen wird ein Buffet angeboten, und für den kleinen Hunger oder einen Kaffee bietet sich die Snackbar an.

Die Stadt **Victoria**, die nach der einstigen englischen Königin benannt wurde, hat auch heute noch viele Seiten, die auf Anhieb »very british« anmuten, angefangen bei den roten Doppeldeckerbussen bis zum traditionellen *afternoon tea* und zahlreichen, aus Großbritannien importierten Waren.

Am **Inner Harbour**, dem attraktiven Hafenbereich im Zentrum der Stadt, gibt es ausreichend Parkmöglichkeiten auch für Wohnmobile – ein idealer Platz, um einen Rundgang durch die Innenstadt zu starten. Üppige Blumenkörbe schmücken die Laternen, Straßenverkäufer haben Interessantes anzubieten. Im Hafen rangieren Boote und Jachten, und man kann aus nächster Nähe Wasserflugzeuge starten und landen sehen. Die stabilen Gummiboote *(zodiacs)* der Walbeobachtungstouren und größere Schiffe für Rundfahrten bahnen sich ihren Weg. Übrigens befindet sich die Touristeninformation ganz in der Nähe, sodass man sich auch gleich mit einem Stadtplan versorgen kann. Über dem bunten Treiben thront das ehrwürdige, imposante Hotel **The Fairmont Empress**, das auf eine hundertjährige Geschichte zurückblickt. Für ein besonderes kulinarisches Erlebnis empfiehlt sich der Afternoon Tea des Empress.

Die kleinen Straßen und Gassen des Zentrums laden zum Bummeln durch die zahlreichen Geschäfte (viel Kunsthandwerk!) und Boutiquen ein. Lohnenswert sind besonders **Government Street**, **Douglas Street** und **Fort Street**, die auch als »Antique Row« bekannt ist. Viele Restaurants und Cafés haben Außengastronomie. Typisch für Vancouver Island und Victoria sind die *microbreweries* (Brauhäuser). Die Vancouver Island Brewery z. B. wirbt stolz damit, nach dem bayerischen Reinheitsgebot

Die Uferpromenade am Inner Harbour in Victoria, dahinter das Parlamentsgebäude von British Columbia

Blütenpracht in den berühmten Butchart Gardens nördlich von Victoria

Totem Poles

Totem im Pacific Rim National Park

Totempfähle stehen oft direkt am Meer oder in Küstennähe und sind immer auf das Meer ausgerichtet. Sie sind eigentlich Familienstammbäume, durchsetzt mit der Mythologie des Stammes. Sie bilden ein Zeichen für die gemeinsamen Wurzeln oder die Besonderheiten des jeweiligen Clans. In den alten Zeiten konnten Fremde aus den übereinander angeordneten Darstellungen vieles aus der Geschichte eines Clans ablesen.

Ein Totem ist meist ein Tier oder eine Pflanze, das die Verbundenheit mit einer Person oder einer Gruppe symbolisiert. Jedes in den Stamm geschnitzte Tier- oder Pflanzentotem repräsentiert eine mythische Gestalt, die mit der Familiengeschichte, den Vorfahren oder speziellen Ereignissen in Zusammenhang steht. Ein Schnitzer darf allein diejenigen Totems darstellen, die im weitesten Sinne zu seinem Clan gehören. Zu den häufigsten Motiven gehören die Darstellungen des Raben Yehl, der in einer Muschel die Menschen entdeckt, oder des Thunderbird, des großen Donnervogels.

Die Herstellung eines Totempfahls aus einem Zedernholzstamm dauerte oft ein Jahr oder sogar länger. Eisenerz, Ton, Holzkohle und andere Farben zur kunstvollen Bemalung wurden aus der Natur gewonnen.

von 1516 zu arbeiten, doch darüber hinaus serviert man exotische Geschmacksnoten, wie einen mit Gewürzen oder Früchten angereicherten Gerstensaft.

Auch die Geschichte und Kultur der Ureinwohner, der First Nations, nimmt in Victoria einen wichtigen Platz ein. Anschauliche und detailgetreue Einblicke vermittelt das **Royal British Columbia Museum**. Im angrenzenden **Thunderbird Park** beeindruckt eine prächtige Sammlung von Totempfählen.

Im **Beacon Hill Park** steht ein Totempfahl, der als größter freistehender je aus einem einzelnen Holzstamm geschnitzter Totempfahl der Welt gilt. Der Rest des Parks ist ebenfalls sehenswert. Über verschlungene Wege und kleine Brücken geht es an Seen und Tümpeln vorbei; auch ein Felsengarten ist eingerichtet. Zwischen Seerosen und Springbrunnen tummeln sich zahlreiche Wasservögel. Bereits vor 14000 Jahren lebten die Salish People in diesem Gebiet und noch heute sind ihre Felszeichnungen im Beacon Hill Park zu bewundern.

Der Großraum Victoria ist bekannt für seine wunderschönen Gärten. Das ganzjährig milde Klima sorgt dafür, dass alles prächtig blüht und gedeiht. Für eingefleischte Gartenfreunde empfehlen sich die **Butchart Gardens**, die etwa 20 Kilometer nördlich von Victoria am Highway 19 liegen. Ein Steinbruch wurde im Laufe von über 100 Jahren in ein 22 Hektar großes Gartenareal umgewandelt, das ständig von 50 Gärtnern gehegt und umsorgt wird. Während der Sommermonate finden oft Freiluftkonzerte, öffentliche Picknicks und andere Veranstaltungen statt.

Highway 19, der den Reisenden über die gesamte Strecke bis nach Port Hardy begleitet, führt nordwärts aus der Stadt heraus in die Region **Cowichan** (in der Sprache der Salish: »von der Sonne gewärmt«), die sich der in Kanada höchsten Anzahl an Sonnenscheinstunden rühmt. So schmückt sich gar die ganze Westküste von Vancouver Island über Campbell River hinaus mit dem Beinamen »Sunshine Coast«. Hier gedeiht guter Wein, und bei etlichen Weingütern entlang der Strecke werden Weinproben angeboten.

Der **Cowichan River Provincial Park** am gleichnamigen Fluss bietet Wanderwege und Picknickplätze im schattigen Wald. Wer lieber das Meer sehen will, sollte den Highway 19A nehmen, der parallel zum Highway 19 nahe an der Küste verläuft. Zahlreiche Stichstraßen führen zu kleinen, versteckten Stränden mit wunderschönen Fernblicken und einer guten Chance, mit Sand, Wasser und Sonne allein zu sein. Manchmal sonnen sich Seehunde oder Seeotter auf den Felsen und oft ziehen Wale nahe der Küste vorbei. Das Wasser ist weitaus ruhiger als an der oft recht stürmischen Westseite von Vancouver Island: ein ideales Revier für das *Sea Kayaking*. Zahlreiche Kajakvermieter bieten neben dem Verleih auch geführte Touren an – eine gute Gelegenheit, diesen Sport hier zum ersten Mal auszuprobieren.

Der kleine Ort **Duncan**, ca. 60 Kilometer nördlich von Victoria, verdankt seinen Beinamen »City of Totems« der stattlichen Sammlung von etwa 80 Totempfählen. Näher mit dem Thema befasst sich das **Khenipsen Artisan Centre** am **Quw'utsun' Cultural and Conference Centre**; hier erfahren Besucher Interessantes zu Lebensweise und Kultur der First Nations. Man kann Kunsthandwerk und Werkzeuge ansehen und auch die Herstellung der Pfähle beobachten und darf hin und wieder sogar selbst Hand anlegen.

Manchmal braucht es eine zündende Idee, um einen Ort auf die Landkarte zu bringen. Als es in **Chemainus** mit der Forstwirtschaft bergab ging, hatte ein gewisser Karl Schutz solch einen Einfall. Er ließ überall im Ort *murals*, großflächige Wandgemälde, anlegen – mittlerweile sind es fast 40 –, die einen Stadtbummel in Chemainus zum sehenswerten Vergnügen machen. Die täuschend echt aussehenden Landschaften, historischen Themen oder humoristischen Szenen locken zahlreiche Besucher an. Da scheint zum Beispiel ein Fahrrad an der Wand zu lehnen, aber eine genauere Betrachtung zeigt, dass nur die eine Hälfte des Rades echt und die andere an die Wand gezeichnet ist

Holzindustrie auf Vancouver Island

– so wie auch die Treppenstufen und der weiße Zaun davor.

Zentrum der Sunshine Coast ist **Nanaimo**, die nach Victoria zweitgrößte Stadt der Insel. Als Handelsposten der Hudson's Bay Company 1849 gegründet, hat der Ort eine lange Entwicklung hinter sich. Nach Kohlebergbau und Holzindustrie rückte mehr und mehr die Freizeitindustrie in den Mittelpunkt. Die Stadt hat sich ihre Erinnerungen bewahrt und stellt im **Nanaimo Museum** Artefakte aus der Vergangenheit der First Nations und des Bergbaus sowie der neueren Geschichte aus. Auf dem Nanaimo Heritage Walk, einem Rundweg durch die Innenstadt, versetzen allerlei interessante Bauten wie die alte Bastion, die hölzernen Ladenfronten und die pittoresken Bars den Besucher an den Anfang des 20. Jahrhunderts zurück.

In Nanaimo gibt es mit dem Badewannenrennen alljährlich eine besondere Attraktion. Dabei treten Mannschaften aus aller Welt mit selbst gebauten Booten aus Badewannen gegeneinander an. Unter www.bathtubbing.com kann man Näheres dazu erfahren. Um selbst aktiv zu werden: Wie wäre es mit Bungee-Jumping, dem Besuch eines Hochseilgartens oder einem (nahezu) freien Fall über die Sandsteinkliffs? Nanaimo hat sich als Zentrum für solcherlei Nervenkitzel einen Namen gemacht.

Schwarzbär im Landesinneren von Vancouver Island

Wer für die nächsten Tage noch Proviant einkaufen möchte, sollte dies hier tun. Weiter im Norden nimmt die Anzahl der Supermärkte und Lebensmittelgeschäfte eher ab, und die Auswahl an frischen Waren, besonders Salat, Obst und Gemüse, wird kleiner und die Preise steigen.

Highway 19 zieht sich nun weiter an der Küste entlang, die in der Gegend von **Parksville** für ihre breiten Sandstrände bekannt ist – ein Eldorado für Wasserratten! Die ganze Region hat sich auf Feriengäste eingestellt, und besonders in den Sommermonaten kann es ziemlich voll werden. Kein Wunder, denn von Vancouver ist die Sunshine Coast nur einen Katzensprung entfernt.

Bei Parksville zweigt Highway 4 von der Küste ab und führt quer über Vancouver Island durch Port Alberni an die Pazifikküste bis nach Ucluelet und Tofino. Bereits nach wenigen Kilometern lässt man das quirlige Strandleben hinter sich und gelangt in eine ganz andere Landschaft. Das gering besiedelte Landesinnere von Vancouver Island ist felsig und mit Mischwald bedeckt. In den Tälern hält sich oft bis zur Mittagszeit der Nebel. Weißkopfadler kreisen über den Wäldern, in denen Hirsche und Schwarzbären, aber auch Wölfe und Pumas leben. Letztere allerdings sind sehr scheu und halten sich fern von der Straße auf.

Durch einen langen Fjord ist **Port Alberni** mit dem Meer verbunden. Das abgelegene Hafenstädtchen, dessen Einwohner lange vom Bergbau und der Holzindustrie lebten, ist heute ein touristisches Zentrum. Der Reichtum an Lachs und anderen Süß- und Salzwasserfischen und die Nähe zum Pacific Rim National Park ziehen Angler, Wanderer und Wohnmobilurlauber gleicher-

Bootstour zu den Orcas in der Johnstone Strait vor Vancouver Island

maßen an. Nicht nur für Petrijünger interessant ist ein Bummel durch den geschäftigen Hafen, in dem man neben Bootsverleihern und Angelläden auch nette Restaurants und Geschäfte findet.

Weiter geht es durch die zerklüftete Bergwelt der **MacKenzie Range**, deren höchste Erhebungen 2200 Meter erreichen. Bei **Ucluelet** – in der Sprache der Nuu-Chah-Nulth bedeutet dies »sicherer Hafen« – erreicht man den gewaltigen Pazifik. Der Ort beherbergt die größte Charterflotte der Westküste und bietet von Rundfahrten über Angeltouren bis hin zu Walbeobachtungen alles an.

Relativ neu ist ein Projekt namens **Wild Pacific Trail**. In insgesamt sieben Abschnitten ist bei Ucluelet ein eng an die Steilküste angeschmiegter Spazier- und Wanderweg angelegt worden. Den Wanderer erwarten spektakuläre Ausblicke auf weiße Gischt, schroffe Klippen, Sturm gepeitschte Bäume und die vorgelagerte Inselwelt. Insgesamt wird dieser noch nicht ganz fertiggestellte Pfad eine Länge von 14 Kilometern haben und an Long Beach Unit, den nördlichen Teil des Pacific Rim National Park, heranführen. Der erste Abschnitt, der Lighthouse Loop, mit einer Länge von 2,7 Kilometern kann bequem in einer Dreiviertelstunde abgelaufen werden.

Der **Pacific Rim National Park** selber ist in weiten Teilen unzugänglich. Die einzige asphaltierte Straße, auf der man ein Stück in den Park hineinfahren kann, liegt bei Tofino. Der Park, der sich an der Westküste von Vancouver Island entlangzieht, besteht aus drei Teilen. **Long Beach Unit:** Den nördlichsten Parkteil charakterisieren lange, treibholzübersäte Strände, zerklüftete Steilküsten und dichter Regenwald mit reicher Tier- und Pflanzenwelt. Zahlreiche Wanderwege mit Aussichtspunkten durchziehen diesen Teil des Parks, der die meisten Besucher anlockt. Jedes Frühjahr (März–Mai) ziehen über 20 000 Grauwale durch die Meereswellen auf ihrem Weg in den Süden am Park vorbei und im Herbst (Nov./Dez.) – allerdings auf einer weiter draußen im Meer liegenden Route – zurück. Nur ein kleiner Teil des Pacific Rim National Park ist über Highway 4 (Port Alberni – Tofino) zu erreichen. **Broken Group Islands:** Dieser Teil des Nationalparks besteht aus etwa hundert kleinen Inseln, die im Barkley Sound liegen und bei Seekajakern sehr beliebt sind. Nur zu wenigen gibt es eine Schiffsverbindung. **West Coast Trail:** Der Küstenweg durch den südlichsten Teil des Pacific Rim National Parks ist eine der härtesten und zugleich spektakulärsten Wanderungen in Kanada. Die ca. 75 Kilometer lange Strecke zwischen Port Renfrew und Bamfield folgt rauen Pfaden entlang der Steilküste, durch Sumpf und Regenwald, über Seilbrücken und hohe Felsen. Zum Schutze der Natur erteilt die Nationalparkverwaltung stets nur eine begrenzte Anzahl von Wandergenehmigungen.

Der Ursprung des West Coast Trail liegt an der stürmischen Felsenküste selbst, wo immer wieder Schiffe auf Riffs aufliefen und sanken. 1910 legte man einen Pfad für die Lebensretter an, die den Schiffbrüchigen halfen. Diesen Zweck erfüllte er jahrelang bis sich die technischen Möglichkeiten der Seefahrt verbesserten. 1970 kam der Weg zu seinem heutigen Namen und seinem neuen Verwendungszweck.

Auch der **Clayoquot Sound** vor den Toren Tofinos ist geschütztes Gebiet und wurde zum Welt-UNESCO-Biosphärenreservat erklärt. Dies hat **Tofino** mit seinen 1900 Einwohnern zu einem der meistbesuchten Orte auf Vancouver Island gemacht. Auch hier gibt es zahlreiche Möglichkeiten, aktiv zu werden, z. B. auf Walbeobachtungstouren, beim Kajakfahren, Wandern oder Tiefseeangeln. Im Winter wird *storm watching* (Sturmbeobachtung) angeboten – sicherlich ein atemberaubendes, aber eiskaltes Spektakel und nur etwas für Hartgesottene.

Zurück in Parksville geht es weiter auf Highway 19 Richtung Norden. Gelegenheit, sich zwischendurch die Beine zu vertreten, gibt es genug. Bei **Qualicum Beach** kann man in der **Big Qualicum Hatchery** alles über die Aufzucht und das Leben von Lachsen erfahren. **Courtney** im Herzen des Comox Valley hat eine beneidenswerte Lage: vor sich das Meer und hinter sich die schneebedeckten Bergspitzen des weitgehend uner-

Tofino Harbour

schlossenen Strathcona Provincial Park. Hier bestehen Einkaufsmöglichkeiten, und danach sollte man bei einer Tasse Kaffee das wunderbare Panorama genießen.

Campbell River wird jedes Anglerherz erfreuen, denn hier kann man ganzjährig Forellen und Lachse angeln. Außerdem wird hier etwas ziemlich Einzigartiges angeboten: Im Sommer, wenn die Lachse vom Meer kommend den Campbell River hinaufschwimmen, um zu ihren Laichplätzen zu gelangen, kann man sie sozusagen ein Stück des Weges begleiten. Bei einer geführten Tour mit Schnorchel und Schwimmflossen schwimmt man mit den Lachsen. Auch für Freunde des Mountainbiking wartet die Stadt mit einer Besonderheit auf: Eine Gondel bringt Biker und (das gemietete) Bike auf den Mount Washington und von dort geht es auf langen Pfaden nur noch bergab.

In Campbell River zweigt der Highway 28 nach Westen ab, die einzige asphaltierte Straße, die in den **Strathcona Provincial Park** führt. 90 malerische Kilometer lang windet sie sich durch die hügelige Landschaft, über Bäche und Schluchten. Die Bergspitzen von Mount McBride und Marble Peak sieht man hoch über dem weiten Buttle Lake aufragen. Von der Straße aus hat man immer wieder einen guten Blick auf den über 2000 Meter hohen Elkhorn Mountain. Die Straße endet in Gold River, einem kleinen Ort und Versorgungszentrum für Aussteiger, die sich hier in der Wildnis ein Zuhause geschaffen haben.

Highway 19 verlässt bei Campbell River die Küste und verläuft im Landesinneren entlang der Hankin Range. In Abständen führen Stichstraßen an die Küste zurück. Ein rund 12 Kilometer langer Abstecher verläuft zum Hafenort **Sayward**, das von der Mole weite Blicke über die zivilisationslose Bucht erlaubt. In der Umgebung stand bis vor einigen

Der »Liebessee« (Love Lake) im Strathcona Provincial Park

Jahren »Sergeant RandAlly«, die größte Alaska-Gelbzeder der Welt. Im Verlauf von rund 2000 Jahren hatte der Gigant eine Höhe von 61 Metern bei einem Umfang von über 13 Metern erreicht. Selbst der jetzt auf dem Waldboden liegende Stamm, den das Alter und seine Größe fällten, imponiert noch durch seine unglaublichen Ausmaße.

Bei **Alert Bay** erreicht der Highway 19 wieder die Küste, und einen Fotostopp ist der kleine Ort allemal wert. Hier steht der – allerdings aus zwei Teilen bestehende – höchste Totempfahl der Welt. Der 53 Meter hohe Pfahl stellt 22 verschiedene Totems dar. Die obersten sind in ihren Einzelheiten nur noch mit dem Fernglas zu erkennen.

Der kleine Hafenort **Port McNeill** bietet letzte Gelegenheit, sich bei einem Rundgang die Beine zu vertreten. Dann ist es nicht mehr weit nach **Port Hardy**, dem Anfangs- bzw. Endpunkt der Inside-Passage-Fähre. Hier muss derjenige eine Übernachtung einlegen, der diese Fährfahrt gebucht hat.

Die Inside Passage

Bis heute gibt es keine durchgängige Straße entlang der Westküste von British Columbia. Wer von Vancouver aus nach Norden, vielleicht an den Yellowhead Highway oder weiter über den Stewart-Cassiar Highway nach Alaska gelangen will, müsste eine tagelange, strapaziöse Autofahrt auf sich nehmen.

Die einzige direkte Verbindung nach Norden ist die Inside Passage per Fährschiff. Der südliche Teil, die Strecke von Port Hardy an der äußersten Spitze von Vancouver Island nach Prince Rupert, dem Anfangs- oder Endpunkt des Yellowhead Highway, ist auch bei Urlaubern äußerst beliebt. Die Fährfahrt dauert ca. 15 Stunden. Neben der enormen Zeitersparnis für den Reisenden ist die Route landschaftlich sehr reizvoll. Sie führt stets in Sichtweite entlang der stark zerklüfteten, bewaldeten Küste, vorbei an Schären und kleinen Inseln. Da die Inside Passage Teil der Migrationsroute der Wale ist, sind Sichtungen der freundlichen Meeresbewohner recht häufig. An Bord der Schiffe geben Forest Ranger Informationen über die Natur und weisen über Lautsprecher auf Tierbeobachtungen hin.

Auch magenempfindliche »Seefahrer« brauchen diese Kurz-Kreuzfahrt nicht zu scheuen; nur an einer Stelle, zwischen Vancouver Island und Rivers Inlet, geht es kurzfristig ins offene Meer. Der Rest der Strecke wird in geschützten Gewässern zurückgelegt, sodass das Schiff zumeist ruhig im Wasser liegt.

Schon früh am Morgen beginnt das Beladen des Schiffes. Bis alle Passagiere, Autos, Wohnmobile und andere Fahrzeuge sicher an Bord untergebracht und seetüchtig festgezurrt sind, dauert es eine Weile. Pünktlich um 7.30 Uhr legt die Fähre ab. Die »M. V. Northern Adventure« oder die »M. V. Northern Expedition« fahren im Sommer auf dieser Strecke immer hin und her. Nach dem Anlegen am Endpunkt Prince Rupert gegen 22.30 Uhr, wenn das letzte Fahrzeug das Schiff verlassen hat, wird gereinigt und entsorgt, werden die Vorräte aufgefüllt – das Schiff wird für die nächste Schicht vorbereitet; eine Knochenarbeit für die Angestellten und Arbeiter der Reederei BC Ferries.

Eine kleine Anmerkung: **Abweichungen** von diesen Zeitangaben sind möglich. Es ist wichtig, die angegebenen Zeiten für das Boarding und die Abfahrt des Schiffes auf der Reservierung zu beachten!

Die Passage ist im Sommer praktisch immer ausgebucht und eine Reservierung für ein bestimmtes Datum über das Reisebüro oder direkt bei BC Ferries über das Internet ist absolut notwendig. Für die Reservierung ist die Angabe der genauen Maße des Fahrzeugs und die Anzahl der mitreisenden Personen notwendig. Die Inside Passage ist kein preiswertes Vergnügen; für zwei Personen und ein 23-Fuß-Motorhome muss man je nach Umrechnungskurs mit € 600–800 rechnen. Für die Reservierung über das Internet benötigt man die Kreditkarte. Es ist auf keinen Fall anzuraten, aufs Geratewohl anzureisen, schon gar nicht mit einem Wohnmobil.

Genauso wichtig wie die Reservierung ist frühzeitiges Erscheinen. Wer zum angegebenen Zeitpunkt für das Boarding nicht an Ort und Stelle bereit steht, dessen Platz wird anderwei-

Ruhiges Fahrwasser: die Inside Passage

tig vergeben und die Fahrkarte verfällt. Aus diesem Grund ist es ratsam, die letzte Übernachtung bereits am Ablegeort einzuplanen Die Campingplätze sind darauf eingerichtet, dass viele Gäste morgens sehr früh aufbrechen und zum Schiff fahren. Und auch abends haben sie noch geöffnet, wenn sich die Karawane der RVs vom Schiff ans Ufer bewegt. Um auf Nummer Sicher zu gehen, reserviert man die Übernachtung auf einem Campingplatz in Port Hardy oder Prince Rupert.

Das Schiff ist recht komfortabel eingerichtet und hat Platz für 600 Passagiere und Crewmitglieder. Es gibt ein Café, ein Geschäft und auch eine »KidZone«, wo sich Kinder austoben können. Sogar Kabinen gibt es zu buchen, aber es ist sicher interessanter, auf den Decks herumzulaufen oder sich in einem der komfortablen Sessel einzurichten.

Wie auf jedem Fährschiff muss vor dem Ablegen das Fahrzeugdeck verlassen werden. Am besten legt man am Vorabend alles bereit, was für einen langen Tag auf dem Wasser gebraucht wird. Es schadet auch nichts, ein paar belegte Brote vorzubereiten; die Preise im Café sind nicht gerade niedrig. Zu bedenken sind auch möglicher Regen oder steigende bzw. fallende Temperaturen.

Vor etwa hundert Jahren folgten die Goldsucher diesem rund 500 Kilometer langen Seeweg Richtung Norden. Später siedelten sich einige Abenteuerlustige an den Mündungen der Flüsse an. Die großen Mengen an Lachsen wurden gleich an Ort und Stelle zu Konserven verarbeitet. Das war allerdings vor der Zeit von Tiefkühltruhen und ununterbrochenen Kühlketten. Der kleine indianische Ort **Bella Bella** mit Sägewerk und Fischerhafen hat sich bis heute gehalten, ist aber auch wie eh und je nur per Schiff zu erreichen.

Die Strände sind mit Treibholz bedeckt und der dunkle Regenwald

Fährfahrt durch die Inside Passage

schiebt sich ganz nah ans Wasser heran. Von oben grüßen die schneebedeckten Gipfel der Coast Mountains. Jede Wendung der Küste bietet neue Ausblicke. Weißkopfseeadler sind häufig zu sehen, auch einmal ein Bär, der am Strand nach Muscheln gräbt. Aber selbst wenn keine Tiere in Sicht kommen, die Landschaft allein ist schon die Reise wert.

Einen Wermutstropfen hat die wunderschöne Küste British Columbias allerdings: das feuchte und eher kühle Wetter. Doch nur durch den häufigen Regen konnte sich der Wald so entwickeln, wie wir ihn heute bewundern. Mit strahlendem Sonnenschein darf man auf der Fahrt nicht allzu fest rechnen. Wolken und vielleicht Nebelfetzen passen aber sehr gut in das Bild dieser geheimnisvollen, unzugänglichen Landschaft.

In **Prince Rupert** endet die Fährfahrt und man steht am Anfangs- bzw. Endpunkt des Yellowhead Highway (vgl. Route 10, S. 222). Für die Weiterfahrt nach Alaska besteigt man ein Schiff der Alaska Ferries (www.ferryalaska.com). Unter anderem wird in Juneau, der Hauptstadt Alaskas, Station gemacht – die einzige Hauptstadt eines US-amerikanischen Bundesstaats, die keine Straßenanbindung hat und nur per Flugzeug oder Schiff erreichbar ist. Immer entlang der Küstenlinie beträgt die geschätzte Entfernung von Port Hardy nach Haines rund 24000 Kilometer; dass jemals eine Straßenverbindung gebaut wird, darf bezweifelt werden.

Schärenlandschaft bei Vancouver Island

9 Service & Tipps

Vancouver Island: Meeresfauna des Gezeitengürtels

Alle Informationen zu Vancouver finden Sie S. 76 ff.

BC Ferries
1321 Blanshard St., Victoria, BC V8V 0B7
✆ (250) 386-3431, 1-888-223-3779
www.bcferries.com
Südliche Route Tsawwassen/Vancouver–Swartz Bay/Vancouver Island (1 Std. 35 Min.), nördliche Route Horseshoe Bay–Nanaimo/Vancouver Island (1 Std. 40 Min.)
Tickets: $ 14.85/0–7.45, Autos ab $ 49.25, Sonderpreise vgl. Coast Saver Fares auf der Webseite
Umfangreiches Fährensystem mit Fahrzeugtransporten aller Arten zwischen Vancouver Island, Vancouver, der Sunshine Coast sowie den Gulf Islands. In den Sommermonaten stündlich oder zweistündlich Abfahrten zwischen 6 und 22 Uhr. Reservierungen über das Internet (RBI = Reserved Boarding on the Internet) per Kreditkarte ($ 15). In Vancouver persönlicher Ticketverkauf im BC Ferries Vacation Centre.
Hinweis: Bei jeder Fährfahrt muss aus Sicherheitsgründen das Propangas am Campmobil zugedreht werden.

Sidney

Shaw Ocean Discovery
9811 Seaport Pl., Sidney, BC V8L 4X3
✆ (250) 655-7511, www.oceandiscovery.ca
Tägl. 10–16 Uhr, Eintritt $ 15/0–8
Meeresforschungszentrum und Aquarium in Downtown Sidney. Informationen zur Flora und Fauna des Gulf Islands National Park. Ausflüge.

Gulf Islands National Park Reserve
2220 Harbour Rd., Sidney, BC V8L 2P6
✆ (250) 654-4000, 1-866-944-1744
www.pc.gc.ca/gulf
Hauptbüro des Gulf Islands N.P. Der Nationalpark vor der Tür Victorias und der Saanich

Seelöwen – »Sea Lions« – in der Gulf Islands National Park Reserve

Goldstream Falls im Goldstream Provincial Park

Peninsula schützt seit 2003 35 km² vielfältiger Unterwasserzonen und Inseln der südlichen Gulf Islands.

McDonald Campground
10740 McDonald Park Rd., Sidney, BC V8L 5S5
48.66336,-123.418663
✆ 1-866-944-1744
www.pc.gc.ca/gulf
Camping-Reservierungen: ✆ 1-877-737-3783 oder www.pccamping.ca
Mai–Sept.
Campingplatz des Gulf Islands National Park Reserve, 50 Stellplätze, keine hook-ups. Am Stadtrand von Sidney, nur wenige Minuten südlich des Swartz-Bay-Fährterminals. Lagerfeuer, Feuerholz. $ 13.70

Victoria

Tourism Victoria Visitor Centre
812 Wharf St., Victoria, BC V8W 1T3
✆ (250) 953-2033
Reservierung von Unterkünften ✆ 1-800-663-3883, www.tourismvictoria.com
Tägl. 9–17 Uhr, im Sommer länger

Victoria West KOA
230 Trans-Canada Hwy., Malahat, BC V0R 2L0
48.542839,-123.565325
✆ (250) 478-3332, 1-800-562-1732
www.koa.com
Juni–Sept.
Komfortabler, großer Campingplatz am Trans-Canada Highway westlich von Victoria. Mit Dump Station, Waschsalon, Laden, Pool und Möglichkeiten zum Golfspielen. $ 39–49

Fort Victoria RV Park
340 Island Hwy. 1A, Victoria, BC V9B 1H1
48.458818,-123.444073
✆ (250) 479-8112
www.fortvictoria.ca
Ganzjährig geöffnet
Komfortabler RV-Platz mit 300 Stellplätzen, alles Vollanschlüsse. Dump Station, Duschen, Restaurant, Bistro, Laden, Waschautomaten, Kabel-TV, WLAN. $ 41

Goldstream Provincial Park
Hwy. 1, Malahat, BC V0R 2L0
48.460145,-123.554052
Camping-Reservierungen: ✆ (519) 826-6850, 1-800-689-9025, www.discovercamping.ca

www.env.gov.bc.ca/bcparks
Ganzjährig geöffnet
Gut gelegener Campingplatz mit 173 Stellplätzen, Dump Station und Duschen im Provincial Park 16 km nördlich von Victoria. Wunderschöner alter Waldbestand und Wasserfälle. Wandern, Beobachtung von Lachsen. $ 30

Art Gallery of Greater Victoria
1040 Moss St., Victoria, BC V8V 4P1
✆ (250) 384-4171
www.aggv.bc.ca
Mo–Mi und Fr/Sa 10–17, Do bis 21, So 12–17 Uhr
Eintritt $ 13/0–2.50
Kunstmuseum mit einer bedeutenden Sammlung der Malerin Emily Carr sowie zahlreichen indianischen Artefakten. Kanadische, europäische, asiatische und moderne Kunst. In Rockland.

Craigdarroch Castle Historical Museum
1050 Joan Crescent, Victoria, BC V8S 3L5
✆ (250) 592-5323
www.thecastle.ca
Tägl. Mitte Juni–Anfang Sept. 9–19, sonst 10–16.30 Uhr, Eintritt $ 13.75/0–8.75
Prunkvolles viktorianisches Stadtschloss von 1890 in Rockland.

Fort Rodd Hill and Fisgard Lighthouse National Historic Sites
603 Fort Rodd Hill Rd.
Victoria, BC V9C 2W8
14 km westl. von Victoria, via Hwy. 1 (Ausfahrt 10), Hwy. 1A und Ocean Blvd.
✆ (250) 478-5849
www.fortroddhill.com
www.fisgardlighthouse.com
www.pc.gc.ca/fisgard
www.pc.gc.ca/fortroddhill
Tägl. Mitte Feb.–Ende Okt. 10–17.30, Nov.–Feb. 9–16.30 Uhr, Eintritt $ 3.90/0–1.90
Historische Festung der Küstenartillerie von 1878–1956. Daneben das Fisgard Lighthouse.

Legislative Buildings
Belleville St.
Victoria, BC V8V 1X4
✆ (250) 387-3046
www.leg.bc.ca/inf/2-2.htm
Mitte Mai–Anfang Sept. tägl. 9–17, sonst Mo–Fr 9–17 Uhr
Eindrucksvolle Parlamentsgebäude am Inner Harbour, abends illuminiert. Kostenlose Führungen.

Maritime Museum
28 Bastion Sq.
Victoria, BC V8W 1H9
✆ (250) 385-4222
www.mmbc.bc.ca
Mitte Juni–Mitte Sept. tägl. 10–17Uhr
Eintritt $ 13/0–10
Seefahrtsmuseum im historischen Gerichtsgebäude am Inner Harbour.

Royal BC Museum
675 Belleville St., Victoria, BC V8W 9W2
Anfahrt: über Hwy. 17 S. bis Belleville St., dort rechts einbiegen, Parkmöglichkeiten für RVs vorhanden
✆ (250) 356-7226, 1-888-447-7977
www.royalbcmuseum.bc.ca
Tägl. 10–17 Uhr
Eintritt $ 16/0–10.15, in Kombination mit IMAX-Kino $ 25.50/0–19.50
Erstklassiges Museum zur Natur- und Menschheitsgeschichte der Provinz. Totempfähle im Thunderbird Park hinter dem Museum. Museumsgeschäft und -café.

Pacific Undersea Gardens
490 Belleville St., im Inner Harbour
Victoria, BC V8V 1W9
✆ (250) 382-5717
www.pacificunderseagardens.com
Mai/Juni Mo–Mi 10–17, Do–So 10–19, Juli/Aug. 9–19, Sept.–April tägl. 10–17 Uhr
Eintritt $ 11.95/0–8.75
Unterwassergarten mit großen Sichtfenstern auf regionale Flora und Fauna. Vorführungen.

Butchart Gardens
800 Benvenuto Ave.
Brentwood Bay, BC V8M 1J8
✆ (250) 652-4422 oder -5256, 1-866-652-4422
www.butchartgardens.com
Ganzjährig tägl. ab 9 Uhr, verschiedene Schließungszeiten, Mitte Juni–Anfang Sept. bis 22 Uhr
Saisonal unterschiedliche Eintrittspreise, Hauptsaison Mitte Juni–Ende Sept. $ 30.20/0–15.10
Beliebtes Ausflugsziel 20 km nördlich von Victoria am Hwy. 19. 20 ha großer, berühmter botanischer Garten, 1904 in einem alten Kalksteinbruch angelegt.

Victorias Empress Hotel am Inner Harbour

Victoria Butterfly Gardens
1461 Benvenuto Ave.
Brentwood Bay, BC V8M 1R3
✆ (250) 652-3822, 1-877-722-0272
www.butterflygardens.com
Tägl. Anfang Mai–Anfang Sept. 9–17, März–Mitte Mai und Sept./Okt. 10–17 Uhr
Eintritt $ 15/10
Tropischer Schmetterlingsgarten auf der Saanich Peninsula.

Ocean River Sports
1824 Store St.
Victoria, BC V8T 4R4
✆ (250) 381-4233, 1-800-909-4233
www.oceanriver.com
Mo 9.30–18, So 10–17 Uhr
Victoria Urban Harbour Tour (3 Std.) $ 75/0-37,50, Coastal Kayak Tour (5,5 Std.) $ 135
Leihkanus/-kajaks für 2 Std. ab $ 35
Kanu- und Kajakverleih. Besonders beliebt: die Hafenrundfahrten durch Inner Harbour, Upper Harbour und den historischen Gorge Waterway.

Prince of Whales
812 Wharf St.
Victoria, BC V8W 1T3
✆ (250) 383-4884, 1-888-383-4884
www.princeofwhales.com
Walbeobachtungstour $ 105/0–95
Dreistündige Walbeobachtungsfahrten ab Victoria Inner Harbour. Am besten zwischen Mai und Okt. Auch kombinierbar mit einem Besuch der Butchart Gardens ($ 145/0–125).

Victoria Harbour Ferry
1234 N. Wharf St.
Victoria, BC V8W 3H9
✆ (250) 708-0201
www.victoriaharbourferry.com
Hafenrundfahrten $ 22/0–10
März–Okt. alle 15 Min.
Kommentierte Rundfahrten, Sightseeing- und Charterfahrten, auch Wassertaxi-Service. Ab dem Dock vor dem Empress Hotel.

Empress Room
721 Government St.
Victoria, BC V8W 1W5
✆ (250) 389-2727
www.fairmont.com/empress
Vornehme Atmosphäre, edle Speisen. Im altehrwürdigen Empress Hotel. Der Afternoon Tea wird in der Tea Lobby tägl. 12–15 Uhr serviert ($ 50/0–25). $$$–$$$$

Four Mile House Restaurant & Bar
199 Island Hwy.
Victoria, BC V9B 1G1
✆ (250) 479-2514
www.fourmilehouse.com

Köstliche Westküstenkochkunst. Gemütliches altenglisches Ambiente. Knapp außerhalb von Downtown. Auch Nachmittagstee. $$–$$$

Gatsby Mansion Restaurant
309 Belleville St.
Victoria, BC V8V 1X2
✆ (250) 381-3456, 1-800-663-7557
www.gatsbymansion.com
Elegantes Restaurant mit Westküstenküche in einer opulenten viktorianischen Villa im reizenden Belleville Park am Inner Harbour. Frühstück, Lunch, Nachmittagstee, Dinner, Sonntagsbrunch. Wer länger bleiben möchte: Die Villa ist ein Bed & Breakfast mit 20 Zimmern. Restaurants $$$

Vancouver Island Brewery
2330 Government St., Victoria, BC V8T 5G5
✆ (250) 361-0007, 1-800-663-6383
www.vanislandbrewery.com
Führungen Fr/Sa 13 und 15 Uhr
Tickets $ 7
Besichtigung der Brauerei im Rahmen einer Führung. Reservierung und Ticketinfo per Telefon. Bierverkauf.

Irish Times Pub
1200 Government St., Victoria, BC V8W 1Y3
✆ (250) 383-7775
www.irishtimespub.ca
Allabendlich keltische Livemusik. Downtown.

Cowichan Trading Company
1328 Government St., Victoria, BC V8W 1Y8
✆ (250) 383-0321
www.cowichantrading.com
Kunst, Kunsthandwerk und traditionelle Kleidung der Indianer von Vancouver Island.

Belfry Theatre
1291 Gladstone Ave., Victoria, BC V8T 1G5
✆ (250) 385-6815, www.belfry.bc.ca
Tickets ab $ 25
Modernes Theater in Fernwood: Dramen, Komödien, Musicals.

BC Ferries
Vgl. S. 206

Black Ball Transport
430 Belleville St.
Victoria, BC V8W 1W9
✆ (250) 386-2202
www.ferrytovictoria.com
Mitte Mai–Ende Sept. viermal tägl., März–Mai und Okt.–Jan. zweimal tägl.
Überfahrt $ 16/0–8, Autos inkl. Fahrer ab $ 58.50
»M.V. Coho«, Autofähre zwischen Victoria und Port Angeles, Washington. Dauer der Überfahrt: 1,5 Stunden.

Victoria Clipper
254 Belleville St.
Victoria, BC V8W 1W9
✆ (250) 382-8100, 1-800-888-2535
www.clippervacations.com
Überfahrten in der Hauptsaison: Victoria–Seattle $ 88/0–44
Schneller Katamaran mit Passagierservice zwischen Victoria Inner Harbour und Seattle, Pier 69. Keine Autos. Im Sommer mehrmals, im Winter einmal täglich. Dauer der Überfahrt nach Seattle: 2 ¾ Stunden.

Washington State Ferries
2499 Ocean Ave.
Sidney, BC V8L 1T3
✆ (250) 656-1831, 1-888-808-7977 (beide USA)
www.wsdot.wa.gov/ferries
$ 18/0–14.25, Auto inkl. Fahrer in der Hauptsaison $ 59
Autofähre zwischen Sidney (Victoria) und Anacortes (Washington, USA) via San Juan Islands. Zwei oder mehr Überfahrten täglich im Sommer, eine im Winter. Dauer der Überfahrt je nach Route 2–3 Stunden.

Harbour Air Seaplanes
950 Wharf St.
Victoria, BC V8W 1T3
✆ (250) 385-9131, 1-800-665-0212
www.harbour-air.com
Tickets: $ 160/0–160
Service mit dem Wasserflugzeug: in der Hochsaison 10-mal täglich Flüge zwischen den Häfen von Victoria und Vancouver, auch nach Richmond, dreimal tägl. von und zum Vancouver International Airport. Flugdauer: 35 Minuten.

Kenmore Air
1000 Wharf St.
Victoria, BC V8W 3H9
✆ (425) 486-1257 in den USA und 1-866-435-9524 (USA & Kanada)

www.kenmoreair.com
Victoria Inner Harbour – Seattle Lake Union: $ 160
Regelmäßige Verbindungen mit dem Wasserflugzeug zwischen Victoria Inner Harbour und Lake Union bei Seattle. Acht Flüge täglich, Dauer: 30 Minuten. Ansonsten Flüge zu den San Juan Islands, nach Vancouver Island u. v. a. Zielen.

West Coast Trail Express
4884 Lochside Dr.
Victoria, BC V8Y 2E4
✆ (250) 477-8700, 1-888-999-2288
www.trailbus.com
Busverbindung nach Nanaimo, Port Alberni und den Anfängen und Enden des West Coast Trail und des Juan de Fuca Marine Trail.

Cowichan

Cowichan River Provincial Park
Via Hwy. 18, nordwestlich von Duncan
48.771903,-123.897504
Camping-Reservierungen: ✆ (519) 826-6850, 1-800-689-9025, www.discovercamping.ca
www.env.gov.bc.ca/bcparks
Ganzjährig geöffnet, voller Service von Mitte März–Ende Okt.
Stoltz Pool Campground mit 43 Stellplätzen am lachsreichen Cowichan River. Paddeln, Schwimmen und Wandern. $ 16

Lakeview Park Campground
8815 Lakeview Park Rd.
Lake Cowichan, BC V0R 2G0
48.822032,-124.101972
✆ (250) 749-3350 (Juli/Aug.), sonst (250) 749-6681
www.town.lakecowichan.bc.ca
Städtischer Campingplatz am See. 35 Plätze mit Strom- und Wasseranschluss. $ 32–40

Duncan

Duncan RV Park & Campground
2950 Boys Rd.
Duncan, BC V9L 6W4
48.769237,-123.702692
✆ (250) 748-8511
http://duncan.travel.bc.ca/listings/duncan-rv-park-campground/21918
Ganzjährig geöffnet
60 Stellplätze am Cowichan River. Vollanschlüsse, Dump Station, Duschen, Waschsalon, Feuerstellen, WLAN. Gäste können Schwimmen, Kanufahren, Angeln und Wandern. $ 23–36

In der Juan de Fuca Strait südlich von Vancouver Island: Die langen Rückenflossen sind ein Kennzeichen der Schwertwale

Riverside RV Park
1-3065 Allenby Rd.
Duncan, BC V9L 6W5
48.767667,-123.70743
✆ (250) 746-4352
www.bc-camping.com/?n=riverside+rv+park&id=2691&t=hotelinfo
Ganzjährig geöffnet, voller Service Mai–Okt. Campinghütten und 80 RV-Stellplätze am Cowichan River. Vollanschlüsse und Dump Station. Schwimmen, Angeln, Wandern, Lagerfeuer. $ 18–25

BC Forest Discovery Centre
2892 Drinkwater Rd.
Duncan, BC V9L 6C2
✆ (250) 715-1113, 1-866-715-1113
www.discoveryforest.com
Tägl. Ende Mai–Anfang Sept. 10–16.30, Mitte April–Mitte Mai und Anfang Sept.–Anfang Okt. bis 16 Uhr
Eintritt $ 15/0–13
Ausstellungen, Fahrten mit dem Dampfzug (Juli–Sept., halbstündl.).

Quw'utsun' Cultural Centre & Riverwalk Café
200 Cowichan Way, Duncan, BC V9L 6P4
✆ (250) 746-8119, 1-877-746-8119
www.quwutsun.ca
Mai–Sept. tägl. 10–17, Okt.–April Mo–Fr 10–16 Uhr, Café Juni–Sept. Mo–Sa 11.30–15 Uhr
Eintritt (inkl. Führung und Multimediashow) $ 13/0–10; inkl. Lachs-Barbecue und Tanzvorführung $ 38/0–36
Kulturzentrum und Museum der Cowichan-Indianer. Multimediaausstellungen und Tanzvorführungen. Lunch und Dinner im Restaurant am Cowichan River (Juni–Sept.): indianische Spezialitäten mit Lachs, Heilbutt, Wild, Bison und wilden Beeren. $$

Chemainus

Chemainus Garden Holiday Resort
3042 River Rd., RR #1
Chemainus, BC V0R 1K0
48.917959,-123.726704
✆ (250) 246-3569
www.chemainusgarden.com
Ganzjährig geöffnet
Luxuriöses RV-Campingresort in parkähnlicher Umgebung. 125 Stellplätze, Blockhäuser zu mieten und Wohnmobile zu verkaufen. Vollanschlüsse, Clubhaus, Dump Station, Duschen, Münzwäscherei, Kinderspielplatz, Pool, Whirlpool, Spazierwege, Restaurant, WLAN. $ 32–47

Country Maples RV Resort
9010 Trans-Canada Hwy.
Chemainus, BC V0R 1K4
48.895978,-123.714939
✆ (250) 246-2078
www.holidaytrailsresorts.com/countrymaples, ganzjährig geöffnet
Komfortabler RV-Campingplatz mit 160 Stellplätzen. Vollanschlüsse, Dump Station, Waschsalon, kleiner Laden, beheizter Pool, WLAN. Viele Freizeitmöglichkeiten. $ 41–53, 14 km nördl. von Duncan.

Nanaimo

Jinglepot RV Park & Campground
4012 Jinglepot Rd.
Nanaimo, BC V9T 5P9
49.204834,-124.035582
✆ (250) 758-1614
Ganzjährig geöffnet
Komfortabler Campingplatz mit 120 Stellplätzen in parkähnlicher Umgebung. Vollanschlüsse, Dump Station, Duschen, Waschsalon, kleiner Laden, Spielplatz. $ 30–34

Living Forest Oceanside RV Park & Campground
6 Maki Rd., Nanaimo, BC V9R 6N7
49.130717,-123.911888
✆ (250) 755-1755
www.livingforest.com
Ganzjährig geöffnet
300 Stellplätze auf einer bewaldeten Halbinsel an der Mündung des Nanaimo River ins Meer. Radfahren, Paddeln, Schwimmen, Wandern u.a. Freizeitaktivitäten. Spielplatz, Café, Vollanschlüsse, Waschsalon, Dump Station, kleiner Laden, WLAN. $ 26–46, im Winter $ 21–37

Nanaimo District Museum
100 Museum Way, Nanaimo, BC V9R 5J8
✆ (250) 753-1821
www.nanaimomuseum.ca
Ende Mai–Anfang Sept. tägl. 10–17, sonst Mo–Sa 10–17 Uhr
Eintritt $ 2/0–1.75
Neu gestaltetes, regionalgeschichtliches

Museum im Vancouver Island Conference Centre.

The Bastion
98 Front St., Nanaimo, BC V9R 5J8
✆ (250) 753-1821
www.nanaimomuseum.ca
Ende Mai–Anfang Sept. tägl. 10–16 Uhr
Eintritt frei, Spenden erwünscht
Wahrzeichen von Nanaimo. Verbliebener Teil des 1853 errichteten Forts der Hudson's Bay Company, heute Teil des Nanaimo District Museums. Kanonenböller täglich um 12 Uhr mittags.

BC Ferries/Duke Point Terminal
400 Duke Point Hwy., südl. von Nanaimo auf der Halbinsel Duke Point jenseits der Bucht
Nanaimo, BC V9X 1H6
✆ (250) 722-0181
www.bcferries.com
Tickets ab $ 14.75/0–7.45, Autos ab $ 49.25
Fährservice achtmal täglich von und nach Tsawwassen (Vancouver). Dauer: 2 Stunden.

BC Ferries/Departure Bay Terminal
680 Trans-Canada Hwy., nördl. von Nanaimo
Nanaimo, BC V9S 5R1
✆ (250) 753-1261
www.bcferries.com
Tickets ab $ 14.75/0–7.45, Autos ab $ 49.25
Fährservice achtmal täglich von und nach Horseshoe Bay (Vancouver). In der Hochsaison zusätzliche Überfahrten. Dauer: 1 Stunde 40 Minuten.

BC Ferries/Nanaimo Harbour Terminal
160 Front St.
Nanaimo, BC V9R 2X1
✆ (250) 753-9344
www.bcferries.com
Tickets $ 9.90/0–4.95, Autos ab $ 23.55
Bis zu 16-mal täglich verkehrt die Auto- und Passagierfähre nach Gabriola Island. Dauer: 20 Minuten.

Parksville

Englishman River Falls Provincial Park
13 km südwestlich von Parksville
49.245327,-124.350237
Camping-Reservierungen: ✆ (519) 826-6850, 1-800-689-9025, www.discovercamping.ca

Ein unvergessliches Erlebnis: eine Kajaktour durch eine der berühmtesten Kajakdestinationen auf Vancouver Island

www.env.gov.bc.ca/bcparks, Mai–Sept.
1 km² großer Park mit Campingplatz. 103 Stellplätze ohne hook-ups. Via Errington ab Hwy. 4 zu erreichen. Im Park befinden sich die schönen Englishman River Falls und um die Wasserfälle ein alter Wald mit hohen Douglasfichten. Wandern, Fischen, Schwimmen. $ 21

Rathtrevor Beach Provincial Park
3 km südwestlich von Parksville am Hwy. 19A
49.322234,-124.267218
Camping-Reservierungen: ✆ (519) 826-6850, 1-800-689-9025, www.discovercamping.ca
www.env.gov.bc.ca/bcparks
Ganzjährig geöffnet, voller Service Mitte März–Mitte Okt.
3,5 km² großer, sehr populärer Strandpark. Alte Bäume, herrliche Sonnenuntergänge. 2 km langer, schöner Strand, der zu den populärsten Zielen der Insel zählt, und 5,5 km Wanderwege. Picknick- und Campingplatz mit 175 Stellplätzen, Duschen, Dump Station. $ 30

Park Sands Beach Resort
105 E. Island Hwy., Parksville, BC V9P 2G4
49.328366,-124.299663
✆ (250) 248-3171, 1-877-873-1600
www.parksands.com
Ganzjährig geöffnet
Familienorientierter Campingplatz mit 94 Stellplätzen in Downtown. Großer Strand, alter Baumbestand. Vollanschlüsse, Dump Station, Münzwäscherei, WLAN, Kabel-TV, Wasserspielplatz im Community Park nebenan. Mitte Juni–Mitte Sept. $ 70–29.50, sonst weniger.

Riverbend Resort
1-924 E. Island Hwy.
Parksville, BC V9P 1R6
49.3138,-124.27918
✆ (250) 248-3134, 1-800-701-3033
www.riverbendresort.bc.ca
Ganzjährig geöffnet
Campingplatz mit 144 Stellplätzen, Vollanschlüssen, Dump Station und Münzwäscherei am Englishman River. Es gibt auch Blockhütten. Schwimmen, Angeln u. a. Wassersportarten. Nahe des Rathtrevor Beach Provincial Park. $ 30–42

Port Alberni

Sproat Lake Provincial Park
13 km nordwestlich von Port Alberni

Lagerfeuer im Strathcona Provincial Park im wilden Inneren von Vancouver Island

📍 49.293897,-124.931077
Camping-Reservierungen: ✆ (519) 826-6850, 1-800-689-9025, www.discovercamping.ca
www.env.gov.bc.ca/bcparks
Lower Campground ganzjährig geöffnet (voller Service Mitte April–Mitte Okt.), Upper Campground Mitte Mai–Mitte Okt.
43 ha großer Park am Sproat Lake mit zwei Campingplätzen. Der Lower Campground mit Duschen nahe des Sees verfügt über 15 Stellplätze, der Upper Campground über 44. Schwimmen, Fischen, Bootfahren, Scuba Diving, Windsurfing und Wasserski. $ 25 (Lower Campground)/21(Upper Campground)

Stamp River Provincial Park
Via Beaver Creek Rd.
📍 49.336554,-124.923597
Camping-Reservierungen: ✆ (519) 826-6850, 1-800-689-9025, www.discovercamping.ca
www.env.gov.bc.ca/bcparks
Mai–Mitte Okt.
3,3 km² großer Park an den Kaskaden des Stamp River. Kleiner Campingplatz direkt im Provincial Park (Beschilderung). Schöne Lage am Strand, aber sehr einfach, nur *dry sites*. Duschen, Toiletten und Dump Station vorhanden. Möglichkeiten zum Angeln, Wasserski, Windsurfen und Wandern. Geeignet für Rollstuhlfahrer. $ 16

Somass Motel & RV Park
5279 River Rd., Port Alberni, BC V9Y 6Z3
📍 49.260425,-124.822284
✆ (250) 724-3236, 1-800-927-2217
www.somass-motel.ca, ganzjährig
Kleiner RV Campground mit nur sechs Stellplätzen am Hwy. 4. Vollanschlüsse, Duschen, Pool, Waschsalon, Motelzimmer. $ 25–30

McLean Mill National Historic Site
5633 Smith Rd.
Port Alberni, BC V9Y 8M1
✆ (250) 723-1376
www.alberniheritage.com
Ende Juni–Anfang Sept. tägl. 10.30–17.15 Uhr, sonst kürzer
Eintritt $ 10/0–10 (Mo–Mi ohne Dampfzug und Betrieb der Dampfsägemühle), mit Dampfsägemühle $ 15/0–11.25, mit Dampfzugfahrt und -sägemühle $ 30/0–22.50
Das Freilichtmuseum um eine dampfgetriebene Sägemühle (Do–So in Betrieb) von 1925 ist auch mit der Alberni Pacific Railway (vgl. dort) erreichbar.

Zedernholzmaske der Kwakwaka'wakw-Indianer aus Cape Mudge im Norden von Vancouver Island

Port Alberni Maritime Discovery Centre
2750 Harbour Rd.
Port Alberni, BC V9Y 7X2
✆ (250) 723-6164
www.alberniheritage.com
Ende Juni–Anfang Sept. tägl. 10–17 Uhr
Eintritt frei, Spenden erwünscht
Museum zur Seefahrtgeschichte der Region.

Alberni Pacific Railway
E&N Train Station, 3100 Kingsway
Port Alberni, BC V9Y 3B1
✆ (250) 723-2118
www.alberniheritage.com
Abfahrten Ende Juni–Anfang Sept. Mo–Do 10 und 14 Uhr (von Kingsway)
Fahrpreis $ 20/0–15, inkl. Eintritt für McLean Mill NHS und Betrieb der Dampfmühle $30/0–22.50
35-minütige Fahrten ab dem historischen Bahnhof mit der »No. 7 Locie«, einer Baldwin-Lokomotive von 1929, zur McLean Mill National Historic Site.

Lady Rose Marine Services
5425 Argyle St.
Port Alberni, BC V9Y 7M7
✆ (250) 723-8313 (ganzjährig), 1-800-663-7192 (April–Sept.)
www.ladyrosemarine.com
Port Alberni–Bamfield $ 35, Port Alberni–Ucluelet $ 37, Port Alberni–Sechart/Broken Group Islands $ 35, Ucluelet–Sechart/Broken Group Islands $ 26; Kinder (7–15 Jahre) zahlen jeweils den halben Preis

Nach Bamfield (3,5–5,5 Std.) ganzjährig Di, Do, Sa um 8 Uhr; nach Ucluelet (4,5 Std.) und Sechart/Broken Group Islands (3 Std.) Juni–Sept. Mo, Mi und Fr um 8 Uhr; nach Bamfield und den Sechart/Broken Group Islands Juli/Aug. So um 8 Uhr
Ab Argyle Pier, neben dem Alberni Harbour Quay, in South Port Alberni. Seitdem die altehrwürdige »M. V. Lady Rose« 2008 in Pension ging, transportiert die »M. V. Frances Barkley« die Passagiere der Gesellschaft allein.

Ucluelet

Pacific Rim Visitor Centre
2791 Pacific Rim Hwy.
Ucluelet, BC V0R 3A0
✆ (250) 726-4600, www.pacificrimvisitor.ca
Anfang Juli–Anfang Sept. tägl. 9–19, Mai/Juni und Anfang Sept.–Mitte Okt. tägl. 9–17 Uhr
Zuständig für Port Alberni, Pacific Rim N. P., Ucluelet und Tofino. Eintrittspässe, Ausstellungen.

Green Point Campground
49.054464,-125.720587
✆ 1-877-737-3783
www.pccamping.ca
Anfang Mai–Mitte Okt.
Geschützt gelegener, sehr populärer Campingplatz mit unmittelbarem Zugang zum langen, breiten Sandstrand des Nationalparks. 114 Stellplätze, Dump Station, Feuerstellen und Picknicktische, stets früh ausgebucht. Auf halber Strecke zwischen Tofino und Ucluelet. $ 17.60–23.50

Ucluelet Campground
260 Seaplane Base Rd.
Ucluelet, BC V0R 3A0
48.94592,-125.557875
✆ (250) 726-4355
www.ucluelетcampground.com
März–Sept.
Campground mit 125 Stellplätzen und Dump Station. An der Ortseinfahrt, in Gehentfernung zu allen Versorgungseinrichtungen. Ausblicke auf Berge und Meer. $ 25–41 pro Familie oder 4 Erwachsene

Pacific Rim National Park
2185 Ocean Terrace Rd.
Ucluelet, BC V0R 3A0
✆ (250) 726-3500
www.pc.gc.ca/pacificrim
Eintritt $ 7.80/3.90
Herrlicher Nationalpark mit weiten, treibholzübersäten Sandstränden und dichtem Regenwald. Strandwandern, Muschelsammeln, Wandern im Regenwald, Surfen etc. Nur ein Campingplatz, Green Point Campground (vgl. oben).

Tofino

Pacific Rim Visitor Centre
Vgl. Ucluelet.

Bella Pacifica Campground
Mackenzie Beach Rd.
Tofino, BC V0R 2Z0
49.132139,-125.902916
✆ (250) 725-3400
www.bellapacifica.com, März–Nov.
Campingplatz ca. 3 km südlich von Tofino am Mackenzie Beach. 175 Stellplätze mit Strom, Strom und Wasser oder Vollanschluss. Schöner Sandstrand. Duschen, Wäscherei, Lagerfeuer, Laden. Rechtzeitig reservieren. $ 40–50

Mackenzie Beach Resort
1101 Pacific Rim Hwy.
Tofino, BC V0R 2Z0
49.132177,-125.902795
✆ (250) 725-3439
www.mackenziebeach.com
Ganzjährig geöffnet
Campingplatz mit 60 Stellplätzen am Mackenzie Beach. Großer, weiter Strand. Vollanschlüsse, Zugang zum Pool und Whirlpool. Keine Reservierungen. $ 46–56 für 2 Personen

Rainforest Interpretive Centre
1084 Pacific Rim Hwy.
Tofino, BC V0R 2Z0
✆ (250) 725-2560
www.raincoasteducation.org
Juni–Aug. tägl. 10–17 Uhr
Eintritt frei, Spenden erwünscht
Hervorragende Ausstellungen zum Thema »Temperierter Regenwald«. Veranstaltungen und geführte Wanderungen in den Wald und an die Tofino Mudflats. In der Clayoquot Field Station im botanischen Garten.

Whale Centre Museum
411 Campbell St.
Tofino, BC V0R 2Z0
✆ (250) 752-2132, 1-888-474-2288
www.tofinowhalecentre.com
Tägl. 9–20 Uhr, Eintritt frei
Kleines Museum mit maritimen Artefakten und dem Skelett eines ausgewachsenen Grauwals. Fahrten zur Wal-, Bären- oder Wildvögelbeobachtung, in den Clayoquot Sound, zu den Hot Springs etc.

Tofino Botanical Gardens
1084 Pacific Rim Hwy.
Tofino, BC V0R 2Z0
✆ (250) 725-1220
www.tofinobotanicalgardens.com
Tägl. ab 9 Uhr, verschiedene Schließzeiten
Eintritt $ 10/0–6
Botanischer Garten mit Regenwald, an den Tofino Mudflats. Wanderpfade, kulturelle Veranstaltungen, Kunstwerke im Garten. Mit Restaurant »Darwin's Café« und dem ökologisch geführten Hotel »Ecolodge«.

Tofino Air
50 1st Dock
Tofino, BC V0R 2Z0
✆ (250) 725-4454, 1-866-486-3247
www.tofinoair.ca
Flüge zu den Hot Springs, zur Wal- oder Bärenbeobachtung, zu den Della Falls, zum West Coast Trail etc.

Qualicum Beach

Cedar Grove RV Park & Campground
246 Riverbend Rd.
Qualicum Beach, BC V9K 2N2
49.362085,-124.483577
✆ (250) 752-2442
www.cedargrovervpark.ca
Ganzjährig geöffnet
Schöner, bewaldeter Campingplatz mit 108 Stellplätzen. In Strandnähe am Little Qualicum River. Vollanschlüsse, Duschen, Dump Station, Waschsalon, Spielplatz, WLAN. Schwimmen, Picknick, BBQs. $ 29–37

Qualicum Beach Museum
587 Beach Rd.
Qualicum Beach, BC V9K1K7
✆ (250) 752-5533
www.qbmuseum.net
Ende Mai–Mitte Sept. Di–Sa 11–16, sonst Di

An einer Dump Station wie hier im Pacific Rim National Park können Sie jederzeit Ihr Schmutzwasser entsorgen und Ihr Frischwasser auffüllen

Sonnenbad am Long Beach im Pacific Rim National Park

und Do 13–16 Uhr
Eintritt frei, Spenden erwünscht
Highlight des paläontogischen Museums ist das 60000 Jahre alte Skelett einer Eiszeit-Walrossdame.

The Old Schoolhouse Arts Centre
122 Fern Rd. W.
Qualicum Beach, BC V9K 1T2
✆ (250) 752-6133
www.theoldschoolhouse.org
Mo 12–16.30, Di–Sa 10–16.30, So 12–16 Uhr, im Winter So geschl., Eintritt frei
Studio und Kunstgalerie mit Werken von über 150 Künstlern Vancouver Islands. Auch Konzerte.

Courtenay/Comox

Bates Beach Oceanfront Resort
5726 Coral Rd., Courtenay, BC V9J 1W9
49.774703,-124.975836
✆ (250) 334-4154
www.batesbeach.bc.ca
Ganzjährig geöffnet
32 Stellplätze mit Ausblicken auf die Inside Passage. Viele Freizeitaktivitäten wie Wandern, Radfahren, Kajakfahren, Schwimmen, Schnorcheln, Strandwandern, Lachsangeln etc. Vollanschlüsse und Waschsalon.
$ 19–37.50

Lighthouse RV Park
8526 Island Hwy., Route 19A
Fanny Bay, BC V0Z 1W0
49.472719,-124.795194
✆ (250) 335-1667, 1-888-757-8765
www.lighthouservpark.ca
Ganzjährig geöffnet
Kleiner Campingplatz mit nur 19 Stellplätzen am Meer. Schwimmen, Angeln, Kajakfahren, Strandspaziergänge, Lagerfeuer. Vollanschlüsse, Duschen und Waschsalon. $ 25–42

Courtenay District Museum and Paleontology Centre
207 Fourth St.
Courtenay BC V9N 1G7
✆ (250) 334-0686
www.courtenaymuseum.ca
Ende Mai–Anfang Sept. Mo–Sa 10–17, So

12–16, sonst Di–Sa 10–17 Uhr
Eintritt frei, Spenden erwünscht
Regionalmuseum zu Dinosauriern, Indianern und weißen Pionieren.

BC Ferries/Buckley Bay Terminal
6866 Island Hwy.
Fanny Bay, BC V0R 1W0
✆ (250) 335-0323
www.bcferries.com
Nach Denman Island: ab $ 9.10/0–4.25; weiter nach Hornby Island: doppelter Fahrpreis, Autos ab $ 21.30
Fähren mehrmals täglich von Buckley Bay nach Denman Island und weiter nach Hornby Island.

BC Ferries/Little River Terminal
1300 Ellenor Rd.
Comox, BC V9M 4B3
✆ (250) 890-7808
www.bcferries.com
Überfahrt ab $ 13.65/0–6.85, Autos ab $ 43.20
Fährverbindung zwischen Comox und Powell River. 4-mal täglich. Dauer der Überfahrt: 1 Stunde 20 Minuten.

Campbell River

Pacific Playgrounds International
9082 Clarkson Dr.
Black Creek, BC V9J 1B3
49.869826,-125.118223
✆ (250) 337-5600, 1-877-239-5600
www.pacificplaygrounds.com
Ganzjährig geöffnet
Komfortabler Campingplatz mit 201 RV-Stellplätzen und Blockhütten. Vollanschlüsse, Dump Station, Duschen, Waschmaschinen, Marina, General Store (32 Eissorten!), WLAN, Picknicktische und Feuerstellen an allen Stellplätzen, Spielplatz und Swimmingpool. Schwimmen in Fluss und Meer. Angeln, Golf, Vogelbeobachtung und Wanderwege. Mindestaufenthalt 2 Nächte. $ 25–30

Thunderbird RV Park & Campground
2600 Spit Rd.
Campbell River, BC V9W 5W8
50.03986,-125.247967
✆ (250) 286-3344
www.thunderbirdrvpark.com
Ganzjährig geöffnet
Innenstadtnaher Campingplatz am Meer mit weitem Ausblick. 90 Stellplätze, Vollanschlüsse, Dump Station, Duschen, Waschsalon, WLAN. In Gehentfernung zu Einkaufsmöglichkeiten und Marina. $ 19–29

Strathcona Provincial Park
Via Hwy. 28
49.832723,-125.627818
Camping-Reservierungen: ✆ (519) 826-6850, 1-800-689-9025
www.discovercamping.ca
www.env.gov.bc.ca/bcparks
Buttle Lake Campground Mitte April–Okt., Ralph River Campground Mai–Sept.
Sein Hundertjähriges feierte der fast 2500 km² große Park 2011. Er schützt eine in wei-

Estevan Point Lighthouse in der Nähe von Tofino bei Ebbe

ten Bereichen hochalpine, weglose Wildnis mit dem Buttle Lake, dem Forbidden Plateau und den Della Falls, den mit 444 m höchsten Wasserfällen Kanadas. Buttle Lake Campground und Ralph River Campground verfügen zusammen über 170 Stellplätze. Lagerfeuer, Wandern, Bootfahren, Schwimmen, Angeln, keine hook-ups. $ 16

Nuyumbalees Cultural Centre
34 Weway Rd.
Quadra Island, BC V0P 1N0
✆ (250) 285-3733
www.nuyumbalees.com
Mai–Sept. tägl. 10–17 Uhr
Eintritt $ 10/0–5
Museum und Kulturzentrum der Kwakwaka'wakw-Indianer in Cape Mudge.

Destiny River Adventures Ltd.
1630 N. Island Hwy.
Campbell River, BC V9W 2E5
✆ (250) 287-4800, 1-877-923-7238
www.destinyriver.com
Halbtagestouren $ 125/115, Ganztagestouren $ 169/139
Mit den wilden Lachsen im Fluss schnorcheln, Wildwasserfahrten und mehr.

Island Adventure Centre
Heriot Bay Inn
Quadra Island, BC V0P 1H0
✆ (250) 285-3322, 1-888-605-4545
www.islandadventurecentre.com
Boots- und Kajaktouren, Exkursionen zum Beobachten von Orcas und Grizzlybären sowie zum Lachsangeln: 6- bis 7-stündige Orca-Tour $ 160/110 (im Zodiac) bzw. $ 175/130 (im geschlossenen Boot), 4-stündige Küsten-Bootstour im Zodiac $ 110/80, im geschl. Boot $ 145.

Rebecca Spit Marine Provincial Park
An der Ostseite von Quadra Island
www.env.gov.bc.ca/bcparks
177 ha großer Park auf einer 2 km langen Halbinsel bei Drew Harbour. Strände, Picknickplätze, kein Camping.

BC Ferries/Campbell River Terminal
1001 Island Hwy.
Campbell River, BC V9W 4Z8
✆ (250) 286-1412
www.bcferries.com
Tickets $ 9.10/0–4.55, Autos ab $ 21.30
Bis zu 18-mal täglich legt die Autofähre von und nach Quathiaski Cove auf Quadra Island ab. Dauer der Überfahrt: 10 Minuten.

Sayward

Fisherboy Trailer Park
1546 Sayward Rd.
Sayward, BC V0P 1R0
50.315791,-125.920318
✆ (250) 282-3204, 1-866-357-0598
www.fisherboypark.com
Ganzjährig geöffnet
Campingplatz mit 30 Stellplätzen. Vollanschlüsse, Dump Station, Duschen, Wäscherei, Diner und Café. Auch Blockhütten und Motelzimmer. Hübscher Spazierweg entlang der Mündung des Salmon River, Angeln, Wal- und Bärenbeobachtung möglich. $ 16–29

Port McNeill

Alder Bay Resort
Alder Bay Dr.
Port McNeill, BC V0N 2R0
50.559033,-126.912954
✆ (250) 956-4117, 1-888-956-4117
www.alderbayresort.com
Ganzjährig geöffnet
Campingplatz mit 90 Stellplätzen am Meer. Vollanschlüsse, Duschen, Wäscherei, Laden, Dump Station. Angeln, Schwimmen, Bootfahren und Möglichkeit zu Walbeobachtungstouren von der hiesigen Marina. $ 25–32

Port Hardy

Quatse River Regional Park & Campground
8400 Byng Rd.
Port Hardy, BC V0N 2P0
50.688866,-127.486523
✆ (250) 944-2395, 1-866-949-2395
www.quatsecampground.com
Ganzjährig geöffnet
Mit altem Wald bestandener Campingplatz auf dem Gelände einer Lachszuchtstation am Quatse River. 62 Stellplätze mit Strom und Wasser, Duschen, Waschsalon, Lagerfeuer, Dump Station. Spazierweg entlang des Flusses und Meeres zur Stadt (ca. 45 Minuten),

Pfad zur Plattform für Wildbeobachtung, Angeln. $ 24–29

Port Hardy Museum
7110 Market St.
Port Hardy, BC V0N 2P0
✆ (250) 949-8143
www.porthardymuseum.com
Mitte Mai–Anfang Okt. Di–Sa 10–12 und 13–17 Uhr
Eintritt frei, Spenden erwünscht
Regionalgeschichtliches Museum.

Cape Scott Provincial Park
Nordwestl. von Port Hardy
www.env.gov.bc.ca/bcparks
Ganzjährig geöffnet
223 km² große, raue Küstenwildnis an der Nordspitze von Vancouver Island. Die Zufahrt erreicht man 63 km westwärts von Port Hardy über eine Forstpiste. Kanufahren, Fischen, Wandern, Schwimmen. Kein RV-Camping, nur Zelte (Mai–Sept. $ 10 pro Person).

BC Ferries/Bear Cove Terminal
Bear Cove Hwy.
Port Hardy, BC V0N 2P0
✆ (250) 949-6722, 1-888-223-3779
www.bcferries.com
Mitte Mai–Ende Sept. jeden zweiten Tag von und nach Prince Rupert
Nach Prince Rupert: Fahrpreis $ 187/0–93.50, Autos ab $ 427
Nach Bella Coola: Anfang Juni–Anfang Sept., Fahrpreis $ 185/0–92.50, Autos ab $ 370
8 km per Auto von Port Hardy zum Fährterminal auf der Ostseite der Bucht. Am Ende des Hwy. 19.

Alle Informationen zu Prince Rupert finden Sie S. 234.

Abendlicher Strandspaziergang am Chesterman Beach in Tofino

10 Yellowhead Highway

Hohe Berge, Prärieland und blonde Männer

10. Route: Prince Rupert – Terrace – Smithers – Fort St. James – Prince George –Tête Jaune Cache – Mount Robson Provincial Park – Edmonton (1483 km)

km	Route
0	**Prince Rupert**
144	**Terrace**
91	**Kitwanga**
	Abzweig: Cassiar Hwy. nach Watson Lake (744 km)
53	**Hazelton**
34	**Moricetown**

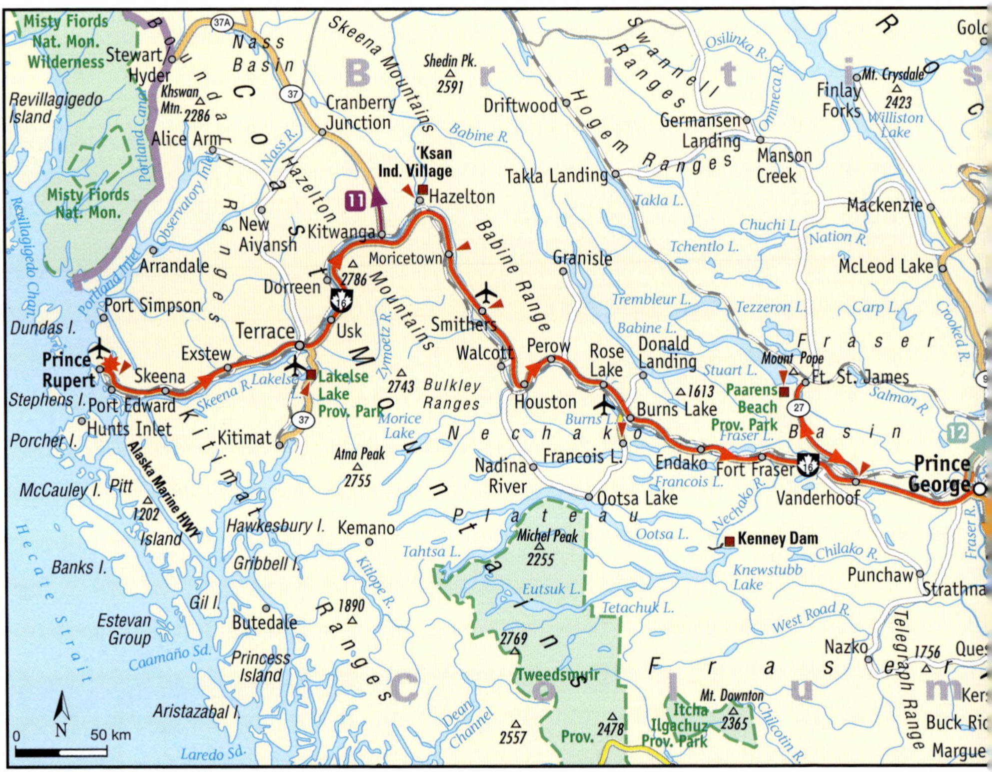

34	**Smithers**
138	**Burns Lake**
135	**Vanderhoof** und Abstecher nach **Fort St. James** (120 km hin und zurück)
100	**Prince George**
	Abzweig: John Hart Hwy. nach Dawson Creek (400 km)
	Abzweig: Cariboo Hwy. nach Cache Creek (445 km)
275	**Tête Jaune Cache**
	Abzweig: Yellowhead Hwy. South nach Kamloops (338 km)
20	**Mount Robson Provincial Park**
66	**Jasper National Park/Jasper**
	Abzweig: Icefields Parkway nach Banff (290 km)
52	**Miette Hot Springs**
51	**Hinton**
	Abzweig: Bighorn Hwy. nach Dawson Creek (465 km)
290	**Edmonton**
	Anschluss: von Edmonton auf dem Hwy. 2 über Red Deer nach Calgary (296 km)

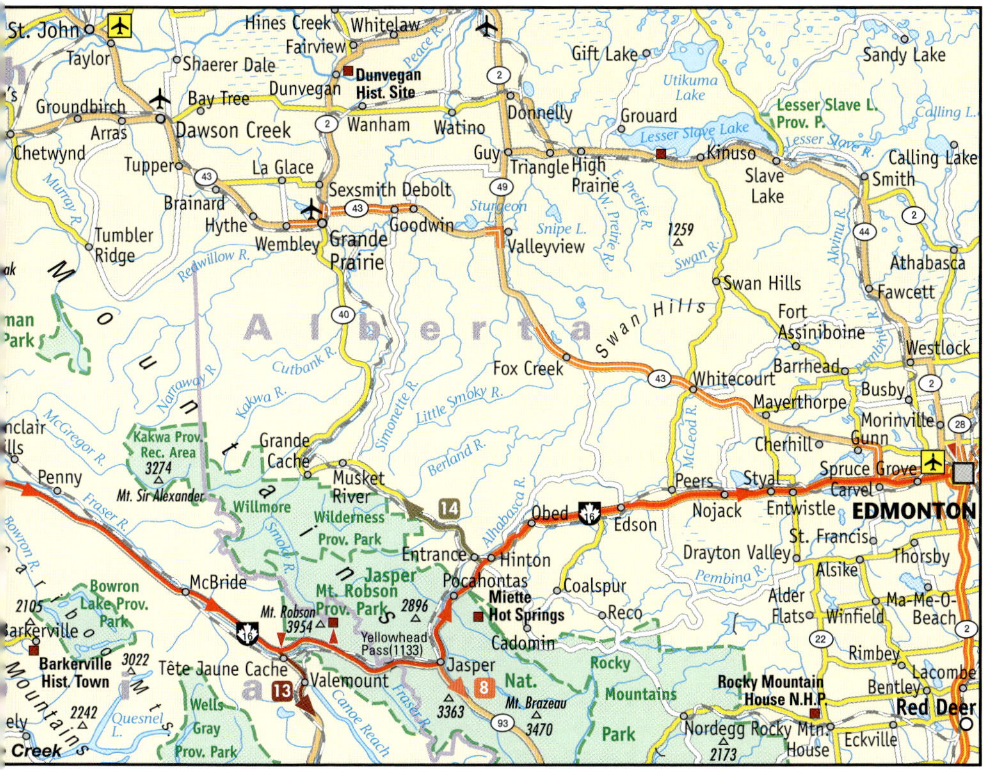

Der **Yellowhead Highway** (Hwy. 16) ist insgesamt rund 3000 Kilometer lang und verläuft quer durch die Provinzen British Columbia, Alberta, Saskatchewan und Manitoba bis nach Winnipeg. Er überquert dabei zunächst die Coast Mountains in der Nähe des Pazifiks, dann eine Reihe kleinerer Berg- und Hügelketten, schraubt sich durch die Rocky Mountains, vorbei am höchsten Berg der kanadischen Rockies, dem Mount Robson, um dann in den Prärieebenen Zentral-Kanadas sanft auszulaufen. Der interessanteste Teil des Highways liegt im Westen, auf der Strecke von der Pazifikküste bis nach Edmonton. Es gibt viele Erzählungen darüber, wie der Highway zu seinem ungewöhnlichen Namen (Yellowhead = Gelbkopf, Blondschopf) kam. Eine besagt, dass ein blonder Franzose vor etwa 300 Jahren seinen Weg nach Westen suchte. Sein richtiger Name soll Pierre Bostonais gewesen sein. Er war damals mit dem Kanu unterwegs, und tatsächlich verläuft auch der heutige Yellowhead Highway über weite Strecken parallel zu den großen Flüssen.

Die Straße wurde erst 1970 offiziell eröffnet. Sie ist die nördlichste Ost-West-Verbindung durch relativ erschlossenes Gebiet. Weiter nördlich windet sich nur noch der »AlCan«, der Alaska-Kanada-Highway, durch die fast menschenleere Wildnis. Wenn so hoch im Norden von »erschlossen« oder »Zivilisation« die Rede ist, sind damit einige wenige Städte, ein paar Dutzend kleinere Ortschaften und einzelne Farmhäuser gemeint. Direkt neben diesen Spuren menschlicher Besiedlung fängt meist wieder die Wildnis an, und die Straße selbst ist nicht mehr als eine lange, dünne Narbe in einem riesigen Gebiet unberührter Natur.

Ein routinierter Trucker braucht für die Strecke drei Tage. Sie sollten in Ihrer Planung ein paar Tage mehr einräumen, denn es gibt viel Interessantes entlang des Weges zu sehen und vielleicht reizt auch der eine oder andere Abstecher.

Prince Rupert liegt am Pazifik und bildet den westlichen Endpunkt bzw. Anfangspunkt des Yellowhead Highway. In der Pionierzeit war die Nordwestküste Kanadas, und damit auch der Nordpazifik, ein begehrtes Ziel von Spaniern, Russen und Engländern, die sich alle ihren Einfluss auf dieses Gebiet sichern wollten. Letztlich war es aber der Handel, der die Besiedlung dieser entlegenen Gegenden vorantrieb. Es begann mit dem Handel von Pelzen, speziell Robbenfelle waren begehrt und brachten gutes Geld. Nachdem man den großen Reichtum an Fisch, besonders an Lachsen, vor der Küste und in den breiten Flüssen entdeckte, begann man, kleine Fabriken für Fischkonserven zu bauen. Gegen Ende des 19. Jahrhunderts gab es ein Dutzend solcher Produktionsstätten in der Gegend des heutigen Prince Rupert. Nicht weit entfernt, etwas südlich von Port Edward kann man sich dazu das **North Pacific Historic Fishing Village** ansehen.

Die Stadt selbst ist durch die Eisenbahn und nicht, wie viele andere Orte im Norden Kanadas, durch den Goldrausch entstanden. Die Grand Trunk Pacific Railway hatte diesen Ort als ihre westliche Endstation ausgesucht und eine Stadt vom Reißbrett erschaffen.

Lange bevor Pelztierjäger und Händler an die Nordwestküste kamen, lebten dort verschiedene Stämme der First Nations, wie die Haida oder Gitxsan. Ihre Lebensgrundlage bildete der Fischfang. Sie waren handwerklich und künstlerisch sehr geschickt. Ihre hölzernen Langhäuser standen in geschützten Buchten entlang der Küste, wo auch ihre wundervoll gefertigten Kanus am Strand lagen. Obwohl jeder Stamm seinen eigenen Dialekt hatte, verbanden sie u. a. ein starker Familienzusammenhalt und der Glaube daran, dass alle Lebewesen und Dinge miteinander in Verbindung stehen. Als Symbol für dieses Miteinander wurden Holzstämme, in die die Geschichten jedes Hauses und jeder Familie geschnitzt wurden, vor dem Haus aufgestellt – die Totempfähle.

Noch heute leben die Angehörigen vieler Stämme in der Gegend um Prince Rupert. Das **Museum of Northern British Columbia** bietet einen interessanten Einblick in die Geschichte und Kultur dieser First Nations. Einige Künstler arbeiten direkt im Museum und Besucher können ihnen dort bei der Arbeit zusehen.

Auch für Walbeobachtungstouren bietet sich Prince Rupert an, wobei die Buckel- und Grauwale im Sommer Saison haben, während die Orcas (Schwertwale) häufiger im Frühjahr gesichtet werden. Die Weißkopfseeadler haben sich an den Trubel im Hafen gewöhnt und schauen von ihren Aussichtsposten mit stoischer Ruhe auf das Kommen und Gehen der Schiffe.

Die Campingplätze der Gegend haben sich auf die Abfahrts- und Ankunftszeiten der Inside-Passage-Fähre eingestellt. Ihr Geschäft ist krisensicher; solange die Passage gebucht wird – und ein Ende des Booms ist nicht in Sicht – bilden sich entlang der Zufahrten im Zwei-Tage-Takt Schlangen an Wohnmobilen, die einen Platz für die Nacht suchen. Die wenigsten Besucher bleiben länger. Nach dem Einkauf von Proviant, einem kleinen Rundgang am Hafen oder im Zentrum und eventuell einem Museumsbesuch zieht es die meisten wieder hinaus aus der Stadt.

Noch ein gutes Stück nach dem Verlassen Prince Ruperts schmeckt die Luft salzig, und der Wind bläst oft heftig durch die schiefergrauen Schluchten des Skeena River. So könnte man sich ein Urstromtal vorstellen, mit gewaltigen Dimensionen, großen Felsbrocken, die das Wasser bei der Schneeschmelze

Das wildschöne Tal des Skeena River

Bemalter Totempfahl im ´Ksan Historical Village

mitgerissen hat, und dunklen Wäldern im Hintergrund. Nichts ist begradigt oder anderweitig von Menschenhand verändert. Der Fluss weitet sich zu einem bis zu zwei Kilometer breiten Fjord und lässt dem Yellowhead Highway nur Raum dicht an den Felsen. In Serpentinen schraubt sich die Straße durch die Coast Mountains.

Wenn man früh morgens von Prince Rupert losfährt, durchziehen manchmal noch Nebelschwaden die Landschaft. Dann kann man sich vorstellen, wie die Erzählungen um den Kermode-Bären entstanden sind, den »Spirit Bear« (Geisterbär), wie ihn die First Nations nennen. Er hat ein weißes, manchmal cremefarbenes Fell und erinnert mit seinem runden Kopf und runden Ohren sehr an einen Teddybären. Diese Unterart des Schwarzbären lebt nur in dieser Gegend Kanadas und auf einigen, der Küste vorgelagerten Inseln. Es handelt sich dabei nicht um Albinos; die Farbe stammt von einem rezessiven Erbmerkmal, das bei einem kleinen Teil der hier heimischen Bärenpopulation in Erscheinung tritt. Im Verlauf von 10 000 Jahren hat sich in dieser abgelegenen Region aus dem amerikanischen Schwarzbären diese besondere Spezies entwickelt.

Nach Skeena, einer kleinen Ansiedlung mit nicht viel mehr als einer Handvoll Häuser, ist **Terrace** der erste Ort, den man auf dem vom Skeena River begleiteten Weg nach Osten erreicht. Er ist – typisch für den Norden Kanadas – aus einer Sägemühle entstanden, zu der sich einige Wohnhäuser gesellten. Die Anzahl der Briefkästen längs des Highways verrät, dass auch hier ein guter Teil der Einwohner in den umliegenden Wäldern lebt. Die Küstenberge halten einen Großteil des Regens ab, sodass das Klima durchaus angenehm ist. Die Einwohnerzahl ist in den letzten Jahren stetig gestiegen. Terrace führt seit einigen Jahren den Kermode-Bären im Stadtwappen und eine Reihe von einheimischen Künstlern hat Kermode-Statuen geschaffen, die auf den Straßen zu bewundern sind.

Im weiteren Verlauf folgt die Route dem Skeena River bis nach **Kitwanga** (vgl. S. 245). Der Fluss wurde Tausende von Jahren als Handelsstraße benutzt. Die Gitksan und Wet'suwet'en, die am Zusammenfluss von Skeena und Bulkley River lebten, befuhren ihn mit hölzernen, bis zu 20 Metern langen Booten bis zum Meer.

Abzweig ab Kitwanga:

In Kitwanga, 91 km östlich von Terrace, zweigt der Highway 37, auch Cassiar Highway genannt, nach Alaska ab. Über gut 700 km geht es durch weitgehend menschenleere Wildnis in den Yukon nach Watson Lake, wo man auf den Alaska Highway trifft (vgl. Route 11, S. 242).

Weiter auf dem Yellowhead Highway kommt man nach **Hazelton** am Bulkley River. Interessantes aus der Kultur der First Nations erzählt das rekonstruierte **'Ksan Historical Village**. In dem Freilichtmuseum erfährt man alles über die Bauweise der Häuser, das Leben und die Kultur der Gitxsan. Holzschnitzer lassen sich bei der Arbeit an den Totempfählen beobachten, es gibt eine Ausstellung, und handgefertigter Schmuck wird verkauft.

Etwas weiter östlich hat der kleine First-Nations-Ort **Moricetown** am Bulkley River selbst nicht viel zu bieten, doch außerhalb liegen zwei sehenswerte Ziele. Die Wasserfälle **Moricetown Falls** und der **Moricetown Canyon** sind beliebte und traditionelle Lachsfanggründe der Wet'suwet'en People. Mit einem Speer bewaffnet, turnen junge Männer mit artistischer Geschicklichkeit auf einem nassen, rutschigen Felsen mitten in den tosenden Wassermassen des Bulkley River herum und nehmen ihre Beute ins Visier.

Smithers am Yellowhead Highway beschreibt sich und seine Umgebung gern selbst als »kanadische Schweiz« und hat konsequenterweise einen Alphornbläser im Stadtwappen. Tatsächlich hat die Landschaft der **Babine Mountain Range** Ähnlichkeit mit der schneegekrönten europäischen Bergregion. Nach dem Zweiten Weltkrieg wanderten zahlreiche Schweizer und Holländer hierher aus.

Dies ist das traditionelle Stammesgebiet der Wet'suwet'en, das sich über gut 150 Kilometer bis nach Burns Lake erstreckt. Das Volk verteilt sich auf fünf Clans: Wolf, Fireweed (eine Weidenröschenart), Biber, großer Frosch und kleiner Frosch (die entsprechenden Langhäuser kann man im 'Ksan Historical Village in Hazelton besichtigen). Jedes Kind gehört nach der Geburt automatisch einem Clan und dem dazugehörigen Haus an und hat eine lebenslange Verbindung zu ihm. Es gibt ungefähr 5000 Stammesangehörige, von denen viele in der Gegend wohnen.

An den Moricetown Falls fischen die Indianer Lachse aus dem schäumenden Wasser des Bulkley River

Immer wieder trifft man auf einen Campingplatz, der direkt an einem Golfplatz liegt. Urlauber, die das Golfen einmal ausprobieren wollen, können sich einfach ein paar Schläger leihen, von einer Kleiderordnung oder einem Handicap wie auf europäischen Plätzen hat man hier noch nie etwas gehört.

Nicht nur für Angler, sondern für alle, die einen oder mehrere Tage Pause vom Fahren machen oder Kanada-Feeling abseits der Zivilisation erleben wollen, ist dieser Abschnitt des Yellowhead Highway ideal. Die Straße folgt weiter den Flussläufen durch das Tal, es gibt Hunderte von Seen und Flüssen und an vielen befinden sich Campingplätze. Erkundigen Sie sich bei der Touristeninformation nach den Gegebenheiten und fragen Sie auch nach dem Zustand der Straßen. Babine Lake, Burns Lake und Fraser Lake sind Paradiese für Angler und Wanderer.

Burns Lake ist das Tor zu 3000 Meilen der besten Forellengewässer British Columbias, so verspricht es das Fremdenverkehrsamt. Die wasserreiche Gegend ist ein Garant für spannende Angelabenteuer und es gibt viele Campgrounds und Resorts, auf denen das Wohnmobil direkt an einem schönen See- oder Flussufer abgestellt werden kann. Wo es viele Seen gibt, kann natürlich auch gepaddelt werden. Und auch Pferdefreunde kommen in dieser Gegend auf ihre Kosten, wie entsprechende Werbetafeln entlang des Highways verkünden.

135 Kilometer weiter östlich erreicht man mit dem kleinen Ort **Vanderhoof** den geografischen Mittelpunkt British Columbias. Das Städtchen ist besonders im Frühjahr und Herbst bei Vogelfreunden aus der ganzen Welt beliebt, denn Tausende von Kanadagänsen machen hier auf ihrem Weg Richtung Süden bzw. Norden Station. In dem geschützten Gebiet des **Migratory Bird Sanctuary** bietet ein Aussichtsturm einen guten Ausblick auf die Wiesen und Marschen.

Ein lohnenswerter Abstecher nördlich von Vanderhoof ist **Fort St. James** am Stuart Lake (61 km einfache Strecke), das man über den Highway 27 erreicht. Hier kann man im **Fort St. James National Historic Park** die Rekonstruktion eines Forts von 1896 besuchen. Das ursprüngliche Fort war um 1806 von Simon Fraser errichtet worden. Die ehemalige Handelsniederlassung der Hudson's Bay Company war Tauschzentrum für Trapper und Ureinwohner, die für ihre Felle und Pelze u. a. Lebensmittel und Decken erhielten. Noch immer gibt es in den Kaufhäusern der Hudson's Bay Company – heute »The Bay«, z. B. in Vancouver – die typischen gewebten Decken der Gesellschaft zu kaufen. Bei näherer Begutachtung fallen schwarze Striche am Rand der Decken auf, welche seinerzeit den Preis, d. h. den entsprechenden Gegenwert an Biberfellen, darstellten. Diese und weitere Geschichten erfährt man bei einem Rundgang durch das Fort. Schauspieler in historischen Kostümen gehen hier den täglichen Verrichtungen ihrer Vorväter nach und erzählen vom damaligen Leben.

Der Ort Fort St. James liegt malerisch zwischen See und Bergen und bietet die Möglichkeit zahlreichen Aktivitäten nachzugehen. Auf dem **Stuart Lake** und den benachbarten Gewässern kann man paddeln und angeln. Ein dreistündiger Marsch auf den Gipfel des **Mount Pope** wird mit einem traumhaften Rundblick belohnt, es gibt aber auch kürzere Wanderwege.

Rund 100 Kilometer sind es von Vanderhoof nach **Prince George**. Nach Tagen in dünn besiedelten Gebieten wird einem diese Stadt mit ihren gut 72 000 Einwohnern relativ groß erscheinen. Die Straßen verlaufen schnurgerade, wie auf dem Reißbrett entworfen. Prince George ist das Handelszentrum im Norden British Columbias und liegt strategisch günstig am Kreuzungspunkt des Yellowhead Highway mit dem Highway 97, der Verbindungsstraße Richtung Norden nach Dawson Creek und nach Süden zum Trans-Canada Highway. Hier gibt es alle Errungenschaften der Zivilisation: große Supermärkte, Restaurants und Einkaufszentren. Allerdings kann es in Prince George durchaus passieren, dass man im Vorbeifahren am Stadtrand einen Schwarzbären entdeckt, denn die Wildnis fängt gleich hinter dem letzten Haus an.

Der Yellowhead Highway verläuft nun parallel zum **Fraser River** (entgegen der Fließrichtung) und entlang der Cariboo Mountains. Es geht allmählich bergauf und man nähert sich den Rocky Mountains. Das Gebiet ist nur dünn besiedelt, vereinzelt sieht man das rote Dach einer Farm oder einen kleinen Ort. Die nur knapp 600 Einwohner zählende Gemeinde **McBride**, zwischen den Cariboo Mountains und den Rockies gelegen, begrüßt ihre Besucher mit einem auffälligen Eisenbahnschild. In der historischen Eisenbahnstation ist das Touristenbüro untergebracht, gleich neben einem gigantischen, hölzernen Bären, den ein Künstler mit der Kettensäge geschaffen hat.

Abzweige ab Prince George:
Nach Norden geht es über den John Hart Highway (Hwy. 97) nach Dawson Creek, dem Anfangspunkt des Alaska Highway (vgl. Route 12, S. 252).

Nach Süden verläuft der Highway 97 als Cariboo Highway durch Farmland und mündet bei Cache Creek auf den Trans-Canada Highway (vgl. Route 4, S. 134).

Kurz darauf wird der Ort **Tête Jaune Cache** am Zusammenfluss von Fraser und Robson River erreicht. Gleich drei Bergzüge rahmen das idyllische Robson Valley ein: die **Cariboo Mountains**, die **Monashee Mountains** und die **Rocky Mountains**. Vom historischen Ort ist heute fast nichts mehr zu sehen; aus dem einstigen Versorgungszentrum zum Bau der Grand Trunk Railway, für den das Baumaterial mit Schaufelraddampfern den Fraser River hinaufgeschafft wurde, ist ein ganz modernes Städtchen geworden. Pierre Bostonais, der Mann mit dem *tête jaune*, dem Blondschopf, der als Führer für die Hudson's Bay Company arbeitete und außerdem als Jäger und Fallensteller unterwegs war, hatte hier in der Gegend ein Lager oder Versteck (*cache*) für seine Felle eingerichtet und wurde so zum Namensgeber für Tête Jaune Cache. Auch der 1133 Meter hohe **Yellowhead Pass**, der 77 Kilometer weiter östlich an der Grenze zwischen British Columbia und Alberta liegt, wurde nach ihm benannt. Zum Schluss wurde Bostonais das Jagen zum Verhängnis; eine Gruppe Beaver Indianer ermordete ihn und seine Familie aus Rache für Übergriffe in ihr Jagdgebiet.

Wer es sportlich mag, der kann eine Rafting-Tour auf dem Fraser River unternehmen. Das Fraser Valley kann man auf geführten Ausritten erobern. Zwei 9-Loch-Golfplätze in der Gegend ergänzen die Palette der sportlichen Aktivitäten.

Abzweig ab Tête Jaune Cache:
Hier gibt es einen Abzweig des Yellowhead Highway South (Hwy. 5), der zum Eingang des Wells Gray Provincial Park führt und dann weiter südlich bei Kamloops in den Trans-Canada Highway mündet (vgl. Route 13, S. 260).

Weiter auf dem Yellowhead Highway ist nach kurzer Zeit der **Mount Robson Provincial Park** erreicht. Am Parkeingang gibt es eine detaillierte Parkbeschreibung, in der auch die Ausstattung

Westlicher Eingang zum Mount Robson Provincial Park

der Campingplätze beschrieben ist. Die Plätze sind je nach Schneemenge von Mitte Mai bis Ende September geöffnet.

Mount Robson ist mit 3954 Metern der höchste Gipfel der kanadischen Rockies. Er liegt am Westrand des Provincial Parks, sodass er bald zur Linken zu sehen ist. Vom Visitor Centre direkt am Highway besteht bei klarem Wetter eine sehr gute Sicht auf den Berg, und einige kürzere und längere Wanderwege führen in seine schöne Umgebung. Der populärste Wanderweg ist der **Berg Lake Trail**, für den man allerdings reservieren muss. Für die informative Ausstellung über den Park sollte man sich etwas Zeit nehmen. Draußen vor der Tür kann man außerdem oft Kolibris beobachten.

Wie in den meisten Naturparks ist die Tierpopulation hoch, und es bestehen gute Chancen, einen Schwarzbären oder Wapitihirsche zu sehen. Verheißungsvoll erscheinen die Elch-Warnschilder entlang der Straße. Für ungeübte Augen ist es trotz seiner stattlichen Größe allerdings schwierig, einen Elch im grünen Dickicht neben der Straße auszumachen.

Unmittelbar hinter dem Mt. Robson Provincial Park verläuft die Grenze zum Jasper National Park und der Provinz Alberta. Nicht vergessen, kurz vor Jasper die Uhren eine Stunde vor auf die Mountain Standard Time umzustellen.

Der Ort **Jasper** ist das Zentrum des **Jasper National Parks**, und naturgemäß ist hier alles auf den Tourismus eingestellt. Die Visitor Information versorgt Besucher mit aktuellen Informationen über den Park und die Stadt. Von Jasper aus gibt es eine ganze Palette von Ausflugsmöglichkeiten und ein umfassendes Angebot an Veranstaltungen des Nationalparks (vgl. Route 8, S. 182 f.).

Abzweig ab Jasper:

Hier zweigt der Icefields Parkway (Hwy. 93) in südlicher Richtung ab. Die spektakuläre Panoramastraße führt nach Lake Louise, zum Trans-Canada Highway und nach Banff (vgl. Route 8, S. 174).

Ist Edmonton das Ziel dieser Route, folgt man weiterhin dem Yellowhead Highway Richtung Osten, der sich durch die Rockies schlängelt und an den heißen Quellen, den **Miette Hot Springs** (vgl. S. 183), und **Hinton** (vgl. S. 271 f.) vorbei in die großen Ebenen hinunterführt. So wie die Höhenmeter fallen, steigen in der Regel die Temperaturen. In der Prärie herrscht sommerlich heißes Kontinentalklima. Die Straße verläuft über etliche Kilometer einfach nur geradeaus.

Will man aber die Großstadt Edmonton umgehen und Calgary auf angenehmere Art und Weise erreichen,

Der Mount Robson vom Yellowhead Highway aus gesehen

folgt man ab Jasper besser dem Icefields Parkway (vgl. Route 8, S. 174) nach Süden.

Abzweig ab Hinton:

Hier zweigt der Bighorn Highway (Hwy. 40) nach Norden ab. Er verläuft über Grande Cache und Grande Prairie bis nach Dawson Creek, wo der Alaska Highway beginnt (vgl. Route 14, S. 270).

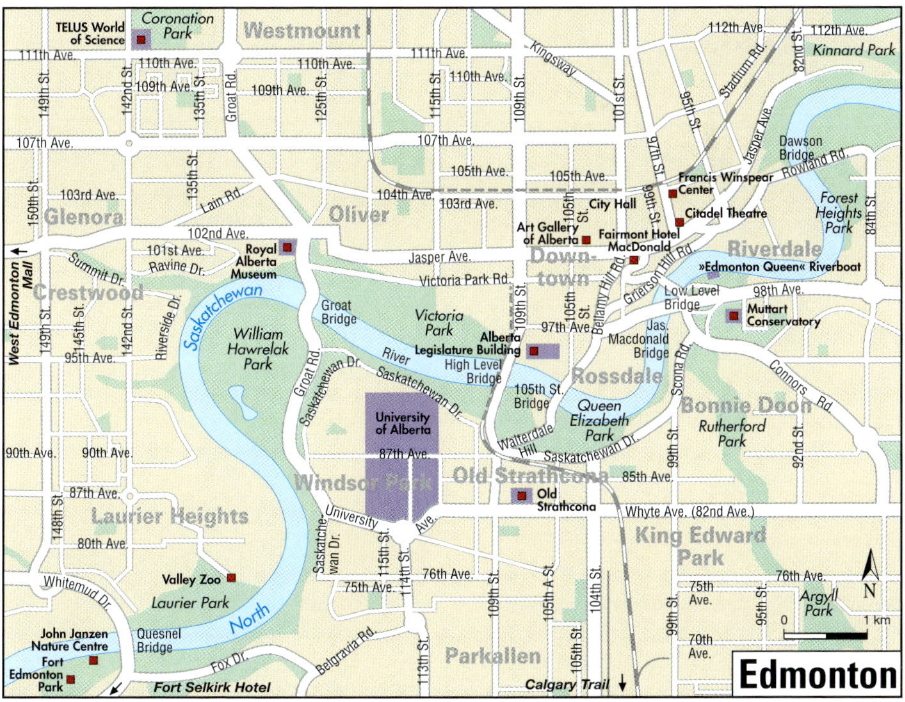

Die Hauptstadt der Provinz Alberta, **Edmonton**, ist mit etwa 812 000 Einwohnern die zweitgrößte Stadt Albertas; kanadaweit rangiert sie auf Platz 6. Sie ist allerdings die Stadt mit der niedrigsten Bevölkerungsdichte.

Im 18. Jahrhundert gab es in Zentral-Alberta eine Kette von Handelsposten der Hudson's Bay Company. Das letzte dieser fünf Forts hat sich zur heutigen Großstadt Edmonton entwickelt. Die Hudson's Bay Company rivalisierte zu dieser Zeit mit der North-West Company um die Vormachtstellung im Pelzhandel. Errichtete die eine Gesellschaft einen Handelsposten, baute die andere »nicht mehr als einen Musketenschuss entfernt« ebenfalls einen auf. Angenehmer Nebeneffekt dieser Nachbarschaft war gegenseitiger Schutz in einem Land, in dem die beiden Konkurrenten sich gegen feindliche Stämme der First Nations verteidigen mussten.

Heute ist **Fort Edmonton** der größte »interaktive« historische Park Nordamerikas und hat eine Gesamtfläche von 64 Hektar. Man kann durch Straßenzüge aus den Jahren 1885, 1905 und 1920 schlendern, in denen entsprechend kostümierte Angestellte in kleinen Spielszenen auch die Besucher ins Gespräch ziehen. Außerdem im Angebot: eine Fahrt mit der Dampfeisenbahn, Brotbacken wie zu Uromas Zeiten und Einkaufen in den altertümlichen Läden.

Das moderne Edmonton, dessen Lebensader die **Jasper Avenue** ist, präsentiert sich als multikulturelle Gemeinde, in der viele ethnische Gruppen in friedvollem Nebeneinander leben. Für einen gemütlichen Aufenthalt sei die **Whyte Avenue** im Stadtteil Strathcona empfohlen. Hier gibt es denkmalgeschützte Gebäude, kleine Geschäfte, Boutiquen und Restaurants und Kneipen, die vorwiegend von Studenten frequentiert werden – das verspricht eine lockere Atmosphäre und vernünftige Preise. Während der Sommermonate spielt **Strathcona** den Gastgeber für viele vergnügliche Festivitäten. Eines der bekanntesten Feste ist das jährlich in der 2. Junihälfte stattfindende **Capital Ex**. Jung und Alt feiern dabei den Glanz der 1890er Jahre mit Floßrennen, Paraden, Goldwaschen, Postkutschenfahrten und anderen Veranstaltungen.

Die **West Edmonton Mall** ist das größte Einkaufszentrum Nordamerikas mit weit mehr als 800 Geschäften. Es gibt ein gigantisches Spaßbad mit Riesenrutschen, einen Freizeitpark, zahlreiche Kinos, ein IMAX-Kino, ein Aquarium, ein Eishockeyfeld, einen künstlichen See, über hundert Restaurants, zwei Hotels und vieles mehr. Bevor man sich ins Vergnügen stürzt, merkt man sich gut, wo das Wohnmobil geparkt ist, denn mit über 20 000 Stellplätzen besitzt die West Edmonton Mall den größten Parkplatz der Welt. Das Übernachten im Wohnmobil auf dem Mall-Parkplatz ist übrigens verboten.

47 Kilometer östlich von Edmonton liegt am Highway 16 der **Elk Island National Park**. Dieser nur 195 Quadratkilometer große Park beherbergt die größte frei lebende Präriebisonherde Kanadas und einige der seltenen Waldbisons. Dazu gesellen sich Elche, Wapitis und 40 andere Säugetierarten sowie 230 verschiedene Vogelarten, die man am besten am **Tawayik Lake** u. a. bei einer Seerundfahrt beobachten kann.

Der Besuch des **Ukrainian Cultural Heritage Village** etwas weiter östlich rundet einen Ausflug diesseits von Edmonton ab. Zwischen 1892 und 1930 ließen sich hier zahlreiche ukrainische Immigranten nieder. Im Sommer finden an den meisten Wochenenden musikalisch-folkloristische Feste statt.

Von Edmonton fährt man auf dem Highway 2 über Red Deer Richtung Süden nach Calgary.

Heckraddampfer auf dem North Saskatchewan River vor der Skyline von Edmonton

Prince Rupert

Prince Rupert Visitor Information Centre
110 First Ave. W., Prince Rupert, BC V8J 1A8
✆ (250) 624-5637, 1-800-667-1994
www.tourismprincerupert.com

Kinnikinnik Campground, RV Park & Cabin Rental
333 Skeena Dr.
Port Edward, BC V0V 1G0
54.229125,-130.290085
✆ (250) 628-9449, 1-866-628-9449
www.kinnikcamp.com
Ganzjährig geöffnet
Nur 33 Stellplätze und eine einfache Ausstattung, aber sehr hübsch und ruhig gelegen. Waschsalon und Feuerholz. $ 18.50–29.50

Prince Rupert RV Campground
1750 Park Ave., Prince Rupert, BC V8J 3R5
54.299454,-130.34079
✆ (250) 627-1000, 1-877-624-5861
www.princerupertrv.com
April–Sept. geöffnet
Verkehrsgünstig gelegener Campingplatz mit 88 Stellplätzen etwa 1 km östlich des Fährterminals. Waschsalon, WLAN in der Rezeption. $ 20–35

Prudhomme Lake Provincial Park Campground
Hwy. 16, Prince Rupert, BC
54.240692,-130.132374
✆ (250) 847-7320
www.env.gov.bc.ca/bcparks
Mitte Mai–Mitte Sept.
Einfacher, bewaldeter Campingplatz mit nur 24 Stellplätzen für Wohnmobile und Zelte. 16 km östlich von Prince Rupert, ruhig und romantisch am See gelegen, einfache Toilettenhäuschen. Schwimmen, Fischen und Kanufahren möglich. Keine Reservierungen. $ 16

Museum of Northern British Columbia
100 First Ave. W., Prince Rupert, BC V8J 3S1
✆ (250) 624-3207
www.museumofnorthernbc.com
Hauptmuseum Juni–Sept. tägl. 9–17, sonst Di–Sa 9–17 Uhr
Kwinitsa Station Railway Museum Juni–Aug. tägl. 9–12 und 13–17 Uhr
Eintritt für beide $ 6/0–3
Museum zur Regionalgeschichte, der Schwerpunkt liegt auf der Kultur der verschiedenen Stämme der Westküstenindianer, Pelzhandel, Eisenbahnbau. Mit kleinem Eisenbahnmuseum im Waterfront Park. Gutes Museumsgeschäft.

North Pacific Historic Fishing Village
1889 Skeena Dr., Port Edward, BC V0V 1G0
✆ (250) 628-3538, www.cannery.ca
Juli/Aug. tägl. 9.30–17, Mai/Juni und Sept. tägl. außer Mo 9.30–17 Uhr, Eintritt $ 12/0–6
Museum in alter Fischkonservenfabrik in Port Edward, 20 km südlich von Prince Rupert. Mit Restaurant und Café.

Alaska Marine Highway System/Alaska Ferries
2100 Park Ave., Prince Rupert, BC V8J 4S3
✆ (250) 627-1744, 1-800-642-0066
www.ferryalaska.com
3- bis 5-mal wöchentlich legt die Fähre nach Südost-Alaska ab. Stopps an verschiedenen Küstenorten entlang der Alaska Inside Passage. Der Terminal befindet sich am Ende der Park Ave. südlich von Prince Rupert. Im Sommer muss rechtzeitig reserviert werden.

BC Ferries/Prince Rupert Terminal
Fairview, Prince Rupert, BC V8J 3S1
✆ 1-877-223-8778 oder 1-888-223-3779
www.bcferries.com
Ganzjähriger Service, Anfang Juni–Mitte Sept. einmal tägl. außer Di, sonst eingeschränkter Service
Preis nach Skidegate: Hauptsaison ab $ 43/0–21.50; Nebensaison $ 35/0–17.50, Autos ab $ 153
Fährverbindungen nach Port Hardy und Skidegate auf den Queen Charlotte Islands. Der Terminal der BC Ferries liegt zwei Kilometer südwestlich von Prince Rupert.

Terrace

Lakelse Lake Provincial Park
Am Hwy. 37, 14 km südl. des Yellowhead Hwy.
54.388339,-128.533954
Camping-Reservierungen ✆ (519) 826-6850, 1-800-689-9025, www.discovercamping.ca

www.env.gov.bc.ca/bcparks
Mitte Mai–Mitte Sept.
3,5 km² großer Park mit Picknick- und Campingplätzen sowie Stränden am schönen Lakelse Lake. Sehr beliebt. $ 25

Water Lily Bay Resort
Water Lily Bay Rd., Terrace, BC V8G 4A2
54.403508,-128.529099
✆ (250) 798-2267
www.waterlilybay.com
Kleiner, aber komfortabler Campingplatz mit Hütten und 28 Stellplätzen für Wohnmobile. Sechs Plätze direkt am Lakelse Lake mit Strom und Wasser, die anderen ohne hook-ups in waldiger Umgebung. Viele Freizeitmöglichkeiten am See, u. a. Kanu- und Tretbootverleih. $ 22–25

Heritage Park Museum
4702 Kerby Ave., Terrace, BC V8G 4B5
✆ (250) 635-4546
www.heritageparkmuseum.com
Juni–Aug. tägl. 10–18 Uhr, sonst kürzer
Eintritt frei, Spenden erwünscht
Hübsches Freilichtmuseum mit historischen Blockhäusern und Gegenständen aus der Pionierzeit.

Alle Informationen zu Kitwanga finden Sie S. 250.

Hazelton

'Ksan Historical Village
Hazelton, BC V0J 1Y0
✆ (250) 842-5544, 1-877-842-5518
www.ksan.org, April–Sept. tägl. 9–17, Okt.–März Mo–Fr 9.30–16.30 Uhr
Eintritt $ 2, Führungen $ 10/8.50
Freilichtmuseum der Gitxsan-Indianer am Rande von Old Hazelton. Führungen durch Frog, Wolf und Fireweed House nur im Sommer. Gelände, Museum und Geschäft ganzjährig.

'Ksan Performing Arts Group
Im 'Ksan Historical Village
Anfang Juli–Anfang Aug. Fr 19 Uhr
Eintritt $ 8/5
Gesänge und Tänze der Gitxsan-Indianer im Wolf House.

Moricetown

Moricetown RV Park & Campground
162 Telkwa High Rd.
Moricetown, BC V0J 2N1
55.01358,-127.324637
✆ (250) 847-2133
Mai–Sept.
Campingplatz mit 52 Stellplätzen, Dump

Rekonstruierte traditionelle Gitksan-Plankenhäuser im 'Ksan Historical Village bei Old Hazelton

Station und Waschsalon am Bulkley River, beliebt unter Sportanglern. $ 19–30

Smithers

Smithers Visitor Centre
Central Park, Hwy. 16
Smithers, BC V0J 2N0
✆ (250) 847-5072, 1-800-542-6673
www.tourismsmithers.com
Guter Ausgangspunkt für einen Spaziergang entlang der »alpinen« Main Street. Picknicktische mit Blick auf den Hudson Bay Mountain.

Riverside Golf & RV Park
575 Hwy. 16 E.
Smithers, BC V0J 2N0
54.81835,-127.197381
✆ (250) 847-3229, Mitte April–Mitte Okt.
Strom und Wasser oder Vollanschluss. Angeschlossen ist ein 18 Loch-Golfplatz mit Pro Shop. Angeln im Bulkley River möglich. Kleines Café, Duschen kostenlos. $ 20–26

Burns Lake

Sandy's RV & Camping Resort
6549 Colleymount Rd.
Burns Lake, BC V0J 1E2
54.025999,-126.044751
✆ (250) 695-6321, Mai–Sept.
65 Stellplätze am Francois Lake. Hütten, Lagerfeuer, Duschen, Waschsalon, Laden. Schwimmern, Angeln, Bootsverleih. $ 15–26

Vanderhoof/Fort St. James

Fort St. James Visitor Centre
115 Douglas Ave., Fort St. James
✆ (250) 996-7023, 1-800-608-7698
www.fortstjameschamber.ca
Juli und Aug. tägl. 9–17 Uhr, sonst kürzer
Nur wenige Gehminuten zum Fort St. James, große Auswahl an kostenlosen Infobroschüren über die Umgebung.

Dave's RV Park
1048 Derksen Rd.
Vanderhoof, BC V0J 3A0
53.997616,-123.979043
✆ (250) 567-3161, www.davesrvpark.com
Mitte April–Okt.
56 Stellplätze, Strom und Wasser, Vollanschlüsse. Kostenlose Duschen, Dump Station, Wäscherei, WLAN, Kabel-TV, kleiner Laden, Picknicktische, Feuerstellen, Golf. $ 21–33

Paarens Beach Provincial Park
Hwy. 27, Fort St. James, BC V0J 1P0
54.418483, -124.380053
Camping-Reservierungen: ✆ (519) 826-6850, 1-800-689-9025, www.discovercamping.ca
www.env.gov.bc.ca/bcparks
Mitte April–Ende Okt.
Einfacher und preiswerter Campingplatz am Stuart Lake. Keine Vollanschlüsse. Schwimmen, Kanufahren u. a. Aktivitäten in und am Wasser möglich. 36 Stellplätze. $ 16

Fort St. James National Historic Site
Fort St. James, BC V0J 1P0
✆ (250) 996-7191
www.pc.gc.ca/stjames
Anfang Juni–Ende Sept. tägl. 9–17 Uhr
Eintritt $ 7.80/0–3.90
Restauriertes Pelzhandelsfort der Hudson's Bay Company.

Prince George

Tourism Prince George
1300 First Ave.
Prince George, BC V2L 2Y3
✆ (250) 562-3700, 1-800-668-7646
www.tourismpg.com
Tägl. 8–20 Uhr
In den Sommermonaten gibt es eine zweite Stadtinformation an der Kreuzung der Highways 16 und 97.

Hartway RV Park
7729 S. Kelly Rd.
Prince George, BC V2K 2H5
53.998345,-122.801357
✆ (250) 962-8848
Ganzjährig geöffnet
40 Stellplätze am Hwy. 97 (John Hart Hwy.) nördlich der Stadt. Dump Station, Waschsalon, WLAN, Spielplatz. $ 23–33

Bee Lazy RV Park & Campground
15910 Hwy. 97 S.
Prince George, BC V2N 5Y3
53.781155,-122.656438
✆ (250) 963-7263, 1-866-963-7263

www.beelazee.ca, Mai–Mitte Sept.
49 Stellplätze 15 km südlich von Prince George am Hwy. 97. Dump Station, Duschen, kleiner Laden, Lagerfeuer, beheizter Swimmingpool, RV-Waschplatz, TV, Münzwäscherei. $ 22–28

Exploration Place/Fraser-Fort George Regional Museum
333 Becott Pl., Prince George, BC V2L 4V7
✆ (250) 562-1612, 1-866-562-1612
www.theexplorationplace.com
Tägl. 9–17 Uhr
Eintritt $ 9.95/0–7.95
Vielseitiger Museumskomplex im Fort George Park.

Prince George Railway & Forestry Museum
850 River Rd., im Cottonwood Island Park
Prince George, BC V2L 5S8
✆ (250) 563-7351
www.pgrfm.bc.ca
Mitte Mai–Ende Sept. tägl. 10–17, sonst Di–Sa 11–16 Uhr, Eintritt $ 6/0–5
Freilichtmuseum und Museum zur Industriegeschichte der Region mit den Hauptthemen Eisenbahn und Forstindustrie.

Huble Homestead
202-1685 3rd Ave.
Prince George, BC V2L 3G5
✆ (250) 564-7033
www.hublehomestead.ca
Mitte Mai–Anfang Sept. tägl. 10–17 Uhr
Eintritt frei, Spenden erwünscht ($ 5/0–3)
Historische Farm ca. 40 km nördlich von Prince George (via Hwy. 97 North und Mitchell Rd.). Liebevoll instandgehaltene Gebäude (u. a. General Store, Post Office) sowie Handwerksdemonstrationen vermitteln Eindrücke des damaligen Lebens im nördlichen BC. Im Giscome Portage Regional Park.

Two Rivers Art Gallery
725 Civic Plaza
Prince George, BC V2L 5T1
✆ (250) 614-7800
www.tworiversartgallery.ca
Mo–Sa 10–17, Do bis 21, So 12–17 Uhr
Eintritt $ 7.50/0–6
Kunstgalerie in einem modernen und sehenswerten Gebäude in Downtown. Permanente und wechselnde Ausstellungen, verschiedene Veranstaltungen und Verkauf von hochwertigen Kunstgegenständen wie Schmuck, Skulpturen, Holzschnitzereien etc.

Tête Jaune Cache

Robson Shadows Campground
Hwy. 16, Mount Robson, BC V0E 2Z0
52.992238,-119.307686
✆ (250) 566-4821, 1-888-566-4821
www.mountrobsonlodge.com

Die schäumenden Rearguard Falls des Fraser River östlich von Tête Jaune Cache

Mitte Mai–Mitte Okt.
Campingplatz mit 25 Stellplätzen am Fraser River, einzigartig der Panoramablick auf den Mount Robson. Duschen, Lagerfeuer, Café. Anbei die komfortable Mount Robson Lodge. 5 km westlich des Mount Robson Provincial Park. Im Park kann man reiten, wandern, klettern und außerdem Wildwasserrafting und Helikopterrundflüge unternehmen. $ 20–25

Mount Robson Provincial Park

Mount Robson Provincial Park
Hwy. 16, Mt. Robson, BC V0E 2Z0
✆ (250) 566-4811
Camping-Reservierungen und Reservierungen für den Berg Lake Trail:
✆ (519) 826-6850, 1 800 689 9025
www.discovercamping.ca
www.env.gov.bc.ca/bcparks
Visitor Centre: Anfang Mai–Mitte Juni 8–17, Mitte Juni–Anfang Sept. 8–19, Anfang–Ende Sept. 8–17, Anfang–Mitte Okt. 9–16 Uhr
Hochgebirgspark mit drei Campingplätzen:
– **Robson Meadows Campground** (53.030865,-119.237022): 125 Stellplätze (Mitte Mai–Ende Sept.), mit Duschen, Dump Station und Spielplatz, $ 21
– **Robson River Campground** (53.032697,-119.245352): 19 Stellplätze (Mitte Mai–Anf. Sept.), mit Duschen, Dump Station und Spielplatz, $ 21
– **Lucerne** (52.849437,-118.572536): einfache 36 Stellplätze (Mitte Mai–Mitte Sept.), $ 16

Alle Informationen zu Jasper und dem Jasper National Park finden Sie S. 190 f., zu Hinton S. 274.

Edmonton

Edmonton Tourism Downtown Visitor Centre
9990 Jasper Ave., Edmonton, AB T5J 1P7
✆ (780) 401-7696, 1-800-463-4667
www.edmonton.com
Mo–Sa 9–17 Uhr, im Winter nur Mo–Sa
Touristeninformation im World Trade Centre.

Gateway Park Visitor Information Centre
2404 Gateway Blvd. S.W.
Edmonton, AB T6W 1A1
✆ (780) 496-8400, 1-800-463-4667
Touristeninformation im Gateway Park am Hwy. 2, südlich von Edmonton.

Glowing Embers Travel Centre & RV Park
26309 Hwy. 16A, Acheson, AB T7X 5A6
53.53513,-113.766307

Der Berg Lake im Mount Robson Provincial Park

✆ (780) 962-8100, 1-877-785-7275
www.glowingembersrvpark.com
Ganzjährig geöffnet
Beliebter, großer Campingplatz westlich der Stadt. 308 Stellplätze, mit Waschsalon, WLAN, kleinem Laden und allen Annehmlichkeiten. Golfplätze in der Nähe, Fahrradverleih, Fitnessraum. $ 38–45

Rainbow Valley Campground
119 St., Edmonton, AB T6R 2V4
53.484592,-113.555387
✆ (780) 434-5531, 1-888-434-3991
www.rainbow-valley.com
Mitte April–Mitte Okt.
Populärer Campingplatz im Whitemud Park mit 85 Stellflächen für Zelte und Wohnmobile. Dump Station, Waschsalon, kleiner Laden, Spielplatz. Alle Annehmlichkeiten. $ 28–32

Sandy Beach Campground
Site 4, RR # 1, Fort Saskatchewan, AB T8L 2N7
53.679273,-112.829425
✆ 1-877-737-7383
www.pccamping.ca, Mitte Mai–Mitte Okt.
90 Stellplätze im Elk Island National Park (vgl. S. 240) bietet der Sandy Beach Campground etwa eine Autostunde östlich von Edmonton via Hwy. 16. Reservierungen Mitte Mai–Anfang Sept. möglich. Duschen, Rad- und Wanderwege, Ranger-Programme, Kiosk, Strand, Golfplatz, Feuerholz. $ 25.50

Shakers Acres RV Park
21530 103 Ave., Edmonton, AB T5S 2C4
53.544133,-113.689578
✆ (780) 447-3564, 1-877-447-3565
www.shakersacresrvpark.com, Mai–Sept.
163 Stellplätze am westlichen Stadtrand. Dump Station, kleiner Laden, Waschsalon, WLAN, Spielplatz. $ 33–40

Art Gallery of Alberta
2 Sir Winston Churchill Sq.
Edmonton, AB T5J 2C1
✆ (780) 422-6223, www.youraga.ca
Mo–Fr 11–19, Sa/So 11–17 Uhr
Eintritt $ 12.50/0–8.50
Albertas Kunstmuseum zeigt rund 5000 Werke: historische und zeitgenössische Gemälde, Skulpturen, Installationen und Fotografien.

Alberta Legislature Building
Visitor Services 10820 98 Ave.
Edmonton, AB T5K 2N6

Alberta Legislature Building in Edmonton

✆ (780) 427-7362, (780) 310-0000 (gebührenfrei in AB)
www.assembly.ab.ca
Halbstündige Führungen Anfang Mai–Mitte Okt. 9–12 stündl., 12.30–16.30 Uhr alle 30 Min., Eintritt und Führungen frei
Albertas Regierungsgebäude aus dem Jahre 1912 liegt umgeben von schönen Parkanlagen und Springbrunnen am Ufer des North Saskatchewan River.

Canadian Petroleum Interpretive Centre/ Leduc # 1 Energy Discovery Centre
50339 Hwy. 60, Devon, AB T0C 0V0
✆ (780) 987-4323, 1-866-987-4323
www.leducnumber1.com
Tägl. 9–17 Uhr, Eintritt $ 10/0–6
Museum zur Geschichte der Ölindustrie in Kanada mit einer Nachbildung des Ölbohrturms von 1947.

Fort Edmonton Park
Whitemud & Fox Drs., Edmonton, AB T5J 2R7
✆ (780) 442-5311
www.fortedmontonpark.ca
Mitte Mai–Ende Juni Mo–Fr 10–16, Sa/So 10–18, Juli/Aug. tägl. 10–18, Sept. Sa/So 10–16 Uhr, Eintritt $ 17.25/0–12.90
Freilichtmuseum zur Geschichte Edmontons am Südufer des North Saskatchewan River. Dargestellt werden verschiedene Epochen: das Fort anno 1846, Straßenszenen von 1885,

Waldbisons im Elk Island National Park

1905 und 1920. Rekonstruierte Gebäude, kostümierte Darsteller, Dampfzugfahrten. Hotel Selkirk mit vollem Service.

Reynolds-Alberta Museum
6426 40 Ave., Wetaskiwin, AB T9A 0N3
✆ (780) 361-1351, 1-800-661-4726
www.reynoldsalbertamuseum.com
Ende Mai–Anfang Sept. tägl. 10–17 Uhr, sonst Mo geschl., Eintritt $ 10/0–5
Modernes Museum zur Geschichte des Transportwesens und der Technik in Alberta. In der Canadian Aviation Hall of Fame gibt es eine interessante Sammlung von Flugzeug-Oldtimern.

Royal Alberta Museum
12845 102nd Ave., Edmonton, AB T5N 0M6
✆ (780) 453-9100, ✆ 310-0000 (in Alberta gebührenfrei)
www.royalalbertamuseum.ca
Tägl. 9–17 Uhr, Eintritt $ 11/0–7
Natur- und Kulturgeschichte Albertas und West-Kanadas in interessanten, permanenten und temporären Ausstellungen. In Old Glenora, westlich der Innenstadt.

TELUS World of Science
11211 142 St., Edmonton N.W., AB T5M 4A1
✆ (780) 452-9100
www.telusworldofscience.com
Im Sommer tägl. 10–19, sonst So–Do 10–19, Fr/Sa 10–21 Uhr, Eintritt Museum und IMAX je $ 14/0–12, Kombiticket $ 24.95/0–21.95
Edmontons Technik- und Naturwissenschaftsmuseum mit IMAX-Kino, Planetarium, Discoveryland und interessanten Ausstellungen und Vorführungen.

Ukrainian Cultural Heritage Village
Hwy 16, 50 km östl. von Edmonton, nahe dem Elk Island N.P.
Edmonton, AB T6G 2P8
✆ (780) 662-3640, www.cd.gov.ab.ca/uchv
Ende Mai–Anfang Sept. tägl. 10–17 Uhr
Eintritt $ 9/0–4
Ausgezeichnetes Freilichtmuseum, das ein rekonstruiertes ukrainisches Dorf zeigt.

Elk Island National Park
Site 4, RR # 1, 47 km östl. von Edmonton
Fort Saskatchewan, AB T8L 2N7
Visitor Centre ✆ (780) 922-5790
www.pc.gc.ca/elkisland
Eintritt $ 7.80/0–3.90, Jahrespässe ab $ 39.20/0–19.60
194 km² großer Nationalpark am Yellowhead Hwy. Heimat von Prärie- und Waldbisons.

Muttart Conservatory
9626 96A St., Edmonton, AB T6C 4L8
✆ (780) 442-5311, 310-0000 (in Alberta ge-

bührenfrei)
www.muttartconservatory.ca
Tägl. 10–17, Do bis 21 Uhr
Eintritt $ 12/0–10.60
Botanischer Garten unter und um vier weithin sichtbare Glaspyramiden. Innen- und Außengelände mit Pflanzen aus verschiedenen Klimazonen.

Hardware Grill
9698 Jasper Ave., Edmonton, AB T5H 3V5
✆ (780) 423-0969
www.hardwaregrill.com
Lunch Mo–Fr, Dinner Mo–Sa
Edles Restaurant in Downtowns Arts District. Hervorragende Grillgerichte, exzellente Vorspeisen. $$$–$$$$

Outback Homefair Steakhouse
2874 Calgary Trail S., Edmonton, AB T6J 6V7
✆ (780) 432-2200, www.outback.com
Australisch inspiriertes Steakhaus am Hwy. 2 im Süden Edmontons. Mo–Do Lunch und Dinner, Fr–So Dinner. $$–$$$

West Edmonton Mall
1755, 8882 170 St., Edmonton, AB T5T 4J2
✆ (780) 444-5321, 1-800-661-8890
www.wem.ca, Mo–Sa 10–21, So 11–17 Uhr
Eintritt World Waterpark und Galaxyland: $ 33/0–26, Ice Palace $ 8/0–6
1981 als größtes Einkaufs- und Entertainmentzentrum der Welt eröffnet. Mit 800 Geschäften und Kaufhäusern, rund 100 Restaurants und Imbissständen, dem riesigen Schwimm- und Spaßbad World Waterpark, dem Galaxyland Amusement Park, einer Eislaufarena, Aquarium, zwei Hotels u.v.a.m. An 170 St. und 87th–90th Ave.

Welsh's Saddlery and Western Wear
16504 100 Ave., Edmonton, AB T5P 4X5
✆ (780) 484-4328
www.shopwelshs.com, Mo–Mi 9–19, Do/Fr 9–21, Sa 9–17.30, So 11–16 Uhr
Westerngeschäft mit einem Riesenangebot an Kleidung, Zubehör und Souvenirs.

Edmonton Queen Riverboat
Rafter's Landing, 9734 98th Ave.
Edmonton, AB T6C 4P6
✆ (780) 424-2628
www.edmontonqueen.com
Ende Mai–Mitte Sept. Do–Sa 11, 14 und 17.30, So 15 und 17.30 Uhr
Fahrpreis $ 20/16, Dinner Cruises $ 55/46
Ausflugsfahrt mit dem Raddampfer auf dem North Saskatchewan River. Mit Buffet und Unterhaltungsprogramm. Auch Abendfahrten. Ab Rafter's Landing am Südufer gegenüber von Downtown.

Edmonton's Capital Ex
Mitte/Ende Juli
www.capitalex.ca
Edmontons ältestes Festival, früher unter der Bezeichnung »Klondike Days Exposition and Festival« bekannt. Mit Kirmes, Planwagenrennen, RCMP Musical Ride, Parade, Konzerten, Musicalvorführungen, Feuerwerk und weiteren Unterhaltungsprogrammen etc.

Edmonton Transit System (ETS)
Churchill LRT Station, 102nd Ave. & 99th St.
Edmonton, AB T5J 0G4
✆ (780) 442-5311 von außerhalb, 311 in Edmonton, Fundbüro: (780) 496-1622
www.takeETS.com
Servicezentrum: Mo–Fr 8.30–17.30 Uhr
Fahrpreise: $ 3.20/0–3.20, 10er-Fahrkarten $ 24/0–21, Tagespässe $ 9/0–9
Edmontons Nahverkehrssystem besteht hauptsächlich aus Bussen. Eine Straßenbahnlinie, die Edmonton Light Rail Transit (LRT), verkehrt von Clareview im Nordosten durch die Innenstadt bis Century Park im Süden.

Die Glaspyramide des Muttart Conservatory in Edmonton

11 Cassiar Highway

Eine der letzten wilden Routen durch West-Kanada

11. Route: Kitwanga – Stewart/Hyder – Bell II Lodge – Dease Lake – Jade City – Watson Lake (744 km)

km	Route
0	**Kitwanga**
157	**Meziadin Junction** und Abstecher über Hwy. 37A nach **Stewart/Hyder** (128 km hin und zurück)
92	**Bell II Lodge**
157	**Iskut**
83	**Dease Lake**
113	**Jade City**
142	**Watson Lake**
	Anschluss: von Watson Lake über Alaska Hwy. nach Dawson Creek (967 km)

Der Cassiar Highway in der Region des Good Hope Lake

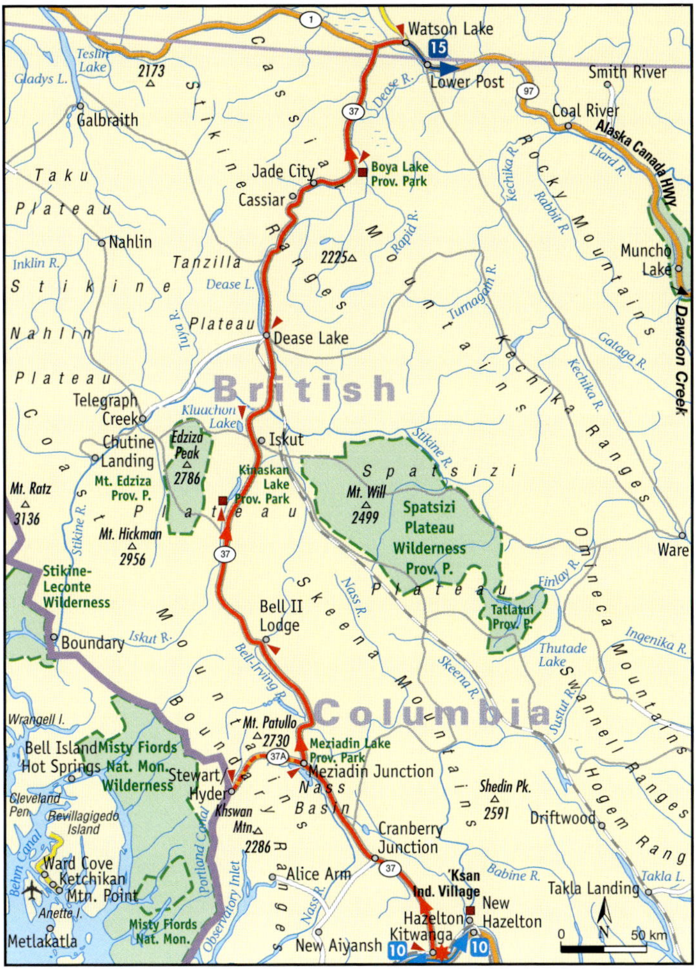

Der Cassiar oder Stewart-Cassiar Highway (Hwy. 37), wie er auch genannt wird, ist eine der reizvollsten Strecken des vorliegenden Reiseführers. Und hier gilt wie bei kaum einer anderen Straße: Der Weg ist das Ziel. Es kommt nicht auf die Anzahl der gefahrenen Kilometer pro Tag an, sondern auf das Gefühl, sich im Grenzbereich der Zivilisation zu befinden, durch den diese Straße führt. Entlang seines wunderbaren Verlaufs erlaubt der Cassiar Highway samt seinem Abstecher, dem Highway 37A, Einblicke in einige der schönsten Landschaften Kanadas. Wilde Flüsse, tiefe Schluchten, klare Seen, undurchdringliche Wälder und sogar Gletscher begleiten den Weg und sind die Heimat von Wölfen, Grizzly- und Schwarzbären, Elchen, Schneeziegen und vielen anderen Tieren.

Der durchgehend zweispurige Highway zweigt bei Kitwanga vom Yellowhead Highway (Hwy. 16) ab und verläuft in nördlicher Richtung über fast 750 Kilometer bis zum Alaska Highway (Hwy. 97) in der Nähe von Watson Lake. Die erst 1972 erbaute, einstige Schotter-

Lachsfangversuche eines jungen Grizzly am Cassiar Highway

straße ist inzwischen bis auf zwei kurze Stücke asphaltiert. Doch noch immer gibt es nur wenige, kleine Ansiedlungen entlang der Strecke.

Früher war die Straße rau und durchgehend geschottert, Tankstellen waren Mangelware, und Holzfällertrucks rasten zum Schreck der wenigen Touristen durch die engen Kurven. Längst ist der Highway 37 in dieser Hinsicht weitgehend entschärft, doch wird immer noch gern verbreitet, dass man sich die Erlaubnis zur Benutzung dieser Straße vom Reisebüro oder Wohnmobilvermieter geben lassen oder auch eine eventuelle Zusatzversicherung für Steinschlag, zerbrochene Windschutzscheiben oder ähnliches abschließen müsste.

Wer die Wildnis genießen und unterwegs campen will, rechnet am besten mit einer relativ geringen Durchschnittsgeschwindigkeit und einer Reisedauer von etwa zwei bis drei Tagen, je nachdem, was die Reisepläne und Wetterlage erlauben. Mehr als anderswo ist es wichtig, sich vor Fahrtantritt nach der Wettervorhersage für die nächsten Tage zu erkundigen. Auf dem kurvenreichen Highway 37A nach Stewart und Hyder trübt in den Coast Mountains oft Nebel und Regen die Sicht und das Fahrvergnügen. Weder Highway 37 noch Highway 37A geben viel her im Dauerregen. Früher verwandelten sich die unbefestigten Stücke der Straße außerdem in schwer zu befahrende Schlamm- und Geröllpisten, was sich heute zum Glück weitgehend erledigt hat, wären da nicht die unbefestigten Streckenabschnitte und die oft langen Baustellen. Der Straßenbelag des Cassiar Highway ist auf dem nördlichen Abschnitt in den vergangenen Jahren nicht so gut gewesen wie der weiter im Süden.

Unterwegs gibt es kaum Einkaufsmöglichkeiten, und auch die Tankstellen sind dünn gesät. Man findet sie an Highway-Anfang und -Ende, in Kitwanga, Stewart, Bell II Lodge, Tagtogga Lake Resort, Iskut, Dease Lake und Good Hope Lake. Ein voller Treibstofftank und Kühlschrank sind daher notwendig für ein sicheres Gefühl. Und wer zusätzlich genügend Frischwasser und Gas vorrätig hat und einen geleerten Abwassertank, kann sich ganz der Schönheit der Landschaft widmen.

Der Cassiar Highway führt entlang der Coast, Hazelton, Skeena und Cassiar Mountains, von denen große Bereiche als Provincial Parks geschützt sind. Am Dease Lake quert man eine der kontinentalen Wasserscheiden; ab hier strömt das Wasser nicht mehr zum Pazifik, sondern verläuft in großen Deltas in die Arktische See.

Der Cassiar Highway ist eine wahre Route durch die Wildnis, und wenn man einen schönen Campingplatz für das Wohnmobil gefunden hat, sollte man sich dieser Umgebung einmal widmen. Ein Gewirr aus Grün- und Brauntönen herrscht vor, und im dichten Unterholz kämpfen Baumsprösslinge mit den wenigen Blumen und Gräsern um jeden Lichtstrahl, der durch das dichte Blätterdach fällt. Still ist es, nur Vogelgezwitscher ertönt oder das Rauschen eines Baches, in der Sonne riecht es hier warm und süß, wenn es regnet, erdig und etwas modrig.

Leider ist die Straße nicht so wenig befahren, wie man denken sollte. Sie ist die kürzeste Verbindung zwischen dem Yukon und dem südlichen Teil von British Columbia. Seitdem sie nahezu durchgehend asphaltiert ist, nimmt eine zunehmende Zahl von Trucks diesen Weg durch die Wälder.

Gleich am Anfang trifft der noch junge Cassiar Highway auf die Totempfähle von **Gitwangak** (östlich auf der Bridge Road), die zu den ursprünglichsten Exemplaren British Columbias zählen. Nebenan ist die kleine St. Paul's Anglican Church zu sehen, mit einem Glockenturm und einer Glocke von 1893. Knapp vier Kilometer weiter zweigt eine 2,5 Kilometer lange Seitenstraße zu dem rund 500 Einwohner zählenden Örtchen **Kitwanga** ab. Dort befindet sich die **Gitwangak Battle Hill National Historic Site**, der Standort des historischen Fort Kitwanga aus dem späten 18. und frühen 19. Jahrhundert. Interessanter als Kitwanga noch, ist die winzige indianische Ansiedlung **Gitanyow** 3,3 Kilometer abseits des Highways mit einer der größten Ansammlungen von freistehenden Totempfählen in British Columbia.

Die erste kleine Ortschaft unterwegs ist **Meziadin Junction**, 157 Kilometer nördlich des Yellowhead Highway am gleichnamigen See gelegen. Kurz vor dem Ort, bei Kilometer 155 des Cassiar Highway, führt ein drei Kilometer langer Abzweig zum **Meziadin Lake Provincial Park**. Am See gibt es außer einem Picknickplatz keinerlei Service-Infrastruktur, dafür aber eine großartige Naturkulisse. Hier werden häufig Grizzlys und Schwarzbären gesehen.

In Meziadin Junction zweigt der Highway 37A nach **Stewart, BC** und **Hyder, Alaska** ab, ein reizvoller Abstecher von der Hauptroute. Entfernung: 128 Kilometer hin und zurück, Zeitbedarf: 2 bis 3 Tage. Stewart und Hyder sind an und für sich keine besonders bemerkenswerten Ortschaften. Außergewöhnlich und einmalig ist allerdings ihre Lage. Stewart befindet sich in British Colum-

Unterwegs im Grenzbereich der Zivilisation: Gletscherzunge bei Stewart

bia, also Kanada, während der Nachbarort Hyder der südlichste Ort Alaskas ist und demnach in den USA liegt. Bis nach Stewart ist die Straße durchgehend asphaltiert. Der Highway zieht sich durch ein enges Tal, vorbei an zahlreichen, oft noch im Sommer schneebedeckten Gipfeln Richtung Westen. Einen Stopp verlangt der **Bear Glacier** bei Kilometer 24. Der große Gletscher mit See davor endet direkt an der Straße. Im Morgensonnenschein lässt er sich am besten fotografieren. Bei Kilometer 36 führt die Route in den engen, malerischen Bear River Canyon. Dann geht es hinunter nach Stewart, das durch den langen Portland Canal mit dem Pazifik verbunden ist. Rund um den zum Wasser hin abfallenden Talkessel erhebt sich ein beeindruckendes Bergpanorama mit schroffen Bergspitzen, Gletschern, Eisfeldern und Wasserfällen. Leider ist von der Straße aus nicht das gesamte Hinterland zu sehen, dafür müsste man schon mit dem Hubschrauber unterwegs sein.

Stewart hat eine wechselvolle Geschichte hinter sich, die sich in den schwankenden Einwohnerzahlen niederschlägt. Um 1900 lebten hier etwa 10 000 Menschen, die in selbstgebauten Minen und Erdlöchern nach Gold suchten. Wenige waren erfolgreich. Nach dem Ende des Goldbooms und dem Ersten Weltkrieg hatte sich die Einwohnerzahl auf ganze 20 reduziert. In den vergangenen Jahren interessierten sich dann einige Minengesellschaften für die Gegend, sodass sich im Laufe der Jahre eine Infrastruktur mit Zulieferefirmen, Transportgewerbe und mehr entwickelte. Sehr groß ist der Ort allerdings auch heute nicht, er hat rund 500 Einwohner und stark eingeschränkte Einkaufsmöglichkeiten. Fangfrisch ist hier naturgemäß der Fisch. Sowohl in Stewart als auch in Hyder verkaufen Fischgeschäfte (fragen Sie im Touristenbüro nach der besten Adresse) neben dem Tagesfang auch Geräuchertes in verschiedenen Geschmacksvarianten. Abends am Grillfeuer wickelt man dann den mit Salz und Pfeffer gewürzten Heilbutt oder Lachs in Alufolie und legt ihn für ein paar Minuten auf den Rost.

Mitten im Portland Canal verläuft die Grenze zwischen British Columbia und Alaska. Um nach Hyder, Alaska zu kommen, fährt man an diesem Kanal entlang und passiert die aus zwei kleinen Wachhäuschen bestehende Grenze. Verglichen mit den äußerst strengen Kontrollen an US-amerikanischen Flughäfen, geht es hier sehr entspannt zu.

Im 87 Einwohner zählenden **Hyder** scheint die Zeit stehen geblieben zu sein. »Die freundlichste Geisterstadt Alaskas«, wie sie sich selbst bezeichnet, hat ihre besten Tage ganz offensichtlich hinter sich. Nachdem in den 1980er Jahren die letzte Mine stillgelegt wurde, blieben nur die Schwarzbären und Grizzlys, die sich allerdings zuverlässig jeden Sommer an der Mündung des Salmon River den zottigen Wanst mit Lachsen vollschlagen. Mittlerweile ist die **Fish Creek Bear Viewing Area** Anziehungspunkt für eine stetig wachsende Zahl von Touristen. Die stehen mit Fotoapparat und Kamera auf Aussichtsplattformen nur wenige Meter von den Raubtieren entfernt. Unter www.fishcreek.org werden interessante Fotos von den Bären gezeigt.

In Hyder darf man die **Glacier Inn Bar** nicht verpassen. Die direkt an der Hauptstraße gelegene Bar ähnelt von außen einem unscheinbaren Schuppen, das Innere umfängt Besucher aber mit rustikalem Charme. Neben der üblichen Kneipeneinrichtung gibt es eine Besonderheit: Die Wände sind mit Tausenden von Geldscheinen buchstäblich tapeziert. Angefangen hat diese Deko-Idee mit löblicher Vorsorge: Goldsucher signierten vor ihrem Aufbruch in die

»Kayaking« vor dem blauweißen Eis des Bear Glacier

Wildnis ihren letzten Geldschein und nagelten ihn an die Wand, damit sie sich bei ihrer Rückkehr einen Drink kaufen konnten. In neueren Zeiten wird man in dieser Bar *hyderized*, das heißt mit hochprozentigem Alkohol (meist mehrere Gläser Kornschnaps) abgefüllt und erhält als Bestätigung dann ein Diplom. Wer diese Prozedur übersteht, darf sich anschließend auch mit einem signierten Geldschein an der Wand verewigen.

Die beiden Orte sind zwei Hälften eines Ganzen, die jede für sich nicht auskommen könnte. Das kanadische Stewart macht einen etwas moderneren Eindruck als das alaskanische Hyder, das buchstäblich am Ende der Straße liegt. Sein Vorteil ist, dass jeder an dieses Ende möchte. Stewart hat die Bank, also kann man in beiden Orten mit kanadischen Dollars bezahlen. Hyder wartet dagegen mit Schwarzbären und Grizzlys auf – große Touristenattraktion. Stewart hat eine Schule. Hyder hat einen Gletscher, den **Salmon Glacier**, der allerdings nur über fast 50 Kilometer Schotterstraße erreicht werden kann (für Wohnmobile nicht empfehlenswert). Es besteht eine Stunde Zeitunterschied zwischen den Orten, denn in Hyder gehen die Uhren offiziell nach Alaska-Zeit.

Es gibt abenteuerlich klingende Geschichten, die abends an den Lagerfeuern erzählt werden. Sie zu glauben, ist die eine Sache, vorstellen kann man sich aber nahezu alles in dieser extremen Landschaft, wenn – wie es an der »Regenküste« häufig der Fall ist – der Nebel durch das Tal zieht. Hier ein Beispiel: Ein Mann macht mit Frau und Tochter mit dem Wohnmobil Station auf einem Campingplatz am Ortsrand von Stewart. Gegen Abend schlendert der Mann gemütlich die Straße entlang. Auf dem Rückweg raubt ihm plötzlich ein überraschender Anblick den Atem: Neben ihm marschiert im gleichen Tempo ein gewaltiger Grizzly, der offenbar auch bei seinem Abendspaziergang ist. Der Mann zwingt sich, mit dem Bären an seiner Seite ruhig weiter zu laufen, bis der Bär kurz vor dem Wohnmobil wieder in den Wald zockelt. Der Mann schreit nach Frau und Tochter und seinem Fotoapparat. Aber bis sich die allgemeine Aufregung gelegt hat, ist der Grizzly längst im dichten Farngestrüpp verschwunden.

92 Kilometer nördlich von Meziadin Junction finden sich im Bereich der **Bell II Lodge** am Bell-Irving River alle Annehmlichkeiten für unterwegs, eine Tankstelle, ein Laden etc. Und sicherlich gehören diese RV-Stellplätze zu den komfortableren ihrer Art am Cassiar Highway.

Die Straße verläuft jetzt entlang der Skeena Mountains. Allmählich weichen die dichten Wälder zurück, und die etwas höher gelegte Straßentrasse bietet immer wieder Ausblicke auf die Berge. Die in der Nähe gelegenen Parks, der **Spatsizi Plateau Wilderness Provincial Park** im Osten und der **Mount Edziza Provincial Park** im Westen, sind allerdings nicht durch Straßen erschlossen. Nur zu Fuß oder mit dem Pferd gelangt man in diese Gebiete.

Der kleine Ort **Iskut** (bei km 406 ab Yellowhead Hwy.) ist das Versorgungszentrum fur die nun folgende Region in den Cassiar Mountains. Neben Postamt und Tankstelle gibt es hier den Kluachon Centre Store. Wie so oft in entlegenen Gebieten West-Kanadas erweist sich auch dieser kleine Laden als ein skurriles Sammelsurium aus Supermarkt, Coffeeshop, Postamt und allgemeinem Treffpunkt – hier scheint noch jeder Zeit für ein Schwätzchen zu haben. Der Ort liegt im Stammesgebiet der Tahltan, die auch den größten Anteil an der rund 210 Personen zählenden Bevölkerung haben.

Salmon Glacier nahe Hyder, Alaska

Dease Lake (bei km 488,5 ab Yellowhead Hwy.) liegt am südlichen Ende des gleichnamigen Sees, entlang dem auch die Straße verläuft. Der Ort wurde 1837 als Stützpunkt der Hudson's Bay Company gegründet und lag an einem alten Pfad, den Trapper und Fallensteller benutzten. Während des Cassiar-Goldrauschs lebten bis zu 5000 Menschen in dieser Region, heute sind es nur noch knapp 450. Der See ist ideal zum Paddeln oder Angeln, auch Wanderwege führen von hier ab. Mehrere Campingmöglichkeiten befinden sich in der Umgebung. Von Dease Lake zweigt die Telegraph Creek Road zum dem 110 Kilometer entfernten, gleichnamigen Ort ab, der mit rund 350 Einwohnern, einigen Serviceeinrichtungen und diversen historischen Gebäuden aufwartet. Die Rüttelpiste dorthin und zurück führt durch eine wilde, urtümliche Natur, ist aber mit ihren 180 Grad-Kurven und bis zu 20 Prozent Gefälle bzw. Steigung für größere Wohnmbile nicht zu empfehlen.

Die Cassiar-Region ist reich an Bodenschätzen, und neben Gold wurde auch nach Jade und Asbest gesucht. **Jade City** (bei km 602 ab Yellowhead Hwy.), der Name des nächsten Ortes, klingt vielversprechend. Obwohl er offiziell 50 Einwohner verzeichnet, besteht er mehr oder weniger nur aus dem Cassiar Mountain Jade Store & Gift Shop. Allerdings ist die riesige Auswahl an rohen und geschliffenen Steinen, die es auch als Schmuckstücke gefasst gibt, sehenswert und vielleicht findet man ein hübsches Urlaubssouvenir. Noch heute gibt es mehrere Jademinen in der Region. Die in der Cassiar Range gelegene Princess Jade Mine produziert etwa 90 Prozent des Jadevorkommens in der Welt.

Südlich des Alaska Highway verlässt der Cassiar Highway die Cassiar Mountains und gelangt allmählich auf das Yu-

Indian Summer am Dease Lake

kon Plateau. Rechts und links der Straße ziehen sich weite Wälder bis zu den Bergketten am Horizont. Seen, Flüsse und Bäche sind hier reichlich zu finden. 720 Kilometer nördlich des Yellowhead Highway und ca. 3,5 Kilometer südlich des Alaska Highway überquert man die Grenze zwischen British Columbia und dem Yukon Territory und damit auch den 60. Breitengrad. Der Yukon ist auch heute noch Synonym für Freiheit und Abenteuer. Direkt an der Kreuzung mit dem Alaska Highway gibt es ein Gasthaus, in dem man die eigenen Abenteuer auf dem Cassiar Highway und die erfolgreiche Rückkehr in die bewohnte Welt bei einem deftigen kanadischen Burger nochmal Revue passieren lassen kann.

Nun sind es nur noch 21 Kilometer bis nach **Watson Lake**, das am Alaska Highway liegt. Wendet man sich hier Richtung Osten erreicht man nach etwa 970 Kilometern Dawson Creek (vgl. Route 15, S. 276).

11 Service & Tipps

Cassiar RV Park & Campground
Kitwanga, BC V0J 2A0
4 km nördl. von Hwy. 16
55.116621,-127.912395
(250) 849-5799, 1-888-678-7275
www.cassiarrv.ca
Mai–Sept.
60 Stellplätze mit Vollanschlüssen, Strom und Wasser, Dump Station, Duschen, Wäscherei, RV-Wäsche. $ 15–32

Gitwangak Battle Hill National Historic Site
(250) 559-8818, www.pc.gc.ca/eng/lhn-nhs/bc/gitwangak/index.aspx
Standort des historischen, aus Holz erbauten Fort des Gitwangak-Stammes, das im frühen 19. Jh. niederbrannte.

Meziadin Lake Provincial Park
Südl. der Meziadin Junction
56.087099,-129.308138
www.env.gov.bc.ca/bcparks
Anfang Juni–Ende Sept.
3,5 km² großer, waldiger Park mit Campingplatz am nördlichen Ufer des Meziadin Lake. 157 km nördl. von Kitwanga und 65 km östl. von Stewart. 66 Stellplätze, kleines Geschäft. Schwimmen, Bootfahren, Angel-, See- und Gletschertouren. Keine Reservierungen. $ 16

Campground vor großartiger Naturkulisse im Meziadin Lake Provincial Park

Bear River RV Park
2200 Davis St., Stewart, BC V0T 1W0
55.95134,-129.97902
(250) 636-9205
www.stewartbc.com/rvpark
Mai–Ende Sept.
Moderner Wohnmobil-Campingplatz in Stewart am Hwy. 37A. Mit 72 Stellplätzen, Vollanschlüssen, Duschen, Laden, Feuerholz, WLAN. Am Portland Canal gelegen. $ 20–38

Stewart Historical Society Museum
Provincial Government Building
Stewart, BC V0T 1W0
(250) 636-2229
www.stewartmuseum.ca
Mai–Sept. tägl 9–17 Uhr
Eintritt frei, Spenden erwünscht

Bell II Lodge
Cassiar Hwy., km 249 ab Kitwanga
56.743828,-129.795663
(250) 275-4770, 1-888-499-4354
www.bell2lodge.com
Ganzjähriger Betrieb
Rustikale Lodge mit allen Versorgungseinrichtungen für unterwegs: RV-Stellplätze, Blockhäuser, Restaurant, Tankstelle, Duschen, Waschsalon, Sauna, Jacuzzi etc. Im Winter Heli-Skiing. $ 21–33

Kinaskan Lake Provincial Park
Cassiar Hwy., km 365 ab Kitwanga
57.530041,-130.183661
www.env.gov.bc.ca/bcparks
Mitte Mai–Ende Sept.
50 Stellplätze im Wald am ruhigen Kinaskan Lake zwischen Skeena Mountains und Coast Mountains. Schwimmen, Bootfahren, Angeln, Wandern. Keine Reservierungen. $ 16

Mountain Shadow RV Park and Campground
Cassiar Hwy., Meile 254/km 408,5
Iskut, BC V0J 1K0
57.860279,-130.007801
(250) 234-3333
www.mtshadowrvpark.com
Mai–Ende Sept.
RV-Stellplätze und Campinghütten am Nordende des Kluachon Lake. Strom und Wasser, Dump Station, Duschen, Picknicktische, kleiner Laden mit Souvenirs, WLAN, Wanderwege, Bootsverleih, Unterricht im Fliegenfischen. $ 22–32

Herbstfärbung am Tanzilla River im Norden von British Columbia

Dease Lake Lions Tanzilla River Campground
Cassiar Hwy., km 479
Dease Lake, BC V0C 1L0
58.421202,-129.986122
Einfacher RV-Campingplatz mit 16 Stellplätzen am Tanzilla River am Südrand des Ortes.

Dease Lake RV Park
Cassiar Hwy., Dease Lake, BC V0C 1L0
58.432448,-129.986202
✆ (250) 771-4666
Mai–Sept.
29 Stellplätze im Ort, nicht am See. Vollanschlüsse, Strom und Wasser, Dump Station, Duschen, Waschsalon, Lebensmittelladen, WLAN. $ 23–26

Water's Edge Campground
Cassiar Hwy., 10 km nördl. von Dease Lake bei km 498, Dease Lake, BC V0C 1L0
58.520058,-130.029817
✆ (250) 771-3392
www.watersedgecampground.ca
Einfacher Campingplatz am Ufer des Dease Lake.

Dease River Crossing Campground
Cassiar Hwy., Dease Lake, BC V0C 1L0
58.945559,-129.866436
✆ (250) 239-3646
http://deaseriver.dinoscience.org
Mai–Nov.
Schön gelegener Campingplatz am bewaldeten Ufer des Dease River. Ca. 70 km nördlich von Dease Lake. Keine hook-ups, Dump Station, Hütten, Duschen, Wäscherei, Kanuverleih. Bootfahren, Wandern, Angeln. $ 15

Cassiar Mountain Jade Store
Cassiar Hwy.
Jade City, BC V0C 1 E0
✆ (250) 239-5233
www.jadecity.ca
Outletzentrum für das Nephrit-Jadegestein aus den umliegenden Bergen. Seit 1985.

Boya Lake Provincial Park
Cassiar Hwy., 2 km östl. von km 639 des Cassiar Hwy.
59.368226,-129.107062
www.env.gov.bc.ca/bcparks
Mitte Mai–Mitte Sept.
44 Stellplätze am glasklaren Boya Lake. Keine hook-ups, keine Dump Station und keine Duschen. Schwimmen, Bootfahren, Wandern, Angeln. $ 16

Alle Informationen zu Watson Lake finden Sie S. 287.

12 John Hart Highway

Einsame Wälder, wilde Flüsse und tiefe Seen, gewaltige Dämme und Dinosaurier

12. Route: Prince George – Mackenzie – Chetwynd – Hudson's Hope Loop/Tumbler Ridge – Dawson Creek (466/594/579 km)

km	**Route**
0	**Prince George**
186	**Mackenzie**
178	**Chetwynd**, dann
102/230/ 215	entweder auf direktem Weg (102 km) oder über **Hudson's Hope Loop** (230 km) oder via **Tumbler Ridge** (215 km) nach **Dawson Creek**. Anschluss: über den Alaska Hwy. nach Watson Lake (967 km)

Im Juli blühen die gelben Teichrosen am Summit Lake nördlich von Prince George; im Hintergrund der Vulkankegel Teapot Mountain

Das gut 460 Kilometer lange Teilstück des Highway 97 zwischen Prince George und Dawson Creek wird nach einem Politiker British Columbias auch John Hart Highway genannt. In seinem ganzen Verlauf stellt er sich als empfehlenswerte und schnelle Straßenverbindung zwischen dem Yellowhead und dem Alaska Highway dar und bietet viele Sehenswürdigkeiten abseits des Weges. Die landschaftlich schöne und mit interessanten Details gespickte Route führt durch nahezu unbewohntes Gebiet und legt immer wieder interessante Abstecher ein. Entlang der Misinchinka Range, Hart Range und anderen wilden Bergketten geht es durch schier unendlich weite Wälder, in denen im großen Stil Forstwirtschaft betrieben wird. Die Strecke samt ihrer Schlenker begleitet rauschende Bergflüsse wie den Crooked River, den Pine River und den Peace River.

Ob technische Superlative, Museen oder stille Campingplätze am Wasser mit Ausblick auf die schöne Landschaft – der gering befahrene John Hart Highway ist immer äußerst reizvoll. Der Natur bleibt man stets nahe, und so spielen Vogelschreie oder das Rauschen der Blätter oft die einzige

Die Old Summit Lake Road im Februar: Die schneereichen Winter fordern ihren Preis

Sir Alexander MacKenzie (1764–1820), schottisch-kanadischer Entdecker

Hintergrundmusik. Endpunkt des John Hart Highway ist Dawson Creek an der Meile Null des Alaska Highway.

Kurz nach **Prince George** (vgl. Route 10, S. 228 f.) führt der John Hart Highway bei Summit Lake über die kontinentale Wasserscheide. Die Flüsse, die nördlich dieser Grenze entspringen, münden in die Arktische See. Bald ist der **Crooked River Provincial Park** erreicht, in dessen Mitte der Bear Lake mit seinen schönen Sandstränden liegt, einer der besten Badeseen der Region.

Auf einem Felsen am Dean Channel bei Bella Coola hinterließ Alexander Mackenzie diese Inschrift

Der Campingplatz im Park bietet friedvolle Tage am Lagerfeuer und ist ein vorzüglicher Ausgangspunkt zum Angeln, Wandern oder Fotografieren.

Nach etwa 100 Kilometern führt bei McLeod Lake eine schmale, gewundene Zufahrtstraße 32 Kilometer in westlicher Richtung zum **Carp Lake Provincial Park**, der ebenfalls kanadisches Traum-Camping bietet. Der Abstecher führt hinauf auf das weit abseits der Zivilisation erscheinende, wilde Nechako-Plateau. Mit seinen zahlreichen kleinen Inseln und Buchten ist der **Carp Lake** ein beliebtes Gebiet für Camper, Angler und Wanderer.

Wenige Kilometer weiter zweigt Highway 39 ab zur Kleinstadt **Mackenzie**, die rund 39 Kilometer entfernt liegt und nach dem großen Erforscher Alexander MacKenzie benannt wurde. Die heute rund 3300 Einwohner zählende Ansiedlung wurde in der zweite Hälfte des 20. Jahrhunderts auf dem Reißbrett konstruiert und gibt den Arbeitern der lokalen Forstwirtschaft ein Zuhause. Besonders stolz ist man auf den »World's Largest Tree Crusher«, eine gewaltige, grobe Baumfällmaschine. Das über 175 Tonnen schwere Arbeitsgerät wurde in den 1960er Jahren dazu benutzt, die Flächen für den Bau des W. A. C. Bennet-Staudamms abzuholzen. Durch die Konstruktion des Staudamms, der die Fluten des Peace River zurückhält, entstand mit dem Williston Lake einer der größten Stauseen Nordamerikas. Das **Mackenzie and District Museum** zeigt Bilder vom Bau des gewaltigen Dammes, der in der Nähe von Hudson's Hope und Chetwynd (vgl. 256 f.) besucht werden kann.

Wer sich für Holzwirtschaft interessiert, der findet in Mackenzie einen »Demonstration Forest« mit beschilderten Spazierwegen. Zehn Minuten Fußweg sind es bis zum Morfee Lake, der knappe zwei Kilometer vom Ortszentrum Schwimmen und Kanufahren bietet. Wer in der Zeit der Alexander Mackenzie Days (Anfang Juni) in dieser Gegend sein sollte, den erwartet ein echtes kanadisches Volksfest.

In Mackenzie befindet man sich am südlichen Ende des **Williston Lake**, der rund 200 Kilometer weit in die Wildnis ragt. Das klare, aber kühle Wasser ist zum Baden geeignet, es gibt Picknickplätze und sogar einen Sandstrand in der Nähe. Ein guter Platz für Tierbeobachtungen ist die **Mugaha Marsh**, wo sich viele Wasservögel, aber auch Elche und Bären aufhalten.

Auf der Weiterfahrt zum **Pine Pass**, Winterskigebiet und mit 933 Metern höchster Straßenpass auf dem John Hart Highway, überquert man die Grenze zwischen Pacific und Mountain Standard Time und muss die Uhr um eine Stunde vorstellen. Dann geht es weiter entlang des Pine River durch die einsame Bergwelt der Pine Range. Nur eine Eisenbahnlinie kreuzt ab und zu die Straße.

Chetwynd, an der Kreuzung der Highways 97 und 29, ist nördliches Versorgungszentrum für die Region an den Ausläufern der Rocky Mountains. Von den europäischen Siedlern, die um 1912 hierher kamen, wurde es »Little Prairie« genannt. Nach dem Bau der Pacific Great East Railway wurde der Ort zu Ehren eines seiner Gründerväter umbenannt. Mit seinen knapp über 2300 Einwohnern ist es eine geschäftige, kleine Stadt, die die umliegenden Farmen, die vereinzelten Bohrstellen für Erdöl und Erdgas und natürlich auch die Holzindustrie versorgt.

Das Little-Prairie-Tal mit seinen grünen, fruchtbaren Wiesen, idyllischen Seen und naturbelassenen Flüssen wird malerisch eingerahmt von beeindruckenden Bergketten und schneebedeckten Gipfeln. So hoch im Norden des Landes sind die Tage während des Sommers lang – viele Tageslichtstunden zum Kennenlernen der schönen Umgebung. Das Kontinentalklima sorgt dafür, dass das Wetter meist trocken und warm ist.

Williston Lake, einer der größten Stauseen Nordamerikas

Das **Little Prairie Heritage Museum** ist im ehemaligen Postgebäude aus den 1950er Jahren untergebracht und zeigt eine Sammlung alter Quilts und historischer Gerätschaften von Trappern und Farmern. Ein Bummel durch den Ort überzeugt anschließend davon, dass sich auch mit einem so groben Werkzeug wie einer Kettensäge wahre Kunstwerke schaffen lassen. Über den Ort verteilt kann man Holzskulpturen in der Form einheimischer Tiere bewundern. Auch hier musste ein Superlativ her: Chetwynd erklärt sich mit einem entsprechenden Monument kurzerhand zur »Welt-Hauptstadt der Kettensägen-Kunst«.

Meist am zweiten Wochenende im Juni wird eine Meisterschaft ausgetragen, zu der die zwölf weltbesten Kettensägenschnitzer eingeladen werden. In 35 Stunden, über vier Tage verteilt, sägen sie aus einem 2,5 Meter langen Holzklotz ihr Kunstwerk.

Die Fortsetzung der Route von Chetwynd nach Dawson Creek erfolgt wahlweise auf dem nördlichen Bogen des Hudson's Hope Loop (Hwy. 29) oder dem südlichen Bogen über Tumbler Ridge (Hwy. 29, 52 und 97). Beide Varianten sind interessanter als der direkte Weg auf dem Highway 97 ohne Umwege nach Dawson Creek.

Die **Nordroute** über den Hudson's Hope Loop (Hwy. 29) führt durch Hudson's Hope, Fort St. John am Alaska Highway und dann südwärts über Taylor nach Dawson Creek. Die Gesamtfahrstrecke beträgt 230 Kilometer. Der **Hudson's Hope Loop** zweigt in Chetwynd in nördlicher Richtung vom John Hart Highway ab. 65 Kilometer weiter kommt man in den kleinen Ort **Hudson's Hope**, das nach eigenem Bekunden »im Land der Dämme und Dinosaurier« liegt. Praktischerweise liegt das **Hudson's Hope Museum** gegenüber dem Visitor Centre, sodass man bei einem Stopp gleich die zwei wichtigsten Informationsquellen besuchen kann. Das aus dem Jahre 1842 stammende, ehemalige Gebäude der Hudson's Bay Company bietet unter anderem Einblicke in eine originale Trapperhütte, eine Küche aus den Pioniertagen und natürlich eine Ausstellung von Fossilien.

Der Abzweig vom Highway 29 zum **Peace Canyon Dam** erfolgt 58 Kilometer nördlich von Chetwynd, kurz vor Hudson's Hope. Mit den gewaltigen Ausmaßen des »größeren Bruders« hält der Peace Canyon Dam zwar nicht mit, aber er erzeugt dennoch soviel Strom, dass damit jährlich 200 000 Haushalte beheizt werden könnten. Am Eingang des Visitor Centres begrüßen zwei grimmig dreinblickende, lebensgroße Hadrosaurier die Besucher. Ihre Knochen und Skelette sind in dieser Gegend ausgegraben worden. Darüber hinaus sind hier Fossilien und Fotos von den Fundstellen zu betrachten.

Nur wenige Kilometer darauf zweigt vom Highway 29 die 22 Kilometer lange Zufahrt zum **W. A. C. Bennet Dam** ab, einem der größten, erdgefüllten Bauwerke der Welt. Beinahe wie eine groteske Erscheinung aus einer anderen Welt ragt der gewaltige Staudamm, der den Peace River zum Williston Lake aufstaut, aus der Wildnis empor. Der komplette Damm ist zwei Kilometer lang und 186 Meter hoch. Der dahinter aufgestaute Williston Lake hat eine Gesamtfläche von 166 000 Hektar und ist sogar aus dem Weltall zu erkennen. Die Generatorstation am Bennett Dam erzeugt jährlich über 13 Milliarden Kilowattstunden Strom. Bei einer Führung fährt der Besucherbus durch den Damm bis zum Generatorhaus, das 150 Meter unter dem Erdboden im Felsen verankert ist. Ergänzend gibt es Ausstellungen zum Thema Stromerzeugung. Auch wer kein eingefleischter Technikfan ist, wird sicher von der Anlage beeindruckt sein.

Der Hudson's Hope Loop setzt seinen Weg parallel zum Peace River fort und erreicht nach weiteren 75 Kilometern schließlich den Alaska Highway. Nach 86 Kilometern via Fort St. John kommt man nach Dawson Creek, die Meile Null des Alaska Highway (vgl. Route 15, S. 279 f.).

Die **Südroute** über die Highways 29, 52 und 97 führt durch Tumbler Ridge und ist 215 Kilometer lang. Von Chetwynd biegt man nach Süden auf den Highway 29 ab. Unterwegs besteht Zugang zum **Gwillim Lake Provincial Park**. Rund um die Nordostecke des Parks verläuft der Murray River, ein beliebtes Revier für Kanuten, das auch für Anfänger geeignet ist. Der See im Park ist wunderschön, aber sehr kalt, sodass nur Hartgesottene ein Bad genießen werden. Aber man kann angeln oder sich einen der Wanderwege um den See herum aussuchen.

Tumbler Ridge erreicht man nach 94 Kilometern. Die schluchten- und felsreiche Region ist seit 2003 ergiebige Fundstätte von Dinosaurierknochen, die in der Dinosaur Discovery Gallery zu bestaunen sind. Über Öffnungszeiten sowie Touren zu den Dinosaurierfundstätten informiert das Visitor Centre.

Die ersten Wohnhäuser von Tumbler Ridge sind erst um 1980 entstanden, damit ist der Ort die jüngste Gemeinde British Columbias. Zuvor lebten hier nur Grizzly- und Schwarzbären, Elche, Hirsche und viele andere Tiere, und die einzigen Gebäude waren vereinzelte kleine Blockhäuser der Trapper. Heute geben zwei Kohleminen – die größten computergesteuerten ihrer Art in Nordamerika – den Einwohnern ihre Arbeitsplätze.

Noch 115 Kilometer gilt es zu fahren, via Highway 52 (Heritage Hwy.) und Highway 97, bis **Dawson Creek** und damit der Endpunkt des John Hart Highways erreicht ist.

In Dawson Creek beginnt der Alaska Highway, der nach knapp 970 Kilometern nach Watson Lake führt. Dort kann man auf den Cassiar Highway abbiegen, über den man Kitwanga am Yellowhead Highway erreicht (vgl. Routen 15 und 11, S. 276 bzw. S. 242).

Dawson Creek: mitten in der trockenen und windigen Prärie

Alle Informationen zu Prince George finden Sie S. 236 f.

Zwischen Prince George und Mackenzie

Crooked River Provincial Park
Hwy. 97
54.474539,-122.667975
Reservierungen: ✆ (519) 826-6850, 1-800-689-9025, www.discovercamping.ca
www.env.gov.bc.ca/bcparks
Mitte Mai–Mitte Sept.
Campingplatz mit 65 Stellplätzen am Crooked River 70 km nördlich von Prince George. Duschen, Dump Station, Lagerfeuer. Bewaldeter Park mit drei Seen, der beliebteste zum Schwimmen ist der Bear Lake. Wandern, Angeln, Windsurfing, Kanu- und Kajakfahren. $ 16

Carp Lake Provincial Park
Abzweig vom Hwy. 97 bei McLeod Lake (130 km nördl. von Prince George), 32 km lange Stichstraße zum Park
54.818492,-123.339497
Reservierungen: ✆ (519) 826-6850, 1-800-689-9025, www.discovercamping.ca
www.env.gov.bc.ca/bcparks
Mitte Mai–Mitte Sept.
Campingplatz mit 102 Stellplätzen in einem wald- und seenreichen Gebiet. Lagerfeuer, Dump Station. Gutes Angelrevier für Regenbogenforellen, außerdem Kanu- und Kajakfahren, Schwimmen, Radfahren, Wandern. $ 16

Mackenzie

Mackenzie Visitor Centre
Hwy. 97/Hwy. 39, Mackenzie, BC V0J 2C0
✆ (250) 750-4497, 1-877-997-9940
www.mackenziechamber.bc.ca

Mackenzie Municipal RV Park
10 Cicada Rd., Mackenzie, BC V0J 2C0
55.323993,-123.090717
✆ (250) 997-3221, 1-877-997-9940
www.district.mackenzie.bc.ca, Mai–Okt.
Einfacher, ruhiger städtischer Campingplatz mit 36 Stellplätzen. Vollanschlüsse, Dump Station, Duschen, WLAN. $ 10–16

Mackenzie and District Museum
86 Centennial Dr., Mackenzie, BC V0J 2C0
✆ (250) 997-3021
www.mackenziemuseum.ca
Juli/Aug. Di–Sa 9–17, sonst Di–Fr 10–14 Uhr
Eintritt frei, Spende erbeten
Kleines regionalhistorisches Museum im Ernie Bodin Centre.

Chetwynd

Westwind RV Park
4401 53rd Ave.
Chetwynd, BC V0C 1J0
55.687214,-121.601812
✆ (250) 788-2190, Mai–Okt.
Offener RV-Park mit 50 Stellplätzen. Vollanschlüsse, Duschen, Münzwäscherei, Dump Station, RV-Waschplatz. $ 27

Moberly Lake Provincial Park
25 km nördlich von Chetwynd am Hwy. 29
55.809095,-121.694748
✆ (250) 788-9322
Reservierungen: ✆ (519) 826-6850, 1-800-689-9025, www.discovercamping.ca
www.env.gov.bc.ca/bcparks
Mitte Mai–Anfang Sept.
Schöner Campingplatz mit 107 Stellplätzen und Dump Station. Strand, Lagerfeuer, Bootsverleih. Schwimmen, Windsurfing, Wasserski, Wandern, Angeln. $ 16

Little Prairie Heritage Museum
Westgate Rd.
Chetwynd, BC V0C 1J0
✆ (250) 788-3358, Juni–Aug. Di–Sa 10–17 Uhr
Regionalhistorisches Museum in einem restaurierten, ehemaligen Postamt. 2 km westl. der Stadt.

Hudson's Hope

Hudson's Hope Visitor Centre
9555 Beattie Dr.
Hudson's Hope, BC V0C 1V0
✆ (250) 783-9154, www.hudsonshope.ca
Mai/Juni tägl. 8.30–17 Uhr, im Hochsommer verlängerte Öffnungszeiten
Wunderschöner Ausblick auf den Peace River

und das Tal. Im Beattie Park, mit Spielplatz und Picknickplatz.

Dinosaur Lake Campground
Dinosaur Lake Rd., Hudson's Hope, BC
55.978445,-122.00765
✆ (250) 783-9154, Mai–Sept.
Campingplatz mit 50 Stellplätzen am ruhigen Dinosaur Lake. Nur knapp 3 km vom Peace Canyon Dam und 7 km südlich von Hudson's Hope. Angeln, Schwimmen, Lagerfeuer. $ 15–19

Lynx Creek RV Park and Campground
Hudson's Hope, BC
56.069353,-121.833876
✆ (250) 783-5333
www.lynxcreekrvpark.com, Mai–Sept.
Ruhiger Campingplatz mit 22 Stellplätzen direkt am Peace River. 6 km nördlich von Hudson's Hope am Hwy 29. Strom- und Wasseranschlüsse, Lagerfeuer, Münzduschen, Dump Station, Spielplatz. Angeln vom Ufer oder vom Boot aus. $ 18–30

Hudson's Hope Museum
9510 Beattie Dr.
Hudson's Hope, BC V0C 1V0
✆ (250) 783-5735
www.hudsonshopemuseum.com
Mai–Sept. tägl. 9–17, sonst Mo–Fr 9–16.30 Uhr, Eintritt frei, Spenden willkommen
Kleines regionalgeschichtliches Museum gegenüber dem Visitor Centre.

Peace Canyon Dam Visitor Centre
✆ (250) 783-7400, 1-888-333-6667
www.bchydro.com/community/recreation_areas/peace_canyon_dam_visitor_centre.html, Eintritt frei
Ende Mai–Anfang Sept. tägl. 8–16 Uhr
Abzweig 58 km nördlich von Chetwynd, 6 km vor Hudson's Hope. Beschilderung folgen.

W.A.C. Bennet Dam Visitor Centre
✆ (250) 783-5048, 1-888-333-6667
www.bchydro.com/community/recreation_areas/w_a_c_bennett_dam_visitor_centre.html, Ende Mai–Ende Sept. tägl. 10–18 Uhr
Eintritt $ 6/5 (Führungen durch Damm und Power House)
Damm am oberen Ende des Peace River Canyon, der bis zu 25 % von BCs Wasserkraftenergie produziert. 22 km westlich des Hwy. 29 via Canyon Drive ab Hudson's Hope.

Tumbler Ridge

Gwillim Lake Provincial Park
55.360454,-121.355245
Reservierungen: ✆ (250) 826-6850, 1-800-689-9025, www.discovercamping.ca
www.env.gov.bc.ca/bcparks
Ende Mai–Mitte Sept.
32 326 ha großer Provincial Park zwischen Chetwynd und Tumbler Ridge. In den Vorbergen der Rocky Mountains, 56 km südöstlich von Chetwynd. Campingplatz mit 50 Stellplätzen am Gwillim Lake. Lagerfeuer, Bootfahren, Angeln, Schwimmen, Wasserski, Windsurfing, Klettern, Wandern in der Waldwildnis. $ 16

Tumbler Ridge Visitor Info Centre
270 Southgate Rd.
Tumbler Ridge, BC V0C 2W0
✆ (250) 242-3123, 1-877-729-3466
www.visittumblerridge.ca
Informiert über Öffnungszeiten sowie Touren zu den Dinosaurierfundstätten.

Lions Flatbed Creek Campground
Tumbler Ridge, BC V0C 2W0
55.121091,-121.0193
✆ (250) 242-1197, Mai–Okt.
40 Stellplätze auf einfachem Campingplatz am südlichen Stadtrand. Münzduschen, Lagerfeuer, Dump Station, Spielplatz. Keine hook-ups. $ 15–30

Monkman RV Park
Monkman Way, Tumbler Ridge, BC V0C 2W0
55.14067,-121.003597
✆ (250) 242-4242, ganzjährig geöffnet
Kleiner Campingplatz mit 54 Stellplätzen. Vollanschlüsse, Dump Station, Wäscherei. Am Nordende des Ortes, oberhalb des Murray River Valley mit Blick auf den Bergeron Mountain.

Peace Region Paleontology Research Centre
Tumbler Ridge, BC V0C 2W0
✆ (250) 242-3466, www.prprc.com
Foschungszentrum mit den Fossilien- und Knochenfunden der Region. Evtl. auch Exkursionen zu den Fundorten.

Alle Informationen zu Dawson Creek finden Sie S. 284 f.

13 Yellowhead Highway South

Von den Rocky Mountains durch das Tal des North Thompson River nach Kamloops

13. Route: Tête Jaune Cache – Valemount – Blue River – Clearwater – Kamloops (338 km)

»Road Sign« bei Kamloops

km	Route
0	**Tête Jaune Cache**
20	**Valemount**
89	**Blue River**
107	**Clearwater** und Abstecher in den **Wells Gray Provincial Park** (90 km hin und zurück)
	Abzweig: Hwy. 24 nach 100 Mile House (106 km) am Cariboo Hwy.
122	**Kamloops**
	Anschluss: von Kamloops auf dem Trans-Canada Hwy. Richtung Westen nach Vancouver (426 km) oder Richtung Osten nach Calgary (621 km)

Powwow der Shuswap-Indianer

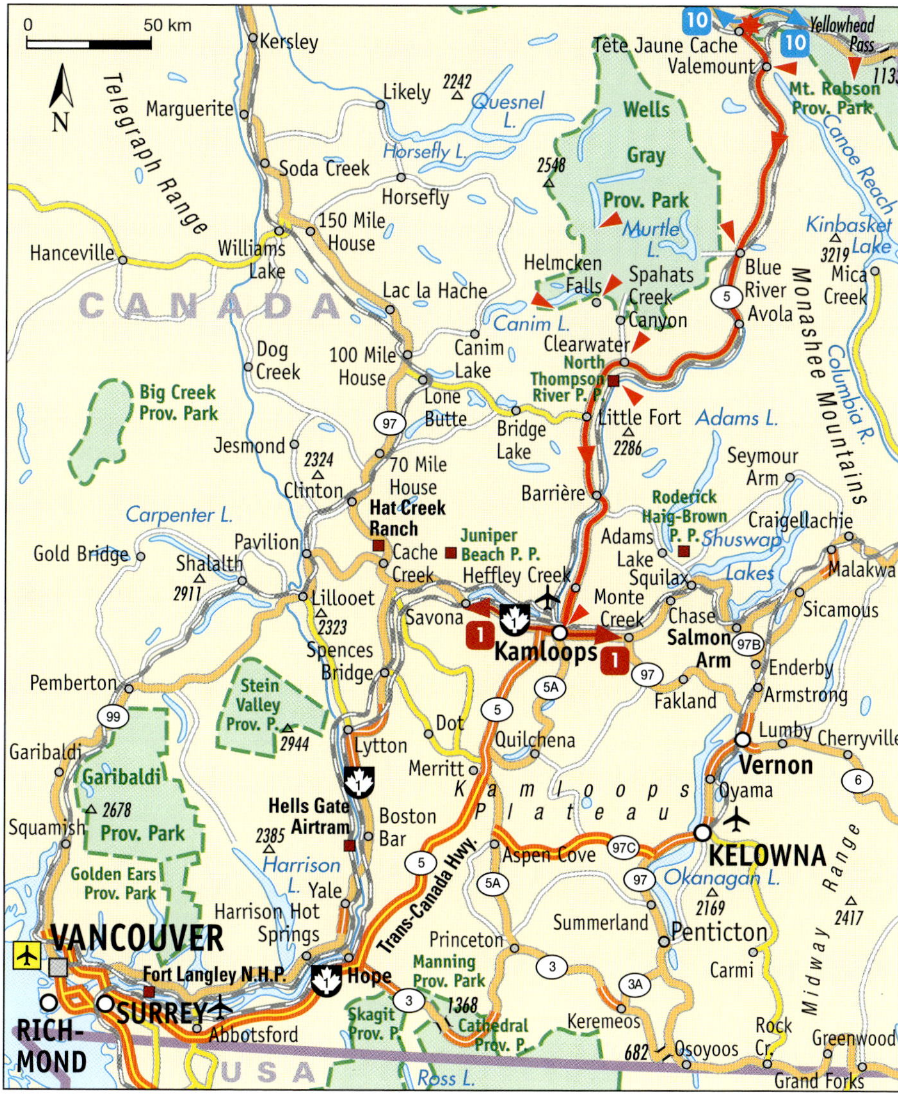

Der Yellowhead Highway South (Hwy. 5) zweigt bei Tête Jaune Cache vom Yellowhead Highway ab in Richtung Süden. Stets entlang des Thompson River verläuft er in einem Bogen um den Wells Gray Provincial Park und trifft bei Kamloops auf den Trans-Canada Highway. Die Strecke durch eine dünn besiedelte, an Naturschönheiten reiche Landschaft wird gern als schnelle Verbindung von Jasper in den südlichen Teil British Columbias genutzt.

Von **Tête Jaune Cache** führt der Weg in das idyllische Robson Valley. Prächtig sind die Ausblicke auf die umgebende Bergwelt, auf die Cariboo Mountains im Westen und die Rocky Mountains im Osten. Nur 20 Kilometer südlich liegt die Kleinstadt **Valemount**, populärer Ausgangspunkt für Ausflüge bis hinauf

Jenseits des Yellowhead Highway South

zum Mount Robson, dem höchsten Berg der kanadischen Rockies und Zentrum für vielerlei Outdooraktivitäten.

Durch den Bau des Mica-Staudamms im Jahre 1973 wurde der Canoe River bis fast nach Valemount aufgestaut und ist nun Teil des über 190 Kilometer langen Kinbasket Lake. Der langgestreckte See, der seinen Namen von einem Häuptling der Shuswap-Indianer erhielt, ist ein ideales Revier für Paddler, Camper und Naturbeobachter. Die nähere und weitere Umgebung bietet außerdem von Wildwasserfahrten auf dem nördlich gelegenen Fraser River über Ausritte durch das Tal und unzählige Wanderwege viele weitere Möglichkeiten der Freizeitgestaltung in der Natur.

Den Gletschern nordöstlich des Wells Gray Provincial Park entspringt der wilde, junge North Thompson River, der etwa 50 Kilometer südlich von Valemount zum Highway 5 hinzustößt und ihn bis nach Kamloops begleitet. Etwa eine Stunde südlich von Valemount zweigt von dem kleinen Ort **Blue River** die einzige Zufahrtsstraße aus östlicher Richtung in den Wells Gray Provincial Park ab. Der Endpunkt der 27 Kilometer langen Schotterstrecke ist der malerische Murtle Lake, der ausschließlich für nicht motorisierte Boote zugelassen ist. Das einzige Motorboot hier fahren die patrouillierenden Park Ranger.

Clearwater, der größte Ort im North Thompson Valley, ist das Tor zum Wells Gray Provincial Park. Von hier aus führt die einzige asphaltierte Straße zum nördlich angrenzenden Park. Das gut ausgestattete lokale Visitor Centre, das natürlich auch Auskunft über Wells Gray geben kann, liegt am Abzweig der Zufahrtsstraße. In Clearwater selbst gibt es genügend Einkaufs- und Tankmöglichkeiten und auch einige Restaurants.

Für die 45 Kilometer langen Zufahrtsstraße zum Parkeingang benötigt man knapp eine Stunde Fahrzeit. Auf dieser Strecke gibt es keine Tankstellen oder Geschäfte, jedoch liegt mit dem **Spahats Creek Canyon** 10 Kilometer nördlich von Clearwater eine hübsche Naturattraktion am Weg. Anmutig ergießt sich der Spahats Creek als 75 Meter hoher, fotogener Wasserfall in einen moosgrünen Felskessel. Wer hoch hinaus will, folgt der kurvenreichen Zufahrt auf den Green Mountain und besteigt dort oben den Aussichtsturm. Ebenso schön ist der Spaziergang zu den hufeisenförmigen Dawson Falls, die 90 Meter breit und 20 Meter tief hinabstürzen.

Der große, in weiten Teilen wild und ursprünglich verbliebene **Wells Gray Provincial Park**, von dem nur der Südostteil durch die Parkstraße sowie Campingplätze und Wanderwege dem Tourismus zugänglich sind, ist ein durchaus lohnendes Ziel. In dem insgesamt 5400 Quadratkilometer großen Park gibt es fünf Seen und zwei große Flusssysteme. Größte Attraktion des Parks sind die **Helmcken Falls**. Mit 137 Metern gehören sie zu den höchsten Wasserfällen British Columbias. Am schönsten sehen sie bei Sonnenuntergang aus, wenn die ganze Schlucht in weiches, rötliches Licht getaucht ist. Man kann bis zum Aussichtspunkt heranfahren oder dem Wanderpfad entlang dem Murtle River

Fotogen: der Spahats Creek Canyon im Wells Gray Provincial Park ▷

Ski-doo oder Hundeschlitten: Am Rande des Wells Gray Provincial Park bietet sich ein Paradies für Outdoor-Enthusiasten

folgen, der bis an den oberen Rand der Fälle führt.

Nur wenige Straßen führen von der Hauptstraße tiefer in den Park; einige sind als Rundfahrten zu Wanderparkplätzen oder Sehenswürdigkeiten angelegt. Die steile Straße hinunter zum Clearwater Lake ist geschottert und nach starken Regenfällen für Wohnmobile nicht zu empfehlen.

Die einmalige Schönheit der Landschaft lässt sich am besten zu Fuß, mit dem Kanu oder bei einem Ausritt erfahren. Wanderwege und geführte Touren gibt es in großer Auswahl, sowohl von der Parkverwaltung als auch von privaten Anbietern. Interessant sind die erstarrten Lavaströme und Mineralquellen, wie die **Ray's Mineral Spring**, die man auf kurzen Rundgängen entdecken kann. Auch Angeln ist an gewissen Stellen gestattet; das Visitor Centre informiert über entsprechende Genehmigungen oder nennt Organisatoren von begleiteten Angeltouren.

Buschpilot am Clearwater Lake

Im Park selbst existieren nur wenige Campingplätze, und alle sind *unserviced*, also ohne großen Komfort oder Anschlüsse für Wohnmobile. Nur der Mahood Lake Campground ist reservierbar. Auf der Zufahrtsstraße und rund um Clearwater gibt es jedoch etliche Campingplätze, die gut ausgestattet und zu reservieren sind.

Abzweig ab Little Fort:

Südlich von Clearwater zweigt Hwy. 24 nach 100 Mile House (107 km) am Cariboo Hwy. ab (vgl. Route 4, S. 134).

Der Yellowhead Highway South verläuft von Clearwater weiter durch das grüne Tal des North Thompson River, das in Richtung Süden immer stärker bewohnt ist. Große Farmen haben sich hier angesiedelt, die auf den Anbau von Ingwer spezialisiert sind. Das Land wird trockener, der Wald weicht zurück, und eine weite, braune Hügellandschaft breitet sich aus. Im Regenschatten der Küstenberge ist das Klima sehr trocken.

Kamloops (85 700 Einwohner) am Trans-Canada Highway, lebhaftes Zentrum des Tourismus und der Viehindustrie, bildet den Schlusspunkt dieser Route. Die Stadt ist ein bedeutender Verkehrsknotenpunkt und Warenumschlagplatz. Hier laufen Straßen und Eisenbahnlinien aus allen Himmelsrichtungen zusammen, und auch der Flughafen wird kontinuierlich von regionalen Fluggesellschaften angeflogen.

Angefangen hatte in Kamloops alles mit einem Handelsposten der Pacific Fur Company, zu dem sich bald ein Fort der North-West Company gesellte. Als sich 1821 die beiden großen Handelsgesellschaften North-West Company und Hudson's Bay Company zusammenschlossen, begann das stetige Wachstum der kleinen Siedlung. Auch der Goldrausch von 1860 und der Bau der Canadian Pacific Railway trugen ihren Teil zum Gedeihen von Kamloops bei.

Gleich zwei Geschichten wollen darüber Auskunft geben, wie die Stadt zu ihrem Namen kam. Der Stamm der Shuswap, der in diesem Gebiet heimisch war, nannte den Ort »Tk'emlups«, was »Zusammenfluss der Wasser« bedeutet und sich auf North und South Thompson River bezieht. Aber auch das französische »Camp des loups« (»Lager der Wölfe«) klingt ähnlich und war wahrscheinlich eine Bezeichnung der Pelzhändler für diesen Ort.

Auf einer **Heritage Walking Tour** kann man durch Kamloops' Innenstadt schlendern, vorbei an denkmalgeschützten Feuerwehrhäusern, Kirchen, einer Schule, an kleinen Häusern und durch alte Parks. Rancher, Goldsucher

Konkurrenten Seite an Seite im Tal des Fraser River: Güterzüge der Canadian Pacific und der Canadian National Railway

und andere Personen in historischen Kostümen erzählen amüsante und informative Geschichten. Mehr Informationen hält das Visitor Centre bereit.

Wer schon immer einmal ein Stachelschwein aus der Nähe sehen wollte – diese und 60 weitere Tierarten haben ihr Zuhause im 50 Hektar großen **BC Wildlife Park**. In diesem Wildpark leben Grizzlys, Bergziegen, Weißkopfadler und andere einheimische Tierarten, und Besucher erhalten die Gelegenheit, einen Puma, ein Rudel Wölfe oder andere scheue Waldbewohner aus der Nähe zu sehen. Speziell für die Kinder gibt es einen Splash Park (Wasserpark) und den Miniaturzug »Wildlife Express«.

Von Kamloops kann man auf dem Trans-Canada Highway entweder nach Westen in Richtung Vancouver (426 km) fahren oder nach Osten in Richtung Rocky Mountains (vgl. Route 1, S. 94).

13 Service & Tipps

Alle Informationen zu Tête Jaune Cache finden Sie S. 237 f.

Valemount

Valemount Visitor Centre
785 Cranberry Lake Rd.
Valemount, BC V0E 2Z0
✆ (250) 566-9893, www.visitvalemount.ca
Tägl. 10–17, im Hochsommer tägl. 9–20 Uhr
Interaktive Displays über den Chinook-Lachs und die umliegenden Bergregionen, naturgeschichtliche Präsentationen, Internetzugang, Souvenirverkauf.

iRVins RV Park and Campground
1 km nördl. von Valemount am Hwy. 5
Valemount, BC V0E 1Z0
52.842024,-119.282967, ✆ (250) 566-4781
www.irvinsrvpark.com, April–Okt.
Weiter, offener Campingplatz mit 120 Stellplätzen. Vollanschlüsse, Wäscherei, Laden, WLAN, Vermittlung und Buchung von lokalen Aktivitäten (Rafting auf dem Fraser River, Reiten, Hubschrauberrundflüge, Fahrten mit ATV/Quad), Golfplätze in der Nähe. $ 24–34

Sie gehören sie zu den höchsten Wasserfällen British Columbias: die Helmcken Falls im Wells Gray Provincial Park

Mount Robson Lodge & Robson Shadows Campground
Hwy. 16, Valemount, BC V0E 2Z0
52.992316,-119.307931
✆ (250) 566-4821, 1-888-566-4821
www.mountrobsonlodge.com
Mitte Mai–Mitte Okt.
Lodge mit 4 Zimmern, 14 Blockhütten und einem Campingplatz mit 25 Stellplätzen am Fraser River. 5 km westlich des Mt. Robson Provincial Park. Gelegenheit zu Wildwasserfahrten. $ 20–25

Mount Robson Provincial Park
Valemount, BC V0E 2Z0

Im Wells Gray Provincial Park sollte man nicht überrascht sein, der Rotrücken-Zimtelfe, der am nördlichsten verbreiteten Kolibriart, zu begegnen

Robson Meadows Campground:
53.030891,-119.237223
Robson River Campground: 53.033162,-119.246821
Lucerne: 52.849437,-118.572536
Camping-Reservierungen: ✆ (519) 826-6850, 1-800-689 -9025, www.discovercamping.ca
www.env.gov.bc.ca/bcparks
Mitte Mai–Mitte Sept.
Robson Meadows Campground mit 125 Stellplätzen im 2249 km² großen Mount Robson Provincial Park, nahe des höchsten Berges der kanadischen Rocky Mountains. Reservierungen sowohl für den Campingplatz als auch die Wanderung auf dem Berg Lake Trail telefonisch oder online bei Discover Camping. Lagerfeuer, Feuerholz, Dump Station; Kanu- und Kajakfahren, Wandern, Schwimmen, Angeln im Park.
Außerdem gibt es noch zwei kleinere Campingplätze im Park: Robson River (19 Stellplätze, Duschen) und Lucerne (36 Stellplätze, Strand). Robson Meadows und Robson River $ 21, Lucerne $ 16

Blue River

Blue River Campground
Murtle Lake Rd., Blue River, BC V0E 1J0
52.114583,-119.305065
✆ (250) 673-8203, 1-866-675-8203
www.bluerivercampground.ca
Ende April–Ende Okt.
42 Stellplätze für RVs und Zelte, außerdem gibt es Blockhütten und Tipis zu mieten.

Wells Gray Provincial Park: beeindruckende Natur und Tierwelt direkt vor der Campertür

Strom und Wasser, Vollanschlüsse, Dump Station, Laden, Waschsalon, WLAN, Angel- und Bootszubehör, Kanu-, Fahrradverleih, Angeln (in der Hochsaison Reservierung ratsam). $ 25–36

Clearwater

Clearwater Visitor Info Centre
Hwy. 5/Clearwater Valley Rd.
Clearwater, BC V0E 1N0
✆ (250) 674-2646
www.explorewellsgray.com
Anfang Mai–Mitte Okt. tägl. 9–18.30 Uhr, Juni–Sept. länger
Große Ausstellung über den Wells Gray Provincial Park. Infos zu Park und Umgebung.

Helmcken Falls Lodge
6664 Clearwater Valley Rd.
Clearwater, BC V0E 1N0
51.93728,-120.057743
✆ (250) 674-3657
www.helmckenfalls.com, Mai–Sept.
Seit fast 60 Jahren beliebte Lodge an der Hauptzufahrt zum weitläufigen Wells Gray Provincial Park. Campingplatz mit 20 Stellplätzen mit Wasser- und Strom- oder ohne Anschlüsse, Restaurant. $ 21–26

Clearwater/Wells Gray KOA
373 Clearwater Valley Rd.
Clearwater, BC V0E 1N0
51.652916,-120.039395
✆ (250) 674-3909, 1-800-562-3239
www.koa.com, Anfang Mai–Mitte Okt.
Komfortabler Campingplatz mit 90 Stellplätzen 10 km südlich des Wells Gray Provincial Park. Kostenlose Duschen, Dump Station, Waschsalon, Restaurant (nur in der Hochsaison), Minigolf, Volleyball, beheizbarer Pool, kleiner Spielplatz, WLAN. $ 30–42

North Thompson River Provincial Park
Hwy. 5, Clearwater, BC V0E 1N0
51.623379,-120.085942
Camping-Reservierungen: ✆ (519) 826-6850, 1-800-689-9025, www.discovercamping.ca
www.env.gov.bc.ca/bcparks, Mai–Sept.
Campingplatz mit 69 Stellplätzen am Zusammenfluss des schlammbeladenen North Thompson mit dem grünlichen Clearwater River. Schwimmen, Wandern, Angeln. Lagerfeuer, Dump Station. $ 21

Wells Gray Provincial Park
Hwy. 5 bei Clearwater
Clearwater Lake: 52.140389,-120.190347
Falls Creek: 52.136445,-120.190421
Mahood Lake: 51.881472,-120.524315
Pyramid: 51.96933,-120.114036
Camping-Reservierungen: ✆ (519) 826-6850, 1-800-689-9025, www.discovercamping.ca
www.env.gov.bc.ca/bcparks, Mai–Sept.
5400 km² große Wald-, Wasser- und Bergwildnis in den südl. Cariboo Mountains mit Spuren früher Besiedlung. Kanu-, Kajakfahren, Reiten, Schwimmen, Angeln und Wandern. Campen auf ca. 160 Stellplätzen auf vier Campingplätzen. Keine hook-ups, Dump Station. Reservierungen für den Mahood Lake Campground (34 Stellplätze) möglich, für Pyramid, Falls Creek und Clearwater Lake Campgrounds gilt *first come, first serve*. $ 16

Clearwater Lake Tours
Clearwater Lake Campground
Wells Gray Provincial Park
✆ (250) 674-2121
www.clearwaterlaketours.com
Kanuverleih samt Zubehör. Je nach Kanu oder Kajak $ 55–75 pro Tag, $ 225 pro Woche. Auch geführte Paddeltouren und Wassertaxi-Service u. v. a. m. Am Südufer des Clearwater Lake.

Clearwater Trout Hatchery
40 E. Old N. Thompson Hwy.
Clearwater, BC V0E 1N0
✆ (250) 674-2580
www.gofishbc.com/cwh.htm
Tägl. 8–15.30 Uhr, Eintritt frei
3,5 Mio. Regenbogen-, Bach- und andere

Forellenarten erblicken hier jährlich das Licht der Welt und stocken den Fischbestand der Gewässer von British Columbia auf. Beste Monate zur Beobachtung sind Mai, Juni und September.

Kamloops

Tourism Kamloops
1290 W. Trans Canada Hwy.
Kamloops, BC V2C 6R3
✆ (250) 374-3377, 1-800-662-1994
www.tourismkamloops.com
Mitte Mai–Mitte Sept. tägl. 9–18, bis Mitte Mai Mo–Fr 9–17 Uhr
Schöner Blick über das Tal. Dump Station, Picknicktische, Internetzugang.

BC Wildlife Park
9077 Dallas Dr., Kamloops, BCV2C 6V1
✆ (250) 573-3242, www.bczoo.org
Mai–Ende Sept. tägl. 9.30–17, sonst bis 16 Uhr, Eintritt $ 14/0–12
Großzügig angelegter Zoo mit ausschließlich einheimischen Tieren. Es gibt auch einen Splash Park für Kinder und den Miniaturzug »Wildlife Express«. 17 km östlich der Stadt via Trans-Canada Highway.

Kamloops Museum & Archives
207 Seymour St., Kamloops, BC V2C 2E7
✆ (250) 828-3576
www.kamloops.ca/museum
Di–Sa 9.30–16.30, im Sommer auch Do bis 19.30 Uhr, im Winter kürzer, Eintritt $ 3/0–1
Kleines Museum zur Geschichte der Stadt und der Region. Mit Kindermuseum.

Secwepemc Museum & Heritage Park
355 Yellowhead Hwy.
Kamloops, BC V2H 1H1
✆ (250) 828-9749
www.secwepemc.org/museum
Mitte Juni–Anfang Sept. tägl. 8–16, sonst Mo–Fr 8–16 Uhr, Eintritt $ 7/0–4
Museum zur Kultur der Secwepemc-Indianer. Anfang August dreitägiges »Kamloopa Pow Wow« mit Tanz, Musik und alten Legenden.

Sunmore Ginseng Factory
925 McGill Pl., Kamloops, BC V2C 6N9
✆ (250) 372-2814
www.tourismkamloops.com/sunmoreginseng-spa-factory-in-kamloops-british-columbia, Mo–Fr 8–17, Sa/So 10–15 Uhr, Eintritt frei
Ginsenganbau, -verkauf und -weiterverarbeitung. Führungen durch Betrieb und Farm. Mit Kurbad.

Kamloops Heritage Railway
510 Lorne St., Kamloops, BC V2C 1W3
✆ (250) 374-2141, www.kamrail.com
Ende Juli–Ende Aug. Mo/Di und Fr 19, Sa 11 Uhr, Tickets $ 18/0–15
70-minütige Rundfahrt mit dem historischen Dampfzug »Spirit of Kamloops«, auch spezielle Themenfahrten.

Campground am Clearwater Lake

14 Bighorn Highway

Albertas unbekannte Route am Fuße der Rockies

14. Route: Hinton – Grande Cache – Grande Prairie – Dawson Creek (465 km)

km	Route
0	**Hinton**
143	**Grande Cache**
189	**Grande Prairie**
133	**Dawson Creek**
	Anschluss: von Dawson Creek über den Alaska Hwy. nach Watson Lake (967 km)

Emblem der Hudson's Bay Company

Highway 40, auch **Bighorn Highway** genannt, ist die schnellste und zugleich schönste Strecke nach Dawson Creek und zum Beginn des Alaska Highway. Er zweigt bei Hinton vom Yellowhead Highway ab und schlängelt sich entlang der Rocky Mountains nach Norden bis nach Grande Cache. Entlang des Smoky River führt er dann Richtung Nordosten, um bei Grande Prairie in den Highway 2 zu münden, auf dem man bis Dawson Creek weiterfährt. Die rechtzeitige Versorgung mit Lebensmitteln und Treibstoff ist auf dieser Strecke anzuraten, denn Grande Cache und Grande Prairie sind die einzigen größeren Orte auf dieser Route. Der schlechte Ruf der Strecke, der viele Reisende früherer Tage abschreckte, gehört inzwischen der Vergangenheit an, denn seit einigen Jahren ist die Straße durchgehend asphaltiert.

Der Bighorn Highway schlängelt sich entlang der Ostseite der Rocky Mountains

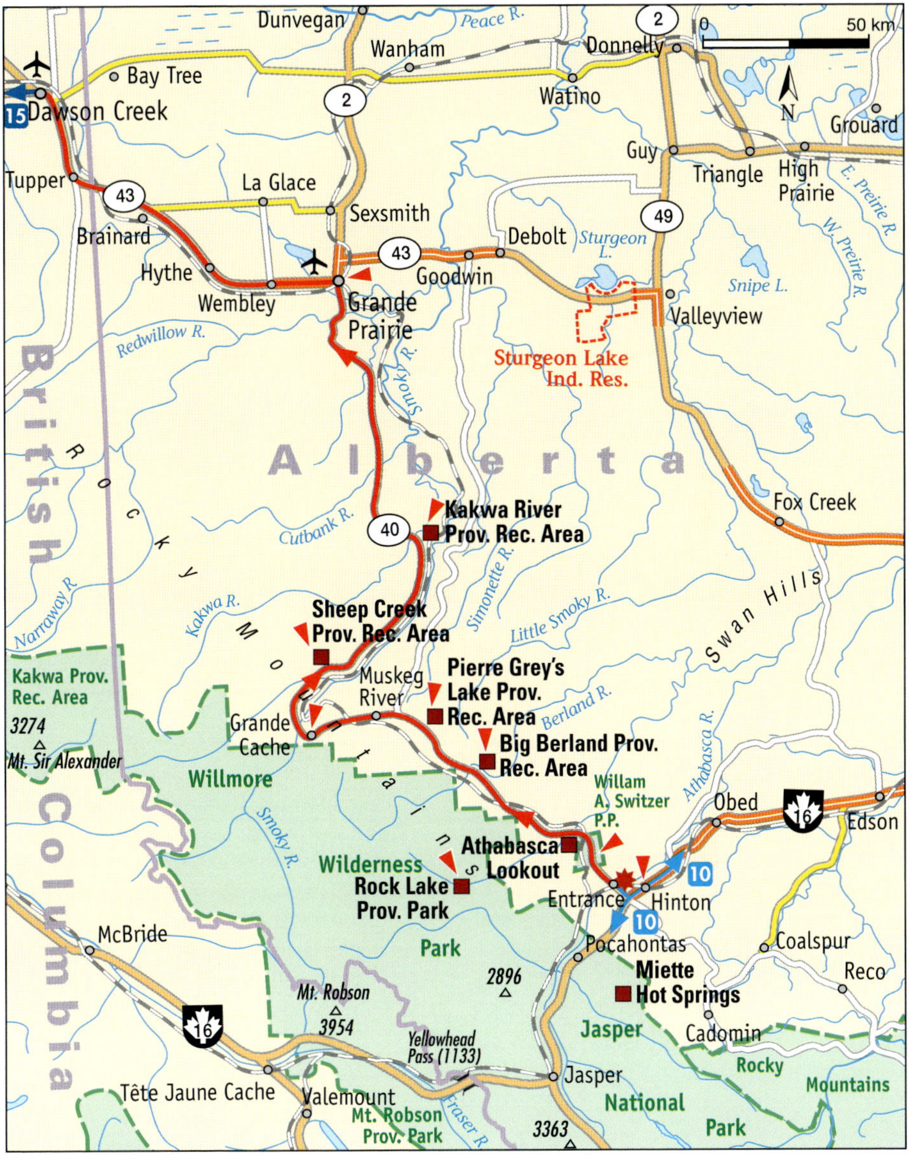

Im hügeligen Gelände am Fuße der Rocky Mountains – keine 20 Kilometer vor den Toren des Jasper National Park – breitet sich der kleine Ort **Hinton** aus. Für ein paar geruhsame Tage in der Einsamkeit der Berge versorgt man sich hier mit allem Notwendigen, denn auf dem Bighorn Highway folgt erst mit dem rund 140 Kilometer entfernten Grande Cache der nächste Ort.

Interessant ist ein Spaziergang auf dem **Beaver Boardwalk** südlich des Ortes, einem hölzernen Steg mitten durch ein Naturgebiet. Zahlreiche Tierarten leben in dem Feuchtgelände. Wandert man während der Dämmerungsstun-

In Grande Prairie beheimatet: der fast ausgestorbene Trompeterschwan

den langsam und leise den Weg entlang und beobachtet immer wieder aufmerksam die Umgebung, bestehen gute Chancen, Biber im Umfeld ihrer großen, aus Ästen aufgeschichteten Biberburgen zu sichten.

Vom Yellowhead Highway zweigt der Bighorn Highway Richtung Norden ab und überquert zunächst den Athabasca River. Links der Straße haben große Wanderdünen im Laufe der Jahre die Telegrafenmasten und Schienen der Grand Trunk Pacific Station unter sich begraben.

Nach 18 Kilometern auf dem Highway erreicht man den Abzweig zum **Athabasca Lookout**. Bei klarem Wetter eröffnet sich ein wundervoller Blick auf die Rocky Mountains. Hier befindet sich außerdem ein großes Nordic Centre, wo des Winters Skier zu leihen sind. Die Loipen, die im Sommer gern zum Wandern oder Fahrradfahren benutzt werden, sind zwischen zwei und 20 Kilometer lang.

Der nahegelegene, relativ kleine **William A. Switzer Provincial Park** ist bei Kletterern, Anglern, Reitern und Wanderern gleichermaßen beliebt ist. Auch eine Kanuroute wurde eingerichtet. Weitere schön an Seen oder Flüssen gelegene Naturparks mit rustikalen Campingplätzen und vielfältigen Outdooraktivitäten finden sich entlang der Strecke.

Grande Cache, das heute um die 3800 Einwohner zählt, entwickelte sich im frühen 19. Jahrhundert aus einer Pelzlagerstätte des Irokesen Ignace Giasson, der für die Hudson's Bay Company arbeitete und Marder, Biber und Luchse fing. Der moderne Ort Grande Cache ist sozusagen auf dem Reißbrett entstanden. Der Bau von »The New Town of Grande Cache« war von der Provinzregierung 1966 beschlossen worden, um den Ausbau von Kohleminen in der Region zu fördern. Nach einer Planungsphase begann man 1971 mit der Errichtung von Schulen, Läden, Häusern und einem Krankenhaus. Bald zeigte sich, dass die Abhängigkeit von einem einzigen Arbeitgeber, der Minengesellschaft, die ihrerseits selbst von einem einzigen Stoff, der Kohle, abhängig war, nicht gut tat. Man bemühte sich um die Ansiedlung weiterer Industrie, und so folgte eine Fabrikationsanlage für Holzchips. Heute leben die Einwohner außerdem von der Öl- und Gasindustrie sowie der Forstwirtschaft. In den letzten Jahren ist der Outdoortourismus ein wachsender Beschäftigungszweig in der Region geworden. Die hiesige Touristeninformation gilt als eine der besten West-Kanadas.

Angrenzend an den Ort beginnt die zivilisationslose **Willmore Wilderness Area**, in der absolut keine motorisierten Fahrzeuge erlaubt sind. Ein kurzer Wanderweg führt zu einigen schönen Klippen, von denen man das Tal des Smoky River überblicken kann – ein lohnenswerter Abstecher.

Ab Grande Cache folgen 190 Straßenkilometer absolute Wildnis. Die Straße kreuzt zunächst den Smoky River, der im nördlichen Teil des Jasper National Park entspringt. Parallel zum Flussverlauf und der Eisenbahnlinie nach Grande Prairie entfernt man sich nun von den Bergen und fährt durch die dichten Wälder Nord-Albertas. Immer wieder tauchen kleine Campingplätze auf, sodass man um einen Übernachtungsplatz nicht besorgt sein muss.

Bei **Grande Prairie** mündet der Bighorn Highway in den Highway 2, und die Zivilisation ist wieder erreicht. Mit über 55 000 Einwohnern ist Grande Prairie die größte Stadt im nördlichen Alberta. Sie ist neben Calgary eine der am schnellsten wachsenden Städte Kanadas. Im Stadtwappen führt sie den Trompeterschwan, liegt sie doch in der Nähe der Flugroute und der sommerlichen Nistplätze dieser ebenso prächtigen wie bedrohten Tierart.

Europäische Pelzhändler gelangten um 1770 in die Gegend, und schnell wurde ein Posten der Hudson's Bay Company eingerichtet. Siedler aber kamen nur zögerlich, zu beschwerlich war der Weg in den Norden. Der Edson Trail, die einzige Route durch die Wildnis hierher, war nicht mehr als ein Pfad, der aus dem dichten Buschwerk herausgehauen worden war. Erst der Bau der Eisenbahn um 1916 brachte mehr Siedler in die Region und die ersten großen Farmen entstanden.

Durch den Bau des Alaska Highway während des Zweiten Weltkriegs wurde Grande Prairie in den Nachschubweg des Militärs eingebunden, wovon es wirtschaftlich profitierte. Nun begann der Wettbewerb mit der weiter nordöstlich gelegenen Ortschaft Peace River und Dawson Creek im Westen um den Titel des größten Landwirtschafts- und Handelszentrums im Norden. Erdöl- und Erdgasfunde im Peace River Country und der damit verbundene Bau einer Pipeline brachten weiteren Aufschwung und Expansion.

Im großzügig angelegten **Muskoseepi Park** am Ufer des Bear Creek ist das **Heritage Discovery Centre** erbaut worden. Der Komplex beherbergt Museum und Museumsdorf in einem und zeigt unter anderem Dinosaurierfunde.

Von Grande Prairie gelangt man über Highway 2 nach **Dawson Creek** und zur Meile Null des Alaska Highway (vgl. Route 15, S. 276)

Blick auf die Rocky Mountains: Athabasca Lookout im William A. Switzer Provincial Park

14 Service & Tipps

Hinton

Hinton/Jasper KOA
50409 B Hwy. 16, Hinton, AB T7V 1X3
53.350052,-117.66172
✆ (780) 865-5061, 1-888-562-4714
www.koa.com, Mai–Sept.
Großzügiger, frei liegender, von drei kleinen Seen umgebener Campingplatz mit 113 Stellplätzen, 18 km vor den Toren des Jasper N. P. Mit Postkartenpanorama der Rockies im Hintergrund. Vollanschlüsse, Dump Station, Duschen, kleiner Laden, Waschsalon, WLAN. Spielplatz, Fahrradverleih, Angeln, Golf in der Nähe. $ 35–50

William A. Switzer Provincial Park
Hwy. 40, Hinton, AB T7V 2E6
Gregg Lake: 53.533038,-117. 80679,
Cache Lake: 53.505788,-117.801679
Graveyard Lake/Halfway: 53.494339,-117. 799551
Jarvis Lake: 53.447631,-117.809279
✆ (780) 865-5600
Camping-Reservierungen: ✆ 1-877-537-2757, www.reserve.albertaparks.ca
Ganzjährig geöffnet
Provincial Park in den Wäldern an den Osthängen der Rocky Mountains 18 km nördlich von Hinton am Hwy. 40. Vier Campingplätze mit 51 nicht reservierbaren Stellplätzen und der Gregg Lake Campground mit 164 reservierbaren Stellplätzen und Stromanschlüssen, Duschen. Gut zum Kanufahren auf den fünf Seen, die sich auch zum Baden eignen, viele Tierbeobachtungen. Gregg Lake Campground $ 21–27, alle anderen $ 21

Beaver Boardwalk
Ein Spaziergang zum Bibersee: Vom Highway 16 geht es auf die Mountain Street und an der zweiten Kreuzung rechts in die Collinge Road. Nach 150 m liegt ein Parkplatz auf der rechten Seite. Es geht weitere 150 m die Collinge Road entlang, bevor der Weg an den Maxwell Lake Apartments links abbiegt. Der Beaver Boardwalk beginnt hinter den Apartments.

Larry's Riding Stables
Hwy. 16, Hinton, AB T7V 1X5
✆ (780) 865-9223, www.trailrides.ca
Reitausflüge in die Wälder am Fuße der Rocky Mountains. Stundenweise, halb- oder ganztägig ($ 20/60/95) oder auch mehrtägige Ritte samt Übernachtung und Grillen am Lagerfeuer.

Zwischen Hinton und Grande Cache

Rock Lake Provincial Park
Hwy. 40, Hinton, AB T7V 1G9
53.464343,-118.240879
✆ (780) 865-5600, www.albertaparks.ca
Mai–Sept.
Naturpark am Fuße der Rockies. 40 km nordwestlich von Hinton, dann 35 km auf Zufahrtsstraße in westlicher Richtung. Campingplatz mit 93 Stellplätzen. Keine hook-ups, Feuerstellen. Schwimmen, Kayak-, Kanufahren, Fischen, Wandern, Reiten, Fahrradfahren. $ 16

Big Berland Provincial Recreation Area
Hwy. 40, Grande Cache, AB T0E 0Y0
53.753837,-118.357222
✆ (780) 827-7393, www.albertaparks.ca
Mitte Mai–Anfang Sept.
Campen in der Einsamkeit der Wälder 70 km nordwestlich von Hinton. 18 Stellplätze, keine hook-ups, Feuerstellen, Angeln, Wandern. $ 23

Pierre Grey's Lakes Provincial Recreation Area
Hwy. 40, Grande Cache, AB T0E 0Y0
53.906892,-118.598106
✆ (780) 827-7393, www.albertaparks.ca
Mitte Mai–Sept.
Naturnahes Camping auf 83 Stellplätzen. 120 km nördlich von Hinton und 37 km südlich von Grande Cache. Zufahrtsstraße ab Hwy. 40 3 km in östlicher Richtung. Keine hook-ups, Feuerstellen, kleiner Laden. Schwimmen, Kayak-, Kanufahren, Fischen, Wandern. $ 20

Grande Cache

Grande Cache Tourism and Interpretive Centre
9701 100th St., Grande Cache, AB T0E 0Y0
✆ (780) 827-3300, 1-888-827-3790
www.grandecache.ca, Juli/Aug. So–Do 8.30–

17.30 und Fr/Sa 8.30–19.30, Ende Mai–Anf. Juli und Anf. Sept.–Mitte Okt. tägl. 8.30–17.30, im Winter Mo–Sa 8.30–17.30 Uhr
Hervorragende Touristeninformation samt Souvenirladen und Kunstgalerie.

Grande Cache Municipal Campground
Shand Ave., Grande Cache, AB T0E 0Y0
53.895564,-119.099615
✆ (780) 827-2404, www.grandecache.ca
Ende Mai–Angang Okt.
Städtischer Campingplatz mit 77 Stellplätzen. Vollanschlüsse, Duschen, Picknicktische, Feuerstellen, Wäscherei, Dump Station, WLAN. $ 26–30

Zwischen Grande Cache und Grande Prairie

Smoky River South Provincial Recreation Area
Hwy. 40, Grande Cache, AB T0E 0Y0
53.888913,-119.164288
✆ (780) 501-0547, www.albertaparks.ca
Mitte Mai–Ende Sept., reservieren
Naturpark mit Campingplatz am Hwy. 40, knapp 1 km nördlich von Grande Cache. 22 Stellplätze. Whitewater Rafting auf dem Smoky River. Lagerfeuer. $ 23

Sheep Creek Provincial Recreation Area
Hwy. 40, Grande Cache, AB T0E 0Y0
54.060043,-119.014564
✆ (780) 865-8394, Mitte Mai–Mitte Okt.
Kleiner, einfacher Campingplatz mit nur neun Stellplätzen am Hwy. 40, 25 km nördlich von Grande Cache. Keine hook-ups, keine Duschen, aber es gibt Lagerfeuerstellen. Im Park kann man Wandern und Reiten. $ 20

Kakwa River Provincial Recreation Area
Hwy. 40, Grande Cache, AB T0E 0Y0
54.425322,-118.550684
✆ (780) 524-7601, Mai–Anfang Sept.
Ruhiger, kleiner Campingplatz mit 16 Stellplätzen. 80 km nördlich von Grande Cache und 100 km südlich von Grande Prairie. Fischen, Wandern, Reiten. $ 15

Grande Prairie

Grande Prairie Regional Visitor Information Centre
11330 106th St., Grande Prairie, AB T8V 7X9
✆ (780) 539-7688, 1-866-202-2202
www.gptourism.ca
Ganzjährig geöffnet
Kostenlose Rotary-Bustouren (Mo, Di, Do 19–20.30 Uhr) und gratis Bison Barbecues (Mi 16–18 Uhr). Am Heritage Discovery Centre.

Happy Trails Campground & Cabins
Township Rd. 722, Grande Prairie, AB T8V 3A8
55.225229,-118.874499
✆ (780) 814-6919
www.happytrailscampground.ca
Ganzjährig geöffnet
Campingplatz mit 150 Stellplätzen und 18 Blockhütten. Geschäft, Vollanschlüsse, Duschen, Dump Station, Waschsalon, Lagerfeuer, WLAN. Spielplatz, Basketball, Volleyball, Golf in der Nähe. $ 25–45

Grande Prairie Museum
Im Muskoseepi Park, 102nd St./102nd Ave.
Grand Prairie, AB T8V 6V3
✆ (780) 532-5482
Mo–Fr 8.30–16.30, Sa 10–16.30, So 12–16.30 Uhr, Eintritt $ 5/0–3
Kleines Freilichtmuseum mit zehn historischen Gebäuden, darunter eine Einraumschule, eine Kirche und die Blockhütte eines Siedlers. Geschichtliche Ausstellungen zur Besiedlung der Peace-River-Region im frühen 20. Jh.

Great Northern Casino
10910 107A Ave., Grande Prairie, AB T8V 7R2
✆ (780) 539-4454
www.greatnortherncasino.net
Mo–Sa 10–2, So 10–1 Uhr
Spielkasino.

Heritage Discovery Centre
Im Muskoseepi Park
11330 106th St., Grand Prairie, AB T8V 6V3
✆ (780) 537-5790
Mo–Fr 8.30–16.30, Mi bis 18.30, Sa/So 10–16.30 Uhr
Eintritt $ 5/0–3
Museum und Museumsdorf mit Dinosaurierfunden und Murals, diversen historischen Gebäuden, u.a. einem Außenposten der Hudson's Bay Company. 28 km Wanderpfade im Mukoseepi Park.

Alle Informationen zu Dawson Creek finden Sie S. 284 f.

15 Alaska Highway

Der äußerste Norden British Columbias

15. Route: Dawson Creek – Fort St. John – Fort Nelson – Muncho Lake – Liard River Hot Springs – Watson Lake (967 km)

km	Route
0	**Dawson Creek**
74	**Fort St. John**
380	**Fort Nelson**
239	**Muncho Lake**
66	**Liard River Hot Springs**
209	**Watson Lake**
	Anschluss: von Watson Lake über den Cassiar Hwy. nach Kitwanga am Yellowhead Hwy. (728 km)

Startpunkt des Alaska Highway in Dawson Creek in British Columbia

Eine Schneise durch unberührte Wildnis: der Alaska Highway

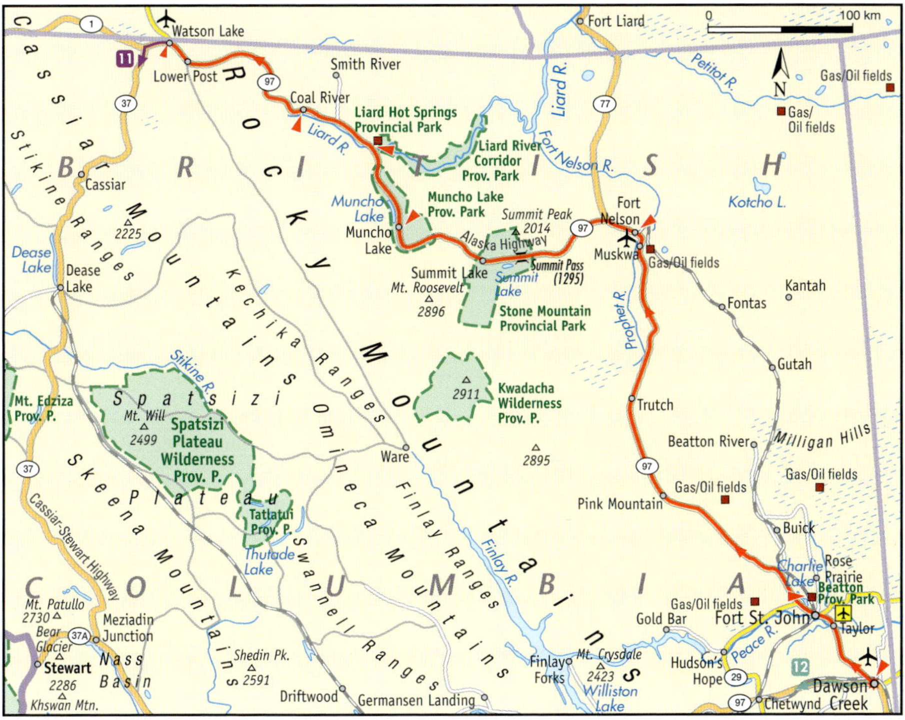

Dawson Creek ist der Startpunkt des Alaska-Canadian Highway (Hwy. 97 North), kurz **Alaska Highway** oder auch Al-Can, einer insgesamt 2237 Kilometer oder 1390 Meilen langen Straße von Dawson Creek, British Columbia, bis Delta Junction in Alaska, deren abenteuerlich verklärte Entstehungsgeschichte allein schon ein ganzes Buch füllen könnte. Allein die Bauzeit von nur knapp acht Monaten während des Zweiten Weltkrieges war ein Rekord. Am Anfang war der Alaska Highway kaum mehr als eine Schneise durch unberührten Urwald und raue Gebirge, der sich eher an Flusstälern und Bergpässen als an den wenigen bereits existierenden Strecken, wie der zwischen Dawson Creek und Fort St. John, orientierte.

Erste Pläne für den Bau der Straße gab es bereits um 1920. Man träumte davon, die USA, Kanada und Russland durch eine Straße zu verbinden. Damals sah die kanadische Regierung allerdings keinen Sinn darin, in eine Forstpiste zu investieren, von der nur die paar tau-

Familienurlaub auf dem Alaska Highway

send Einwohner des Yukon profitieren würden. Mit dem japanischen Angriff auf Pearl Harbour und der nachfolgenden Invasion auf den Aleuten jedoch gewann der Pazifik an Bedeutung für den Zweiten Weltkrieg und Kanada gab seine Zustimmung zum Bau einer Straße nach Alaska. Das geschah in Zusammenarbeit von kanadischen und US-amerikanischen Truppen und unter der Voraussetzung, dass die USA sämtliche Kosten übernehmen und den kanadischen Anteil nach Beendigung des Krieges an die kanadische Regierung übergeben würden. 1942 wurde die Verbindungsstraße fertig gestellt; die Fahrzeit für Militär-Lkws lag nun bei 72 Stunden. Der schnelle Nachschubweg nach Alaska war damit geschaffen.

Einige der historischen Meilenangaben, die *mile posts*, überdauerten die Zeiten. 1978 ließ die kanadische Regierung zusätzlich Kilometertafeln errichten, da zu Beginn des Jahrzehnts das metrische System in Kanada eingeführt worden war. Im Laufe der Jahre wurde die Straße, die anfangs in einem äußerst unzulänglichen Zustand war, verbessert und verbreitert. Durch die Begradigung »verschwanden« einige der ursprünglichen 1422 Meilen. Somit sind heute sowohl die historischen Meilen- als auch die alten Kilometerschilder zwar ungenau, aber nach wie vor ein gebräuchliches Mittel, um eine Stelle entlang der Straße zu benennen.

Die Tundra entlang des Alaska Highway ist auch der Lebensraum des Moorschneehuhns (Ptarmigan)

Bis ganz in den Norden soll dieser Reisevorschlag auf dem Alaska Highway nicht gehen. Endpunkt ist Watson Lake, das von Dawson Creek über 600 Meilen, also fast 1000 Kilometer, entfernt ist.

Heutzutage muss der Reisende nicht mehr mit der feindlichen Natur ringen, eher schon mit dem Verkehr und den Großbaustellen, die unweigerlich zum Alaska Highway gehören. Während des ganzen Jahres rollen neben Scharen von Autos und Wohnmobilen auch unzählige Trucks und Überlandbusse über die Straße, die auch heute noch die Hauptversorgungslinie in den Yukon darstellt. Der Sommer ist die einzige Zeit, in der der Boden aufgetaut ist und man daher Straßenbauarbeiten durchführen kann. Besonders bei Regenwetter, wenn die Fahrbahn schlammverschmiert und rutschig ist, kann eine Fahrt durch so eine gigantische Baustelle schon mal zum kleinen Abenteuer werden.

Steht man vorn in einer Warteschlange, wie sie bei einspurigem Baustellenverkehr vorkommt, ergibt sich gelegentlich ein Gespräch mit der Person, die durch »Stop« und »Go« den Verkehr regelt. Eventuell erfährt der Reisende etwas über den Alltag der Straßenbautruppe, dass die Männer und Frauen oft wochenlang »im Busch« leben und manchmal unter abenteuerlichen Verhältnissen kampieren müssen.

Leider hat die moderne Straßenverbreiterung mit all ihren Begleiterscheinungen das harmonische Landschaftsbild am Alaska Highway stellenweise massiv gestört. Doch ist dies nun mal eine der wichtigsten Landverbindungen in den hohen Norden; die Trucks mit Nahrungsmitteln und anderen Gütern müssen rollen, sonst kann der Norden nicht leben. Vielleicht ist das für Touristen nur ein schwacher Trost, für die Menschen, die hier wohnen, ist

Campground am Alaska Highway

es allerdings das wichtigste Argument überhaupt.

Die Kleinstadt **Dawson Creek** mitten in der trockenen und windigen Prärie nahm ihren Anfang 1912, als die kanadische Regierung die Region zum *homesteading*, zur Besiedlung, freigab. Schnell entwickelte sich ein Handels- und Versorgungszentrum für die ersten kleinen Farmen und Ansiedlungen, und die Eisenbahnlinie Northern Alberta Railways baute hier 1931 einen Bahnhof. Mit dem Bau des Alaska Highway wuchs die Stadt rapide an und wurde 1952 durch den John Hart Highway (Hwy. 97 South) außerdem mit dem südlichen British Columbia sowie durch den Highway 2 mit Alberta verbunden.

Ein erster Anlaufpunkt in Dawson Creek ist das im historischen Bahnhof im Northern Alberta Railways Park beheimatete Visitor Centre, das zugleich das lokale **Geschichtsmuseum** ist und Broschüren über die Stadt und Region sowie den Alaska Highway bereithält. Vor dem Visitor Centre prangt am Kreisverkehr der viel fotografierte Schilderbogen mit der Aufschrift »You are now entering the world-famous Alaska Highway«.

Der offizielle Marker der **Meile 0** des Alaska Highway liegt heute downtown, mitten auf der Kreuzung der 10th Street mit der 102nd Avenue. Bunte Flaggen und immer ein paar Touristen, die sich dort fotografieren, machen das Denkmal zum Anziehungspunkt.

Gleich an der Ecke findet sich Dawson Creeks neueste Sehenswürdigkeit, das **Alaska Highway House**. Mit beeindruckenden Bildern und Textbeiträgen, mit Originalrelikten und originalgetreuen Modellen erzählt es von der Entstehung des berühmten Highways und erinnert an die 30 000 Männer und Frauen, die ihn bauten. Besucher erfahren, welchen Gefahren und Schwierigkeiten die Straßenbauer damals ausgesetzt waren: Permafrost, Schlammwüsten, steile Berge, reißende Flüsse, Regen und Schnee, dazu Temperaturschwankungen, die das Äußerste von Mensch und Material verlangten.

Eher ruhig beginnt die Fahrt auf dem Alaska Highway selbst. Blühendes Farmland begleitet die ersten Kilometer. Immer wieder tauchen rechts und links der Straße Überbleibsel der alten Trasse auf – wie die 162 Meter lange, aus Holz errichtete bogenförmige Kiskatinaw Bridge (bei km 33,6) – und in der Fantasie mischt sich ihr Anblick mit den Bildern und Filmsequenzen, die man im Alaska Highway House gesehen hat.

Die Brücke über den gewaltigen Peace River führt zunächst in die kleine Gemeinde Taylor und wenig später folgt **Fort St. John**, 74 km nördlich von Dawson Creek. Fort St. John hat seit der Entdeckung großer Erdöl- und Erdgasvorkommen in den 1950er Jahren einen rasanten Aufstieg genommen. Es ist für längere Zeit die letzte größere Stadt auf dieser Route und es empfiehlt sich, hier Vorräte aufzufüllen und vollzutanken, damit man jederzeit auf einem abgelegenen Platz ohne Zeitdruck campen kann.

Im **Fort St. John North Peace Museum** reicht die Palette der Exponate von Dinosaurierfunden aus einer Höhle am Charlie Lake, über den Pelzhandel, den Bau des Alaska Highway bis zur Entdeckung von Erdgas: eine gewaltige Zeit- und Entwicklungsspanne. Eine Trapperhütte vermittelt einen sehnsuchtsvollen Rückblick auf die damaligen Lebensumstände im alten Norden und bringt so manchen Wohnmobilreisenden dazu, sich ein etwas simpleres Leben vorzustellen – zumindest auf dieser Reise.

»RV Roundup!« heißt es an Sommersamstagen am örtlichen Schwimmbad. Wohnmobilisten aller Art treffen sich auf dem großen Parkplatz zum gemütlichen Kaffeeklatsch und Erfahrungsaustausch über das Leben auf der Straße und »im Busch«.

Hinter der Stadtgrenze weicht das Farmland allmählich einer wilderen Umgebung. Nur ab und zu tauchen eine Tankstelle, eine Kneipe oder Orts-

Dawson Creek: der »Mile Zero Post« des Alaska Highway

Unbestrittene Hauptsehenswürdigkeit von Watson Lake: der Signpost Forest

schilder mit merkwürdigen Namen wie »Wonowon« oder »Pink Mountain« auf.

Entlang der Straße zeigen genügend Campingplätze, dass man sich um einen Übernachtungsplatz keine Sorgen machen muss. Abgesehen von dieser Minimalzivilisation gibt es über viele Kilometer kein Haus und keine Ortschaft. Je nach Stimmung verführt das dazu, sich grenzenlos frei oder auch winzig klein fühlen – einer der oft unerklärlichen Reize, den Kanada auf seine europäischen Besucher ausübt.

An einem beliebigen schönen Punkt unterwegs empfiehlt es sich, anzuhalten und sich stillschweigend umzusehen: Wälder, Hügel, Berge – Landschaft in ihrer Urform. In manchem Menschen mag die Idee aufkeimen, endlich Heim und Alltag hinter sich zu lassen und auszuprobieren, ob es nicht hier irgendwo inmitten dieser Wälder ein zufriedeneres, wenn auch einfaches Leben gibt. Doch künden entlang des Highways genügend verfallene Blockhütten von denen, die nach einiger Zeit erkannt haben, dass das »freie Leben« mitunter doch nicht so ganz frei ist, und dass Geld und Einkommen auch in den Wäldern British Columbias vonnöten sind. Aber Träumen ist im Urlaub sicherlich erlaubt.

Bei Kilometer 454 ist **Fort Nelson** erreicht, das Anfang des 19. Jahrhunderts als Handelsposten der Northwest Trading Company gegründet wurde. Die äußerst schwierigen Anfänge des Ortes beleuchtet das kleine **Fort Nelson Heritage Museum**. Mit Vehemenz hatten sich die Ureinwohner gegen die weißen Eindringlinge gewehrt, in dem sie alles niederbrannten. Ein halbes Jahrhundert später unternahm die Hudson's Bay Company einen zweiten, erfolgreichen Siedlungsversuch. Aber erst der Bau des Alaska Highway 1942 und Gasfunde in den 1960er Jahren brachten allmählich einen wirtschaftlichen Aufschwung. Heute lebt man hier außer vom Tourismus von der Land- und Forstwirtschaft sowie der Gas- und Ölförderung.

Am **Summit Pass** (km 598) erreicht der Alaska Highway mit 1295 Metern seinen höchsten Punkt. In dieser nördlichen Einsamkeit können auch Bären, Elche, Dickhornschafe, ja sogar Karibus am Straßenrand auftauchen. Auf den nächsten 300 Kilometern und mehr windet sich der Alaska Highway in sehenswerter Streckenführung durch die Wälder und Berge der nördlichen Rocky Mountains.

Zum Übernachten in typischer Hochgebirgsumgebung bietet sich der malerische **Muncho Lake** (km 699) an, an dessen – dank der Passlage allerdings auch oft windigen – Ufern zwei Campingplätze angelegt sind. Der über elf Kilometer lange See ist eingebettet in bewaldete Bergketten. Mit etwas Glück kann man die Starts oder Landungen der brummenden, bunten Wasserflugzeuge der Northern Rockies Lodge beobachten. Von hier aus werden zahlungskräftige Kunden in sogenannte Fly-in-Camps gebracht. Dabei kann es sich um eine einfache Blockhütte an einem einsamen See handeln, die wirklich nur mit dem Wasserflugzeug zu erreichen ist, oder auch um eine komfortable Lodge, in der es den Urlaubern an nichts fehlt.

Knapp 65 Kilometer von Muncho Lake entfernt liegen die heißen Quellen des schönen **Liard River Hot Springs Provincial Park**. Der hiesige Campingplatz ist oft überlaufen, und manches Mal ist man besser beraten, am Muncho Lake zwei Übernachtungen einzuplanen und dann hierher einen Tagesausflug zu machen. Schon die Highway-Bauarbeiter badeten damals im warmen Wasser der Quellen; ob sie aber das einzigartige Biotop mit den vielen Orchideenarten, den fleischfressenden Pflanzen und den leuchtend grünen Farnen ebenso genossen wie die heutigen Besucher, bleibt Spekulation. Damit niemand etwas zertritt, führt ein *boardwalk*, ein hölzerner Gehsteig, erhöht mitten durch die Sumpflandschaften bis zur Badestelle. Mit etwas Glück bekommt man in der Dämmerung auch Elche zu sehen.

Im weiteren Verlauf zieht sich der Alaska Highway durch überwiegend unbewohntes Gebiet und quert dabei sechsmal die Provinzgrenze zwischen British Columbia und dem Yukon Territory. Gern äsen Grizzlys an den grasbewachsenen Straßenrändern und bisweilen pflegen Bisons Ruhepausen auf dem aufgewärmten Asphalt einzulegen. Einzelne Lodges liegen an strategischen Punkten, so die Coal River Lodge (km 823, historische Meile 533,2) am gleichnamigen Fluss, der sich südlich der Brücke in den Liard River ergießt, oder die Contact Creek Lodge (km 913, historische Meile 590). Sie befindet sich unweit der von einem Denkmal markierten Stelle, an der sich im September 1942 die Bautruppen vom Norden mit denen aus dem Süden trafen und den südlichen Abschnitt des Alaska Highway zusammenschlossen (km 909, historische Meile 588).

Watson Lake (km 980) im Yukon Territory fällt eine Art Schlüsselrolle zu. Nicht nur ist es das **»Tor zum Yukon«** und mit über 800 Einwohnern einer der größten und bekanntesten Orte am Alaska Highway, es liegt auch strategisch günstig an der Kreuzung des Alaska Highway (Hwy. 1) mit dem nach Norden führenden Campbell Highway (Hwy. 4). Ein wenig nördlich des Ortes zweigt der Cassiar Highway (Hwy. 37) nach Süden ab.

Watson Lakes Hauptattraktion ist ein gigantischer Schilderwald, der **Watson Lake Signpost Forest**. Anbei ist auch die Besucherinformation untergebracht. Über 65 000 Schilder aus allen Teilen der Welt hat der Schilderwald zu bieten; auch etliche deutsche und andere europäische Ortsschilder befinden sich darunter. Begonnen wurde diese sehenswerte Sammlung von dem US-Soldaten Carl K. Lindley während der Bauarbeiten des Alaska Highway. Aus Heimweh hatte Lindley ein Schild mit der Entfernung zu seinem Heimatort in Illinois an einen Pfosten genagelt. Seither ist die Sammlung ständig weiter gewachsen und hat enorme Ausmaße angenommen. Interessante Fotos und allerlei Historisches gibt es im angeschlossenen Museum zu entdecken.

Einen Besuch wert ist auch das 1996 erbaute **Northern Lights Centre**. Neben der interessanten Ausstellung wird eine hervorragende Videoshow zum Thema Nordlicht gezeigt, das weniger den Sommertouristen als denjenigen bekannt ist, die im Winterhalbjahr dem Schnee und Eis des Nordens trotzen.

Frank Watson, nach dem der Ort benannt wurde, stammte aus Tahoe City in Kalifornien. Im Jugendalter hatte er sich zusammen mit seinem Vater zu den Goldfeldern des Yukon aufgemacht. Nach einigen Jahren kamen sie zu dem See, der von den hiesigen Kaska-Indianern »Fish Lake« genannt wurde. Um die Jahrhundertwende heiratete Frank die Ureinwohnerin Adela Stone und führte ein zufriedenes Leben als Fallensteller und Goldsucher am Ufer des nach ihm benannten Watson Lake. Das Städtchen blühte wie andere am Alaska Highway nach dessen Bau auf. Heute lebt Watson Lake vorwiegend vom Tourismus, vom Bergbau und der Forstwirtschaft.

Die Stadt bietet alles Notwendige für die Versorgung unterwegs. Zu beiden Seiten des Alaska Highway reihen sich Tankstellen, Einkaufs- und Übernachtungsmöglichkeiten, ein Liquor Store, diverse Restaurants und Fast-Food-Filialen etc.

Von Watson Lake fährt man entweder weiter entlang des Alaska Highway nach Nordwesten durch das Yukon Territory bis hinauf nach Alaska oder über den Cassiar Highway in südlicher Richtung bis zum Yellowhead Highway (vgl. Route 11, S. 242).

Bei km 770 quert eine Waldbisonfamilie den Alaska Highway

15 Service & Tipps

Dawson Creek

Dawson Creek Visitor Info Centre
900 Alaska Ave. (am Kreisverkehr)
Dawson Creek, BC V1G 4T6
✆ (250) 782-9595, 1-866-645-3022
www.tourismdawsoncreek.com
Mai tägl. 9–17, Juni–Sept. tägl. 8–17.30, sonst 10–17 Uhr
Anbei das Station Museum und die Art Gallery.

Mile »0« RV Park & Campground
Mile 1,5, Alaska Hwy.
Dawson Creek, BC V1G 4T9
55.76571,-120.251779
✆ (250) 782-2590, www.mile0park.ca
Mitte Mai–Sept.
Campingplatz mit 75 Stellplätzen neben dem Walter Wright Pioneer Village. An der Kreuzung mit dem John Hart Hwy. Strom und Wasser, Vollanschlüsse, Waschsalon, WLAN, Swimmingpool und Spielplatz. $ 23–43

Northern Lights RV Park
John Hart Hwy., Mile 1,5
55.766531,-120.29176
✆ (250) 782-9433
www.nlrv.com
Ganzjährig geöffnet
105 Stellplätze auf weitläufigem, offenem Campingplatz am John Hart Hwy. Ideal für große Wohnmobile. Wäscherei, kleiner Laden, kostenlose Duschen, WLAN, Golfplatz in der Nähe. $ 40–45.

Alaska Highway House
10201 10th St.
Dawson Creek, BC V1G 3T5
✆ (250) 782-4714
www.tourismdawsoncreek.com
Ganzjährig tägl. 9–17 Uhr
Eintritt frei, Spenden erwünscht
Museum mit Dokumentationen über den Bau des Alaska Highway, an dem über 30 000 Soldaten und Zivilisten beteiligt waren, bis zu seiner heutigen Funktion als Transport- und Lebensader des Nordens. Beleuchtet werden u. a. die Auswirkungen der Highwaykonstruktion auf die Lebensweise und Traditionen der regionalen First Nations. Direkt am Mile-0-Marker.

Dawson Creek Station Museum
900 Alaska Ave. (am Kreisverkehr)
Dawson Creek, BC V1G 4T6

Dawson Creek Art Gallery

✆ (250) 782-9595
Mai–Sept. tägl. 8–19, sonst Mo–Sa 9–17 Uhr
Eintritt $ 2
Eisenbahnmuseum im historischen Bahnhof.

Dawson Creek Art Gallery
101-816 Alaska Ave.
Dawson Creek, BC V1G 4T6
✆ (250) 782-2601
www.dcartgallery.ca
Juni–Aug. tägl. 9–17, sonst Di–Fr 10–17, Sa 12–16 Uhr
Kunstgalerie im riesigen historischen Getreidespeicher neben dem Visitor Centre, mit Kunstgewerbeladen.

Walter Wright Pioneer Village
1901 Alaska Hwy. (im Mile 0 Rotary Park)
Dawson Creek, BC V1G 1P7
✆ (250) 782-2590, www.mile0park.ca
Tägl. Juni–Mitte Aug. 9–18, bis Ende Aug. bis 17 Uhr, sonst geschl.
Eintritt frei, Spenden erwünscht
Freilichtmuseum mit 14 Gebäuden. *Gardens North* ist ein botanischer Streifzug durch die Pflanzen- und Blütenwelt des Nordens.

Fort St. John

Beatton Provincial Park
Route 244
56.328531,-120.956631
Camping-Reservierungen: ✆ (519) 826-6850, 1-800-689-9025, www.discovercamping.ca
www.env.gov.bc.ca/bcparks
Mitte Mai–Anf. Sept.
Einfacher Campingplatz in der Natur, 37 Stellplätze. 13 km nordwestlich von Fort St. John am Charlie Lake. Lagerfeuer, Schwimmen, Bootfahren, Angeln und Wandern. $ 16

Rotary RV Park
Km 82,4, Alaska Hwy.
56.276613,-120.954754
✆ (250) 785-1700
www.rotaryrvparkfsj.com
Campingplatz am fischreichen Charlie Lake. $ 19–38

Fort St. John North Peace Museum
9323 100th St.
Fort St. John, BC V1J 4N4
✆ (250) 787-0430
www.fsjmuseum.com

Historische Aufnahme vom Bau des Alaska Highway von Dawson Creek in British Columbia nach Alaska (1942)

Mo–Sa 9–17 Uhr
Eintritt $ 5/0–3
Kleines Museum zur regionalen Geschichte.

Fort Nelson

Fort Nelson Visitor Info Centre
5319 50th Ave.
Fort Nelson, BC V0C 1R0
✆ (250) 774-2541
www.tourismnorthernrockies.org
Mitte Mai–Anf. Sept. tägl. 8–20 Uhr
Touristisches Informationszentrum am historischen *milepost* 300. Von Juni–Aug. Mo–Do abends interessante Präsentationen über die Stadt und ihre Umgebung.

Triple G Hideaway
5651 Alaska Hwy., Meile 3000
Fort Nelson, BC V0C 1R0
58.804818,-122.72261
✆ (250) 774-2340, ganzjährig geöffnet
160 Stellplätze. Kostenlose Duschen, Dump Station, Laden, Waschsalon, Feuerholz, Wohnmobilwaschplatz und Restaurant. $ 22–37

Fort Nelson Heritage Museum
Hwy. 97, Fort Nelson, BC V0C 1R0
✆ (250) 774-3536
www.fortnelsonmuseum.ca
Tägl. Mitte Mai–Mitte Sept. 8.30–19.30 Uhr
Eintritt $ 5/0–3
Regionalgeschichtliches Museum westlich des Visitor Information Centre. Fahrzeuge, Gebrauchsgegenstände und andere Relikte aus Pioniertagen.

Muncho Lake

Muncho Lake Provincial Park
Ab km 700, Alaska Hwy.
Strawberry Flats: 58.947153,-125.769303
MacDonald: 59.019934,-125.772473
www.env.gov.bc.ca/bcparks
Mai–Sept.
861 km² großer Hochgebirgspark. Strawberry Flats Campground bei km 700,5. MacDonald Campground bei km 709. Jeweils 15 Stellplätze am Seeufer. Keine hook-ups. Kann windig sein. $ 16

Northern Rockies Lodge
Meile 462 Alaska Hwy.
Muncho Lake, BC V0C 1Z0
59.00834,-125.771445
✆ (250) 776-3481, 1-800-663-5269
www.northernrockieslodge.com
Ganzjährig geöffnet
45 Motelzimmer in Blockhaus-Lodge mit 15 m hohem Kamin. Blockhäuser, RV Park und Campingplatz am herrlichen Muncho Lake. Restaurant, Ausrüster, Tourenanbieter u.a. Flightseeing zum Nahanni National Park. $ 42–58

Liard River Hot Springs Provincial Park

Liard River Hot Springs Provincial Park
Km 765, Alaska Hwy.
59.426613,-126.100745
Camping-Reservierungen: ✆ (519) 826-6850, 1-800-689-9025, www.discovercamping.ca
www.env.gov.bc.ca/bcparks, tägl. 6–22 Uhr, Campingplatz ganzjährig geöffnet
Eintritt $ 5/3, $ 10 pro Auto oder Familie
Knapp 11 km² großer Naturpark mit heißen Quellen. Populärer Campingplatz am Alaska Hwy., rund 65 km nördlich des Muncho Lake Provincial Park. 53 Stellplätze, rechtzeitig reservieren. Baden, Vollanschlüsse, Sani-Station, Duschen, Wäscherei, Tankstelle, Restaurant, Laden. Campinggebühr inkl. Besuch der heißen Quellen. $ 21

Coal River Lodge & RV Park
Km 823 Alaska Hwy.
59.650745,-126.933475
✆ (250) 776-7306
www.coalriverlodge.com, Mai–Sept.
Motel mit Restaurant und RV Park am Coal

»Lakeside«-Campground am Alaska Highway

Auf einem zwei bis drei Meter hohen Damm angelegt: der Alaska Highway am Liard River

River. Historische Meile 533. Tankstelle, Duschen, Waschsalon.

Contact Creek Lodge
Km 913 Alaska Hwy.
60.000016,-127.868872
(867) 536-2262
Ganzjährig geöffneter Rastplatz für Reisende auf dem Alaska Hwy. Historische Meile 590, nahe der Stelle, an der sich die Bautruppen aus Nord und Süd trafen. Im Yukon Territory. Tankstelle, Abschleppdienst, Reparaturen, Laden etc.

Watson Lake

Watson Lake Visitor Info Centre/Alaska Highway Interpretive Centre
Alaska Hwy. & Robert Campbell Hwy.
Watson Lake, YT Y0A 1C0
(867) 536-7469, www.watsonlake.ca
Mitte Mai–Mitte Sept. tägl. 8–20 Uhr
Eintritt frei
Informationszentrum zum Yukon Territory und Museum zum Bau des Alaska Highway. Historische Meile 635. Historische Fotos, Filme und Gegenstände. Mit dem berühmten Watson Lake Signpost Forest.

Downtown RV Park
105 8th St., Watson Lake, YT Y0A 1C0
60.065852,-128.704385
(867) 536-2646, Mitte April–Mitte Okt.
Campingplatz mit 84 Stellplätzen nahe des Wye Lake. Vollanschlüsse, Duschen, RV-Waschplatz, Laden, Waschsalon. $ 28

Watson Lake Yukon Government Campground
Watson Lake, YT
60.083338,-128.743165
www.env.gov.yk.ca/camping-parks/campground_availability.php#
Einfach ausgestatteter, preiswerter Campingplatz 4 km westlich des Signpost Forest am Watson Lake. 55 Stellplätze. Schwimmen im See, Lagerfeuer möglich.

Northern Lights Pace & Science Centre
Alaska Hwy., Watson Lake, YT Y0A 1C0
(867) 536-7827
www.northernlightscentre.ca
Mitte Mai–Anfang Sept. tägl. 13, 14, 15, 18.30, 19.30 und 20.30 Uhr
Eintritt $ 11/0–6.50
Planetarium mit interaktiven Ausstellungen und Multimediaschauen zum Thema Nordlicht.

Service von A bis Z

An- und Einreise

Zur Einreise nach Kanada ist ein für die Reisezeit gültiger **Reisepass** erforderlich (max. Aufenthaltsdauer sechs Monate). Jeder Urlauber muss nach der ersten Landung auf kanadischem Boden die Pass- und Zollkontrolle passieren, auch wenn es sich lediglich um eine Zwischenlandung handelt. Bereits im Flugzeug wird ein Formular ausgefüllt, in dem unter anderem nach einer Aufenthaltsadresse (z.B. Ihr Hotel) in Kanada gefragt wird.

Der Beamte vor Ort *(immigration officer)* wird möglicherweise einige Fragen stellen, etwa wie lange man in Kanada bleiben will, ob man Familienmitglieder hat, die in Deutschland geblieben sind, ob man über genug Barmittel verfügt, eventuell wird er sich sogar das Rückflugticket zeigen lassen.

Kanada hat ein großes Problem mit illegalen Einwanderern, so haben diese Fragen durchaus ihren Grund. Anders als bei uns gibt es in Kanada keine Meldepflicht. Sobald man also eingereist ist, verschwindet man sozusagen auf Nimmerwiedersehen in dem riesigen Land. In Kanada will man deshalb sicher sein, dass der Reisende Gründe hat, nach Deutschland zurückzukehren und dass er/sie über das notwendige Flugticket und genügend finanzielle Mittel verfügt, um den Aufenthalt in Kanada zu bestreiten.

Nach der Passkontrolle gilt es zunächst, das Gepäck abzuholen. Hat man damit die Zollkontrolle passiert, sind bei einem eventuellen Weiterflug meist Angestellte der Fluggesellschaft dabei behilflich, dass der Übergang zum *connecting flight* reibungslos und zügig vonstattengeht. Sie weisen den Weg zum nächsten Terminal oder Gate und sorgen dafür, dass man das Gepäck rasch wieder eincheckt und es zum richtigen Flugzeug geschafft wird.

Sollte aufgrund von Verspätungen oder anderer Eventualitäten das Gepäck nicht mehr rechtzeitig zum Weiterflug gebracht werden können, so wird es in der Regel auf dem nächstmöglichen Flug mitgenommen.

Für diesen Fall ist es natürlich von Vorteil, dass man die erste Übernachtung in Kanada in einem Hotel in Flughafennähe verbringt. Nach der Landung am Zielflughafen wendet man sich sofort an den Schalter (»Lost Baggage«) seiner Airline. Man füllt ein Formular aus, in das man die Adresse seines Hotels einträgt, und bekommt meist noch ein Täschchen mit Waschutensilien und/oder T-Shirt, um sich auch ohne Gepäck etwas frisch machen zu können. Die Koffer werden nach Ihrem Eintreffen von der Airline zum Hotel gebracht.

Bei einem Grenzübergang in die **USA** (nach Washington, Idaho, Montana und Alaska) wird sowohl von jedem Erwachsenen als auch jedem Kind ein maschinenlesbarer Europapass verlangt, der bei einem Aufenthalt von bis zu 90 Tagen mindestens für die Dauer des Aufenthaltes gültig ist. Ein Rückreise- oder weiterführendes Ticket sollte vorhanden sein. Außerdem muss jeder Reisende die sogenannte **ESTA-Genehmigung** (*Electronic System for Travel Authorization,* https://esta.cbp.dhs.gov/esta*)* bereits vor der Abreise online beantragt haben (derzeit $ 14). Einmal erteilt, ist die ESTA-Genehmigung bis zu zwei Jahre oder bis zum Ablauf des Reisepasses für mehrere Reisen gültig.

An der Grenze werden Fingerabdrücke abgenommen und ein Digitalfoto gemacht. Da seit dem 11. September 2001 die Einreisebedingungen in die USA immer wieder verschärft wurden, sollten man sich vor der Abreise – falls ein Grenzübertritt geplant ist – über die aktuellen Bestimmungen bei der US-amerikanischen Botschaft unter www.us-botschaft.de informieren.

Zu den strengeren Sicherheitsbestimmungen gehört unter anderem auch, dass **verschlossene Gepäckstücke** mit großer Wahrscheinlichkeit von den Behörden aufgebrochen werden. Deshalb sollte man seinen Koffer besser mit einem Gurt sichern als ein Zahlenschloss zu benutzen.

Ein Visum wird bei der Einreise generell nur verlangt, wenn der Aufenthalt 90 Tage überschreitet oder kein Rückflugticket vorhanden ist. Die Einreisebedingungen von Kanada und den USA sind weitgehend gleich. Zusätzlich erhält man bei der Einreise in die USA den *departure record* in den Reisepass eingeheftet, der bei der Ausreise an der Grenze oder am Flughafen wieder abgegeben werden muss.

Auskunft

In Kanada, besonders in West-Kanada, dreht sich vieles um den Tourismus. Die Schönheit der Landschaft, die reiche Tierwelt, die riesigen, unbewohnten Gegenden sind Attrakti-

Familienurlaub in West-Kanada

onen, die jedes Jahr von vielen Touristen aus aller Welt besucht werden. Natürlich ist der Tourismus ein wichtiges Geschäft; die Hotels, die Mietwagen- und Wohnmobilfirmen leben genauso davon wie die unzähligen Souveniergeschäfte. Auch die Touristikbüros, die es in fast jedem Ort gibt, bilden keine Ausnahme. Jeder Besucher, der zur Türe hereinkommt, zählt für die Statistik, die am Ende einer Saison darlegt, ob ein Touristikbüro rentabel war oder nicht. Deshalb werden Reisende oft gebeten, das Gästebuch oder die Besucherliste zu unterschreiben. Dies dient als Nachweis dafür, dass diese Tourist Information einen regen Zulauf hat und somit weiter bestehen bleiben kann.

Die Büros liefern oft wirklich erstklassige Unterstützung. Sie geben Auskunft über so ziemlich alles, was in der Region von Interesse sein könnte und sind stets auf dem Laufenden. Oft bieten sie zusätzliche Leistungen an, von der Gratistasse Kaffee bis zum kostenlosen Internetzugang.

Hier erfährt man, ob eine bestimmte *gravel road* mit dem Wohnmobil befahrbar ist, ob die derzeitige Wetterlage Bestand hat oder ob Baustellen die Fahrtzeit verlängern könnten. Die meisten Broschüren und Informationsblätter sind kostenlos, manchmal wird für ein besonderes Heft ein extra Betrag erbeten. Ein Stopp an einem Touristikbüro ist also in vielerlei Hinsicht eine lohnenswerte Sache.

Neben den offiziellen Stellen, die in einem Verband zusammengeschlossen sind, gibt es eine Vielzahl von Touristeninformationen, die von den oft sehr kleinen Gemeinde unterhalten werden. Manchmal ist ein kleines, liebevoll zusammengestelltes Museum angeschlossen, das von der Entstehungsgeschichte des Ortes erzählt.

Auch in den Nationalparks gibt es Touristeninformationen, die immer sehr professionell ausgestattet sind. Hier findet man manchmal ausgezeichnete Ausstellungen über den Park, seine Geschichte, die Natur und die Tier- und Pflanzenwelt. Park Ranger organisieren Vorträge und Diashows, leiten Führungen, Extraveranstaltungen wie Spurenlesen, Sternenbeobachtungen etc. – die Angebote sind vielfältig. Helfen können sogar die Besucher: Im Frühjahr hängen in manchen Parks Bögen aus, auf den Bärenbeobachtungen eingetragen werden sollen, um die Bewegungen einzelner Bären innerhalb des Parks überwachen zu können.

Canadian Tourism Commission
c/o Lange Touristik-Dienst
Eichenheege 1–5, 63477 Maintal
Kanada Hotline: ✆ 018 05-52 62 32 (€ 0,14/Min., aus allen Mobilfunknetzten max. € 0,42/Min.)
www.kanada-entdecker.de

Tourism British Columbia
✆ 1-800-435-5622
www.hellobc.com

Travel Alberta
✆ 1-800-252-3782
http://travelalberta.com

Ausweise und Dokumente

Vor der Reise sollte man
- Reisepass, Flugscheine und Führerschein kopieren,
- die Nummern der Kredit- und EC-Karten sowie deren Notfallnummern für die Kartensperrung notieren,
- Auflistung und Kaufquittungen der Reiseschecks mitnehmen, Nummern der ausgegebenen Reiseschecks notieren, ebenso die Notfallnummer, um deren eventuellen Ersatz anzufordern,
- Telefon- und Faxnummer der Reisekrankenversicherung notieren.

Autofahren, Verkehrsregeln

Deutsche, österreichische und Schweizer Touristen dürfen in Kanada mindestens drei Monate lang Auto fahren, sofern sie den nationalen **Führerschein** besitzen, in British Columbia sogar sechs. Bis auf 12 Monate erhöht sich der Zeitraum, wenn der Fahrer neben dem nationalen auch noch den internationalen Führerschein vorweist.

Sicherheitsgurte, Kindersitze, Fahrrad- und Motorradhelme sind in British Columbia und Alberta vorgeschrieben. **Parkbeschränkungen** sind oft durch farbig markierte Bordsteine gekennzeichnet.

In Kanada gibt es nur sehr wenige **Verkehrszeichen oder -regeln**, die von den europäischen abweichen. Was dem Reisenden am häufigsten begegnen wird, ist das erlaubte Rechtsabbiegen bei roter Ampel, das man in Deutschland zumindest hier und da auch kennt. Sollte man also an einer roten

Ampel stehen und rechts abbiegen wollen, so kann man das unter Beachtung des fließenden Verkehrs jederzeit tun. Ausnahmen sind mit einem durchgestrichenen Pfeil nach rechts deutlich gekennzeichnet.

Ein wichtiger Unterschied zu den hiesigen Gepflogenheiten ist das Überholen von **Schulbussen**. Große Schilder mit der Aufschrift **»School Bus«** weisen darauf hin, dass hier Kinder befördert werden. Nähert man sich einem solche Bus am Straßenrand, hält man an und fährt nicht vorbei, auch nicht aus der Gegenrichtung. Man wartet, bis der Bus weiterfährt. Das bei uns übliche Vorbeifahren ist in Kanada verboten. Eine Zuwiderhandlung kann teuer werden.

Die zweite, wichtige Regel ist: Man hält sich an die Geschwindigkeitsbegrenzungen. Das **Tempolimit** beträgt auf den Autobahnen in der Regel 100–130 km/h. Es ist durchaus üblich, dass auf Autobahnen rechts überholt wird, daher zur Kontrolle stets ein Blick nach rechts! Auf Landstraßen gelten Höchstgeschwindigkeiten von etwa 80–100 km/h. In der Dämmerung oder bei Nacht sollte in waldreichen Regionen wegen der Wildwechselgefahr das Tempo gedrosselt werden. Innerhalb von Ortschaften sind höchstens 50 km/h erlaubt.

Sollte man, aus welchem Grund auch immer, in Kanada einen **Strafzettel** bekommen, so wird dringend zur Bezahlung geraten. Zwar ist man nach der Ausreise aus Kanada erst einmal vor Maßnahmen der kanadischen Polizei sicher. Bei einer erneuten Einreise kann es jedoch passieren, dass bei der Passkontrolle im Computer ein entsprechender Hinweis gespeichert ist und die Einreise dann verweigert wird.

Sollte man in die Situation kommen, **von der Polizei gestoppt zu werden**, ist oberstes Gebot: Ruhe bewahren, ruhig und freundlich bleiben. Der Streifenwagen hält mit laufender Sirene oder Blaulicht hinter dem Verkehrssünder. Man stellt den Motor ab, kurbelt das Fenster herunter, legt beide Hände sichtbar auf das Lenkrad und wartet auf Anweisungen des Polizisten. Die kanadische Polizei (wie übrigens auch die US-amerikanische) hat aufgrund des häufigen Waffenbesitzes in Kanada und den USA Gründe für eine vorsichtige und vorausschauende Verhaltensweise. Wenn man nach den Fahrzeugpapieren gefragt wird: Die befinden sich in der Regel hinter der Sonnenklappe über der Windschutzscheibe.

Die Polizei in Kanada ist ansonsten sehr hilfsbereit. Wenn man sich verfahren oder sonst ein Problem hat, kann man ruhig einen Polizisten ansprechen und ihn nach dem Weg fragen oder um Hilfe bitten.

Eine Form der Polizei gibt es nur in Kanada: die **Royal Canadian Mounted Police**. Diese in den Siedlertagen im 19. Jahrhundert gegründete, berittene Polizeitruppe ist immer noch die einzige Polizei, die in ganz Kanada Dienst tut, allerdings heute mehrheitlich per Auto oder Motorrad und in dezente Uniformen gekleidet. Die bekannten, schmucken roten Uniformen mit den schwarzen Hüten, die förmlich zu einem Foto einladen, werden hauptsächlich zu Feiertagen, Paraden oder touristischen Zwecken getragen.

Automobilclubs

Als Mitglied in einem deutschen Automobilclub (z.B. ADAC), kommt man automatisch in den Genuss der gleichen Vorteile wie ein Mitglied des kanadischen Automobilclubs **CAA** (Canadian Automobile Association). Das gilt nicht nur für die Pannenhilfe, sondern auch für Straßenkarten, Broschüren, Bücher, Fährenpläne *(ferry schedules)* und Campingplatzverzeichnisse der jeweiligen Provinzen bzw. auch für Auskünfte zu Sehenswürdigkeiten etc. In den Büros des CAA kann man sich nach dem Wetter, dem Straßenzustand und nach Baustellen auf dem Weg informieren und auch nützliches Reisezubehör günstig kaufen. Das meiste Infomaterial erhält man gratis, für einige Bücher oder Verzeichnisse wird eine Gebühr verlangt.

Canadian Automobile Association (CAA)
✆ 1-877-325-8888 in British Columbia
✆ 1-800-642-3810 in Alberta
✆ 1-800-CAA-HELP (= 1-800-222-4357) Allgemein, www.caa.ca

Die wichtigsten Adressen:

Hauptbüro CAA British Columbia
4567 Canada Way, Burnaby, BC V5G 4T1
✆ (604) 268-5500, 1-877-325-8888
www.bcaa.com

– 999 W. Broadway, Vancouver, BC V5Z 1K5
✆ (604) 268-5600

– 1262 Quadra St., Victoria, BC V8W 2K7
✆ (250) 414-8320

– 400-500 Notre Dame Dr., Kamloops, BC V2C 6T6, ✆ (250) 852-4600

Hauptbüro Alberta Motor Association
10310 G.A. MacDonald Ave.
Edmonton, Alberta T6J 6R7
✆ (780) 430-5555, 1-800-642-3810
www.ama.ab.ca

– 4700 17 Ave. S.W., Calgary, AB T3E 0E3
✆ (403) 240-5300, 1-800-642-3810

Auskünfte über Straßenzustände:

In British Columbia:
✆ 1-800-550-4997, www.bchighway.com

In Alberta:
✆ 1-877-262-4997
www.ama.ab.ca/road-reports

Diplomatische Vertretungen

In Deutschland:

Kanadische Botschaft
Leipziger Platz 17, 10117 Berlin
✆ (030) 203 12-0, www.canadainternational.gc.ca/germany-allemagn

US-Botschaft
Pariser Platz 2, D-14191 Berlin
Konsularabteilung/Postanschrift:
Clayallee 170, D-14191 Berlin
www.us-botschaft.de

In Österreich:

Kanadische Botschaft
Laurenzerberg 2, A-1010 Wien
✆ (01) 531 38-3000, www.canadainternational.gc.ca/austria-autriche

US-Botschaft
Boltzmanngasse 16, A-1090 Wien
✆ (01) 313 39-0
www.usembassy.at

In der Schweiz:

Kanadische Botschaft
Kirchenfeldstr. 88, CH-3005 Bern
✆ (031) 357 32-00
www.canadainternational.gc.ca/switzerland-suisse

US-Botschaft
Sulgeneckstr. 19, CH-3007 Bern
✆ (031) 357-7011
http://bern.usembassy.gov

Diplomatische Vertretungen in Kanada:

Deutsche Botschaft
1 Waverly St., Ottawa, ON K2P 0T8
✆ (613) 232-1101
www.canada.diplo.de

Österreichische Botschaft
445 Wilbrod St.
Ottawa, ON K1N 6M7
✆ (613) 789-1444
www.austro.org

Schweizer Botschaft
5 Marlborough Ave.
Ottawa, ON K1N 8E6
✆ (613) 235-1837
www.eda.admin.ch/canada

In den USA:

Deutsche Botschaft
2300 M St. N.W.
Washington, DC 20037
✆ (202) 298-4000
www.germany.info

Österreichische Botschaft
3524 International Court N.W.
Washington, DC 20008
✆ (202) 895-6700
www.austria.org

Schweizer Botschaft
2900 Cathedral Ave. N.W.
Washington, DC 20008
✆ (202) 745-7900
www.swissemb.org

Einkaufen

Shopping Malls sind riesige Einkaufszentren mit breitgefächertem Warenangebot in Kaufhäusern und Spezialgeschäften, einschließlich Restaurants, Kinos und kostenlosen Parkplätzen. **Shopping Centre** wird die zumeist etwas kleinere Variante der Einkaufszentren genannt. Die größte Shopping Mall West-Kanadas ist die West Edmonton Mall (WEM).

In jeder größeren west-kanadischen Stadt gibt es mindestens ein Kaufhaus der Kette The Bay. Vancouver bietet eine große Auswahl an Malls, Shopping Centres und Geschäften überhaupt, darunter die Pacific Centre Mall mit rund 200 Geschäften. Calgary und Edmonton besitzen sogenannte **+ 15 Skywalks** bzw. **Pedways**, die die verschiedenen Geschäftsgebäude der Innenstadt durch verglaste, klimatisierte Übergänge miteinander verbinden.

Große **Supermärkte** wie Safeway Canada gibt es in vielen Orten, sie sind täglich von 7–22 Uhr, manchmal sogar rund um die Uhr geöffnet. Im ländlichen Raum sorgen vielerorts kleine Lebensmittelgeschäfte *(convenience stores)* oder Läden auf den Campingplätzen und Tankstellen für den täglichen Bedarf.

Besonders empfehlenswert sind generell die **Museumsgeschäfte**. In guter Qualität und zu akzeptablen Preisen gibt es dort Kunstdrucke, Literatur, Papier- und Schreibwaren, Spielzeug, Kleidung, Nachbildungen von historischen Kunst- und Gebrauchsgegenständen und vieles mehr zum Thema des Museums.

Kanadische Souvenirs: Indianische und Inuit-Kunst und Souvenirs der kanadischen Ureinwohner, wie z. B. Cowichan-Wollpullover, Schnitzereien der Haida-Indianer, Masken, Lederwaren, Schmuck etc., sind authentische, typisch kanadische Mitbringsel und meist in größeren Städten und in den Geschäften der indianischen Museen und Freilichtmuseen zu erhalten.

Westernkleidung wie Cowboyhüte und -stiefel findet man in großer Auswahl in Calgarys Westerngeschäften.

Bei Einkäufen und auch im Restaurant ist es wichtig zu wissen, dass in den meisten kanadischen Provinzen auf den Preisschildern der Nettopreis verzeichnet ist und erst an der Kasse die Steuern draufgerechnet werden. In British Columbia kommen 12 % zum Kaufpreis hinzu. Diese Steuern in BC setzen sich aus der *Goods and Service Tax* (GST) und der *Provincial Sales Tax* (PST) zusammen. Alberta hat keine Provincial Sales Tax, sondern erhebt nur 5 % GST.

Im Übrigen hat Kanada im März 2007 das steuerbefreite Einkaufen für Urlauber abgeschafft.

Fähren in British Columbia

Die kostenpflichtigen, staatlichen Fähren der **BC Ferries** verbinden Vancouver mit Victoria und Nanaimo auf Vancouver Island, Prince Rupert mit den Queen Charlotte Islands, Port Hardy mit Bella Coola etc. Die jeweiligen Preisangaben sind im Routenteil unter Service & Tipps zu finden.

BC Ferries
500-1321 Blanshard St.
Victoria, BC V8V 0B7
✆ (250) 386-3431, 1-888-BC-FERRY (= 223-3779), www.bcferries.com
Ticketkauf im Internet ($ 15 Gebühr, Änderungen $ 9), telefonisch oder im BC Ferries Vacations Centre in Vancouver (1010 Canada Place).

Die **Inlandfähren** des Marine Branch des Ministry of Transportation, die viele Flüsse und Seen in British Columbia überqueren, sind kostenlos. Informationen unter:

Marine Branch, Ministry of Transportation
P. O. Box 9850, Stn Prov. Govt.
Victoria, BC V8W 9T5
✆ (250) 387-3198
www.th.gov.bc.ca/marine

Feiertage, Feste

New Year's Day	– Neujahr, 1. Januar
Good Friday	– Karfreitag
Easter Monday	– Ostermontag
Victoria Day	– vorletzter Montag im Mai
Canada Day	– Nationalfeiertag, 1. Juli
BC Day	– 1. Montag im August
Labour Day	– Tag der Arbeit, 1. Montag im September
Thanksgiving Day	– Erntedankfest, 2. Montag im Oktober

Remembrance Day – 11. November
Christmas Day – 1. Weihnachtstag, 25. Dezember
Boxing Day – 2. Weihnachtstag, 26. Dezember

Es ist immer gut zu wissen, ob ein Feiertag in die Urlaubszeit fällt. Oft werden sie auf einen Montag gelegt, sodass man ein langes Wochenende hat. Dann ist die halbe Nation unterwegs und es empfiehlt sich eine frühzeitige Anreise am geplanten und am besten telefonisch reservierten Campingplatz. Die Geschäfte sind an diesen Tagen oft geschlossen, sodass man sich mit dem Kauf von Lebensmitteln darauf einstellen sollte.

Wichtigster Feiertag ist der **Canada Day**, der Nationalfeiertag am 1. Juli. Im ganzen Land finden dann allerorten Paraden, Konzerte, Feuerwerke und Barbecues statt. Der **Victoria Day** Ende Mai läutet die kanadische Sommersaison ein, die der **Labour Day** Anfang September wieder beendet. Beide Feiertage sind ebenfalls mit vielerlei Familienaktivitäten verbunden.

Über Festivals und Ereignisse an Feiertagen und sonstigen Wochenenden informieren die lokalen oder regionalen Touristeninformationen. In Vancouver, Calgary und Edmonton finden fast an jedem Sommerwochenende musikalische, sportliche oder kulturelle Veranstaltungen statt. Doch auch in kleineren Orten und auf dem Lande bzw. in den großen Freilichtmuseen West-Kanadas werden regelmäßig spezielle lokale Feste ausgerichtet. Termine finden sich bei den jeweiligen Orten unter Service & Tipps im Routenteil.

Die **Vermieterfirmen** von Leihwagen und Campmobilen haben ihre Übergabestationen während der Saison in der Regel täglich geöffnet. Bei den kanadischen Feiertagen dagegen wird das unterschiedlich gehandhabt. Es empfiehlt sich also zu prüfen, ob Übernahme- oder Abgabetag auf einen Feiertag fallen und ob die Station dann auch geöffnet ist.

Besser reservieren!?

Geld, Devisen, Kreditkarten

Die kanadische Währung weist **Banknoten** von Can. $ 5, 10, 20, 50, 100 und selten auch 1000 auf. Folgende **Münzen** kommen vor: 1 Cent (Penny), 5 Cent (Nickel), 10 (Dime) und 25 Cent (Quarter) sowie Can. $ 1 und 2 (Loonie und Twoonie). Aktueller **Umrechungskurs** Februar 2013: € 1 = Can. $ 1.36, Can. $ 1 = € 0,74.

Europäische Währungen tauscht man am besten bereits zu Hause, denn in Kanada ist dies nur in den Banken der Großstädte und an den Flughäfen möglich, ansonsten ist der Euro weitgehend unbekannt. Kanadische in US-Dollar zu wechseln, ist allerdings kein Problem. Mit EC-Karten kann man an Geldautomaten mit dem MAESTRO-Zeichen und mit Kreditkarten mit Interac-Symbol kanadische Dollar abheben.

Übrigens gibt es in Deutschland Banken, welche die entsprechende Devisen bis ins Haus bringen und keine Wechselgebühr verlangen. Informationen geben die Hausbank oder Online-Banken.

Als Zahlungsmittel für unterwegs empfiehlt sich eine Kombination aus Bargeld, Reiseschecks und Kreditkarte. Zuviele kanadische Dollars in bar sollte man nicht in den Urlaub mitnehmen. Das Geld kann verloren gehen oder gestohlen werden und ist dann unwiederbringlich weg. Beim Einwechseln von Reiseschecks bekommt man stets auch Bargeld zurück.

Zu große Scheine sind oft schwierig loszuwerden. Manche kleinere Läden haben nicht viel Wechselgeld in ihrer Kasse, sodass schon ein 100-$-Geldschein Probleme macht. Es ist also wichtig, immer Kleingeld parat zu haben. Kleine Scheine oder Münzgeld benötigt man auch für manche Campingplätze in den Nationalparks, bei denen das Übernachtungsentgelt einfach in einen Umschlag gesteckt wird, weil vor Ort kein Büro oder Personal ist.

Sehr viel sicherer als Bargeld sind **Reiseschecks**, die man in möglichst kleiner Stückelung, also $ 10, $ 20 oder $ 50, mitnimmt und die in den meisten Läden wie Bargeld akzeptiert werden. Sicher werden sie durch Ihre Unterschrift auf der Rückseite, bei Verlust werden sie ersetzt.

Genau wie in den USA und vielen anderen Ländern in Übersee kommt man ohne eine gängige **Kreditkarte** nicht weit. Die gebräuchlichsten sind Mastercard und VISA. Wichtig ist, vor der Abreise aus Deutschland für **ausreichende Deckung** auf dem Kreditkartenkonto zu sorgen. Es muss in jedem Fall eine Kaution für das Wohnmobil hinterlegt werden. Manchen Vermietern genügt die Vorlage und der obligatorische Blanko-Print als Sicherheit nicht, sie ziehen die entsprechende Summe für die Dauer des Urlaubs vom Kreditkartenkonto ab (vgl. S. 30). Man sollte sich dahingehend vor der Abreise genau informieren, damit man die entsprechende Deckung des Kontos vornehmen kann. Man wird außerdem ein Guthaben für die laufenden Kosten während des Urlaubs benötigen.

Abhängig von der jeweiligen Kreditkarte erhält man durch das Bezahlen mit der Karte eine zusätzliche Versicherung. Ein Anruf bei der Kreditkartenfirma bringt da Klarheit. Übrigens kann man mit der Kreditkarte auch problemlos bei vielen Banken Bargeld bekommen.

Die **Öffnungszeiten der Banken** variieren, liegen aber in der Regel Montag bis Freitag zwischen 10 und 15 Uhr. Um Geld mit der Kreditkarte abzuheben, muss man dort zusätzlich nur den Reisepass vorlegen. Manchmal wird sogar zum preisgünstigeren Mittelkurs abgerechnet, sodass man einen kleinen finanziellen Vorteil hat. Allerdings werden bei der Abbuchung vom Konto dann meist auch Auslandsgebühren fällig.

Zu überlegen wäre auch die Anschaffung einer zweiten Kreditkarte unter einer anderen Nummer. Das gibt zusätzliche Sicherheit für den Fall, dass eine Kreditkarte kaputt oder verloren geht. Bei **Diebstahl** oder **Verlust** muss die Karte umgehend gesperrt werden:

Mastercard ✆ 1-800-307-7309
www.mastercard.ca
Visa Card ✆ 1-800-847-2911, www.visa.ca
American Express Credit ✆ 1-800-869-3016, www.americanexpress.com
Oder man meldet Diebstahl und Verlust unter den Telefonnummern der jeweiligen Banken, bei denen die Kreditkarten ausgestellt wurden. Dazu muss man die Nummer der Kreditkarte nennen können, die man sich am besten irgendwo notiert hat.

Bei **Diebstahl** oder **Verlust** von Reiseschecks wendet man sich an die **Notfallnummer** von **American Express Traveller's Cheques** (✆ 1-800-296-5198, www.aetclocator.com). Eine Erstattung der Schecks erfolgt, wenn man die Kaufbestätigung besitzt und die Ausgabe voriger Schecks nachweisen kann, deshalb immer die Nummern der ausgegebenen Schecks notieren.

Landkarten

Die Bezeichnung der Straßen und Highways unterscheidet sich grundlegend von unserem deutschen System. Es wird nach Himmelsrichtungen gefahren, ein System, das gewöhnungsbedürftig, aber durchaus praktisch ist.

Als Mitglied eines deutschen Automobilclubs (z. B. ADAC) bekommt man in den Büros des kanadischen Automobilclubs **CAA** (Canadian Automobile Association) gratis Kartenmaterial sowie Broschüren, Bücher, Fährenpläne *(ferry schedules)* und Campingplatzverzeichnisse.

Maße und Gewichte

In Kanada gilt seit Anfang der 1970er Jahre offiziell das **metrische System**. Dennoch begegnet man den ehemaligen Maß- und Längeneinheiten oft noch im Alltag. Dabei spielt die geographische Nähe zum Nachbarn USA eine große Rolle. Getränkedosen z. B. sind in ounces abgefüllt (1 fluid ounce = 29,6 ml). Frischwaren werden oft noch immer in pound abgewogen (1 pound = 454 g). Zuweilen sind auch noch Meilenangaben (1 mile = 1,609 km) zu finden – es sind inoffizielle Überbleibsel aus alten Tagen vor der Einführung des metrischen Systems.

Umrechnungstabelle Maße & Gewichte Kanada und USA

Längenmaße

1 foot	=	30,48 cm
1 inch	=	2,54 cm
1 yard	=	91,44 cm
1 mile	=	1,609 km

Flächenmaße

1 square inch	= 6,452 cm²
1 square foot	= 0,093 m²
1 square yard	= 0,836 m²
1 acre	= 0,405 ha
1 square mile	= 2,59 km²
1 claim	= 0,006 km²

Gewichte

1 ounce	= 28,35 g
1 pound (lb)	= 0,456 g

Hohlmaße

1 pint	= 0,47 l
1 quart	= 2 pints = 0,95 l
1 gallon	= 3,79 l

Temperatur

Umrechnung von Fahrenheit in Celsius
Grobe Formel: (F-32) : 1,8
Beispiel: 80 °F – 32 = 48 : 1,8 = 26,6 °C

Medizinische Versorgung

Europäische Reisende finden in Kanada beste ärztliche Versorgung, die aber auch teuer werden kann. Krankenhausaufenthalte werden je nach Schwere der Erkrankung oder Dauer der Behandlung nach Tagessätzen oder Gebühren abgerechnet. Dabei kommen schnell 1000–2000 Dollar am Tag zusammen. Die gesetzlichen Krankenkassen beteiligen sich nicht an den entstehenden Kosten. Unbedingt erforderlich ist daher der Abschluss einer **Reisekrankenversicherung**.

Vorsicht ist angebracht bei Langzeit- oder Vorerkrankungen, für die die Kosten auch von den Reisekrankenversicherungen nicht übernommen werden.

Bei regelmäßiger **Medikamenteneinnahme** sollte man einen ausreichenden Vorrat an Arzneimitteln und eventuell auch ein Rezept bzw. ein Attest des Arztes mitnehmen. In manchen Medikamenten können Stoffe enthalten sein, deren Einfuhr in die USA nicht erlaubt ist, z.B. Codein im Hustensaft.

Medikamente für Erkältungen, Kopfschmerzen, Durchfall u.a. leichte Erkrankungen gibt es frei verkäuflich in Kanadas Supermärkten. Verschreibungspflichtige Medikamente erhält man in einem Supermarkt oder Drugstore, der den Zusatz ***pharmacy*** trägt.

Mit Kindern in West-Kanada

Nach dem langen Flug, dessen Strapazen Kinder oft besser wegstecken als so mancher Erwachsene, wenn das Auto übernommen bzw. das Quartier bezogen ist, sollte man es ruhig angehen lassen. Eltern tun sich und ihren Sprösslingen damit den größten Gefallen.

Camping gehört zu den schönsten Reiseformen mit Kindern, insbesondere weil die Plätze im Vergleich zu den europäischen mit Picknick im Wald, möglichen Tierbeobachtungen, Grillen und Lagerfeuer deutlich mehr Abenteuer bieten.

In **Restaurants** gibt es oft Kinderstühle und -menüs. Man kümmert sich im Allgemeinen freundlich um die kleinen Gäste und hält Spielzeug oder eine kleine Beigabe zum Essen bereit.

Die Reiseetappen sollten nicht zu lang sein, eventuelle Schlafzeiten der Kinder berücksichtigt und durch Stopps aufgelockert werden. Zu den Favoriten der Kleinen zählen die Freilichtmuseen, Vergnügungsparks, aber auch Picknicks und Spielenachmittage am Wildbach unterwegs.

Die meisten **Museen** und **Attraktionen** sind auch auf den Besuch von Kindern eingerichtet und bieten altersgemäße Präsentationen.

Die **Eintrittspreise** kommen Familien entgegen, Kinder zahlen in der Regel die Hälfte oder weniger, wobei die Altersgrenze meist bei 6–12 Jahren liegt. Jugendliche, vor allem wenn sie noch Schüler sind, zahlen weniger als Erwachsene. Kinder im Kindergartenalter haben oft freien Eintritt, außer bei speziellen Kindervergnügungen und -aktivitäten. Unter Service & Tipps werden bei den einzelnen Museen die Preisspannen angegeben.

Reiseliteratur (nicht nur) für Kinder:

Für die Jüngeren

Sabine Rahn, Bettina Gotzen-Beek: »Delfingeschichten« (Ravensburger Buchverlag)
Edgar Wüpper: »Indianergeschichten« (Loewe Verlag)

Für die Älteren

Jack London: »Wolfsblut« (Arena Bibliothek der Abenteuer)
Wolfgang Bittner: »Die Fährte des Grauen Bären« (Bertelsmann Verlag)
Sissi Flegel: »Kanu, Küsse, Kanada« (Thiene-

manns)
Will Hobbs: »Weit im Norden« (Beltz Verlag)
Tim Wynne-Jones: »Flucht in die Wälder« (dtv)
Werner J. Egli: »Feuer im Eis« (Bertelsmann Verlag)
Thomas Jeier: »Die abenteuerliche Reise der Clara Wynn« (Überreuter)
Gary Paulsen: »Brians Winter« (Fischer Taschenbuch)
Jutta Ploessner: »Unsere Farm am Arrow Lake« (Books on Demand GmbH)
Ina Vandewijer: »Nanuk – Im Zeichen des Bären« (Nagel & Kimche Verlag)

National und Provincial Parks

Von den insgesamt 44 **Nationalparks**, die es in Kanada gibt, befinden sich viereinhalb in Alberta (der Wood Buffalo N.P. liegt z.T. in den Northwest Territories) und sieben in British Columbia. Dazu kommt eine ganze Reihe von **Provincial Parks**, also geschützte Gebiete, die von der jeweiligen Provinzverwaltung betreut werden. Jeder Besucher, der in einem dieser Parks übernachtet, zahlt am Parkeingang oder an den Automaten an den Parkplätzen eine Gebühr. Diese Gelder werden für den Schutz der Gebiete und die Erhaltung der Einrichtungen verwendet. Der Tagespass ist im Allgemeinen bis 16 Uhr des folgenden Tages gültig. Wenn man also nur durch den Park hindurchfahren möchte, gibt man das am Parkeingang an und kann ohne Gebühren passieren, darf dann aber auch keine der Einrichtungen nutzen.

Wenn man den Besuch vieler Parks plant, sollte man die Anschaffung eines Jahrespasses in Erwägung ziehen. Sind eine Wanderung oder andere Aktivitäten geplant, wird man zwei bis drei Nächte im Nationalpark verbringen. Ab sechs bis sieben Übernachtungen in einem Nationalpark ist die Anschaffung eines Jahrespasses günstiger als die entsprechenden Tagespässe. Wenn man zum ersten Nationalpark der Reise kommt, kann man einen solchen Jahrespass direkt am Eingang kaufen. Interessant ist in diesem Zusammenhang auch, dass es spezielle Familienpreise gibt und reduzierte Gebühren für Senioren (ab 65 Jahren).

Die kanadischen Nationalparks sind natürlich auch im Internet vertreten. Um die aktuellsten Informationen über Veranstaltungen der Park Ranger, Temperaturen oder Straßenbeschaffenheit zu erfahren, kann ein Blick ins Internet kurz vor der Abreise nach Kanada vorteilhaft sein. Speziell für Jugendliche gibt es auf der Website in englischer oder französischer Sprache Themen, die diese Altersgruppe ansprechen; man kann zum Beispiel virtuelle Postkarten verschicken und vieles mehr. Die Nationalpark-Website ist www.pc.gc.ca.

Geplant ist, in den nächsten Jahren neue Nationalparks in Kanada einzurichten, einen davon im südlichen Okanagan Valley. Auch hierzu findet man Informationen auf der genannten Website.

Verständlicherweise sind die Kanadier sehr stolz auf ihre Nationalparks und möchten die Natur so unberührt wie möglich lassen – ein schwieriges Unterfangen angesichts der großen Besuchermengen. Darum ist jeweils nur ein kleiner Teil der Gesamtfläche durch Straßen und Aussichtspunkte erschlossen, der Rest bleibt möglichst wild und ursprünglich. Es gibt zahlreiche längere Wanderwege in allen Nationalparks. Für deren Benutzung benötigt man eine Erlaubnis (***Day Permit*** für eine Tageswanderung oder ***Overnight Permit*** wenn man unterwegs übernachten will). Dadurch wird die Zahl der Wanderer auf ein Maß beschränkt, das die Natur ohne bleibende Schäden verkraften kann. Nur ein kleiner Teil der Urlauber nutzt diese Wege, die mitten hinein in die Felsen, zu Gletschern, Tundra und hochalpinen Wiesen führen und die auch ein entsprechendes Maß an Fitness und Ausdauer voraussetzen. Wenn eine mehrtägige Wan-

Aktuelle Preisbeispiele für einen Nationalpark-Jahrespass Sommer 2012

	Jahrespass	Tagespass Banff N. P.	Tagespass Mt. Revelstoke N. P.
Erwachsener	$ 67.70	$ 9.80	$ 7.80
Senior	$ 57.90	$ 8.30	$ 6.80
Kind 6–16 Jahre	$ 33.30	$ 4.90	$ 3.90
Familie	$ 136.40	$19.60	$ 19.60

derung geplant ist, sollte bereits lange vor Urlaubsbeginn beim Visitor Centre des entsprechenden Nationalparks per Brief oder E-Mail das erwähnte Permit angefordert werden. Auch eine Reservierung für einen der wenigen Campingplätze entlang der Wanderwege muss vorgenommen werden. Es ist erforderlich, dass man für den Notfall die geplante Route und die Dauer der Wanderung genau angibt.

Für die vielen Kurzwanderwege, die zumeist von einem Parkplatz an der Straße abgehen, benötigt man selbstverständlich keine Erlaubnis. Und auch auf diesen Wegen eröffnet sich eine reiche Palette wunderschöner Landschaften und Naturphänomene. Trotzdem schadet es nicht, sich auch vor einer kürzeren, vielleicht drei- bis vierstündigen Wanderung vorher nach der Beschaffenheit des Weges zu erkundigen. Die Kurzwanderstrecken sind zwar meist gut markiert, variieren je nach Art des Parks und Beschaffenheit der Landschaft. Mancherorts werden sie naturbelassen, andernorts befestigt und asphaltiert, sie sind eben oder gehen steil auf und ab, führen durch Moore oder über Felsen.

Fahrt durch das Okanagan Valley

Außer der einzigartigen Landschaft sind die Parks für ihre reiche Pflanzen- und Tierwelt bekannt. Rotwild, Bergziegen, Bergschafe, Steinböcke, Füchse, Murmeltiere und Pikas, Elche, Schwarzbären, vielleicht sogar Wölfe oder Grizzlies, in nördlicheren Regionen auch Karibus, dazu eine bunte Vogelwelt bis hin zum majestätischen Weißkopfseeadler können mit Glück und Geduld beobachtet werden. Praktisch ist dabei ein zusammenklappbares, möglichst leichtes Fernglas.

Petrijünger benötigen für das Angeln in den Gewässern der Nationalparks eine ***National Park Fishing License*** und müssen sich an die jeweilige Vorschriften und Beschränkungen halten. Anglern sei empfohlen, sich bereits am Parkeingang nach den Bestimmungen zu erkundigen, denn die Vorschriften sind vielfältig, und es gibt immer wieder Neuerungen und bestimmte saisonale Änderungen.

Nachdem man sich auf dem Campingplatz eingerichtet hat, macht die attraktive Umgebung sicherlich Lust darauf, aktiv zu werden. Neben dem Wandern auf eigene Faust gibt es auch andere Möglichkeiten, die Nationalparks näher zu erkunden. Unter dem Thema *guided adventures* führen zwei Organisationen in Zusammenarbeit mit den Nationalparks geführte Touren durch. Die **Interpretive Guides Association** (www.interpretiveguides.org) bietet eine Vielzahl von Themen wie z. B. Wanderungen, Pilzesammeln etc. an, während die **Association of Canadian Mountain Guides** (www.acmg.ca) sich neben dem Wintersport vor allem auf Bergsteigen und mehrtägige Wanderungen spezialisiert hat. Bei den Führern handelt es sich meist um *locals* oder auch Mitarbeiter der Nationalparkverwaltung. Beide Organisationen führen ihre Touren in englischer Sprache durch, sodass bei den Teilnehmern zumindest Grundkenntnisse vorhanden sein sollten. Die Anmeldung über das Internet, wo man auch alle Details wie Programme, Daten und Kosten erhält, ist erforderlich.

Direkt in den Visitor Centres der einzelnen Parks finden in den Sommermonaten oft Informationsveranstaltungen statt, oft sogar in den Abendstunden. Hier erfährt man Wissenswertes und Interessantes über die Geschichte des Parks und die Besonderheiten der Pflanzen- und Tierwelt. Die Programme sind für die ganze Familie gedacht und keineswegs »trockene« Vorträge, sondern in der Regel sehr abwechslungsreich und interessant gestaltet.

Einige Besonderheiten während des Aufenthaltes in West-Kanadas National- und Provincial Parks gilt es zusätzlich zu beachten:

Das Wetter

Generell kann das Wetter im Hochgebirge binnen Minuten umschlagen. Bevor man zu einer Wanderung in die Berge oder das Hinterland eines Parks aufbricht, erkundigt man sich beim örtlichen Wetterdienst (oder im Visitor Information Centre) nach den Vorhersagen. Außerdem präpariert man sich für Kälte, Regen, Wind oder Schneefall mit entsprechender Kleidung.

Die Wildnis

Vor einer Wanderung durch die Wildnis trifft man am besten einige einfache Vorbereitungen, damit man im Falle eines Falles schnell gefunden werden kann: Hier eine Liste der Tipps und Ratschläge, wie sie die Nationalparkverwaltungen ausgeben:

- Auf einer guten Wanderkarte, die im Visitor Centre erhältlich ist und die man auch mitnehmen sollte, studiert man die geplante Route genau.
- Man meldet beim Visitor Information Centre, welche Wanderung man plant und wann man voraussichtlich zurück sein wird.
- Man packt Wasser, Lebensmittel und eine Extragarnitur Kleidung ein (für den Fall, dass man nass wird).
- Am besten wandert man mit anderen Personen in einer Gruppe und bleibt stets zusammen.
- Man hält sich an den Wanderweg. Wenn man unsicher ist, ob man sich noch auf dem Weg befindet, geht man umgehend in seinen eigenen Spuren zurück. Nie »auf Verdacht« weiter gehen!
- Man sollte stets darauf vorbereitet sein, im Freien zu übernachten. Die Suche nach einer verirrten Wandergruppe braucht Zeit.
- Wenn man sich bei der Nationalpark-Information zu einer Wanderung abgemeldet hat, ist man laut Gesetz verpflichtet, sich nach der Rückkehr zurückzumelden. Suchaktionen sind sehr kostenintensiv und werden in Rechnung gestellt.
- Es sollte selbstverständlich sein, dass man nur in Begleitung eines erfahrenen Bergführers auf einen Gletscher steigt.

Auf den Straßen der Nationalparks unterwegs

Auch für das Befahren der Straßen in den Nationalparks sind einige einfache Regeln zu beachten. Statistisch gesehen passieren die meisten Unfälle nicht bei Wanderungen, sondern auf der Straße.

- Geschwindigkeitsbegrenzungen beachten: auf größeren Straßen ca. 90 km/h, auf Nebenstrecken 60 km/h. Von vorneherein genügend Zeit einplanen.
- Auf andere Verkehrsteilnehmer achten, die von der Szenerie abgelenkt sein können, es eilig haben, oder angesichts eines Tieres abrupt bremsen.
- Wenn man sich im Hochgebirge befindet, daran denken, dass es auch im Hochsommer schneien kann.
- Auf Radfahrer achten. Aus einem Wohnmobil sind sie trotz Seitenspiegel manchmal schwer zu erkennen.
- Auf der Straße bleiben, nicht auf dem Randstreifen fahren.
- Auch auf Strecken, an denen rechts und links der Straße Wildzäune aufgestellt sind, kann überraschend ein Tier die Fahrbahn überqueren. Am besten hält man sich an die Geschwindigkeitsbegrenzungen. Wenn ein Tier in der Nähe der Straße zu sehen ist, reduziert man die Geschwindigkeit vorsichtshalber noch weiter.

Canadian Wildlife –
die Begegnung mit wilden Tieren

Gewichtige Gründe nach Kanada zu fahren, sind sicherlich die grandiosen, oft noch völlig unberührten Landschaften: Wälder mit dichtem Unterholz, klare Seen, schneebedeckte Berge und natürlich die einzigartige Tierwelt. Wohl jeder Kanada-Urlauber möchte gern einen Bären sehen oder einen Elch, Steinböcke, Schneeziegen, einen wunderschönen Weißkopfseeadler, vielleicht einen Killerwal oder eine Herde Karibus. Und man hat bei Fahrten durch Nationalparks oder unbewohnte Landschaften durchaus die Chance, diesen Tieren zu begegnen. Ein paar einfache Grundregeln können dabei sehr nützlich sein:

Die kleinsten, aber bei Weitem nicht die harmlosesten Tiere, denen man fast unvermeidlich in West-Kanada begegnen wird, sind die **Moskitos**. Das Land ist mit unzähligen Seen und Tümpeln durchsetzt, ideale Brutstätten für die kleinen Blutsauger. Es gelten dieselben Schutzmaßnahmen, die man auch hier anwendet: Die Haut bedecken, möglichst helle Kleidung wählen, und sich mit entsprechenden Mitteln einreiben. Bei der Auswahl des Campingplatzes kann man gleich Ausschau nach Mückenschwärmen halten und eventuell eine größere Entfernung zu einem See wählen. Für das Wohnmobil gibt es Räucherkegel zu kaufen, die ihren Dienst tun, während man draußen grillt. Angler haben es besonders schwer, sich gegen Mücken zu schützen. Eventuell sollte man den Kauf spezieller Schutzkleidung in Erwägung ziehen.

Wohl jeder möchte gerne einmal einen Bären oder ein anderes **Großwild** in seinem natürlichen Lebensraum sehen und fotografieren. Angesichts eines Schwarzbären, der nur wenige Meter entfernt am Waldrand grast, sollte man langsam mit dem Wagen an den Randstreifen der Straße fahren. Foto- und Filmaufnahmen lassen sich tadellos bei heruntergelassener Scheibe machen, es ist nicht nötig und auch nicht ratsam auszusteigen. Die moderne Zoomtechnik holt das Tier für ein gutes Bild nah genug heran.

Jedes Tier ist wild, unberechenbar und somit potenziell gefährlich. Als Laie ist man nicht in der Lage, die Reaktion eines Bären, Dickhornschafs oder Elches einzuschätzen. Außerdem ist es für Wildtiere lebenswichtig, dass sie ungestört ihre Nahrung aufnehmen können, da sie während des kurzen Sommers ständig fressen müssen, um sich ein Polster für den nahrungsarmen Winter oder den Winterschlaf anzufressen.

Manchem sind vielleicht noch die Fernsehaufnahmen aus dem US-amerikanischen Yellowstone National Park bekannt, wo in den 1950er Jahren Schwarzbären den Touristen buchstäblich aus der Hand fraßen. Die Bären hatten schnell gelernt, dass es in der Nähe von Menschen Nahrung gibt. Sie drangen in Zelte ein und griffen Menschen an. Es gab viele Zwischenfälle, die mit schweren Verletzungen und sogar dem Tod von Menschen und Bären endeten. Viele Bären wurden angesichts der Übergriffe erschossen. Andere wurden betäubt und per Hubschrauber in menschenleere Gebiete ausgesiedelt, was oft heute noch geschieht. Das Füttern wurde per Gesetz verboten, und seitdem existiert eine gesunde Distanz zwischen Menschen und Bären, die für alle Beteiligten am besten ist. In Kanada besteht ein generelles Fütterungsverbot für Wildtiere.

So nett Schwarzbären und Grizzlys aussehen, wenn man sie aus der Sicherheit eines Wohnmobils betrachtet, ist es eine ganz andere Sache, ihnen Auge in Auge während einer Wanderung zu begegnen. Normalerweise verläuft eine solche Begegnung harmlos, aber eben nicht immer. Bären sind besonders unberechenbare Tiere, deshalb hier einige generelle **Tipps**, wie sie auch von den Nationalparks gegeben werden:

– Ruhig bleiben. Wenn sich der Bär auf die Hinterbeine stellt und seine Nase »in den Wind hängt«, versucht er herauszufinden, was für ein Lebewesen man ist. Man sollte ruhig stehen bleiben und mit leiser Stimme den Bären ansprechen; der Tonfall ist dabei das wichtigste. Der Bär wird den Menschen identifizieren, der kein potenzielles Beutetier ist. Manchmal unternehmen Bären auch Scheinattacken. Sie stürmen auf den Menschen los und drehen erst im letzten Moment ab. Es erfordert sehr viel Selbstbeherrschung, in einem solchen Moment ruhig stehen zu bleiben. Ein Schrei oder eine plötzliche Bewegung könnten einen realen Angriff auslösen.
– Werden mehrere Personen von einem Bären oder einem anderen Raubtier überrascht, sollten sich alle als Gruppe zusammenstellen. Kleinere Kinder sollten dabei auf den Arm genommen werden, damit sie größer erscheinen.
– Langsam rückwärtsgehen, nicht anfangen zu rennen.
– Wenn möglich, die Gegend verlassen. Wenn das unmöglich ist, wartet man, bis der Bär weitergeht und vergewissert sich, dass er einen Fluchtweg hat.
– Es gibt einige Hilfen, wie man die Begegnung mit einem Bären oder einem anderen Raubtier vermeiden kann. Eine Möglichkeit ist, sich beim Wandern laut zu unterhalten oder zu singen. Die sogenannten Bärenglocken, kleine Glöckchen, die man sich irgendwo am Körper oder Rucksack festmacht, damit sie unentwegt bimmeln, sind dagegen nicht nur nervtötend, sondern auch wenig wirkungsvoll.
– Wandern in einer Gruppe ist nicht nur unterhaltsamer, sondern auch sicherer. Es sollte selbstverständlich sein, auf den markierten Wanderwegen zu bleiben und nur bei Tageslicht unterwegs zu sein.
– Essensgerüche durch gute Verpackung minimieren und auf intensiv duftende Parfums und andere Toilettenartikel verzichten.

– Wenn man einen Bären sieht, Bärenlosung oder Fußspuren erkennt oder auf ein größeres, totes Tier (mögliche Beute) stößt, verlässt man umgehend die Gegend.
– Die vorletzte Möglichkeit ist die Benutzung eines Bärensprays, das aus hochkonzentriertem Cayennepfeffer und anderen ähnlichen Ingredienzien besteht. Der wirkungsvolle Einsatz setzt allerdings voraus, dass der Bär bereits ziemlich nahe herangekommen ist. Solche Sprays haben zum Beispiel die Holzfäller bei ihrer Arbeit in den Wäldern stets griffbereit.
– Der letzte Ausweg, den Angriff eines Bären ohne lebensbedrohliche Verletzungen zu überstehen, ist: sich totzustellen. Damit stellt man keinen potentiellen Gegner mehr dar. Dazu legt man sich auf den Bauch, spreizt die Beine auseinander und schützt den Hinterkopf mit den Händen. In dieser Position verharrt man, bis man sicher ist, dass sich der Bär entfernt hat.

Die Wahrscheinlichkeit, von einem Raubtier angegriffen zu werden, ist stets da, aber in der Realität gering, und man sollte sich dadurch nicht von Wanderungen abhalten lassen.

Man kann den Park Rangern sehr helfen, wenn man Beobachtungen von Bären oder Pumas bei der nächsten Ranger Station meldet. Meist wird nach dem Ort der Sichtung und der ungefähren Uhrzeit gefragt. So können Daten über Lebensräume und Population gesammelt werden, die wichtig für einen gesunden Bestand der Wildtiere sind.

Es kann auch sehr spannend sein, kleinere Tiere zu beobachten. Bleibt man mittags an einem Picknickplatz einfach einmal ruhig eine Zeitlang im Wohnmobil oder davor sitzen und beobachtet aufmerksam die Umgebung, so wird man viele Tiere sichten können. Vögel, Nagetiere und andere kleine Lebewesen, die man sonst gar nicht wahrnimmt, kommen aus ihren Verstecken und lassen sich beobachten – eine durchaus spannende Sache. Man kann mit dem Fernglas die Nester der Weißkopfseeadler in den Baumgipfeln suchen oder einem Biber bei seinem Weg durch einen See zusehen.

Lernt man, Spuren zu lesen, kann man unterwegs verschiedene Tierarten identifizieren. Lernen lässt sich das Spurenlesen entweder aus Büchern oder Broschüren, die es in den Visitor Centres gibt, oder auf von Park Rangern geführten Touren, die interessant und kurzweilig zugleich sind.

Notfälle, Unfälle, Fahrzeugschäden

In vielen Städten kann direkt die **Notfallnummer 911** gewählt werden. Ansonsten wählt man die **»0«** und lässt sich mit der Polizei oder dem medizinischen Rettungsdienst verbinden.

Bei Verlust von **Ausweispapieren** hilft die Botschaft (vgl. S. 292). Zum Verlust von **Kreditkarten** vgl. Geld, Devisen, Kreditkarten, S. 294 f.

Unter ✆ **1-888-222-1373** ist die **deutschsprachige ADAC-Notrufstation** in Kanada und den USA zu erreichen, unter ✆ 011 49-89-22 22 22 die 24 Stunden besetzte Notrufzentrale München.

Unter der Nummer ✆ **1-800-CAA-HELP (= 1-800-222-4357)** bietet der Automobilclub CAA rund um die Uhr Hilfe bei Unfällen an (vgl. Automobilclubs, S. 291 f.).

Leihwagen- und Wohnmobilfahrer wenden sich in Notfällen zunächst immer an ihren Vermieter. Es wird dann der eigene Standort erfragt und man erhält Anweisungen, wie man sich weiter verhalten sollte. Die Firma besitzt großes Interesse daran, das Fahrzeug in tadellosem Zustand zurückzubekommen, aber auch die Zufriedenheit des Kunden ist wichtig. Wenn man also einen Platten hat, der Motor komische Geräusche von sich gibt oder irgendetwas nicht funktioniert, klärt ein schneller Anruf, was zu tun ist. Übrigens darf ein Kunde aus versicherungstechnischen Gründen **nichts selbst reparieren**, also auch keinen Radwechsel oder dergleichen vornehmen.

Wenn das Fahrzeug liegenbleibt und man nicht mehr weiterkommt, ist ein Handy *(mobile phone)* prinzipiell die schnellste Möglichkeit, Hilfe zu bekommen. Allerdings gibt es viele Funklöcher, in denen man keinen Empfang hat. Einige Campervermieter verleihen auch Mobiltelefone – bei Interesse sollte man bereits bei der Buchung eines reservieren lassen.

Daneben verfügen die meisten deutschen Reiseanbieter über **Notrufnummern**, die von überall in Nordamerika angewählt werden können. Hier sitzen in einem Call Center oft deutschsprachige Fachleute am Telefon, die Auskünfte geben, wo man weiterführende Informationen, Ratschläge oder aktive Hilfestellungen bekommen kann: vom nächstgelegenen Krankenhaus bis zum Zurückfinden auf die richtige Fahrtstrecke aus scheinbar hoffnungsloser Verirrung.

Natürlich gibt es auch in Kanada die Polizei, Suchtrupps, Rettungsstationen und dergleichen. Was es nicht gibt, sind Notrufsäulen. Aber alle Straßen werden regelmäßig durch die Polizei patrouilliert, in dünn besiedelten Gebieten gibt es bisweilen eine Überwachung durch Hubschrauber.

Durchaus nicht an letzter Stelle stehen die hilfsbereiten Menschen, auf die man überall trifft. Es ist wohl tatsächlich so: Je dünner besiedelt eine Gegend ist, desto mehr ist einer auf den anderen angewiesen. Und aus diesem Grund wird auch tatsächlich geholfen. Bei einer Panne oder sonst einem Fall, in dem man nicht mehr weiterkommt, bleibt man am Straßenrand stehen und klappt die Motorhaube hoch – ein Zeichnen, dass man Hilfe benötigt. Beschließt man, zur nächsten Ortschaft zu laufen, um Hilfe zu holen, notiert man dies auf einem Zettel, der an die Antenne des Wagens gesteckt wird. So weiß jeder, der anhält, in welcher Richtung er gegebenenfalls suchen kann.

Reisebuchung

Flüge

Nonstop-Flüge nehmen ohne Zwischenlandung den direkten Weg zum Zielflughafen (Frankfurt–Vancouver in ca. 10 Std., Frankfurt–Calgary in ca. 9 Std.). Da die meisten Flüge aus Europa am Vormittag oder frühen Mittag starten, landen sie bereits am Nachmittag oder frühen Abend in Kanada (9 Std. Zeitdifferenz zwischen Frankfurt am Main und Vancouver bzw. 8 Std. zu Calgary). Es bleibt genügend Zeit, um in Ruhe das Quartier zu beziehen und den Tag mit einem Spaziergang bzw. einem Abendessen ausklingen zu lassen.

Direktflüge legen einen Zwischenstopp ein und manchmal werden die Zielflughäfen nur auf Umwegen angeflogen. Air Canadas Flüge nach West-Kanada gehen oft über Toronto. Gegen Aufpreis kann man auch eine längere Unterbrechung *(stopover)* unterwegs einlegen.

Sonderangebote mit Preisen deutlich unterhalb des offiziellen Standardtarifs, insbesondere an Wochenenden oder in der **Hauptreisezeit**, beziehen sich nur auf ein beschränktes Kontingent an Sitzplätzen und müssen frühzeitig gebucht werden. Es sind oft auch die mit Zubringerflügen nach Amsterdam, London oder Paris.

Die **Nebensaison**, d.h. bis Ende Mai und ab Anfang September, mit ihren geringeren Touristenzahlen und den günstigeren Preisen bietet oft relativ ruhiges, warmes Wetter und erfreuliche Urlaubstage. Die Flugtarife sind etwas günstiger als in der Hauptsaison. Preisinformationen findet man über Internet-Suchmaschinen oder z.B. im Reisemagazin *Reise & Preise* (www.reise-preise.de).

Vancouver International Airport (YVR) und Calgary International Airport (YYC) werden von **Air Canada** (www.aircanada.com) und ihrer regionalen Tochtergesellschaft **Air Canada Jazz** (www.flyjazz.ca) sowie weiteren Airlines wie Air Transat (www.airtransat.de) und Westjet (www.westjet.com) täglich mit Linien- und Charterflügen angeflogen. Aus Deutschland geht es mit Air Canada täglich von Frankfurt am Main nach Calgary und Vancouver, Toronto und Montréal, von München nach Toronto und Montréal. Auch die innerkanadischen Verbindungen bzw. die Anschlussflüge in die USA sind hervorragend.

Sowohl Vancouvers als auch Calgarys Flughafen sind ideale Ausgangs- und Endpunkte für Touren durch West-Kanada. Auch Gabelflüge von Frankfurt am Main nach Vancouver und von Calgary zurück sind optimal. Fährt man den Leihwagen in diese Richtung, spart man bei manchen Autovermietern die Einweggebühr, die man in die andere Richtung zu zahlen hat.

Air Canada
1-888-AIR CANADA (= 247-2262)
www.aircanada.com

Air Canada
Hahnstr. 70, D-60528 Frankfurt
✆ (069) 271 15-111
www.aircanada.com

Frankfurt International Airport (FRA)
www.frankfurt-airport.de

Vancouver International Airport (YVR)
www.yvr.ca

Calgary International Airport (YYC)
www.calgaryairport.com

Bahn

Via Rail ist die kanadische Eisenbahnlinie, die auch die wichtigsten Städte im Westen des Landes bedient. Bei Reisen mit Via Rail besteht **Reservierungspflicht** für den Zug, d.h. für einen Sitz- oder Schlafwagenplatz. Preiswert ist die Buchung eines Sitzplatzes, die keine Mahlzeiten, keine Dusche etc. beinhaltet. Komfortabler wird es, wenn man einen Schlafplatz bucht. Reisen mit dem legendären Überlandzug **The Canadian** von Vancouver nach Toronto dauern drei Tage und gehören zu den großen, klassischen Via-Rail-Trips. The Canadian beginnt bzw. endet an der Pacific Central Station in Vancouver.

Weitere Informationen über VIA Rail, den Canadian und den Rocky Mountaineer erteilt:

Canada Reise Dienst
CRD International
Fleethof, Stadthausbrücke 1–3
D-20355 Hamburg
✆ (040) 30 06 16-70
www.crd.de

VIA RAIL
✆ 1-888-VIA-RAIL (= 1-888-842-7245)
www.viarail.ca

Pacific Central Station
100-1150 Station St.
Vancouver, BC V6A 4C7

Der **Rocky Mountaineer** quert die Rocky Mountains auf der klassischen Route zwischen Vancouver und Jasper bzw. Banff und Calgary. Er fährt nur tagsüber, damit den Passagieren nichts von der atemberaubenden Bergszenerie entgeht. Los gehts ab Vancouvers Rocky Mountaineer Station an der Cottrell Street, nahe der Pacific Central Station.

Rocky Mountaineer
✆ (604) 606-7245, 1-877-460-3200
www.rockymountaineer.com

Rocky Mountaineer Vancouver Station
1755 Cottrell St.
Vancouver, BC

Reisezeit, Klima, Kleidung

Die Freiluftsaison beginnt in Kanada im Allgemeinen in der zweiten Maihälfte und endet Anfang Oktober. Die touristische Hauptsaison liegt zwischen Ende Mai und Anfang September. Innerhalb dieses Zeitrahmens sind die wichtigsten Einrichtungen wie zum Beispiel Campingplätze, Infozentren oder Museen auch in kleinen Orten geöffnet.

Im **Frühjahr** können die Abende und Nächte noch empfindlich kühl sein, besonders in den Bergen. Mit entsprechender Kleidung kann man sich darauf einstellen. Belohnt wird man dafür mit einer Tierwelt, die so nah an den Straßen während des Sommers nicht zu sehen ist. Ein weiterer Vorteil der frühen Saison sind die wenigen Besucher, die unterwegs sind. Man kann so die Landschaft in aller Ruhe betrachten.

Der **Sommer** bietet ohne Zweifel das beste Wetter. Jetzt ist die Zeit der Lachswanderungen, in der Millionen von Lachsen die Flüsse aufwärts schwimmen, um zu laichen. Wer hat noch nicht spektakuläre Filme von Grizzlys und Schwarzbären im Fernsehen gesehen, denen die Lachse in den Stromschnellen sozusagen direkt ins Maul springen? Leider erreichen in der Hochsaison auch die Preise ihre Spitzen.

Im **Herbst** ist insbesondere der Osten Kanadas ist für die wunderschöne Laubfärbung mit roten Ahornbäumen bekannt. Den ***Indian Summer*** gibt es nicht nur in den US-amerikanischen Neuengland-Staaten, sondern auch in Kanada, sowohl in Ontario, Nova Scotia und den anderen östlichen Provinzen als auch in einigen Mischwäldern des kanadischen Westens. Doch weist der Westen eher das leuchtende Gelb der Pappeln auf, das die von dunklem Nadelwald bewachsenen Berghänge aufleuchten lässt. Wie im Frühjahr muss man sich auch im Herbst mit wärmerer Kleidung versorgen. Elche tragen zu dieser Zeit kapitale Schaufelgeweihe und bieten spektakulären Fotomotive.

Jede Jahreszeit hat also ihre Vor- und Nachteile. Ist man in der glücklichen Lage, nicht an eine bestimmte Urlaubszeit gebunden zu sein, sollte man dem Frühjahr oder dem Herbst den Vorzug geben.

Da man bei einem Urlaub in West-Kanada vom Hochgebirge über die Wüste bis hin zum Regenwald und windigen Küsten auf eine **Vielzahl von klimatischen Bedingungen** und Wetterereignissen trifft, ist eine gute Mischung an Bekleidungsstücken und das Anziehen nach dem »Zwiebelprinzip« angesagt. Während tagsüber bequeme sommerliche Freizeitkleidung im Allgemeinen ausreicht, wird abends oft eine dicke Jacke gebraucht. In höheren Lagen, wie auf dem

Meerblick inklusive – Campingplatz auf Vancouver Island, im Hintergrund die Coast Mountains

Icefields Parkway, kann es zu jeder Jahreszeit schneien, oder es kann, wie auf dem Mount Revelstoke, in Gipfellagen noch Schnee liegen, während es unten regnet. Eine Regenjacke sollte am besten immer im Gepäck sein, außerdem feste Wanderschuhe und eine Kopfbedeckung.

Restaurants, Verpflegung

Bei Alberta denkt man sofort an **Steaks**, denn das Prärieland im Süden der Provinz ist traditionelles Rinderzuchtland. Auch in British Columbia fehlen Steaks auf keiner Speisekarte, doch liegt dort wegen der Küstennähe ein weiterer Küchenschwerpunkt auf frischem **Fisch** und **Meeresfrüchten**. In den Supermärkten sind Steaks und andere Fleischsorten zumeist in großer Auswahl und relativ preiswert zu finden. Beim Camping eignen sich Steaks hervorragend als Basis für eine Mahlzeit, ob über dem Lagerfeuer, auf einem Grill oder vielleicht dem Gaskocher zubereitet.

Wildbret (*game* oder *venison*) gibt es nur in sehr wenigen, spezialisierten Restaurants, weil viele Kanadier selber jagen. Auch im Supermarkt ist Wildfleisch selten zu finden.

Wissen sollte man, dass man in Alberta ab 18 und in British Columbia erst ab 19 Jahren in Kneipen und Bars **Alkohol** trinken darf.

Die unter **Service & Tipps** empfohlenen Restaurants sind nach folgenden Preiskategorien für ein Abendessen ohne Getränke und Dessert eingeteilt:

$ – bis 10 Can. Dollar
$$ – 10 bis 20 Can. Dollar
$$$ – 20 bis 30 Can. Dollar
$$$$ – über 30 Can. Dollar

Sport

Angeln

Wo das Wasser klar und rein ist und an vielen Stellen Trinkwasserqualität hat, fühlen sich Fische und Petrijünger gleichermaßen zu Hause. Kanada hat bei Hobby-Anglern aus aller Welt einen legendären Ruf. Vorschriften regulieren das ungebremste Angelvergnügen. Sie dienen der Arterhaltung und sorgen dafür, dass Gewässer nicht leer geangelt werden.

Zum einen gibt es Saisonzeiten für diesen oder jenen Fisch, zum anderen geht es auch um die Mengen: vielerorts heißt es »Nur ein Fisch pro Tag und Angler«. Es gibt weiterhin Vorschriften über Mindest- und Höchstgrößen sowie über Gewichte, und so mancher kapitale Fisch muss wieder zurück in den See.

Für die meisten Seen und Flüsse benötigt man einen **Angelschein** (*fishing permit* oder *fishing licence*), den man für wenige Dollar vor Ort kaufen kann, u. a. im Büro des Campingplatzes, in Ausrüstungsläden oder auch im Supermarkt. Die einzigen, die keinen Angelschein benötigen, sind die Ureinwohner, die First Nations. Sie haben in ihren Reservaten uneingeschränktes Fangrecht und benutzen zum Teil noch die althergebrachten Methoden (vgl. Yellowhead Highway, Moricetown Canyon, S. 227).

In Kanada Angelausrüstung zu kaufen, ist relativ einfach. Wenn es nicht gar so anspruchsvoll zu sein braucht, schaut man sich ruhig auch in einem großen Supermarkt um.

Auf vielen Campingplätzen an Seen, Flüssen oder am Meer gibt es eine ***fish station,*** ein Waschtisch, auf dem der Fang weiter verarbeitet werden kann.

Besonders beliebt ist in Kanada auch das Fliegenfischen, eine Methode für schnell fließende Gewässer, die sehr viel Geschicklichkeit und Übung verlangt. Manchmal werden direkt am Campingplatz Kurse angeboten, in denen der richtige Schwung aus dem Handgelenk erklärt und geübt wird. An der Küste wird auch Hochseeangeln angeboten. Besonders an der Sunshine Coast auf Vancouver Island gibt es fast in jedem der Küstenorte Anbieter für Angeltouren, die zwischen ein paar Stunden und einem ganzen Tag dauern.

Golf

Vielleicht ist man erstaunt darüber, eine so »elitäre« Sportart ausgerechnet in Kanada zu finden. Aber Golfen ist in Kanada Volkssport und ein relativ preiswertes Freizeitvergnügen, und Golfplätze jeglicher Art und Größe gibt es hier reichlich.

Viele Campingplätze liegen direkt neben einem Golfplatz. So kann man nachmittags nach der Ankunft gemächlich zur *driving range* (Übungsplatz) schlendern und sich nach den Preisen für Leihschläger oder eine Runde auf dem Platz erkundigen. Wer nicht völlig ohne Anleitung loslegen will, bucht eine Trainerstunde. Die meisten Plätze sind *public*, öffentlich, sodass hier jedermann spielen darf, ohne Mitglied in einem Golfclub zu sein. Auch eine Handicap-Vorgabe ist völlig unbekannt.

Spielt man auch zu Hause Golf, wird man die angenehme Leere auf den meist landschaftlich schön gelegenen, kanadischen Plätzen zu schätzen wissen. Nur bei wenigen Spitzenplätzen ist es ratsam eine Abschlagzeit *(tee time)* zu reservieren.

Auf den großen Golfplätzen ist kaum jemand ohne Elektrocart unterwegs. Das Ausleihen ist erschwinglich und liegt deutlich unter den deutschen Preisen. Angesichts mancher extremer Steigungen und weiter Verbindungswege zum nächsten Abschlag – Platz gibt es hier ja genug – ist man froh über diese Erleichterung.

Mit Boot oder Kajak unterwegs

Für die Fortbewegung im fluss- und seenreichen Kanada bietet sich eine Bootstour an. Vom Wasser aus sieht man die Landschaft aus einem anderen Blickwinkel, und auch Tiere lassen sich gut beobachten.

Man kann sich für einen halben oder einen ganzen Tag ein **Kanu** mieten und auf eigene Faust auf Erkundungstour gehen. Wenn man einen Fluss entlang paddeln möchte, kann man mit dem Vermieter oft Ort und Zeit verabreden, um sich samt Boot wieder aufsammeln und zurück zum Ausgangsort bringen zu lassen. Manche Kanuverleiher veranstalten auch Paddelkurse für Anfänger, empfehlenswert sind geführte Touren. Zumeist wird bei mehrtägigen Veranstaltungen gezeltet, sodass es sich empfiehlt, einen Schlafsack bereits von zu Hause mitzubringen. Die übrige Ausrüstung wie eine Isomatte zum Unterlegen oder auch ein wasserdichter Beutel für persönliche Sachen, wird üblicherweise vom Veranstalter gestellt. Weitere Ausrüstungsgegenstände können vor Ort ausgeliehen werden.

Wer mehr Tempo und Adrenalin zum Wohlfühlen braucht, macht eine **Rafting-Tour**, wobei es große Unterschiede in Bezug auf den Abenteuerfaktor gibt. *Soft Rafting* führt durch meist ruhiges Wasser, nur vereinzelt gibt es ein paar Stromschnellen. Für die Wagemutigen werden aber auch Touren veranstaltet, bei denen es richtig hoch hergeht. Immer steht der Sicherheitsaspekt an oberster Stelle. Man muss auf jeden Fall vor Beginn des Abenteuers eine Erklärung über den Haftungsausschluss des Veranstalters unterschreiben. Diese besagt, dass man als Teilnehmer im Fall der Fälle keinerlei Forderungen an das Unternehmen stellen kann, das sein Bestes bezüglich der Sicherheitsanforderungen gegeben hat. Dies ist eine in Nordamerika übliche Prozedur, und hat mit der Qualität des jeweiligen Veranstalters nichts zu tun.

Radfahren, Mountainbiking

Bei vielen Wohnmobilvermietern können Fahrräder – in der Regel Mountainbikes – ausgeliehen werden, die dann zum Transport in einer speziellen Halterung hinten am Fahrzeug befestigt werden. Man reserviert sie bei der bei Buchung des Wohnmobils gleich mit. Bei einer One-Way-Buchung (z.B. Vancouver-Calgary) kann man allerdings meist keine Fahrräder mieten. Aber auch unterwegs gibt es Gelegenheit, für ein paar

> Ein **Kajak** (engl. *kayak*) ist ein Paddelboot, das mit einem Doppelpaddel angetrieben wird. Man sitzt dabei in Fahrtrichtung. Ursprünglich stammt das Kajak aus der Arktis.
>
> Ein **Kanadier** (kanadische Bezeichnung: *canoe* oder *open canoe*) ist ein meist offenes Boot, das im Knien oder Sitzen mit einem Stechpaddel angetrieben wird. Sein Ursprung liegt bei den nordamerikanischen Indianern.

Stunden oder einen Tag Räder zu leihen, oft sogar direkt auf den Campingplätzen.

Ein Fahrrad dabei zu haben ist eine praktische Sache, sei es, um in den nahe gelegenen Ort zu fahren oder die Umgebung des Campingplatzes zu erkunden. Gerade für Kinder ist ein Mountainbike ideal, um sich zwischendurch so richtig auszutoben.

Die Zahl der extra für **Mountainbikes** angelegten Wege nimmt zu, und die Touristikbüros der Orte haben oft entsprechende Informationen und Karten mit den eingezeichneten Strecken parat. In Campbell River (vgl. Vancouver Island, S. 201) gibt es die Möglichkeit, sich mit einer Gondel auf den Mount Washington fahren zu lassen, von dem aus Mountainbike Trails verschiedener Schwierigkeitsgrade wieder zu Tal führen – ein rasantes Vergnügen.

Reiten

Reiten, insbesondere das ***trail riding*** (Reiten im Gelände) ist in einem Land wie Kanada sehr beliebt und natürlich eine Fortbewegungsart mit Tradition. Man muss kein geübter Reiter sein, um daran Spaß zu finden. Breite Westernsättel, oft kastenförmige Steigbügel und ruhige Pferde, dazu erfahrene Führer und ein paar Anleitungen ebnen auch Anfängern den Weg. Reitstiefel sind nicht notwendig, sondern Schuhe mit kleinem Absatz ausreichend, Turnschuhe sind ungeeignet.

Trail Rides werden oft von ***guest ranches***, auch ***dude ranches*** genannt, angeboten, wobei allerdings Pauschalgebote für mehrere Tage (Übernachtung und Ausritte) überwiegen. Manche guest ranches haben aber außer den Zimmern auch Stellplätze für Wohnmobile angelegt, bei der dann zusätzlich zu den Reitausflügen nur die Campinggebühren gezahlt werden.

Falls man als Pferdeliebhaber eine Ranch entdeckt hat, die zwar Ausritte anbietet, aber keinen RV-Stellplatz hat, lässt man sich am besten vom Campingplatz abholen.

Wandern

Durch die Berge und Wälder der Rocky Mountains zu wandern, die klare, saubere Luft zu atmen, sich nicht satt sehen können an der wundervollen Landschaft und vielleicht sogar die eine oder andere Tierbeobachtung zu machen, das gehört zu den schönsten Unternehmungen eines Kanada-Urlaubs. Eine entsprechende Ausrüstung ist allerdings Voraussetzung, damit eine Wandertour nicht mit schmerzenden Füßen, Unterkühlung oder Schlimmerem endet. Dazu gehören feste, eingelaufene Wanderschuhe, wetterfeste Kleidung, etwas Proviant, Ersatzkleidung (für den Fall, dass man nass wird) und Pfefferspray als Notwehr gegenüber Tieren (vgl. auch S. 299).

Viele Orte haben in ihrem Umfeld ein Netz an Wanderwegen angelegt. Informationen darüber, insbesondere zu Länge, Beschaffenheit und Schwierigkeitsgrad bekommt man in den Visitor Centres. In den Provincial Parks und ganz besonders in den Nationalparks ist man zu 100 % auf Wanderer eingestellt; ausführliches Material wie Wanderkarten und detaillierte Informationen sowie fachkundige Auskunft sind hier selbstverständlich.

Plant man eine längere Wanderung, hinterlässt man in der Tourist Information möglichst genaue Angaben zu Länge, Dauer und geplanter Rückkehr – eine Art Notfallversicherung. Da die Wildnis oft gleich neben der Straße beginnt, kann es durchaus passieren, dass man sich verläuft, die Entfernung unter- und die Kondition überschätzt oder dass Unvorhergesehenes unterwegs passiert, das eine pünktliche Rückkehr verhindert. Die Größe und Abgeschiedenheit vieler Gebiete erlaubt ohne möglichst präzise Angaben kein zielgerichtetes Suchen.

Die **Wanderwege** sind in der Regel durchgängig markiert und gekennzeichnet, unterscheiden sich aber bisweilen erheblich von dem, was man von Europa kennt. Die Pfade sind sehr naturbelassen, das heißt, man muss sich manchmal durch hüfthohes Gras und dichtes Unterholz fortbewegen. In einem solchen Gelände kommt man natürlich langsamer voran als auf einem freien Pfad; eine großzügige Zeitplanung sei daher empfohlen. Sich detaillierte Informationen über die Beschaffenheit des Weges zu besorgen, ist genauso wichtig.

Angebote zu geführten Wanderungen gibt es in jedem Nationalpark, und die Palette reicht vom halbtägigen Spaziergang bis zur anspruchsvollen Tour inklusive Übernachtung. Geführt werden diese Ausflüge von fachkundigen Rangern, die das Gebiet kennen, und unterwegs Informationen über die Umgebung geben können. Die Größe dieser Wandergruppen ist unterschiedlich, doch nur so groß, dass man die Wanderung noch als Individuum genießen kann. Wer eine solche Wanderung in Erwägung zieht, fragt am besten gleich nach Ankunft im Nationalpark nach dem »Rangers Programm« und trägt sich in die Teilnehmerliste ein — die Touren sind sehr gefragt und oft ausgebucht. Im Visitor Centre kann man sich beraten lassen, insbesondere empfehlenswert, wenn man mit Kindern unterwegs ist.

Fasst man eine mehrtägige Tour ins Auge, sollte man sich bereits von zu Hause einen entsprechenden Schlafsack mitbringen. In manchen Gegenden, speziell in den Nationalparks, braucht man ein ***permit*** (Erlaubnis) für solche Wanderungen, das möglichst lange im Voraus, eventuell schon von Deutschland aus, angefragt werden sollte. Der Grund für die Notwendigkeit eines solchen Permits ist der, dass die Zahl der Wanderer in vielen Gebieten begrenzt bleiben soll, damit die empfindliche Natur nicht gestört wird. »Nichts hinterlassen als die eigenen Fußabdrücke« heißt die Devise (vgl. auch S. 297 f.).

Eine nicht ganz preiswerte Art, das Hochgebirge kennenzulernen, ist das ***Heli-Hiking***. Hierbei werden kleine Wandergruppen mit dem Hubschrauber auf hochalpinen Wiesen abgesetzt und starten von dort ihre Tour. Abends werden sie dann an einer vereinbarten Stelle wieder abgeholt. Manche dieser Touren bewegen sich in etwa auf der gleichen Höhe, sodass keine oder nur wenige Steigungsstücke zu bewältigen sind. Auf anderen Touren ist bergsteigerische Erfahrung unabdingbar.

Sprachhilfen für das Englische

Camping:

campground	– Campingplatz
chemical toilet	– Chemietoilette
coin laundry	– Münzwaschsalon
dump station	– Stelle zum Entsorgen des Abwassers
fee	– Gebühr
full hook-up	– Vollanschluss inkl. Strom, Frisch- und Abwasser
hose	– Schlauch
laundromat, laundry	– Waschsalon, Wäscherei
motorhome	– Wohnmobil
propane	– Propangas
RV (recreational vehicle)	– Campmobil
RV Park	– Campingplatz hauptsächl. für Campmobile
sewage (sewer)	– Abwasser(abfluss)
shower	– Dusche
site	– Stellplatz
tent	– Zelt
washroom	– Toilette
waste	– Abfall

Unterkünfte:

air-condition	– Klimaanlage
bed & breakfast	– Übernachtung mit Frühstück, zumeist in historischen Häusern
bellboy, bellman	– Kofferträger
cancel a reservation	– Reservierung absagen
complimentary	– gratis
confirmation	– Buchungsbestätigung
cottage	– Ferienhäuschen
doorman	– Türsteher
efficiency	– Zimmer mit Kochnische
elevator	– Aufzug
front desk	– Empfang, Rezeption
incidentals	– Nebenkosten
king-size bed	– übergroßes Doppelbett
lodge	– rustikale, aber meist komfortable Herberge in Parks, auf Ranches etc.
lounge	– Bar
no vacancy	– kein Zimmer frei
pay in advance	– im Voraus bezahlen
queen-size bed	– großes Doppelbett
rates	– Zimmerpreise
reception	– Rezeption
room maid	– Zimmermädchen
room reservation	– Zimmerreservierung
rooms available	– Zimmer frei
second floor	– erste Etage
stairway	– Treppenhaus
twin bed	– Doppelbett
vacancy	– Zimmer frei
valet parking	– Parken durch Hotel- oder Restaurantangestellte
youth hostel	– Jugendherberge

Rund ums (Camper-)Fahrzeug:

accelerator	– Gaspedal
air pressure	– Luftdruck
air-condition	– Klimaanlage
beam	– Licht
black water	– Toilettenabwasser
body shop	– Karosseriewerkstatt
brake	– Bremse

bumper – Stoßstange
city water – Druckwasseranschluss, meist auf kommunalen Campingplätzen
clutch – Kupplung
dashboard – Armaturenbrett
dump station, dump, sani station – Entsorgungsstation für das Abwasser
engine – Motor
estimate – Kostenvoranschlag
exhauster – Auspuff
fan – Ventilator/Gebläse
fuse – Sicherung
garbage – Abfall
gasoline, gas – Benzin
gauge – Reifendruck (-Messgerät)
gear box – Getriebe
gear – Gang
grey water – Brauchwasser (Wasser vom Abfluss der Spüle und des Waschbeckens)
headlights – Scheinwerfer
high beam – Aufblenden
hood – Motorhaube
horn – Hupe
hose – Schlauch
ignition – Zündung
jack – Wagenheber
jumper cable – Überbrückungskabel
laundry/ laundry room – Waschmaschinen- und Trocknerraum
license plate – Nummernschild
lock – Schloss
low beam – Abblenden
LPG = Liquid Propane Gas – Campinggas
mirror – Spiegel
muffler – Auspufftopf
parts, spare parts – Ersatzteile
plug – Stecker
pull-through – Stellplatz zum Durchfahren, Ausfahrt ohne Rückwärtsrangieren
roof – Dach
seat belt – Sitzgurt
self-contained – selbstversorgend = Stellplatz ohne Anschlüsse
sewage – Abwasser
shaft – Schalthebel
shift – Schalten
shock absorber – Stoßdämpfer
short circuit – Kurzschluss
signal light – Blinklicht
spare tire – Ersatzreifen
sparkplug – Zündkerze
subcompact – Kleinwagen
tail light – Rücklicht
tire – Reifen
tools – Werkzeug
transmission oil – Getriebeöl
transmission – Getriebe
trunk – Kofferraum
windshield wiper – Scheibenwischer
windshield – Windschutzscheibe
wire – Draht

Gut zu wissen: An Tankstellen wird man oft gefragt: »*cash or charge/credit?*« Man möchte wissen, ob bar *(cash)* oder mit Kreditkarte bezahlt wird.

Unterwegs:

buckle up – anschnallen
check the oil – Öl kontrollieren
clearance – Bodenfreiheit
collision damage waiver – Vollkaskoversicherung
curb – Bordstein
customs – Zoll
dead end, no through road – Sackgasse
detour – Umleitung
dip – Bodenwelle
dirt road – unbefestigte Straße
emergency – Notfall
emergency call – Notruf
fill it up, please – bitte volltanken
flagman ahead – Bauarbeiter mit Warnflagge vor einer Baustelle
4-way-Stop – Stoppschild an allen vier Kreuzungseinfahrten
gas station – Tankstelle
handicapped parking – Parkplatz für Behinderte
interchange – Kreuzung
junction – Kreuzung, Abzweigung
loading zone – Ladezone
maximum speed – Höchstgeschwindigkeit
merge – einfädeln
no passing zone – Überholverbot
no turn on red – Abbiegen bei Rot verboten
one-way street – Einbahnstraße
parking lot – Parkplatz
pay cashier first – vor dem Tanken bezahlen

parking meter – Parkuhr
rental car – Leihwagen
rest area – Rastplatz
right of way – Vorfahrt
road construction – Straßenbaustelle
slippery when wet – Rutschgefahr bei Nässe
speed checked – Geschwindigkeitskontrolle
by radar – durch Radar
speeding – zu schnell fahren
speed limit – Tempolimit
ticket – Strafzettel
tow away zone – Abschleppzone
U-turn – wenden
(un)leaded – (un)verbleit
viewpoint – Aussichtspunkt
voucher – Gutschein der Autoverleihfirma
watch for pedestrians – auf Fußgänger achten
yield – Vorfahrt achten

Beim Einkaufen:

2-4-1, two for one – zwei Produkte zum Preis von einem
4 sale, for sale – zu verkaufen
aisle – Gang
bargain – Sonderangebot
bulk food – nicht abgepackte Lebensmittel
convenience store – kleines Lebensmittelgeschäft
dairy products – Milchprodukte
factory outlet – Direktverkauf der Produzenten
I'm just looking. – Ich schaue mich nur um.
on sale – Sonderangebot
pharmacy – Apotheke
produce – Gemüse
prescription drugs – verschreibungspflichtige Medikamente
sales tax – Umsatzsteuer
shopping mall – Einkaufszentrum
size – Größe

Speisen und Lebensmittel:

bacon – Speck
baked potato – gebackene Kartoffel
blackberries – Brombeeren
blueberries – Blaubeeren
blue mussels – Miesmuscheln
bun – süßes Brötchen
caribou – Karibu
cheese cake – Käsekuchen
clam chowder – Muschelsuppe
cod – Kabeljau
cod tongues – Kabeljauzungen
cranberries – Preiselbeeren
cream – Sahne
danish – Blätterteiggebäck
dressing – Salatsauce
eggs overeasy – Eier einmal in der Pfanne gewendet
eggs sunny side up – Spiegeleier
french fries – Pommes frites
fruit pie – Obsttorte
game – Wildbret
halibut – Heilbutt
hash browns – Bratkartoffeln nach Rösti-Art
ice tea – Eistee
lobster – Hummer
maple syrup – Ahornsirup
moose – Elch
on the rocks – mit Eiswürfeln
orange juice – Orangensaft
oysters – Austern
pancakes – Pfannkuchen
pie – Torte, Kuchen
raspberries – Himbeeren
rye bread – Roggenbrot
salad bar – Salatbüffet
salmon – Lachs
seafood – Fisch und Meeresfrüchte
scallops – Muscheln
scrambled eggs – Rühreier
soft drinks – alkoholfreie Getränke
shrimps – Krabben
trout – Forelle
venison – Wildbret
wheat bread – Weizenbrot

Im Restaurant:

all you can eat – essen, soviel man möchte
appetizer – Vorspeise
cash or credit – bar oder per Kreditkarte zahlen
catch of the day – fangfrischer Fisch auf der Tageskarte
coffee shop – Cafeteria
counter – Theke
dessert – Nachtisch
entrée – Hauptgericht

food to go – Essen zum Mitnehmen
formal wear – Abendgarderobe
fried – frittiert
gratuity – Trinkgeld
on the side – extra, als Beilage
please, wait in line – bitte anstellen und warten
please, wait to be seated – bitte auf die Empfansperson warten
refill – kostenloses Nachschenken von Kaffee
sauteed – gedünstet
starter – Vorspeise
take the order – die Bestellung aufnehmen
tip – Trinkgeld
to go – zum Mitnehmen
washroom – Toiletten

Telefonieren:

area code – Vorwahl
calling card – Telefonkarte
collect call – R-Gespräch, Gebühren bezahlt der Angerufene
dial – wählen
dial tone – Freizeichen
direct-dial phone – Selbstwähltelefon
leave a message – eine Nachricht hinterlassen
local call – Ortsgespräch
long-distance call – Ferngespräch
(overseas) operator – (Übersee-)Vermittlung
pay phone – Münztelefon
please, hold the line – bitte warten
prepaid phone card – vorausbezahlte Telefonkarte
telephone directory – Telefonbuch
the line is busy – die Leitung ist besetzt
toll-free number – gebührenfreie Nummer
You will be connected/ transferred. – Man wird weiter verbunden.

Sport und Freizeit:

backcountry – Hinterland
backpacking – Rucksackwandern
beachcombing – Strandwandern
boardwalk – Plankenweg, Sumpfsteg
canoe – Kanu
daylight savings time – Sommerzeit
diving – Tauchen
firewood – Feuerholz
float plane – Wasserflugzeug
guided hike – geführte Wanderung
hiking – Wandern
hiking trail – Wanderweg
hot springs – heiße Quellen
loop trail – Rundwanderweg
map – Landkarte
nature trail – Naturlehrpfad
outfitter – Wildnisexperte, Ausrüster, verkauft und verleiht Sportgeräte, Zubehör etc.
permit – Genehmigung
recreation area – Erholungsgebiet
rent – leihen
river rafting – Schlauchbootfahrt
self-guiding trail – kurzer Wanderpfad
thermal pools – Thermalbad
trail head – Startpunkt eines Wanderweges
trail ride – Ausritt
visitor centre – Informationszentrum
walk-in campground – Campingplatz für Wanderer
warden – Parkaufseher in Kanada, Park Ranger
white water rafting – Wildwasserfahrt
woodyard, woodlot – Feuerholzplatz

Angeln:

bait – Köder
fish-hook – Angelhaken
fishing gear – Angelgerät
fishing nook, fishing water – Angelplatz
(fishing) rod – (Angel-)Rute
float – Schwimmer
line, cord, rope – Leine
reel – Rolle
to take the bait – den Köder anbeißen

Landtiere:

arctic fox – Polarfuchs
beaver – Biber
black bear – Schwarzbär
caribou – Karibu

cougar – Puma
mountain lion – Berglöwe
dall sheep – Dallschaf
elk – Wapiti
grizzly – Grizzlybär
lynx – Luchs
marmot – Murmeltier
mink – Nerz
moose – Elch
mountain goat – Bergziege
mule deer – Maultierhirsch
muskrat – Bisamratte
polar bear – Eisbär
porcupine – Stachelschwein
ptarmigan – Rebhuhn
ravon – Rabe
seal – Robbe
wolverine – Vielfraß

Vögel:

bald eagle – Weißkopfseeadler
barred owl – Waldohreule (Wappentier von Alberta)
chickadee – Meise
duck – Ente
grouse – Birkhuhn
loon – Taucher
osprey – Fischadler
robin – Wanderdrossel
woodpecker – Dreizehenspecht

Fische:

arctic char – Saibling
carp – Karpfen
largemouth bass – Barsch
minnow – Elritze
northern pike – Hecht
perch – Barsch
rainbow trout – Regenbogenforelle
salmon – Lachs
smelt – Stint
stickleback – Stichling
whitefish – Weißfisch

Bäume:

alder – Erle
ash – Esche
aspen – Pappel
beech – Buche
birch – Birke
black spruce – Schwarzfichte
cedar – Zeder
elm – Ulme
maple – Ahorn
pine – Kiefer

Strom

Kanada verfügt wie die USA über ein Stromnetz mit **110 Volt/60 Hertz**. Rasierapparate, Akkuladegeräte etc. arbeiten problemlos, wenn sie einen **Spannungsumschalter** von 220 Volt auf 110 Volt besitzen. Zusätzlich braucht man einen **Adapter** für die kanadischen bzw. amerikanischen Steckdosen, den man als »Amerika-Stecker« in Elektrogeschäften zu Hause oder am Flughafen bekommt.

Tanken

Benzin ist in Kanada immer noch erheblich billiger als in Deutschland. Diese Tatsache ist umso erfreulicher, als bei einem Wohnmobil je nach Größe durchaus 25 Liter oder mehr an Kraftstoff auf 100 km verbraucht werden. Derzeit liegt der Benzinpreis bei ca. 0,9–1 Euro pro Liter, wobei es da natürlich genau wie bei uns erhebliche Preisschwankungen gibt, unter anderem auch abhängig davon, wie abgelegen die Tankstelle liegt.

Benzin heißt auf Englisch *gas*, eine Tankstelle ist also eine *gas station*. Wenn das Wohnmobil **Diesel** benötigt, nimmt es *gasoil* oder *diesel*. Bei einigen Tankstellen muss die Zapfsäule erst eingeschaltet werden, bevor der Sprit fließt. Dazu gibt es einen Hebel, der nach Aufnehmen des Zapfhahns von *off* auf *on* gestellt wird. Bei manchen Tankstellen muss man vor dem Tanken bezahlen *(pay first)*. Andere unterscheiden zwischen ***self serve*** und ***full service***. Wenn man selbst tankt, ist der Treibstoff etwas billiger als beim *full service*, wo noch immer, aber immer seltener, der Tankwart diese Arbeit übernimmt. Obwohl praktisch überall im Servicebereich Trinkgeld erwartet wird, ist das ausgerechnet bei einem Tankwart nicht üblich.

Telefonieren und Internet

In ganz Nordamerika existiert ein einheitliches Telefonnummernsystem, das aus dreistelliger Vorwahl *(area code)* und siebenstelliger Rufnummer besteht. Bei Ferngesprächen muss stets eine »1« vorgewählt werden. ***Toll-free numbers,*** die gebührenfreien Nummern, tragen die Vorwahlen 1-800, 1-855, 1-866, 1-877 und 1-888.

Manche Telefonnummern werden in leicht einprägsamen Buchstabenkombinationen wiedergegeben, z. B. 1-888-AIR-CANADA für 1-888-247-2262. Ortsgespräche in Kanada kosten 25 Cents.

Die **Vorwahl nach Europa** lautet ✆ 011, dann die 49 für **Deutschland**, 43 für **Österreich** und 41 für die **Schweiz**. Danach folgen die Ortsvorwahl ohne »0« und anschließend die Nummer des Gesprächsteilnehmers.

Ferngespräche sind am einfachsten mit vorausbezahlter **Telefonkarte** *(prepaid phone card)* oder per Kreditkarte zu tätigen, erstere sind für $ 10–20 z. B. an Tankstellen, in Supermärkten oder in Hotels erhältlich – eine sehr bequeme, einfache und relativ preiswerte Methode. Die öffentlichen kanadischen Telefone haben allerdings keinen Schlitz, in den man die Telefonkarte einführt. Vielmehr wählt man sich mit der auf der Karte aufgedruckten Nummer in das System ein. Vor jedem Anruf bekommt man das Restguthaben und die entsprechende noch zur Verfügung stehende Zeit zum Telefonieren angesagt. Telefon- und Kreditkarten kann man an den meisten Münz-, Hotel- oder Privattelefonen nutzen.

Auf den meisten Campingplätzen und natürlich überall in den Ortschaften gibt es öffentliche Telefone. Oft tauchen sie an den entlegensten Stellen auf und man wundert sich, wer sie wohl mitten in der Wildnis benutzt.

Möchte man seinen Anruf bar bezahlen, muss man sich mit einem Englisch sprechenden ***operator*** auseinandersetzen, dem man die gewünschte Rufnummer mitteilt, und der einen wiederum darüber informiert, wie viel Geld einzuwerfen ist. Vergessen sollte man bar zu bezahlende Ferngespräche nach Übersee von einem Münztelefon. Neben der Hilfe des *operators* (0) ist ein großer Vorrat an Münzen notwendig. Relativ einfach, aber auch am teuersten, funktioniert es ohne Telefonkarte aus dem Hotelzimmer.

Mittlerweile hat das Handy *(cell phone, mobile phone* oder *mobile*) die Welt erobert, und es ist natürlich in Notsituationen von großem Vorteil, ein Mobiltelefon bei der Hand zu haben. Für die Benutzung im Ausland ist ein **Dreiband-Handy** erforderlich; im Zweifelsfall fragt man bei seinem Netzbetreiber nach.

Alternativ mietet man ein *mobile phone* für die Zeit des Kanada-Urlaubs. Hierzu sollte man das Reisebüro befragen – auch einige Campervermieter bieten diesen Service inzwischen an.

Wer unterwegs Zugang zum **Internet** haben will, um Informationen zu bekommen oder Mails zu lesen und zu verschicken, hat in vielen öffentlichen Büchereien – meist sogar kostenlos – die Möglichkeit dazu. Inzwischen bieten auch viele Campingplätze – manchmal sogar kostenfrei – die Benutzung eines WLAN-Netzes an.

Trinkgeld

In Hotels bekommen Zimmermädchen, Gepäckträger, der Bedienstete, der das Auto aus dem Parkhaus holt *(valet parking)*, und jeder andere Hotelangestellte, der für den Gast einen Service leistet, ein Trinkgeld von etwa $ 1–2 pro Übernachtung bzw. pro Koffer oder Tasche. Das Gleiche gilt für Bedienstete an Flughäfen, Bahnhöfen etc.

In Kanada ist der Service im Rechnungsbetrag nicht enthalten, und in Bars, Restaurants, Nachtclubs oder Cafés ist es gebräuchlich, ein Trinkgeld in der Höhe von etwa 15–20 % der Netto-Rechnungssumme zu geben. Kleinere Summen lässt man auf dem Tisch liegen, größere trägt man bei Zahlung per Kreditkarte auf dem Vordruck ein.

Unterkünfte

Die Auswahl an **Hotels, Motels, Bed & Breakfasts, Lodges** und **Campingplätzen** in West-Kanada ist ausgezeichnet. Weit mehr als in Europa ist man in West-Kanada auf Reisende eingestellt. An den Durchgangsstraßen der Städte und Ortschaften sowie an den touristisch interessanten Punkten befindet sich eine große Anzahl an verschiedenartigen Quartieren. Sofern man nicht vorgebucht hat, erkundigt man sich unterwegs bei den lokalen Touristeninformationen oder schaut in den jeweiligen Unterkunftsverzeichnissen, dem »Accomodation Guide« oder dem »Camping Guide«, der Provinzen British Columbia und Alberta nach. Reservieren sollte man auf jeden Fall die Nacht am Ankunfts-

und Abreisetag, um einen stressfreien Ablauf zu gewährleisten.

Von unterwegs lassen sich Hotels unter Angabe der Kreditkartennummer vorbuchen. Das bedeutet auf jeden Fall eine Zimmergarantie, hat bei Nichterscheinen allerdings die Abbuchung des Betrages zur Folge. Die Preise gelten meist für ein Doppelzimmer, Einzelzimmer gibt es kaum. Die Übernachtungspreise sind zumeist ohne Frühstück, was sich aber allmählich ändert. In Hotels kann man im Allgemeinen im Restaurant frühstücken, in Bed & Breakfasts gehört es zur Übernachtung dazu und in besseren Motels gibt es neuerdings öfter das *Continental Breakfast* mit Kaffee, Milch, Cerealien, Toast und Teilchen.

Video, DVDs, Filme

Will man sich auf der Reise DVDs anschaffen, muss man bedenken, dass DVD-Player und DVDs jeweils mit Regionalcodes versehen sind, die übereinstimmen müssen. Wer keinen RegioFree Player hat, muss beim Kauf also auf die Regionalcodes 1 für Nordamerika, 2 für Europa und 0 für »ohne Ländercode« achten.

Wer noch mit Dia- oder Negativfilmen fotografiert, nimmt am besten einen Vorrat mit, denn oftmals ist es abseits der Zentren schwierig, das gewünschte Filmmaterial zu bekommen.

Zeitzonen

West-Kanada umfasst zwei der insgesamt sechs Zeitzonen des Landes. British Columbia liegt in der *Pacific Time Zone* (MEZ minus 9 Stunden), Alberta und die südöstliche Ecke von British Columbia in der *Mountain Time Zone* (MEZ minus 8 Stunden). Die Sommerzeit (*daylight saving time*, D.S.T.) gilt in Kanada annähernd wie in Europa jeweils von 2 Uhr am zweiten Sonntag im März bis 2 Uhr am ersten Sonntag im November.

Zoll

Die Kanadier sind sehr streng, was die Einfuhr von **Lebensmitteln** angeht. Es darf nichts aus den Kategorien rohes Obst, Gemüse, Fleisch, Fisch oder landwirtschaftliche Produkte (Saatgut!) in das Land gebracht werden. Die Lieblingsschokolade darf man getrost mitnehmen und auch sonst alle verpackten oder in Konservendosen haltbar gemachten Lebensmittel. Das sollte allerdings niemanden auf die Idee bringen, Konserven für den Wohnmobilurlaub von zu Hause mitzubringen!

Beim Einkauf im Duty Free Shop vor dem Abflug nach Kanada ist zu berücksichtigen, dass man in Kanada erst mit 21 Jahren volljährig ist. Das bedeutet, dass ein Deutscher, der nicht mindestens 21 Jahre alt ist, weder Tabak noch Alkohol einführen darf. Auch dies wird streng kontrolliert.

Da in Kanada die Preise für **Alkohol und Tabakwaren** empfindlich hoch sind, während das Preisniveau dieser Waren im Nachbarland USA deutlich niedriger liegt, könnte man auf die Idee kommen, während des Urlaubs einen kurzen Abstecher dorthin zu machen, sich entsprechend einzudecken und dann erneut nach Kanada einzureisen. Leider ist das nicht statthaft. Nur einmal, nämlich am Anfang des Urlaubs, hat man das Recht, zollfrei die erlaubten Freimengen nach Kanada einzuführen. Nach einem Kurzausflug in die USA gelten diese Freimengen nicht, und auf die eingekauften Waren ist Zoll zu zahlen. Diese Kosten heben die niedrigeren Einkaufspreise in den USA wieder auf, sodass der Alkohol oder die Zigaretten im Endeffekt teurer sind, als wenn man sie in Kanada gekauft hätte.

Auch bei der Wiedereinreise nach **Deutschland** gilt es, die erlaubten Freimengen zu beachten. Diese liegen für Personen über 17 Jahren bei der Rückkehr aus Kanada derzeit bei: 200 Zigaretten oder 100 Zigarillos oder 50 Zigarren oder 250 g Rauchtabak oder eine anteilige Zusammenstellung dieser Waren, 1 Liter Alkohol oder alkoholische Getränke mit einem Alkoholgehalt von mehr als 22 % Vol. oder 2 Liter Alkohol oder alkoholische Getränke mit einem Alkoholgehalt von höchstens 22 % Vol. oder eine anteilige Zusammenstellung dieser Waren, 4 Liter nicht schäumende Weine und 16 Liter Bier.

Für sonstige in Kanada getätigte Einkäufe gilt ein Freibetrag von € 430, unter 15 Jahren € 175. Alles, was über diesen Betrag hinaus eingekauft wird, muss beim deutschen Zoll angegeben werden, und darauf werden 19 % Umsatzsteuer sowie der jeweilige Warenzollsatz zwischen 2 und 15 % fällig (Textilien 3 %).

Fett hervorgehobene Seitenzahlen und Angaben verweisen auf ausführliche Erwähnungen, *kursiv* gesetzte Begriffe und Seitenzahlen beziehen sich auf die Einführung und den Service von A bis Z.

AB – Alberta
AK – Alaska
BC – British Columbia
MT – Montana
ON – Ontario
WA – Washington
YT – Yukon Territory

Namenregister

Oliver Bolch, Maria Enzersdorf: S. 112, 218
Canadian Tourism Commission CTC: S. 186
Canusa: S. 51 u.; Cruise Canada: S. 66/67, 289; Fraserway: S. 20; Go West: S. 298
CC BY 3.0/Clayoquot: S. 201; Denelson83: S. 192; Flickr upload bot-Bruce McKay: S. 242 u.; Hontanar: S. 159 u.; Maclean15: S. 257, 280, 284; Qyd: S. 171, 270 u.
City Archives, Vancouver: S. 254 u.
Dertour GmbH & Co.KG, Frankfurt/M.: S. 21 o. l., 23 o. l., 23 o. r.
Fotolia/Alce: S. 167; Amelie: S. 268; Joseph Becker: S. 206 o.; Natalia Bratslavsky: S. 195 o.; Scott Bufkin: S. 180 u.; Fernando Cerecedo: S. 74 o.; Contrastwerkstatt: S. 18; Cucumber Images: S. 4 u., 80; Damaru: S. 78; Carl Dawson: S. 206 u.; Andreas Edelmann: S. 76 o.; Eisenhans: S. 291; Elenathewise: S. 105 o., 263; Yuguesh Fagoonee: S. 189; Gregory Ferguson: S. 172 o.; Fotomorgana: S. 11 o.; El Gaucho: S. 45 o.; Volker Hammermeister: S. 21 u., 24, 25 u., 39, 45 u.; Hdsidesign: S. 23 u.; Barbara Helgason: S. 209; Thilo Kierdorf: S. 165; Laiquocanh: S. 188; Rolf Langohr: S. 59; Brian Lasenby: S. 174 u.; Daniel Lee: S. 174 o.; Mayskyphoto: S. 6/7; Susan Montgomery: S. 5 o., 79 o.; Oblachko: S. 190 u.; Tyler Olson: S. 179; Optox: S. 181; Oksana Perkins: S. 250; Mauro Piacentini: S. 265; Pictureguy32: S. 32, 251, 255; Ivan_Sabo: S. 153; Saintjp: S. 160 u.; Melissa Schalke: S. 8 Mitte; Marcel Schauer: S. 46; Seraphic06: S. 158; SStedman: S. 6 u.; Ellen Valentin: S. 180 o.; Vibe Images: S. 240; Peter Walenzyk: S. 269; Kerry Werry: S. 281; Wild Geese: S. 278
Christian Heeb/laif, Köln: S. 72, 138, 139, 195 u., 204, 227, 247, 249, 260 u., 264 o., 264 u., 279
Hemispheres/laif, Köln: S. 93 u.
iStockphoto/Jeffery Anderson: S. 170; Dan Barnes: S. 87, 204/265; Bogdan Batlai: S. 91 u., Arpad Benedek: S. 84 u., 99, 193, 239; Frank van den Bergh: S. 56 o.; Nancy Brammer: S. 33 u.; Natalia Bratslavsky: S. 286; Joe Breuer: S. 190 o.; Anthony Brown: S. 178, Brytta: S. 19 o., 54/55, 146, 161, 197, 276 u.; Luis Camargo: S. 81; Can72: S. 304; Jason Cheever: S. 91 o.; Jyeshern Cheng: S. 109; Constantgardener: S. 123, 132; Karoline Cullen: S. 154; Neta Degany: S. 113 o.; Doug Edgar: S. 233; Rod Ferris: S. 5/2. v. u., 104; Jill Fromer: S. 21 o. r., 41; Ginevre: S. 74 u.; Roni Gironimo: S. 176; Ronald Glovan: S. 230; Richard Goerg: S. 11 Mitte, 128 u., 182; Benjamin Goode: S. 79 u.; Lijuan Guo: S. 4/2. v. u., 73 o., 77, 100, 126; Josef Hanus: S. 121, 162; Laura Hart: S. 8 u., 166; Menno Hartemink: S. 4 o., 12 u.; Albert Hepworth: S. 260 o., 262; Margot Hickson: S. 252; Ron Hilton: S. 97; Ken Hoehn: S. 272; Dave Hughes: S. 287; Rick Hyman: S. 119; JurgaR: S. 199; Jason Kasumovic: S. 163 u., 241; Yuriy Kirsanov: S. 68 o., 84 o.; Andy Krakovski: S. 283; Evgeniya Lazareva: S. 9; Delmas Lehman: S. 53; Frank Leung: S. 127 o., 198; Lilly3: S. 29, 169, 172 u., 191, 196, 207, 217; Max Lindenthaler: S. 149; Ryan Lindsay: S. 70 o.; Donald Linscott: S. 49; Shaun Lowe: S. 90; Marco Maccarini: S. 164 o.; David Mantel: S. 214, 248; Karen Massier: S. 85, 117 u.; Joe Michl: S. 98; Kevin Miller: S. 120, 127 u., 134 u., 144 u., 148, 157; Morgan Lane Studios: S. 15; Paul Morton: S. 213; Peter Mukherjee: S. 237; Laure Neish: S. 16, 144 o., 151; Emily Norton: S. 58; Oversnap: S. 10 o.; Robert Peacock: S. 92; Andrew Penner: S. 11 u., 65, 110 u., 113 u., 159 o., 168, 184 o., 184 u.; Oksana Perkins: S. 4/2. v. o., 42 o., 183; Pgiam: S. 116 o., 122; Chip Phillips: S. 115; Essenin Quijada: S. 137; Rberry-photography: S. 173; Andrew Rich: S. 57; Riley Riffel: S. 147; Amanda Rohde: S. 88/89; RonTech2000: S. 150; Henryk Sadura: S. 118; Steve Shepard: S. 17, 22 o., 25 o., 26, 30, 31, 35, 36, 38, 44, 47, 48, 50, 51 o., 52; Murphy_Shewchuk: S. 141; Mark Skerbinek: S. 221, 238, 266/267; Solidago: S. 163 o.; StockstudioX: S. 244; Richard Stouffer: S. 76 u., David Sucsy: S. 164 u.; Steve Sucsy: S. 203; Ron Talley: S. 114; The Power of Forever Photography: S. 273; Hadleigh Thompson: S. 130; Tibu: S. 26/27; Tiger_barb: S. 93 o.; Trapperdi: S. 253 o., 253 u.; Tupungato: S. 129, 155; Hélène Vallée: S. 63 o.; Amar Veluri: S. 102/103; Edwin Verin: S. 83; Jason Verschoor: S. 5/2. v. o., 8 o., 13 o., 22 u., 33 o., 225; VisualCommunications: S. 75; Vladone: S. 200, 231; Stas Volik: S. 68 u.; Danny Warren: S. 245; Scott Weighton: S. 175; Jess Wiberg: S. 19 u.; Wildroze: S. 117 o.; Steven Wilson: S. 116 u.; Timothy Wood: S. 267; Forest Woodward: S. 108; Lisa F. Young: S. 37
Roland E. Jung, Möhnesee: S. 69, 226, 235, 277
Günther Lahr, Maisach: S. 96

mauritius images: S. 10 u., 56 u., 61, 95
Pixelio/Dieter Schütz: S. 103, 177
Karl-Heinz Raach/laif, Köln: S. 63 u., 124, 143
Horst Schmidt-Brümmer, Köln: S. 12 o.
Smithonian Institute/Ernest Amoroso: S. 215
Tourism British Columbia: S. 211
Tourism Vancouver Island: S. 219
Travel Alberta: S. 5 u., 86, 105 u., 185
United States Library of Congress's Prints and Photographs Division: S. 285
Vista Point Verlag (Archiv), Köln: S. 6 o., 13 u., 42 u., 73 u., 94, 110 o., 128 o., 134 o., 136, 140, 160 o., 187, 222, 242 o., 254 o., 270 o., 276 o., 294
Heike Wagner, Duisburg: S. 70 u.

Umschlagvorderseite: Am Abraham Lake auf dem einsamen David Thompson Highway (Hwy. 11) zwischen Saskatchewan River Crossing und Rocky Mountain House. Foto: Reiner Harscher/laif, Köln
Vordere Umschlagklappe (außen): Unterwegs auf dem Alaska Highway. Foto: Fotolia/Rolf Langohr
Vordere Umschlagklappe (innen): Übersichtskarte des Reisegebietes mit den eingezeichneten Routenvorschlägen
Schmutztitel (S. 1): Maultierhirsch im Jasper National Park. Foto: iStockphoto/William Davies
Haupttitel (S. 2/3): Naturerlebnis auf vier Rädern – mit dem Wohnmobil durch West-Kanada. Foto: Christian Heeb/laif, Köln
Hintere Umschlagklappe (außen): Vancouver Skyline. Foto: iStockphoto/Stas Volik
Umschlagrückseite: Moraine Lake im Banff National Park, Foto: Fotolia/Mayskyphoto (oben); auf dem Alaska Highway, Foto: iStockphoto/Tibu (Mitte); Grizzly, Foto: iStockphoto/Jason Verschoor (unten)

2., aktualisierte Auflage 2013

Reihenkonzeption: Horst Schmidt-Brümmer, Andreas Schulz
Verlegerische Leitung: Andreas Schulz
Bildredaktion: Andrea Herfurth-Schindler
Lektorat: Franziska Zielke
Layout und Herstellung: Sandra Penno-Vesper
Reproduktionen: Henning Rohm, Köln
Kartografie: Kartographie Huber, München
Druckerei: Colorprint Offset, Unit 1808, 18/F., 8 Commercial Tower, 8 Sun Yip Street, Chai Wan, Hong Kong

ISBN 978-3-86871-029-8

An unsere Leser!
Die Informationen dieses Buches wurden gewissenhaft recherchiert und von der Verlagsredaktion sorgfältig überprüft. Nichtsdestoweniger sind inhaltliche Fehler nicht immer zu vermeiden. Für Ihre Korrekturen und Ergänzungsvorschläge sind wir daher dankbar.

VISTA POINT VERLAG
Händelstr. 25–29 · 50674 Köln · Postfach 270572 · 50511 Köln
Telefon: 0221/921613-0 · Fax: 0221/921613-14
www.vistapoint.de · info@vistapoint.de